精品课程新形态教材

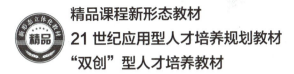

21世纪应用型人才培养规划教材

"双创"型人才培养教材

经济学基础

JINGJIXUE
JICHU

主编 杜爱文 程露莹

中国海洋大学出版社
CHINA OCEAN UNIVERSITY PRESS
·青岛·

图书在版编目（CIP）数据

经济学基础／杜爱文，程露莹主编．—青岛：中国海洋大学出版社，2023.6
ISBN 978-7-5670-3501-0

Ⅰ.①经… Ⅱ.①杜… ②程… Ⅲ.①经济学-教材
Ⅳ.①F0

中国国家版本馆 CIP 数据核字（2023）第 083239 号

出版发行	中国海洋大学出版社
社　　址	青岛市香港东路 23 号　　邮政编码　266071
出 版 人	刘文菁
网　　址	http：//pub. ouc. edu. cn
电子信箱	2880524430@ qq. com
订购电话	010-82477073（传真）　　电　话　0532-85902349
责任编辑	王积庆
印　　制	涿州汇美亿浓印刷有限公司
版　　次	2023 年 6 月第 1 版
印　　次	2023 年 6 月第 1 次印刷
成品尺寸	185 mm×260 mm
印　　张	20. 5
字　　数	474 千
印　　数	1—10000
定　　价	54. 90 元

《经济学基础》编委会

主　　编：杜爱文　　程露莹

副主编：张庆伟　　周燕齐　　张真康　　熊　伟

　　　　王金珠　　胡安林　　赵海燕　　杨　芬

　　　　赵丽丽　　李　衡　　朱镇斌　　高玲玲

　　　　贾彩霞

前　言

中国五千多年文明的历史，自强不息、刚健有为、璀璨夺目；中国近代史，充满灾难、落后挨打、抗争不止。在中国共产党的领导下，经过百年艰苦卓杰的奋斗，中国取得了举世瞩目的成就；迈入第二个百年，中国即将成为世界第一大经济体。当代中国，不仅要全面脱贫、全面小康、共同富裕，而且在努力打造"人类命运共同体"，最终实现全人类的解放。中国共产党第二十次全国代表大会提出，高举中国特色社会主义伟大旗帜，为全面建设社会主义现代化国家而团结奋斗，到本世纪中叶把我国建成富强民主文明和谐美丽的社会主义现代化强国。

美好的愿景不会一蹴而就，需要脚踏实地，夯实基础，增强自身的综合实力，特别需要解决身边的基本问题，解决国内的问题和国际的问题，在长期的奋斗中，磨炼坚强的意志，探索科学的方法。经济学作为解决人类基本的生存与发展问题的科学，无疑倍受世人青睐，《经济学基础》不仅介绍经济学的基本原理和基本方法，也为奋斗者提供基础性的理论和科学的工作方法。

本书介绍了均衡经济资源、均衡供求、均衡消费、均衡生产、优化成本控制、均衡市场、均衡生产要素、应对外部性与公共物品、核算国民收入、决定国民收入、均衡 IS-LM、均衡 AD-AS、应对经济波动与促进经济增长、应对失业和通货膨胀、实施宏观经济政策共 15 个项目，每个项目介绍了学习目标、任务布置、知识链接、课后训练、拓展训练共 5 个部分，通过文字叙述、数学公式推导、图形曲线示意、表格数字罗列，加之视频讲解、案例分析、动画浏览等方式，希望读者能高效地获取知识、能力和素质。

本书介绍了微观经济学中的生产可能性曲线、机会成本、供求理论、消费理论、生产理论、成本理论、市场理论、生产要素理论等；还介绍了宏观经济学中的国民收入核算与决定理论、IS-LM 模型、AD-AS 模型、经济周期和经济波动问题、失业和通货膨胀问题、宏观经济政策的工具与具体实施等。坚持问题导向，由浅入深，任务驱动，从不同维度准备了助学资源，服务于读者，并试图检验读者掌握的情况，训练读者的应用能力。

在我们编写的过程中，一些老同志提出了许多宝贵的建议和素材，我们积极斟酌采纳，博采众人所长，许多内容和结构编排做出了调整，在此诚挚地致以谢意。

由于编写人员的知识水平和经历、经验有限，视野不够开阔，许多缺陷和疏漏之处在所难免。殷切期望广大读者不吝赐教。联系方式：1. 用手机百度"学习通"三个字，下载"学习通"APP 后，注册。2. 打开"学习通"APP，点击右上角"邀请码"输入"96867637"加入该课程。3. 打开该课程，开启该课程的 MOOC 学习与讨论。

编　者

C O N T E N T S

C O N T E N T S

项目一 ▶ **均衡经济资源**

 **学习目标**

知识目标：经济学研究的两个层面即微观经济学和宏观经济学；经济模型的建立、资源配置和资源利用问题的解决；经济学的原理。

能力目标：认识稀缺性、选择性、资源配置、经济的内涵；领会经济学对个人、企业、政府的实际意义；能用机会成本的概念内涵解释经济现象。

素质目标：用所学的经济学概念、原理、方法解释生活中简单的经济问题。

思政目标：适应社会政治、经济、文化的发展，把国家利益、民族利益放在心中，肩负国家使命和社会责任。

《《 **任 务 布 置** 》》

任务1：王小敏正在上大学，想利用周末时间到奶茶店打工，奶茶店周末9：00—21：00都可以工作。报酬采用计时工资制。王小敏每小时工资为20元，请你代王小敏制订周末的某天工作、休息的简单的时间计划。

对此要求做出回应：

1. 讨论具体回答王小敏这天可以工作多少小时，闲暇时间为多少小时。

2. 根据王小敏这天可以工作的小时数，闲暇时间的小时数的各种可能性安排，以工作小时数为横轴，以闲暇小时数为纵轴，画图表达出王小敏周末这天的安排。

3. 总结分析王小敏这天的得失，说明时间资源对于王小敏的意义。

任务2：张莉打算花50元现金买水果。苹果每个3元，梨每个2元。请你代张莉制订购买水果的计划。

对此要求做出回应：

1. 讨论具体回答张莉购买苹果、梨的数量。

2. 根据张莉购买苹果、梨的数量的各种可能性安排，以苹果数量为横轴，以梨的数量为纵轴，画图表达出张莉购买苹果、梨的数量的安排。

3. 深入总结分析张莉购买苹果、梨的取舍，说明购买水果这件事对于张莉和其家人会有什么心理反应。

任务 3：参照任务 1、任务 2 的样式，编写出任务 3 的内容和问题，并做出回答。

任务 4：国家在发展过程中是应当生产军工产品多一点好还是应当生产民用产品多一点好？各个学习小组请结合这个主题展开讨论，总结出本组的观点并列出理由。

任务一　经济资源

一、经济资源是稀缺的

经济学把满足人类欲望的物品分为"自由物品"（Free goods）和"经济物品"（Economic goods）。前者指人类无须通过努力就能自由取用的物品，如阳光、空气等，其数量是无限的；后者指人类必须付出代价方可得到的物品，即必须借助生产资源通过人类加工出来的物品。其数量是有限的。其实，过去认为可以取之不尽，用之不竭的阳光、空气和水等，也是有限的，滥用的结果也必然带来明亮阳光的减少、空气的污染和可用水资源的缺乏。

人类要生存就必须进行生产，生产需要资源，这些资源包括自由取用品和经济物品。从生产的角度来说，资源稀缺就要进行选择。例如，选择生产什么？选择如何生产？选择为谁生产？三个问题通常被称为资源配置的问题。正是由于社会资源存在稀缺性，才需要讨论稀缺性的资源如何配置以达到最有效率的使用。因此，稀缺性是经济学研究问题的出发点。

经济学对人类经济活动的研究是从人的欲望的无限性和资源的稀缺性开始的。在社会生产和消费之间，消费是目的，生产则是实现目的的手段。如果说，在一个社会中，人们的消费欲望（Wants）以及由这种欲望引起的对物品（Goods）和劳务（Service）的需要（Needs）是有限的，而满足需要的手段是取之不尽、用之不竭的，那就不存在需要由经济学来探索研究的问题。事实上，人的欲望和由此引起的对物品和劳务的需要，是无限多样、永无饱和之日的。而用来满足这些无限需要的手段，也就是用来提供这些物品和劳务的生产资源却是有限的。这样就产生了一个问题：怎样使用相对有限的生产资源来满足无限多样化的需要的问题，这就是经济学所要研究并需要回答的经济问题。

相于人类社会的无穷欲望而言，经济物品，或者说生产这些物品所需要的资源总是不足的。在经济学中，这种资源的相对有限性被称为稀缺性（Scarcity）。这里要注意的是，经济学上所说的稀缺性是指相对的稀缺性，即从相对的意义上来研究资源的多寡，它产生于人类欲望的无限性与资源的有限性的矛盾。这也就是说，稀缺性并不是强调资源的绝对数量的多少，而是相对于欲望无限性的有限性。但是，这种稀缺性的存在又是绝对的。这就是说，它存在于人类历史的各个时期和一切社会。稀缺性是人类社会永恒的问题，只要有人类社会，就会有稀缺性。为了使相对稀缺的有限的资源来满足无限多样的需要，经济学提出生产可能性边界（Production possibility frontier）这个概念来考察一个国家应该怎样分配其相对稀缺的生产资源问题。由于资源的稀缺性，因此，用于生产某一种物品的资源多了，用于生产其他物品的资源就会减少。假如一个国家可以利用的资源，全部用来生产当年消费的消费品，那么这个国家只能维持简单再生产。如果要实现扩大再生产，就要用一部分资源生产资本品，这样，尽管在以后会有更多的消费品被生产出来，但可以生产出来用于当年消费的消费品就要相应减少。这是一个目前利益与长远利益之间的矛盾。因此，一个国家如何兼顾目前利益与长远利益，把有限的资源分配使用消费品和资本品的生产，是经济学必须提供答案的一个十分重要的问题。

简单来讲，经济主体面临着选择生产产品的数量和品种的许许多多问题。比如国家安全与吃饭需要只表现为大炮与面包数量之间的矛盾问题，如表 1-1 和图 1-1 所示。

表 1-1　生产产品选择

生产可能性	面包/万个	大炮/门
A	0	15
B	1	14
C	2	12
D	3	9
E	4	5
F	5	0

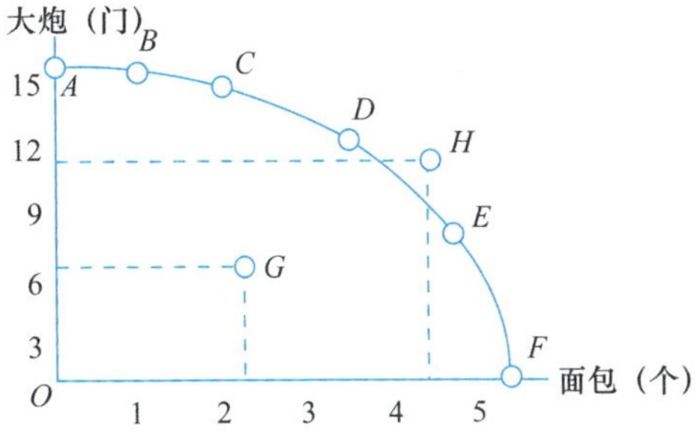

图 1-1　生产可能性边界

为什么社会所能生产的大炮与面包是有限的？社会在生产大炮与面包的六种可能性中选择哪一种？为什么有时社会生产组合达不到 AF 线，而只能在 G 点？如何使社会生产的大炮与面包的可能性超出 AF 线比如 H 点？

在这里所谓生产可能性边界(生产可能性曲线)，就是在给定的资源和生产技术条件下一个国家之最大可能的大炮与面包之生产的各种可能性组合。经济学通过在如下一条曲线来表示这各种可能的组合。A、C、B、D、E、F 每一点都代表在给定的资源和生产条件下，一个国家之最大可能的大炮与面包之生产可能性组合，所以称为生产可能性边界。AF 曲线还表明了，多生产一单位面包要放弃多少大炮，或者相反，多生产一单位大炮要放弃多少面包，因此，又称为生产转换线。

生产可能性曲线的切线的斜率是机会成本。当机会成本不变时，生产可能性曲线是一条直线；当机会成本递增时，生产可能性曲线是一条凹向原点的曲线；当机会成本递减时，生产可能性曲线是一条凸向原点的曲线。

生产可能性曲线表明，由于人的物质文化生活需要是无限多样化的，但满足这些需要的手段，即制造或提供人们所需物品和劳务的生产资源是相对稀缺的。有限的资源用来多生产某种物品就要少生产其他物品，在此可以有多种组合。如一个社会为了不断扩大再生产，所需要的资本财货是无限的，为了提高当前生活，所需要的消费品也是无限的。但是，能够用于生产物品的资源是有限的。由于资源的相对稀缺性，在一定技术条件下，在生产可能性曲线的多种可能性组合中，究竟该选择哪一种，即一个国家关于消费品和生产资料这两大部类的生产组合，到底选择 AF 线上任何的哪一点？这就有个选择问题。所谓选择(Choose)就是如何利用既定的资源去生产经济物品，以便更好地满足人类的需求。

经济学在研究选择过程中存在两个假设：第一，人都是理性的，这叫作经济人或理性人。西方经济学家认为，人都是自私的，他首先要考虑自己的经济利益，在做出一项经济决策的时，对各种方案进行比较，选择一个花费最少，获利最多的方案。这样的人就是"理性人"。经济人会用自己的方式行事，以保证自己的效用最大化。例如，他们会认为：天下没有免费的午餐；在马路中间是不可能捡到钱的。经济人是自私的，这里的自私表示：经济人会追求自身效用的最大化，关于伦理道德、政治等问题，在这里是不需要考虑的。在现代社会中，很多旧的观念需要转变，比如，你是不是热爱集体？是集体利益重要还是个人利益重要？你为什么要工作？为什么你喜欢更高的工资？第二，人们都具有完全的信息，你所买到的东西，一是一定是你自己愿意买的，二是一定是最合意的。假设从事经济活动的主体对各种信息都充分了解。比如对于消费者来说，完全的信息是指消费者了解欲购商品的价格、性能、使用后自己的满足程度等。

理性人和完全信息这两个假设在现实中并非完全符合实际，能不能说假设就没有意义呢？并非如此，经济分析做出假定，是为了在影响人们经济行为的众多因素中，抽出主要的、基本的因素，在此基础上，可以提出一些重要的理论来指导实践。假设是理论形成的前提和条件，但假设在大体上不违反实际。例如人们是如何花钱的？天下没有免费的午餐，世上的经济活动无非以下四种：第一种，你花自己的钱为自己办事；第二种，你花别人的钱为自己办事；第三种，你花自己的钱为别人办事；第四种：你花别人的钱为别人办事。按理性人和完全信息这两个假设的观念来看，显然第一种效率最高，第四种效率最低。

二、应对经济资源的稀缺性

人们在生产和生活实践中会提出许多问题：近来股票市场的状况如何？股票会不会涨？你觉得哪一种股票比较好呢？现在的房子价格如何？现在值不值得买房子呢？现在的商品，比过去更贵了还是更便宜了？商品的价格高好还是低好？为什么即使总经理的打字速度比秘书快，仍然是让秘书打字，而不是自己亲自打字？为什么即使丈夫比妻子炒菜速度快、水平高，仍让妻子做菜？如果你现在看中了一套房子，价格是 150 万元；同时你正好看中了一辆汽车，价格也是 150 万元。可是，你现在只有 150 万元，你如何决策？如果一个人喜欢吃牛肉。他太太给他买的时候，每次都是正好买 20 元钱的；而他自己买的时候，每次都是买一斤。这个人的行为和他太太的行为有差别吗？在美国一家医院，几名有名望的年轻医生联合起来，要求减少对那些年老且没有治愈希望的病人的治疗，以便将时间和医药用在更有希望治愈的年轻病人身上，在美国引起了不小的风波。经济学如何看待这一问题呢？现代大家庭在解体，在外吃饭的人越来越多，为什么人们不喜欢自己下厨房做饭了呢？很多国家的政府喜欢给公务员加薪，而不愿意把更多的钱用来救济穷人，为什么？按照经济学的方式思考，东西跟钱走，如果你有足够的钱，一头大象会不会自己从非洲走到你那里？

事实上，经济学是为了研究稀缺的资源如何有效配置这一基本经济问题的需要而产生的。经济制度不同，资源配置的方式就不同。经济学的研究对象可以定位为一定社会经济制度下稀缺资源的配置和利用。经济学是研究市场经济制度下稀缺资源的配置和利用的一门社会科学。经济学往往运用经济模型以解决经济资源稀缺问题。

(一)经济资源

经济资源又叫作生产要素，是指用于满足人们从事生产和其他经济活动的一切要素，是指一定时间条件下，能够产生经济价值以提高人类当前和未来福利的自然资源、人力资源、资本资源及其他资源的总称。经济资源主要是指土地、资本、劳动、企业家才能。经济学中所说的土地是一个广泛意义上的概念，是指大自然赋予人类的一切有助于进行生产活动的自然条件。资本包括物质资本和金融资本，物质资本包括机器和厂房等，金融资本包括有价证券和货币等。劳动是指人类在生产过程中所做出的贡献，包括脑力劳动和体力劳动。企业家才能是企业家特有的个人素质，企业家才能的作用主要表现为：组织协调其他要素进行生产、寻求和发现新的商业机会、引进新的生产技术或发明以及引导和带动企业进行技术、市场和制度等各种创新。经济学是一门社会科学，研究在生产、交换、消费物品和劳务的过程中个人和个人集团的行为，它解释并正努力解释着、预测并正努力预测着由买者和卖者组成的市场中的商品和劳务的价格形成等各种社会经济现象。从经济学的角度来看，我们可以把与人类生存和发展息息相关的物品分为三类，即自由物品、经济物品和有害物品。自由物品，通常被定义为不需要付出任何代价就能够得到的有用物品，如阳光和空气等。经济物品也叫稀缺物品，是指人类必须付出相应代价才能够得到的有用物品，如房子、汽车和食品等。经济物品具有四个特点：有用性、获取时的代价、稀缺性、价格为正。有害物品是指人类必须付出相应代价才能够消除的物品，如生活垃圾和工业"三废"。人们生产产品必须要配置好经济资源。

（二）经济模型

经济模型因应对经济资源稀缺而产生。经济模型是用来描述特定的经济现象中相关经济变量之间关系的理论结构，是对经济理论进行描述、分析和研究的手段和方法，是经济规律的概括和总结。经济模型从分析手段的角度，可以分为概念模型、几何模型和数学模型等三类。模型中的变量必须区分内生变量和外生变量。内生变量是由模型的求解来决定其数值的变量，外生变量是在模型以外决定其数值的变量。外生变量给模型所反映的经济系统以影响，而不受这个系统的影响。一个变量在模型中为内生变量或外生变量，决定于问题的性质与研究的目的。经济模型是一种分析方法，它极其简单地描述现实世界的情况。现实世界的情况是由各种主要变量和次要变量构成的，非常错综复杂，因而除非把次要的因素排除在外，否则就不可能进行严格的分析，或使分析复杂得无法进行。通过做出某些假设，可以排除许多次要因子，从而建立起模型。这样一来，便可以通过模型对假设所规定的特殊情况进行分析。经济模型本身可以用带有图表或文字的方程来表示。经济模型主要用来研究经济现象间互相依存的数量关系。其目的是反映经济现象的内部联系及其运动过程，帮助人们进行经济分析和经济预测，解决现实的经济问题。比较典型的经济模型有：

1. 边际分析模型

比如一是求边际成本。假设成本函数为 $C=C(q)$，C 为成本，q 为产量，则边际成本表示产量为 q 时生产 1 个单位产品所花费的成本。二是求边际收益。假设需求函数为 $p=p(q)$，q 是产量，p 是价格，则收益函数为 $R=R(q)=q \cdot p(q)$，则边际收益表示销售量为 q 时销售 1 个单位产品所增加的收入。三是求边际利润。假设利润函数 $L=L(q)=R(q)-C(q)$ 则边际利润 $ML=L'(q)$，边际利润 $ML=L'(q)$ 表示销售量为 q 时销售 1 个单位产品的所增加的利润。

2. 弹性分析模型

比如一是需求的价格弹性。假定需求函数 $q=q(p)$，q 是需求量，p 是价格。需求的价格弹性表示，当价格上升百分之一时，需求量减少的百分数；当价格下降百分之一时，需求量上升的百分数。二是需求的收入弹性。需求量是收入的（单增）函数，$q=q(R)$，q 是需求量，

R 是收入，需求的收入弹性是需求收入弹性当收入增加百分之一时，需求量增加的百分数；当收入减少百分之一时，需求量减少的百分数。

3. 最大利润模型

如设总利润 $L=L(q)=R(q)-C(q)$，$L'(q)=0$ 是 $L(q)$ 取得最大利润的必要条件，也就是说，实现利润最大化的必要条件是边际收益等于边际成本，$R'(q)=C'(q)$，即 $MR=MC$。最优亦称最佳订购批量模型。定量订购模式的一种。在保证满足生产需要的条件下，权衡订购费用和保管费用等，求得总费用最小的订购批量。

4. 最优经济批量模型

一般可分为不允许缺货和允许缺货两种：一是不允许缺货的经济批量，是指订购费用和保管费用两者之和的总费用最小的批量，它不考虑缺货的损失费用；二是允许缺货的经济批量，是指订购费用、保管费用和缺货损失费用三者之和总费用最小的批量。

5. 回归分析模型

回归分析的数学模型。一个随机变量 Y 对另一个或一组（随机或非随机）变量 X_1，$\cdots$，X_m 的随机相依关系的数学表达式及有关假设条件的总称。常用回归模型有如下一般形式：

$$Y=\mu(X_1,\ \cdots,\ X_m)+e$$

式中，$\mu(X_1,\ \cdots,\ X_m)$ 是 Y 对 X_1，$\cdots$，X_m 的回归函数，e 是数学期望为零的随机变量，称作随机误差，亦称模型误差。方程 $Y=\mu(X_1,\ \cdots,\ X_m)$ 称作（理论）回归方程。自变量 X_1，$\cdots$，X_m 称作"回归变量（或因子）""说明变量""解释变量"或"预报因子"；因变量 Y 称作"响应变量""被说明变量""被解释变量"或"预测量"。回归变量是可以控制的普通变量的回归模型，称作经典的；只有一个回归变量的回归模型，称作一元的，否则称作多元的。应用回归分析中，假定回归函数的数学形式已知，但含未知参数。最简单、最重要且最便于处理的情形，是 $\mu(X_1,\ \cdots,\ X_m)$ 关于未知参数 β_0，β_1，$\cdots$，β_k 线性的情形为：

$$\mu(X_1,\ X_2,\ \cdots,\ x_m)=\sum_{i=0}^{k}\beta_i g_i(x_1,\ x_2,\ \cdots,\ X_m)$$

式中，$g_i(X_1,\ \cdots,\ X_m)(i=0,\ 1,\ \cdots,\ k)$ 是不含未知参数的已知函数，β_0，β_1，$\cdots$，β_k 称作"回归系数"。这样的回归模型称作线性的，否则称作非线性的。许多非线性回归模型，经变换可以化为线性的。直接确定回归函数 $\mu(X_1,\ \cdots,\ X_m)$ 的形式往往是困难的，常根据对 Y，X_1，$\cdots$，X_m 的观测结果 Y_j，X_{1j}，$\cdots$，$X_{mj}(j=1,\ \cdots,\ n)$，选择适当函数（修匀函数）$f(X_1,\ \cdots,\ X_m)$，使 Y_j 对 $\hat{y}_j=f(X_{1j},\ \cdots,\ X_{mj})(j=1,\ \cdots,\ n)$ 的偏差在一定意义下最小（见"最小二乘原理"）。这种对观测值的拟合，是回归模型的直观背景，在应用回归分析中被广泛采用。

6. 投入产出数学模型

投入产出数学模型简称投入产出模型。根据投入产出原理建立的一类数学模型，其中最常用的是静态投入产出模型。按行建立的分配方程或产出方程组模型是指由第一象限和第二象限（参见投入产出表）的各行组成一个方程，反映各部门生产的总产品的分配使用情况，平衡关系是中间产品与最终产品的和等于总产品，即：

$$\sum_{j=1}^{n}X_{ij}+y_i=X_i(i=1,\ 2,\ \cdots,\ n)$$

式中，X_{ij} 为 j 部门生产对 i 部门产品的消耗量；y_i 为 i 部门的最终产品；X_i 为 i 部门的总产品。

按列建立的生产方程组或投入方程组模型是由第一象限和第三象限各列组成一个方程，反映总产品价值的形成过程，平衡关系是物质消耗转移价值+新创造价值=总产值。

$$\sum_{i=1}^{n} X_{ij} + V_j + M_j = X_j \qquad (j = 1, 2, \cdots, n)$$

式中，V_j 为 j 部门提供的劳动报酬；M_j 为 j 部门创造的社会纯收入。分配方程组模型对价值型和实物型表都适用，而生产方程组模型仅对价值型表适用。

7. 决策的数学模型

用于决策的数学模型。由于经济社会系统十分复杂，决策因素纵横交错，任何决策者单凭直观的经验难以做出科学的决策。因此，在现代决策中，常用数学方法建立决策变量之间的函数式或模型，把复杂的决策问题简明化。

决策模型的基本结构是：$V = F(A_i, S_j)$ 式中 V 表示以价值表示的决策系统目标。它为整个系统效益的衡量标准，是 A_i、S_j 的函数；A_i 表示决策者可控制的因素，即行动方案。把 A_i 当作变量看待，称之为"决策变量"，也叫"可控变量"；S_j 表示决策者不可控的因素，即自然状态。把 S_j 当作变量看待，称作"状态变量"或"环境变量"，也叫"不可控变量"。它们间的关系可用决策矩阵表示，决策矩阵的一般形式是：$(A_1, A_2, \cdots, A_m)$ 表示决策方案（行动方案）。它是根据决策系统主客观条件提出，且满足决策目标要求的若干可行的备选方案，这些方案是彼此独立而又可以互相替代的，若以向量表示，则称为方案向量，以 A_i 或 $\{A_1, A_2, \cdots, A_m\}$ 记作 $(i = 1, 2, \cdots, m)$；$(S_1, S_2, \cdots, S_n)$ 表示自然状态，即各备选方案在执行中可能遇到的种种状况，这些自然状态常常是随机的，不受人们主观愿望控制的，若以向量表示，则称为自然状态向量（或简称状态向量），以 S_j 或 $\{S_1, S_2, \cdots, S_n\}$ 记之 $(j = 1, 2, \cdots, n)$；$(P_1, P_2, \cdots, P_n)$ 表示自然状态发生的概率，它是根据对未来事态发展的预测和历史记录资料的研究来确定的，所以它是主观概率。若以向量表示，则称为状态概率向量（或简称概率向量），以 P_j 或 $\{(P_1, P_2, \cdots, P_n)\}$ 记作 $(j = 1, 2, \cdots, n)$；$(O_{11}, O_{12}, \cdots, O_{mn})$ 表示损益值，它是根据各方案在不同自然状态下的资料，通过计算求得的，若以矩阵表示，则称为损益矩阵。

三、机会成本

机会成本又叫作"择一成本""择机代价"。指在经营决策中，以某一方案可能获得的利益为尺度，作为评价另一方案的一种假定性成本，是管理成本范畴的一个特定成本概念。它并非实际支出，也不记入会计账册，但必须作为现实因素予以考虑，在多种方案评价时彼此互为对方的机会成本，才能正确选择机会成本小、净收益大的最优方案。考虑机会成本能促使企业全面地权衡得失，合理选择方案，使经济资源的利用能够产生最大的经济效益。

经济学意义上的机会成本是使用一种资源的机会成本，是指把该种资源投入某一特定用途以后，在所放弃的其他用途中，可能给选择者带来的最大收益。机会成本是从被放弃的选择中进行考虑。机会成本是被放弃的选择中可能带来的多种收益中的最大收益。机会成本中的最大收益是可能性，而非现实性。机会成本不是被放弃的多种选择可能带来的收益加总，而只是其中最大的可能收益。机会成本是资源投入某一特定用途后，所放弃的其他用途的最大利益。人们总是选择机会成本最小的方案。

如表1-2所示，上大学的人很可能将来工作35年左右，会取得相当可观的总收入。不上大学提前工作的人，大约能工作 40 年，一般来讲，获得的总收入显然不如选择上大学后大约工作 35 年的总收入。赋闲在家的人，没有工作，就没有收入。作为理性人，人们自然会选择收益最多、机会成本最小的方案，即选择上大学。

表 1-2　上大学的机会成本

上大学	日后的高薪和体面工作
提前工作	多拿的几年工资及经验积累
赋闲在家	逍遥的生活

四、最优配置经济资源

最优利用经济资源、最优配置经济资源意味着已经达到经济资源均衡耗用状态，否则，人们会进行永无止境地探索。经济资源最优配置其实包括资源配置和资源利用。资源配置是指人们在解决资源稀缺性问题时，必须就如何使用资源做出选择。选择就是如何利用既定的资源去生产经济物品，以便更好地满足人类的需求。选择要解决这样三个问题：一是生产什么（What）？生产多少？二是如何生产（How）？即用什么方法来生产。三是为谁生产（For whom）？即财富如何分配。

（一）生产什么、生产多少

人的需要是无限的，永无饱和之日，而生产资源是稀缺的。目的与达到目的手段之间的矛盾迫使人们必须在各种需要之间权衡比较，有所取舍。另外，人们还必须决定每种产品的产量应各为多少？如上例，当我们把权衡取舍的范围归结为消费品与资本财货两大类时，生产可能性边界上的每一点代表了这个问题之各种可能的答案。那么，到底哪一点是最合理的？

（二）如何生产

每种生产要素一般有多种用途，而任一种产品一般也可采用多种生产方法。例如，同一种产品，既可采用多用劳动少用资本的方法，也可采用多用资本少用劳动的生产方法。这里有一个生产效率的问题，即如何组织生产使生产要素能够最有效率地被使用的问题。

（三）为谁生产

被生产出来的产品怎样在社会成员之间进行分配，即经济学所说的收入分配问题，也就是为谁（For whom）生产的问题

人是社会的人，每个人总是生活于组成一定社会形式的人群之中，所以生产总是社会生产。就是说，社会的人作为劳动的主体，在有目的地作用于劳动的客体——自然物质时，总是在一定的社会形式下进行劳动的。所以，经济分析必然包括生产出来的产品归谁享用以及享用多少的问题。

以上三个方面的问题，即生产什么？怎样生产？和为谁生产？也就是人类社会所必须解决的基本问题。这三个问题被称为资源配置问题。经济学是为解决稀缺性问题而产生的，因此，经济学所研究的对象就是由稀缺性而引起的选择问题，即资源配置问题。也正是在这种意义上，许多经济学家把经济学定义为"研究稀缺资源在各种可供选择的用途之间进行分配的科学"。有的还加上一个问题，即现在生产还是将来（When）生产？

经济学所要研究的基本问题，就是如何使有限的资源得到最优的配置。但是，严格地讲，对于什么是资源的最优配置这一问题的回答，并不是绝对的，它依赖于人们关于"最优"这一概念的看法或者说依赖于人们所使用的价值判断。

西方经济学所说的资源最优配置，是以帕累托最优状态为标准的，即如果不能通过资源的重新配置，使至少有一人受益而同时又不使其他任何人受到损害，那么就可以说已经达到了资源的最优配置。达到资源最优配置的条件大致上可以归纳为三点：一是任何两种产品之间的边际替代率对所有的消费者均相等；二是任何两种生产要素之间的边际技术替代率在使用这些生产要素的各种场合均相等；三是任何两种产品之间的边际转换率等于这两种产品的消费的边际替代率。在一定的条件下，完全竞争的市场均衡可以达到这样的资源最优配置状态。

一些西方经济学家认为，根据帕累托（Pareto）标准建立的资源最优配置概念，局限性很大。为此，他们提出了潜在的帕累托准则。假定对资源的一种重新配置总会使一部分社会成员受益而使另一部分社会成员受损，受益者的所得与受损者的所失之差代表了净社会福利的变化。按照潜在的帕累托准则，只有在无法再通过经济资源的重新配置使社会福利得到净增加时，才可以说是达到了资源的最优配置。

按照帕累托标准或潜在帕累托标准提出的资源最优配置概念，由于没有考虑收入分配问题而被一些经济学家认为是不充分的。但是，什么样的收入分配才算好呢？事实上社会中每个人的观点未必会相同。这样，对资源最优配置就很可能会存在不同的理解。考虑到这些情况，一些西方经济学家提出，应该通过建立社会福利函数，来研究资源的最优配置问题。在社会福利函数中，社会福利被表示为影响它的各种因素的函数，当社会福利函数取得最大时，就是实现了资源的最优配置。

五、最优利用经济资源

现实的经济社会中，还有另一方面的问题，那就是劳动者失业、生产设备和自然资源闲置是经常存在的状态，这就是说：一方面资源是稀缺的，另一方面稀缺的资源还得不到充分的利用。这种情况就是产量没有达到生产可能线。生产可能性曲线表示给定技术条件下一个社会可能实现的最大产量，或称潜在的国民收入。如果资源在既定条件下能达到，但并不是最大数量的组合，就意味着资源没有得到充分利用。这就给经济学提出另一个问题，经济学必须进一步研究，造成这种状况的原因是什么，用什么办法来改进这种状况，从而实现充分就业，使实际的国民收入接近或等于潜在的国民收入，这就是要研究稀缺经济资源的充分利用问题。

传统微观经济学的中心思想是自由交换可以使资源得到最充分的利用，实现资源配置的帕累托最优。实际上，除了资源所有权外，法律还界定了其他许多权利，但其中最重要的就是消除对法定权利自由交换的障碍。这又使得法定权利的最初分配从效率角度看是无关紧要的，只要这些权利能自由交换。如果法律界定的财产权利分配不当，会在市场上通过自由交换得到校正。要实现资源的优化配置，除了法律界定产权、保障自由交换这一条件外，还需要交易成本为零，即交易谈判无需时间、精力以及为防止违约、违约后的仲裁提供任何费用。也就是说，只要交易成本为零，财产权利的最初安排也是无关紧要的。除了交易成本为零外，障碍自由交易还有市场结构因素，所以，法律界定的财产权利须在完全竞争的市场上交换才能实现资源配置的帕累托最优。

由于交易是有成本的，不同的产权安排，交易成本也会有很大不同，因而对资源配置的效率有不同的影响。为了优化资源配置，法律制度对产权的初始安排和重新安排的选择是至关重要的。这里的交易成本是指在特定制度结构下的交易活动的成本，即不管哪种产权制度，一旦做出选择，就成为交易者进行交易的基本框架，交易成本亦发生在这个制度框架之内。如果这个前提不能保证资源的最优配置，产权就会让渡或交易。其办法一是在市场上通过等价交换，实现财产权利的重新配置。

资源利用，是人类社会如何更好地利用现有的稀缺资源，生产出更多的物品。资源利用包括三个相关的问题：一是充分就业问题；二是货币的购买力问题；三是经济波动与经济增长问题。应用最优化方法对区域有限的资源进行合理开发和利用，以获得最大的或满意的经济效益。区域资源包括土地、矿藏、水力、森林、草原、野生动植物等，还包括该地区的名胜古迹、特种工艺、人力、物力和财力等资源。区域资源最优利用常用的优化方法有线性规划、整数规划、动态规划、网络理论目标规划模型等。资源利用包括这样三个相关的问题：

第一，为什么资源得不到充分利用，为什么有时社会生产的资本财货和消费品的组合达不到生产可能性边界。换句话说，也就是如何能使稀缺的资源得到充分利用，如何使各种消费品和资本财货的产量达到最大。这就是一般所说的"充分就业"问题。

第二，在资源既定的情况下为什么产量有时高有时低，即尽管资源没变，但消费品和资本财货的产量为什么不能始终保持在生产可能性边界上。这也就是经济中为什么会有周期性波动。与此相关的是，如何用既定的资源生产出更多的消费品和资本财货，即实现经济增长。这就是一般所说的"经济波动与经济增长"问题。

第三，现代社会是一个以货币为交换媒介的商品社会，货币购买力的变动对由稀缺性问题所引起的各种问题的解决都影响甚大。这样，解决经济问题就必然涉及货币购买力的问题。这也就是一般所说的"通货膨胀或通货紧缩"问题。

六、均衡经济资源的体制

在考虑机会成本、人们的需求的基础上，如何将经济资源有效地用于产品的生产，满足人们生产、生活的需要，一直是经济学家要解决的问题。实际上，经济体制是要求达到经济资源均衡的理想状态的体制，是一定社会生产方式下的生产关系或基本经济制度的具体表现形式，是国民经济的组织、运行、管理的制度、方式等整个体系，又称国民经济体制。在一个社会中，其基本经济制度的本质规定性是相对稳定的；但作为其表现形式的经济体制，在具有同一基本经济制度的不同国家或同一国家的不同历史阶段，则是不断变化的。

经济体制涉及生产关系的一系列环节和方面，有不同的范围和层次，主要包括：一是国民经济各部门、各地区、各行业、各经济单位的体制；二是生产、流通、分配、消费各领域的体制；三是工业、农业、商业、交通运输业等各部门的体制；四是计划、价格、财政、税收、金融、劳动工资等各环节的体制；五是中央与地方、经济区、中心城市、企事业等各层次的体制等。各过程、部门、环节、层次等经济体制互相联系，互相交错，形成了整个国民经济体制。

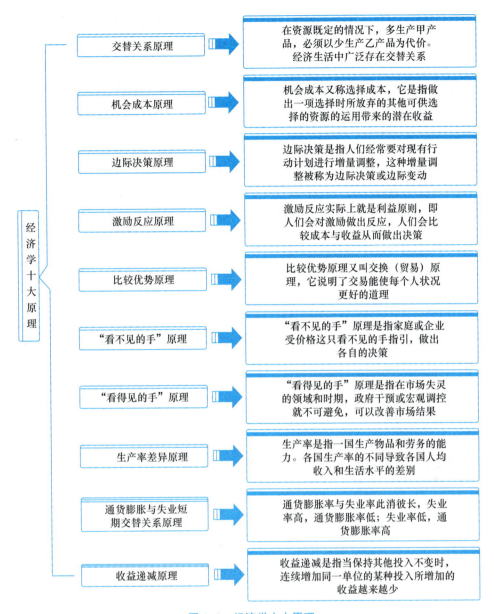

图 1-2　经济学十大原理

经济体制包含的主要内容有：一是生产资料所有制具体形式与结构，包括各种经济形式的地位和经营方式；二是国家管理国民经济的基本原则、方针和政策；三是经济组织形式，包括管理、调节、监督机构的设置等；四是管理权限的划分，包括计划、人力、物力、财力等权限，中央与地方、国家与企业、国家与集体和个人之间，以及管理机构、各类人员的权限与职责的划分；五是管理制度，包括对宏观经济活动和微观经济活动规定的一系列管理制度。六是管理方法，包括经济手段、法律手段和行政手段。上述各项内容是有机联系、相辅相成的。

在不同的经济制度下，资源配置与资源利用问题的解决方法是不同的。在考察这一问题时，西方经济学家一般把经济体制分为四种类型：一是传统经济体系。传统经济体系是经济学的名词又称为自然经济，与商品经济相对，多是在乡村以及农业社会之中出现，主要是依据社会风俗和惯例以解决三个基本经济问题(生产什么、如何生产、生产给谁)。二是计划经济体系。又称指令型经济，是一种经济体制，而这种体系下，国家在生产、资源分配以及产品消费各方面，都是由政府或财团事先进行计划。由于几乎所有计划经济体制都依赖政府的指令性计划，因此计划经济也被称为"指令性经济"。三是市场经济。又称为自由市场经济或自由企业经济经济体系，在这种体系下产品和服务的生产及销售完全由自由市场的自由价格机制所引导，而不是像计划经济一般由国家所引导。在市场经济里并没有一个中央协调的体制来指引其运作，但是在理论上，市场将会透过产品和服务的供给和需求产生复杂的相互作用，进而达成自我组织的效果。市场经济的支持者通常主张，人们所追求的私利其实是一个社会最好的利益。四是混合经济体系。混合经济是指既有市场调节，又有政府干预的经济。在这种经济制度中，决策结构既有分散的方面又有集中的特征；相应地，决策者的动机和激励机制可以是经济的，也可以是被动地接受上级指令；同时，整个经济制度中的信息传递也通过价格和计划来进行。

七、比较最优配置、最优利用经济资源

研究最优配置经济资源问题的经济学是微观经济学，研究最优利用经济资源问题的经济学是宏观经济学。

因此，最优配置经济资源和最优利用经济资源的比较，实际上是微观经济学与宏观经济学的比较。微观经济学以单个经济单位为研究对象，通过研究单个经济单位的经济行为和相应的经济变量单项数值的决定，来说明价格机制如何解决社会的资源配置问题。微观经济学包括以下四个方面的内容：一是微观经济学的研究对象是单个经济单位的经济行为；二是微观经济学解决的问题是资源配置问题；三是微观经济学的中心理论是价格理论；四是研究方法是个量分析。微观经济学的基本假设是：一是市场出清的假设；二是完全理性的假设；三是完全信息的假设。如图1-3所示，微观经济学的基本理论有：一是均衡价格理论也称价格理论；二是消费者行为理论；三是生产者行为理论，即生产理论；四是分配理论；五是微观经济政策。

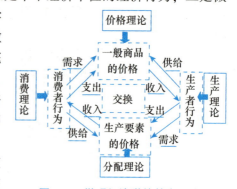

图1-3 微观经济学的基本理论

宏观经济学以整个国民经济为研究对象，通过研究经济中各有关总量(如国民生产总值、国民收入、总需求、总供给、总储蓄、总投资、总就业量、货币供给量及物价水平等)的决定及其变化，来说明资源如何才能得到充分利用。如图1-4所示，宏观经济学包括以下四个方面的内容：一是宏观经济学的研究对象是整个经济；二是宏观经济学解决的问题是资源利用问题；三是宏观经济学的中心理论是国民收入决定理论；四是宏观经济学的研究方法是总量分析的方法。

宏观经济学的基本假设是：一是市场机制是不完善的；二是政府有能力调节经济，纠正市场机制的缺点；三是各种经济变量之间存在错综复杂的相互关系。如图1-4所示，宏观经济学的基本理论有：一是国民收入决定理论；二是失业与通货膨胀理论；三是经济周期与经济增长理论；四是开放经济理论；五是宏观经济政策。

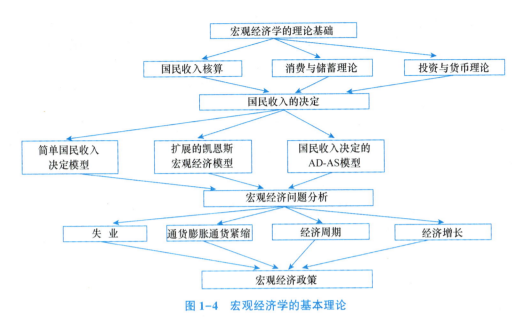

图1-4 宏观经济学的基本理论

微观经济学与宏观经济学既有区别也有联系。从表1-3来看，微观经济学与宏观经济学的区别表现在：二者在研究对象、解决的问题、中心理论和分析方法上都不相同。其联系表现在：二者的区别是相对的，目标是相同的；二者研究的都是基本经济问题，但分工不同；二者是互相补充的；微观经济学是宏观经济学的基础；二者所使用的分析方法大都是相同的，都属于实证经济学。

表1-3 微观经济学与宏观经济学比较

区别	微观经济学	宏观经济学
1. 研究对象	单个经济单位	整个经济
2. 解决的问题	资源配置	资源利用
3. 中心理论	价格理论	国民收入决定理论
4. 研究方法	个量分析	总量分析
5. 假设	市场有效，市场万能	市场失灵，市场不完善，政府有能力
6. 理论依据	新古典经济学	凯恩斯主义经济学
7. 分析对象	家庭、企业、市场	国民经济总体
8. 主要目标	个体利益最大	社会福利最大

任务二 经济研究

一、经济研究的概念

经济研究实际上是研究经济资源如何达到人们心理意义上的均衡状态，即经济资源的最优利用、最优配置。经济学是现代的一个独立学科，研究的是一个社会如何利用稀缺的资源生产有价值的物品和劳务，并将它们在不同的人中间进行分配。经济学主要进行三点考虑：资源的稀缺性是经济学分析的前提；选择行为是经济学分析的对象；资源的有效配置是经济学分析的中心目标。其首要任务是利用有限的地球资源尽可能持续地开发成人类所需求的商品及其合理分配，即生产力与生产关系两个方面。

经济学家是指从事经济学理论研究及其应用工作的人。有时针对不同的研究领域或者流派，通过添加定语而有不同的称呼。譬如，主要研究西方经济学的经济学家被称为"西方经济学家"，从事计量经济学的经济学家就被称之为计量经济学家。好经济学家与坏经济学家的区别只有一点：坏经济学家只能看到可以看得见的后果，而好经济学家却能同时权衡可以看得见的后果和通过推测得到的后果。任何选择必有"成本"，即"放弃了最有价值的机会"；我们不能只看到容易看到的"得"，还必须尽力去看到不容易看到甚至无法看到的"失"。

二、经济研究的方法

经济学研究方法有广义和狭义之分。广义的方法包括理论方法和研究方法。其中，理论方法是指理论本身所具有的方法功能。有些理论，由于它科学反映了客观经济的某些规律，可指导人们对同类经济现象进行分析和研究，这些理论本身就是一种方法。狭义的方法则仅指研究方法。通常人们说的研究方法多指狭义。

需要指出的是，经济学说史上在关于方法论问题的数次大讨论中，方法一词是在多种意义上被使用的，有时，它被当作方法论的同义语，有时是指对一种理论的评判方法。还有的学者在讨论经济学研究方法的同时，又将经济学研究的内容、性质、目的甚至政策含义也包括在方法之内，显然，这类意义上的方法不在讨论之列。历史上不同的研究方法有以下几种。

（一）静态与动态分析

19世纪末，美国经济学家约翰·贝茨·克拉克（John Bates Clark）首次将经济学划分为静态经济学和动态经济学，与之相应地出现了静态分析方法和动态分析方法。按照克拉克的划分，静态经济学研究的是在人口、资本、技术、生产组织和消费量等被假定为固定不变的一个设想的静态社会里起作用的经济规律。静态经济学也研究均衡，但它只分析经济现象的均衡状态以及有关的经济变量达到均衡状态所需具备的条件，并不论及它达到均衡状态的过程。如果原有的已知条件发生变化，人们要考察或比较这些条件变化后均衡状态相应地发生了什么变化，则是比较静态经济学所要研究的。比较静态经济学仍不论及原均衡状态是怎样过渡到新均衡状态的实际过程。动态经济学则不然，它在分析方法上的主要区别就在于加入了时间因素的作用，这一般包括两个方面：一是原假定的不变因素在实践过程中是变化的；二是这些经济变化所属的时间必须明显地表示出来。就第一点说，当这些因素发生了变化，它将如何影响一个经济体系的运动和发展，这是动态经济学要着重研究的。就第二点说，这些变量所属的时间不仅必须明显地表示出来，而且有些经济变量在某一时点上的数值要受以前时点上有关经济变量数值的制约，这就要求把经济运动过程划分为连续的分析"期间"，以便考察有关经济变量在继起的各个期间的变化情况，于是各种"期间分析""序列分析"等也都属于动态经济学的范围。由于静态分析方法和动态分析方法是特指静态经济学和动态经济学中所用的研究方法，随着时间的推移，当今人们在使用这对概念时，含义有所变化：凡假定某些因素不变，只考察静态系统中经济运动规律的都称之为静态分析法，反之是动态分析法。

（二）归纳与演绎

归纳法是从个别事实中概括出一般原理的方法，它有完全归纳和不完全归纳两种形式。前者是在考察了某类对象的全部个体后，根据它们具有或不具有某种属性或特征再做出概括，由于它考察了所要考察的全部个体对象，结论是必然的、可靠的。但在实际研究中，要穷举某类经济对象的全部个体是困难的，因此，在大部分场合，只能对部分对象进行考察，然后根据它们是否具有某种属性或特征做出概括，这种归纳属于不完全归纳。不完全归纳的结论是偶然的，其可靠程度与枚举事例的多少有关，因此还要接受实践的检验。经济学说史上，在不完全归纳的基础上得出的以偏概全或完全错误的结论并不少见，菲利普斯曲线就是一例。演绎法是从一些已知或假设的前提出发，经过诸如三段论、关系、联言、选言或假言等形式推出结论。由演绎法推出的结论是否正确取决于推理的前提正确与否，以及推理形式是否合乎逻辑规则。演绎法与归纳法的区别在于：归纳法是从个别认识到一般，演绎法是从一般推向个别。在经济研究特别是在经济理论体系的建立中，演绎法是一种重要的推理手段。

（三）抽象

抽象就是通过分析，把客观事物的每个属性分别提取出来加以考察，舍弃其偶然、非本质的东西，抽取出必然、本质的东西，从而形成各种规定，并用相关的概念表示出来的一个思维过程。商品、货币、价值、价格就是抽象的结果。在经济研究中，抽象也是人们认识过程从感性具体上升到理性具体的中间环节。通常人们所说的具体有三种意义：一是具体事物，二是感性具体，三是理性具体。具体事物虽然可以被人们认识，但它并不是认识过程中的东西。感性具体是认识过程中的直观和表象，它属于感性认识。它对事物的反映虽然是整体的，但还不是规律性的，还没有反映事物各个本质方面的内在联系，因此，它还有待于上升到理性具体，只有理性具体对事物的反映才是深刻的、完整的，认识上升到这一步，才达到认识的高级阶段。但在认识过程中，人们又不能由感性具体直接推进到理性具体，这一过程的完成需要通过抽象。这样，人们对事物认识的全过程可简单地概括为"具体—抽象—具体"，其中第一阶段"具体—抽象"是从感性具体到思维抽象，它表现为研究方法。第二阶段"抽象—具体"是从抽象的规定再上升到理性具体，即抽象的规定在思维行程中导致具体的再现，它表现为叙述方法或理论体系的建立方法。这里，抽象就成了从感性具体上升到理性具体的必不可少的中间环节。古典政治经济学家在一定程度上运用了抽象法，探讨了资本主义条件下的价值、货币、工资、利润、地租等范畴。马克思主义政治经济也是运用抽象方法研究社会经济关系的。抽象作为一种方法在经济研究中的运用十分广泛，它可以为不同的经济学家所采用。

（四）历史分析

1843年，旧历史学派的创始人、德国经济学家威廉·罗雪尔（Wilhelm Roscher）在他发表的《历史方法的国民经济学讲义大纲》一书中，把历史方法运用到政治经济学的研究领域，并同古典经济学的抽象法相对立，为德国历史学派经济学奠定了方法论基础。罗雪尔认为，国民经济学研究应采用"历史的方法"，尽可能忠实地描写现实生活，寻求与人类进化有关的论述，特别是有关古代历史的记述，通过对希腊和罗马这样的古代国家的研究，能够寻求一个国家最好的发展道路。历史方法的主要原理有以下几点：一是国民经济学的目的在于记述各国国民在经济方面想了、要求或发现了什么，他们做了哪些努力，有了些什么成就，他们为什么要努力并能获得成功，而这样的记述只有和法律史、国家史和文化史结合起来才可能做到。二是研究国民经济，不能仅仅满足于对现代经济关系的观察，对过去各文化阶段的研究，是现代一切未发达国家国民的最好教师，完全具有与观察现代经济关系同样的重要性。三是对个别的国民做根本性的观察，须研究各个国民的总体，因为现代各个国民是彼此紧密联系的，而且对过去的国民所作的研究会给对现代国民的研究以启示和教训。四是没有哪一种经济制度对所有国民和一切文化阶段都是完全有益或完全有害的，因此历史的方法既不轻易颂扬也不轻易否定一种经济制度。罗雪尔在强调历史研究、看重历史资料搜集的同时，也不否认对国民经济发展的研究。罗雪尔的历史方法不仅影响了德国新旧历史学派，而且对后来的美国制度学派也有很大的影响。研究经济问题自然要从事实出发，收集丰富的材料包括历史材料是必要的，但如果不对这些材料进行理论概括和总结，再好的材料也只能成为一堆僵死的事实，从而也就不能反映出历史发展的实际过程，这种只描述历史事实而不把它与理论研究联系起来的做法正是罗雪尔历史方法的不足之所在。

（五）实验

19世纪上半叶，法国学者让-巴蒂斯特·萨伊（Jean-Baptiste Say）曾经提出，政治经济学的真正方法是：实验的方法，主要在于只承认其观察和实验能说明现实的哪些行动是正确可靠的。这里，萨伊说的"实验"也包含了经验和观察的意思。20世纪中叶，学术界出现了把实验室试验引入诸如研究某些商品或服务的市场价格、模拟某些情况下的个人偏好及市场行为、研究拍卖以及检查垄断和有关反竞争措施的影响等，并认为实验方法对于研究一国中某一地区的非约束性立法、临时立法也是适用的。于是有学者认为经济学的实验方法给经济学家带来一种直接责任，即把可控过程作为生成科学数据的重要来源，一项未经试验过的理论仅仅只是一种假设而已。尽管如此，仍有不少学者甚至一些实验方法热衷者本人也清醒地意识到，经济学与某些自然科学的一个重要区别就在于经济现象之间是相互关联的，它们要受其他形式的社会活动的影响，一种事件的出现很难说是一种原因的结果，有时是多种相关因素共同作用的产物。同时，这些相关因素之间又是互相影响的，用术语说是"多重原因"和"影响的交叉混合"，因此，实验方法的应用范围是有限的，对它的作用不能过分夸大。

（六）数理分析

数理分析方法是指由数理学派倡导的、用数理手段来研究经济问题的方法。1838年，数理学派的先驱者、法国数学家、经济学家安多万·奥古斯丹·古诺（Antoine Augustin Cournot）在他的《财富理论的数学原理研究》一书中，用函数形式表述了商品的需求同价格之间、产量同成本之间的依存关系，并运用数学推理，论证了垄断、双头垄断、寡头垄断直到无限制竞争等在市场条件下，生产者实现最大利润的价格决定问题。1871年，英国学者威廉·斯坦利·杰文斯（William Stanley Jevons）在他的《政治经济学理论》一书中，运用导数来表述边际效用的概念，并借助数学推理论证了两种商品相交换的均衡价格是怎样决定的。1874年，边际效用学派的另一创始人里昂·瓦尔拉（Marie Esprit Leon Walras）在其《纯粹政治经济学纲要》一书中考察了所有商品的供给和需求同时达到均衡状态时的价格决定问题，创建了一般均衡理论体系。1906年，意大利学者维尔弗里多·帕累托（Vilfredo Pareto）在他出版的《政治经济学教程》一书中借助序数效用指数和无差异曲线等概念，论证了瓦尔拉的一般均衡理论。19世纪70年代，特别是第二次世界大战以后，数理方法在经济研究中的运用有了很大发展，使用的数学工具除传统的几何、微积分知识外，还有线性数、差分方程、概率论、数理统计和对策论等。20世纪30年兴起的计量经济学就是在数理经济学的基础上发展起来的。目前，数理方法在经济学研究中的运用为越来越多的学者所关注。

（七）一般均衡与局部均衡分析

一般均衡分析的特点是，假定市场上各种商品的供给、需求和价格都是相互作用和影响的，然后在这一前提下考察每种商品的供给和需求同时达到均衡时的价格决定。该方法认为，一种商品的价格不仅取决于它本身的供给和需求状况，还要受其他商品价格和需求的影响，因此，对于一般商品，其价格和供求的均衡只有在所有商品的价格和供求都达到均衡时才能决定。一般均衡方法由洛桑学派的创始人瓦尔拉所首倡，帕累托对其做了进一步论证，而后为希克斯（J. R. Hicks）所发展。局部均衡方法是阿弗里德·马歇尔（Alfred Marshall）在其价值和分配理论中运用的一种分析方法。该方法在分析一种商品或生产要素的价格如何由供给和需求两种相反力量的作用得到均衡时，总是假定其他条件不变，即假定这一商品或生产要素价格只取决于它本身的供求状况，而不受其他商品价格和供求的影响。由于该方法与一般均衡分析相对立，故称为局部均衡方法。

（八）实证与规范研究

实证与规范研究方法分别与实证经济学、规范经济学相对应。实证经济学的特点是排除一切价值判断，只考虑建立经济事物之间关系的规律，并在此基础上分析和预测人们经济行为的效果。它要回答的是"是什么"，它所研究的内容具有客观性，结论正确与否可通过经验事实来检验。规范经济学是以一定的价值判断为基础，并提出某些标准作为分析处理经济问题的标准、制定经济政策的依据、建立经济理论的前提，并研究如何才能符合这些标准。它要回答的是"应该是什么"，由于它研究的内容没有客观性，得出的结论无法通过经验来检验。因此，不少学者认为，要使经济学成为真正的科学，就必须抛开价值判断，使其实证化。但也有的学者持不同意见，他们认为，在经济研究中，实证方法和规范方法都是必要的，正确的态度是将二者结合起来，而不应该只主张使用一种方法而反对另一种方法。另外，还有的学者认为，纯粹的实证经济学是不存在的，有些理论，看似没有任何价值判断，但它隐含的理论前提中就包含了一定的价值判断。如果按经济学的研究方法来分类可以把经济学分为实证经济学与规范经济学。实证经济学，是指超脱或排斥价值判断，只研究经济本身的内在规律，并根据这些规律来分析和预测人们经济行为效果的理论。它回答的是"是什么"的问题，而不对事物的好坏做评价。规范经济学是指依据一定的价值判断，提出某些分析处理问题的标准，探讨研究怎样才能符合这些标准的理论和政策。它要回答"应该是什么"的问题。实证分析主要涉及对经济现象的解释和预测，规范分析主要是对经济现象做出价值判断。

此外，人们也经常谈及所谓经验主义、实证主义、证伪主义、证实主义，以及保罗·萨缪尔森（Paul Samuelson）的描述法、米尔顿·弗里德曼（Milton Friedman）的工具主义的变种等等。

三、学习经济研究

经济学的分析对象指的是经济主体，即包括家庭、企业、政府，三者之间的关系有时主要依靠市场运作就是市场经济。如果主要依靠计划运作就是计划经济。新中国成立初期生产能力不强，供给小于需求，形成卖方市场，所以搞计划经济是有利的。改革开放很多年后，中国的生产能力大大提升了，供给大于需求，形成买方市场，搞市场经济是有利的。图1-5是对家庭、企业、政府之间经济关系的描述。

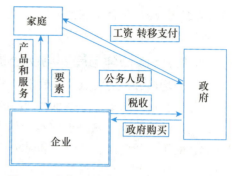

图1-5　家庭、企业、政府间的经济关系

一方面企业要为家社会中的家庭提供品和服务，比如家具、电器、食品、家政服务等；另一方面家庭要为企业提供生产要素，比如劳动力、资本等。一方面企业要交税给政府，形成财政收入；另一方面政府要从企业购买产品和服务。家庭为政府提供了公务人员，政府为家庭中属于公务人员的成员发放工资薪酬，还可能为家庭提供转移性支付。

学习或搞清这些问题，就得查阅经济学方面的资料，比如图书馆里的西方经济学书、习题集、电子图书、网页、微博、期刊材料均有一定的学习价值。另外，还要学会经济学分析方法，比如静态分析、比较静态分析、动态分析。并能了解经济理论，运用经济模型。

❖──── 《课 后 训 练》 ────❖

一、单项选择题

1. 经济资源与非经济资源的区别主要在于(　　　)。
   A. 它们是否有用
   B. 获取它们时，是否要付出一定的费用
   C. 它们价格的高低
   D. 它们的效用高低

2. 资源稀缺性的含义是指(　　　)。
   A. 资源的数量较少
   B. 获得一定量资源所必须耗费的成本相当高
   C. 相对于人类无限的欲望来说，再多的资源也显不足
   D. 资源的价格很高

3. 微观经济学主要研究(　　　)。
   A. 一国资源的充分利用问题
   B. 收入的短期波动
   C. 收入的长期增长
   D. 一国资源的合理配置问题

4. 西方学者认为，现在发达国家的经济体制都是(　　　)。
   A. 完全自由放任的市场经济体制
   B. 严格的计划经济体制
   C. 自然经济体制
   D. 混合经济体制

5. 下列四个命题中，与微观经济学相关的命题是(　　　)。
   A. 货币数量影响价格水平
   B. 技术水平影响经济增长
   C. 石油价格影响汽车需求
   D. 预算赤字影响储蓄水平

6. 下列命题中不属于实证经济学的命题为(　　　)。
   A. 专家认为我国目前的失业率高达10%
   B. 高失业率在短期没有下降的趋势
   C. 我国的高失业率是由很多原因引起的

D. 失业率应该降低到8%

7. 下列命题中不属于规范经济学命题的是( )。

    A. 将富人的一部分收入转移支付给穷人能提高社会福利

    B. 不完全竞争市场不能合理配置资源

    C. 资本家的利润来源于工人创造的剩余价值

    D. 收入分配应该公平

8. 内生变量与外生变量的主要区别在于( )。

    A. 它们的数值是否由模型本身决定

    B. 它们的定义域不同

    C. 它们的变化速度不同

    D. 它们是由经济因素决定还是由非经济因素决定

二、多项选择题

1. 经济学研究的基本经济问题包括( )。

    A. 生产什么、各生产多少   B. 如何生产

    C. 为谁生产   D. 经济如何才能快速稳定地增长

2. 经济学主要是研究一国的稀缺资源( )的科学。

    A. 如何合理配置   B. 如何充分利用

    C. 如何储存   D. 如何运输

3. 微观经济学与宏观经济学的主要区别在于( )。

    A. 研究对象不同   B. 研究的假定前提不同

    C. 研究方法不同   D. 实证分析和规范分析的比重不同

4. 微观经济学与宏观经济学的联系表现在( )。

    A. 双方都以对方的研究对象作为研究的假定前提

    B. 宏观经济学是微观经济学的基础

    C. 微观经济学是宏观经济学的基础

    D. 两者相结合共同组成西方经济学

5. "经济人"假定的含义主要有( )。

    A. 经济主体的行为动机是最大化私人利益

    B. 经济主体有能力最大化私人利益

    C. 经济主体的自利行为将增加社会福利

    D. 经济主体的自利行为将损害社会福利

6. 在经济学中,均衡的主要特征是( )。

    A. 社会福利达到最大化

    B. 各经济主体都没有改变自己决策的激励

    C. 模型中的各经济主体都选择了最优决策

    D. 市场出清或供求相等

7. 微观经济学中,均衡分析一般划分为( )。

    A. 单个经济主体的均衡   B. 单个市场的均衡

    C. 产品市场均衡   D. 所有市场的同时均衡或一般均衡

8. 下列变量中，属于存量范畴的有(　　　)。

  A. 国家债务　　　　　　　　　B. 国民收入

  C. 财富　　　　　　　　　　　D. 预算赤字

三、判断

1. 作为一门独立的科学，经济学早在古希腊时期就产生了。　　　　　　　(　　)

2. 亚当·斯密是古典经济学的奠基者。　　　　　　　　　　　　　　　　(　　)

3. 阿弗里德·马歇尔是现代宏观经济学的创始人。　　　　　　　　　　　(　　)

4. 经济学根源于资源的稀缺性与人类欲望的无限性之间的矛盾。　　　　　(　　)

5. 现代西方经济学由微观经济学、中观经济学与宏观经济学等三部分组成。(　　)

6. 微观经济学主要研究一国稀缺资源的充分利用问题。　　　　　　　　　(　　)

7. 资源的合理配置问题涉及生产什么、如何生产和为谁生产等三大基本经济问题。

  　　　　　　　　　　　　　　　　　　　　　　　　　　　　　　　(　　)

8. 市场机制就是亚当·斯密所说的"看不见的手"。　　　　　　　　　　　(　　)

四、论述

1. 为什么说经济学根源于人类欲望的无限性与资源的稀缺性之间的矛盾？

2. 简述微观经济学与宏观经济学的区别与联系。

3. 为什么说"经济人假定"是经济学赖以产生和发展的重要前提？

《 任 务 布 置 》

 学习目标

知识目标：了解需求、供给及影响需求或供给的因素，严格区分需求量与需求的变动、供给量与供给的变动；理解需求、供给受不同因素影响的变化程度（弹性理论）；掌握供求相互作用怎样决定均衡价格和均衡产量以及竞争在均等价格和均衡产量形成中的作用。

能力目标：熟练掌握需求、供给变动的几何表示；会进行弹性分析。

素质目标：能够运用所学的需求、供给、均衡、弹性等概念、规律、原理，分析价格、市场方面的经济问题。

思政目标：能够自觉投入现实社会之中，适应改革开放、市场经济的形势，将爱国热情融入中华民族伟大复兴的征程中，主动分析产品供求市场，运用市场规律，努力达到平衡或者谋求更高水准的平衡。

《 任 务 布 置 》

任务1：小敏在外地打工，最近想买点水果补充营养，于是来到市场，发现好多水果，有苹果、梨、香蕉、橘子、葡萄，他决定买点苹果。

对此要求做出回应：

1. 讨论后请具体回答，小敏应买多少斤苹果？为什么呢？
2. 影响小敏购买苹果的因素有哪些？
3. 如果市场中苹果价格下调1元，他可能会多买多少斤苹果？
4. 总结一下苹果需求的规律。
5. 拓展一下，如果是对其他产品的消费，会是怎样的情形？

任务2：张莉从水果批发市场采购一些苹果，准备在市场自由买卖专区出售。对此要求做出回应：

1. 讨论后具体回答，张莉购进苹果多少斤？
2. 影响张莉在市场自由买卖专区提供苹果数量的因素有哪些？
3. 市场自由买卖专区苹果价格上涨1元而苹果批发市场价格未变，张莉购进苹果的数量应是多一些还是少一些？

4. 苹果批发市场价格上涨 1 元，市场自由买卖专区苹果价格未变，张莉购进苹果的数量应是多一些还是少一些？

5. 总结一下苹果供给的规律。

6. 拓展一下，如果是对其他产品的供给，会是怎样的情形？

任务 3：参照任务 1 和任务 2 的样式，编写出案例任务的内容和问题，并做出回答。

任务 4：张莉卖苹果，想增加销售收入。对此要求做出回应：

1. 讨论后具体回答，张莉应当降价还是提价销售？为什么？

2. 讨论张莉增加利润的措施。

任务一　需求

需求的"需"本义指"缓和而有节度的雨"，指对庄稼生长有益无害的雨。"求"本义指"毛皮大衣"。二字本为名词，引申后转为动词。需求显示了随着价钱升降而其他因素不变的情况下，某个体在每段时间内愿意买的某货物的数量。

一、需求的定义

需求是指在一定时期，在各种可能的价格下，消费者愿意而且能够购买的某种商品或服务的数量。需求描述的是消费者的行为。愿意是指购买欲望；能够指支付能力。需求是购买欲望和支付能力的统一，两个条件缺一个都不构成需求。

二、影响需求的因素

影响需求的因素主要有：消费者的收入水平；商品本身的价格；消费者的偏好；消费者对将来商品的价格预期；其他特殊因素，如人口规模或人口结构的变化、气候条件、政府的经济政策等。一是消费者货币收入的多少。需求一般随消费者货币收入的增加而增加，随消费者货币收入的减少而减少。在人们的货币收入增多时，其所增加的收入中，用于对生活必需品的需求所占的比重将会减少，用于对发展资料和享受资料的需求所占的比重将会增多。二是所需要的商品价格的高低，关联商品本身的价格替代品、互补品的价格。需求对于一般商品说来与价格的高低成反比，即随着价格的上升而减少，随着价格的下降而增加。需求因价格变动而引起的相应的变动率，叫作需求弹性或需求的价格弹性，它反映需求量的变动对比价格变动来看的灵敏程度。不同性质的产品有不同的需求弹性。生活必需品的需求弹性较小，当它们的价格变动时，所引起的需求量的变化不大。高级消费品的需求弹性较大，当它们的价格变动时，所引起的需求量的变化也较大。三是其他相关商品价格的高低。可以用作替代品的有关商品的价格降低了，会使购买力转移到那种商品上，从而将减少对原有商品的有支付能力的需求；反之，可以用作替代品的有关商品的价格提高了，从而将提高对原有商品的有支付能力的需求。四是消费者的习惯和偏好。消费者的习惯和偏好的变化会引起需求的变化。五是消费者对未来价格和收入的预测。预测的未来价格上涨和收入提高，将会增多现有的需求，预测的未来价格下降和收入减少，将会缩减现有的需求。六是消费者人数的多少，将影响整个市场需求的大小。还有其他因素的影响，如其他特殊因素，如人口规模或人口结构的变化、气候条件、政府的经济政策等。

三、需求的函数表达

如果将一种商品的需求量看成是函数，将影响需求的因素看成是自变量，需求函数就是：

$$Q_d = f(P, I, T, P_x, E)$$

式中，Q_d 表示商品的需求量；P 表示该商品的价格；I 为消费者的收入；P_x 表示相关商品的价格；E 为消费者的预期。

需求函数反映一定时期内某种商品的需求量与其决定因素之间的关系。假定其他因素保持不变，仅仅分析价格对该商品需求量的影响，需求函数就可以用下式表示：

$$Q_d = f(P)$$

若为线性需求函数，则一般表达式为：

$$Q_d = c - dP$$

若为非线性需求函数，则一般表达式为：

$$Q_d = \delta P^{-\beta}$$

式中的 c、d、δ、β 为常数，且 c、d、δ、$\beta > 0$。

四、需求表和需求曲线

需求表是商品的各种价格水平和与之相对应的该商品需求量之间关系的数据序列表，如表 2-1 所示。需求表是指在其他因素不变的条件下，某种商品的各种价格水平与各种价格水平相对应的商品需求量之间关系的数字序列表。需求表可以直观地表明价格与需求量之间的一一对应关系。

需求曲线反映了商品的需求量与价格之间的一一对应关系，如图 2-1 所示。需求曲线向右下方倾斜，斜率为负，表示商品的价格和需求量呈反方向变动。需求曲线表示商品需求量与价格之间关系的曲线。在坐标系中，将需求表中的所有价格、数量组合描绘出来就形成了与该需求表相对应的需求曲线。其中，横轴表示商品的需求量，纵轴表示商品的价格水平。

表 2-1　需求表

价格数量组合	A	B	C	D	E	F
价格（元）	6	5	4	3	2	1
需求量（单位）	20	40	60	75	80	90

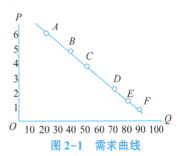

图 2-1　需求曲线

五、需求规律

需求规律是指在其他条件不变的情况下，商品的需求量与价格之间存在着反向变动关系，即商品价格上升，需求量减少；商品价格下降，需求量增加。替代效应（Substitute Effect），是指在消费者实际收入不变的情况下，商品相对价格的变化对其需求量的影响。收入效应

（Income Effect），是指在消费者货币收入不变的情况下，某种商品价格变化导致消费者实际收入的变化进而对其需求量的影响。

需求规律有例外的情况。比如炫耀性商品不遵循需求规律。在价格低时买得少，价格高时买得多。如首饰中的黄金与钻石、茅台酒的价格。所以，炫耀性商品的需求曲线是向右上方倾斜的。某些低档商品也不遵循需求规律。在特定条件下价格下跌时，需求会减少；价格上涨时，需求增加。最著名的是以英国吉芬而得名的"吉芬商品"（Giffen Goods）。英国人吉芬发现 1845 年爱尔兰发生灾荒，土豆价格上升，但需求量反而增加，这在当时被称为"吉芬难题"。原因是土豆涨价引起英国靠工资生活的低收入者购买更多的土豆，而不是买得更少。再就是投机性强的商品，如股票、证券，其需求曲线为不规则形状。

六、需求量的变动和需求的变动

需求量的变动和需求的变动在概念、表现形式、影响因素方面有明显的区别。需求量是指消费者在某一时期内，在某一特定价格水平上，愿意并且能够购买的商品或服务的数量。它是一个存量概念，在图形上，它表现为需求曲线上的一个点。需求是指消费者在某一时期内，在每一个价格水平上，愿意并且能够购买的商品或服务的数量。它是一个流量概念，在图形上，它表现为整个需求曲线。

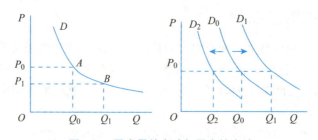

图 2-2　需求量的变动与需求的变动

需求量的变动是指其他条件不变时，由某商品价格的变动所引起的对其需求数量的变动。需求的变动是由非该商品价格因素所引起的对其需求数量的变动。需求量的变动在图形上表现为需求曲线上点的移动。需求的变动在图形上表现为整条需求曲线的移动。需求量的变动是价格变动。需求的变动是因商品本身价格因素之外因素引起的变动。

任务二　供给

经济学中的供给是指生产者在某一特定时期内，在某一价格水平上愿意并且能够提供的一定数量的商品或劳务。供给是能够提供给市场的商品总量，包括已经处在市场上的商品的流量和生产者能够提供给市场的商品的存量。

一、供给的定义

供给是指一定时期内在各种可能的价格下，生产者愿意而且能够出售的某种商品或服务的数量。供给描述的是生产者的行为。愿意是指供给欲望；能够是指供给能力。这两个条件缺一个都不构成供给，供给是供给欲望与供给能力的统一。供给的范围和水平从根本上说取决于社会生产力的发展水平。供给的商品总量及其构成由社会生产总量和总产品的物质构成决定。一切影响社会生产总量的因素也都影响供给量。但是，市场供给量不等于生产量，因为生产量中有一部分用于生产者自己消费，作为贮备或出口。供给量的一部分也可以是进口商品或动用贮备商品。在市场上，特别是在市场经济中，供给一般随价格的变化而变化，即当价格上涨时，供给量增加，当价格下降时，供给量减少。某种商品或劳务的供给是由现有的或即将产生出来的商品或劳务的数量构成的，它取决于其可能的价格和其他因素。供给这个概念经常归结为一个或多或少有限的单一的量。例如，本年的农作物产量，上个月的库存等。这种单一的量或存量，是生产者根据过去所期望的价格所做出的决策的结果。但作为一种提供给市场的流量，一种商品的供给函数是即将生产的数量与商品现有价格、预期价格、时间因素等之间的关系。

二、影响供给的因素

影响供给的因素有商品本身的价格、生产成本、生产者追求的目标、相关商品的价格、生产技术的进步、生产者对未来的预期、政府的经济政策、其他因素，如气候条件、时间因素、能源的稀缺等。具体来说，一是商品本身的价格。一般来说，一种商品的价格越高，生产者提供的产量就越大。相反，商品的价格越低，生产者提供的产量就越小。二是相关商品的价格。如果咖啡的价格上涨了，可可的价格不变，一些可可生产者会转向生产咖啡，可可的供给必然减少。三是生产技术的变动。生产技术的变动也影响生产成本。在一般情况下，生产技术随着经济活动的发展不断提高。一次生产技术的变化一般是单方向的，当生产技术提高时，在同一价格水平上使供给量增加。四中生产要素的变动。生产要素价格变化，导致生产成本发生变化。生产要素价格上涨表明生产成本增加，在同一价格水平上，供应量减少；反之，生产要素价格下降，使生产成本减少，在同一价格水平上，供给量增加。五是政府的税收和扶持政策。这实际上也影响到生产成本的变化。政府如果增加税收，生产者的负担则加重，供给便会减少，反之则会增加。六是厂商对未来的预期。如果行情看涨，厂商就会减少现在的供给；反之亦然。七是自然条件。如水果、蔬菜等季节性较强的产品，在生产旺季，供给自然会大于其他时间。

三、供给的函数表达

将一种商品的供给量看成是函数，将影响供给的因素看成是自变量，就可构造出供给函数：
$$Q_S = f(P, C, P_x, E, G_p)$$
式中，Q_S表示商品的供给量，P表示该商品的价格，C表示生产商品所耗费的成本，P_x表示相关商品的价格，E表示生产者的预期，G_p表示政府的政策。

供给函数是在一定时期内，某种商品的供给量与其决定因素之间的关系。

经济学上，假定影响供给的其他因素不变，只考察一种商品的价格对其供给量的影响，这样就把函数简化为简单的一元供给函数：
$$Q_S = f(P)$$
若为线性供给函数，则一般表达式为：
$$Q_s = -a + bP$$

若为非线性供给函数，则一般表达式为：

$$Q_S = \lambda P^\alpha$$

式中的 λ、α、a、b 为常数，且 λ、α、a、$b>0$。

四、供给表和供给曲线

供给表是某种商品的各种价格和与各种价格相对应的该商品的供给数量之间关系的数字序列表，如表 2-2 所示。

供给曲线是表示供给量与价格之间关系的曲线，如图 2-3 所示。供给曲线反映了商品供给量与价格之间的对应关系。供给曲线向右上方延伸，斜率为正，表示供给量和商品的价格呈同方向变动。

表 2-2　供给表

价格数量组合	A	B	C	D	E	F
价格（元）	6	5	4	3	2	1
供给量（单位）	80	75	60	50	30	0

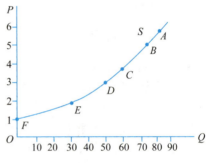

图 2-3　供给曲线

五、供给规律

在其他条件不变的情况下，商品的供给量与其价格成正向变动关系。即商品价格上升，供给量增加；商品价格下降，供给量减少。供给规律有例外的情况。如劳动的供给，在劳动的价格即工资较低的情况下，随着工资越高，劳动的供给越大，但是工资提高到一定程度时，再继续提高工资，劳动者不仅不会增加劳动供给，反而会减少劳动供给。这是因为在高工资条件下，人们更加珍视闲暇。所以，劳动的供给曲线并不总是向右上方倾斜，而是一条向后弯的曲线。不可再生性商品也不遵循供给规律，例如文物、艺术品、土地资源的供给，也不遵循供给定理。因为，无论其价格如何变化，其供给总是固定不变的。再就是投机性强的商品，例如股票、证券，其供给与价格呈不规则变动关系。

六、供给量的变动和供给的变动

供给的变动和供给量的变动在概念、表现形式、影响因素方面有明显的区别。供给量的变动是指其他因素不变，价格发生变动时供给数量的变动。供给的变动是指价格不变，其他非价格因素发生变化时供给数量的变动。供给量的变动在图形上表现为供给曲线上点的移动。供给的变动在图形上表现为整条供给曲线

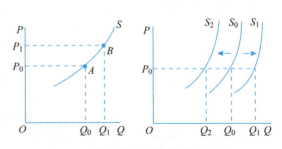

图 2-4　供给量的变动与供给的变动

的移动。供给量的变动是因商品本身价格引起的变动。供给的变动是因商品本身价格因素之外因素引起的变动。

任务三　市场均衡

市场交易行为中，当买者愿意购买的数量正好等于卖者所愿意出售的数量时，我们称之为市场均衡，也可以称之市场交易均衡量。在经济体系中，一个经济事务处在各种经济力量的相互作用之中，如果有关该经济事务各方面的各种力量能够相互制约或者相互抵消，那么该经济事务就处于相对静止状态，并将保持该状态不变，此时我们称该经济事务处于均衡状态。

一、市场均衡的定义

均衡是物理学的范畴，是指两种对立力量在相互作用中达到相等时所处的暂时平衡的状态，如图 2-5 所示。马歇尔从市场供给和市场需求的相互关系中建立起均衡价格论，从而构筑了微观经济学的理论框架。市场均衡价格就是一种商品的市场供给量和市场需求量相等时的价格，对应市场均衡价格的商品供求数量就是市场均衡数量。

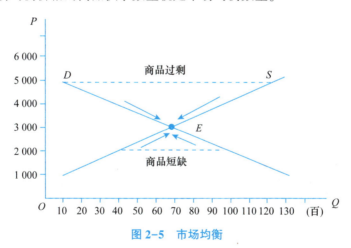

图 2-5　市场均衡

◎ 专题 2-1　算一算

假如某种商品的供给者甲、乙的供给函数为 $Q_S = Q_{S甲} + Q_{S乙} = -2\,000 + 3P$，市场中两消费者 A、B 的需求函数为 $Q_d = Q_{dA} + Q_{dB} = 16\,000 - 3P$。试求均衡价格和均衡数量。

解：只有 $Q_S = Q_d$ 时，市场才能达到均衡，则有：$-2\,000 + 3P = 16\,000 - 3P$

即得出均衡价格 $P = 3\,000$

将求出的 $P = 3\,000$ 代入 $-2\,000 + 3P$ 或 $16\,000 - 3P$

可解出市场均衡数量 $Q_S = Q_d = 7\,000$

商品市场中供求双方在竞争过程中自发形成市场均衡价格。供求不平衡，市场出现两种过剩与短缺状态。当市场价格大于均衡价格，则供大于求，商品过剩或超额供给。

在市场自发调节下，需求者压低价格，供给者减少供给量。价格必然下降，一直下降到均衡价格的水平。相反则反之。市场机制作用下，供求不等的非均衡状态会逐步消失。

二、市场均衡的价格

市场均衡价格由市场供给和市场需求共同作用决定。但是，在现实经济生活中，市场总会受到一些事件的冲击，引起市场供给和市场需求发生变化，从而改变市场均衡价格和均衡数量。在市场需求不变的情况下，当非价格因素变动使得市场供给增加，则市场供给曲线向右移动，市场均衡价格下降，均衡数量增加；当非价格因素变动使得市场供给减少，则市场供给曲线向左移动，市场均衡价格上升，均衡数量减少。

在市场供给不变的情况下，当非价格因素变动使得市场需求增加，则市场需求曲线向右移动，市场均衡价格上升，均衡数量增加；当非价格因素变动使得市场需求减少，则市场需求曲线向左移动，市场均衡价格下降，均衡数量减少。

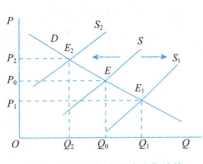

图 2-6　供给变动影响均衡价格

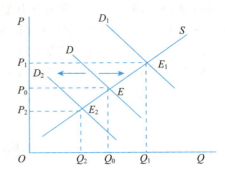

图 2-7　需求变动影响均衡价格

市场供给和市场需求同方向变化，比如市场供给和需求同时增加时，均衡数量增加，如果供给的增加幅度大于需求的增加幅度，则均衡价格下降；如果需求的增加幅度大于供给的增加幅度，则均衡价格上升；如果供给与需求增加的幅度相同，则均衡价格不变。相反，当市场供给和市场需求同时减少，均衡产量必然减少，均衡价格可能上升，可能下降，也可能保持不变。

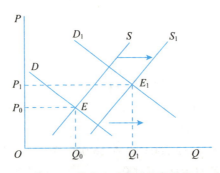

图 2-8　供求变动影响均衡价格

再如市场供给和市场需求反方向变化，当市场供给增加，需求减少时，均衡价格下降。如果供给增加的幅度大于需求减少的幅度，则均衡数量增加；如果供给增加的幅度小于需求减少的幅度，则均衡数量减少；如果供求增减幅度相同，则均衡数量保持不变。相反，市场需求增加，供给减少，会导致均衡价格上升。但均衡数量可能增加、减少或不变。

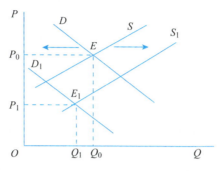

图 2-9 供求变动影响均衡价格

三、供求规律

供求规律是指在其他条件不变的情况下，供给变动引起均衡价格的反方向变动，均衡数量的同方向变动；需求变动引起均衡价格和均衡数量的同方向变动。供求规律通过市场均衡价格调节资源配置。合理配置资源，就是对经济中稀缺的资源进行各种用途的分配，使社会经济效益达到最大。在市场经济中，资源的配置主要依赖于价格机制。在完全竞争的市场经济中，价格机制中的价格就是市场的均衡价格。而市场的均衡价格是市场供求共同决定的，反过来，市场均衡价格又影响和协调着市场供给和需求的变化，从而使资源合理配置。当商品市场出现供不应求时，市场就会出现严重的商品短缺，消费者买方竞争使得商品市场价格上升，使得生产者配置资源扩大生产，从而使市场供给增加；当市场供给增加到超过需求时，商品过剩，生产者卖方出现竞争使得市场价格下降，从而使得生产者缩小生产，致使市场供给减少。当商品的市场供求一致时，市场形成稳定的均衡价格和均衡数量。

四、政府干预

市场经济运行中，市场供求的变化会自发调节市场价格的升降。但价格机制或者说市场调节资源的作用是有局限性的，如果任凭价格机制的自发作用，很难兼顾政府的经济目标，因此政府为实现一定的经济目标，有时会对市场价格进行直接控制，调节市场供求。政府对于市场的干预可通过施行限制价格政策和支持价格政策达到预期目标。

限制价格又称为价格上限，是政府为限制某些产品的价格而对其规定的低于市场均衡价格的最高价格。例如，政府为了防止产成品价格的上涨，往往限制原材料、燃料等的价格。限制价格及其结果如图 2-10 所示。

支持价格又称价格下限，是政府为支持某一行业的发展而对该行业产品规定的高于均衡价格的最低限价。如果政府认为由供求自发决定的某种产品的价格太低，不利于该行业的发展，政府就可以对该行业实行支持价格。实行支持价格的结果如图 2-11 所示。

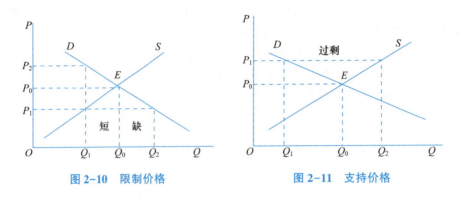

图 2-10　限制价格　　　　　　图 2-11　支持价格

中国采取对农业的支持价格政策是有必要的，对于稳定农业经济的发展有着积极的意义。第一，稳定了农业生产，减缓了经济波动对农业的冲击；第二，通过对不同农产品的不同支持价格，可以调整农业结构，使之适应市场的变动；第三，扩大农业投资，促进了农业现代化的发展和劳动生产率的提高。

五、政府税收影响均衡价格

从量税根据商品销售数量征税；从价税根据商品销售收入征税。对厂商征税，供给曲线左移，如图 2-12 所示。对消费者征税，需求曲线左移，如图 2-13 所示。

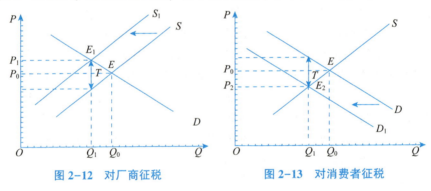

图 2-12　对厂商征税　　　　　　图 2-13　对消费者征税

政府征收的税额由厂商和消费者共同负担，如图 2-14 所示。曲线相对陡峭的一方（供给曲线对应厂商；需求曲线对应消费者）承担较大份额的税负。如果供给曲线相对陡峭，则厂商税负较重些，如图 2-15 所示；如果需求曲线相对陡峭，则消费者税负较重些，如图2-16所示。

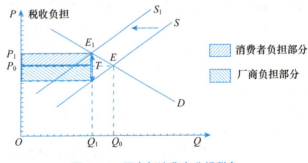

图 2-14　厂商与消费者分担税负

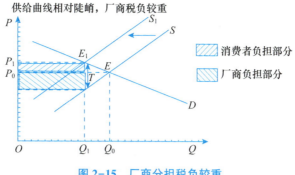

图 2-15　厂商分担税负较重

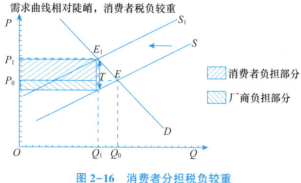

图 2-16　消费者分担税负较重

任务四　弹性分析

供给和需求分析主要侧重于定性分析，是供大于求，还是供小于求。但对于生产者和消费者而言，他们更关心价格变动一定的百分比，将会导致供给量和需求量变化多少，即供给和需求在多大程度上对价格的变动做出反应。在经济学上，借助于物理学上弹性的概念对供求相对于价格变动的反应程度进行定量分析。弹性分析是一种数量分析方法，因此对于难以数量化的因素无法进行计算和精确考察。

一、弹性的定义

弹性是指经济变量之间存在函数关系时，因变量对自变量变动的反应程度，其大小可以用两个变量变动的百分比之比，即弹性系数来表示。

$$弹性系数 = \frac{因变量变动的比率}{自变量变动的比率}$$

假设两个经济变量之间的函数关系为 $Y=f(X)$，则弹性的一般公式就可以表示为：

$$E = \frac{\dfrac{\Delta Y}{Y}}{\dfrac{\Delta X}{X}} = \frac{\Delta Y}{\Delta X} \times \frac{X}{Y} \quad （弧弹性）$$

式中，E 表示弹性，X、Y 分别表示自变量、因变量，ΔX、ΔY 分别表示自变量的变化量、因变量的变化量。

当经济变量的变化量接近于无穷小，则弹性公式为：

$$E = \lim_{\Delta x \to 0} \frac{\dfrac{\Delta Y}{Y}}{\dfrac{\Delta X}{X}} = \frac{\dfrac{dY}{Y}}{\dfrac{dX}{X}} = \frac{dY}{dX} \times \frac{X}{Y} \quad （点弹性）$$

式中，dY、dX 分别表示因变量的微分、自变量的微分。

二、供给的价格弹性

供给价格弹性是指供给量相对价格变化做出的反应程度，即某种商品价格上升或下降百分之一时，对该商品供给量增加或减少的百分比。供给量变化率对商品自身价格变化率反应程度的一种度量，等于供给变化率除以价格变化率。

(一)供给的价格弹性的定义

供给价格弹性指其他因素不变的情况下，一种商品的供给量对其市场价格变动的反应程度。也可以用供给量变动的百分比除以价格变动的百分比表示。

(二)供给的价格的弧弹性和点弹性

如果用公式表示出供给的价格弹性，可以表示为：

$$E_S = \frac{\dfrac{\Delta Q}{Q}}{\dfrac{\Delta P}{P}} = \frac{\Delta Q}{\Delta P} \times \frac{P}{Q}$$

进而，不难得知供给的价格弧弹性的公式为：

$$E_S = \frac{\Delta Q}{\Delta P} \times \frac{\dfrac{P_1 + P_2}{2}}{\dfrac{Q_1 + Q_2}{2}} = \frac{\Delta Q}{\Delta P} \times \frac{P_1 + P_2}{Q_1 + Q_2}$$

也容易得到供给的价格点弹性公式为：

$$E_S = \lim_{\Delta p \to 0} \frac{\dfrac{\Delta Q}{Q}}{\dfrac{\Delta P}{P}} = \frac{\dfrac{dQ}{Q}}{\dfrac{dP}{P}} = \frac{dQ}{dP} \times \frac{P}{Q}$$

如果进行非线性供给价格弹性分析，可以用下图辅助分析说明。供给曲线为 S，分析其上点 T 的点弹性，如图 2-17 所示。

经过供给曲线 S 上 T 点切线的斜率为：

$$\frac{dQ}{dP} = \frac{AB}{TB}$$

因此，根据点弹性的定义，供给曲线 S 上的 T 点的供给的价格点弹性为：

$$E_S = \frac{dQ}{dP} \times \frac{P}{Q} = \frac{1}{dP/dQ} \times \frac{P}{Q} = \frac{AB}{TB} \times \frac{TB}{OB} = \frac{AB}{OB}$$

如果进行线性供给价格弹性分析,可以用下图辅助分析说明。供给曲线为 S,分析其上点 E 的弹性,如图 2-18 所示。

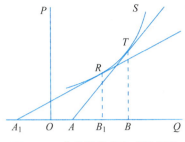

图 2-17　非线性供给点弹性图解

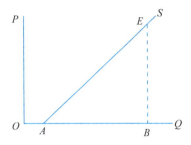

图 2-18　线性供给点弹性图解

则点 E 的供给价格弹性为:

$$E_S = \frac{\mathrm{d}Q}{\mathrm{d}P} \times \frac{P}{Q} = \frac{1}{\mathrm{d}P/\mathrm{d}Q} \times \frac{P}{Q} = \frac{AB}{EB} \times \frac{EB}{OB} = \frac{AB}{OB}$$

(三)供给的价格的点弹性分析

第一,$E_S > 1$,即供给富有弹性。表明某种商品的供给量相对于其价格的变化较敏感,供给量变化的幅度大于价格的变化的幅度,如图 2-19 所示。

第二,$E_S < 1$,即供给缺乏弹性。表明某种商品的供给量相对于其价格的变化不大,供给量变化的幅度小于价格的变化的幅度,如图 2-20 所示。

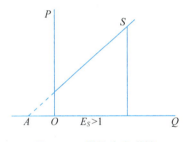

图 2-19　供给富有弹性

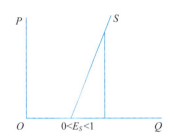

图 2-20　供给缺乏弹性

第三,$E_S = 1$,即供给是单位弹性。表明某种商品的供给量相对于其价格的变化敏感度为 1,供给量变化的幅度等于价格的变化的幅度,如图 2-21 所示。

第四,$E_S = 0$,即供给完全缺乏弹性(完全无弹性)。表明某种商品的供给量相对于其价格的变化不敏感,供给量变化的幅度远小于价格的变化的幅度且等于 0,如图 2-22 所示。

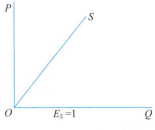

图 2-21　供给单位弹性

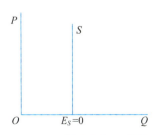

图 2-22　供给完全无弹性

第五，$E_S = \infty$，即供给完全富有弹性。表明某种商品的供给量相对于其价格的变化非常敏感，供给量变化的幅度远远大于价格的变化的幅度，如图2-23所示。

影响供给价格弹性的因素主要有：增加供给的难易程度；时期的长短；产品生产周期的长短；生产者的生产成本状况、生产的技术水平等都会影响供给的价格弹性。

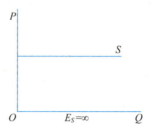

图2-23 供给完全富有弹性

三、需求的价格弹性

（一）需求的价格弹性的定义

表示某种商品的需求量变动对其价格变动的反应程度。更准确地说，是需求量变动的百分比除以价格变动的百分比。

（二）需求的价格弹性的函数表达

根据需求的价格弹性的定义，用公式可表示为：

$$E_d = - \frac{\dfrac{\Delta Q}{Q}}{\dfrac{\Delta P}{P}}$$

（三）需求的价格弹性的图示分析

必须是 P 与 Q 变化率之比，不是变化量之比；Q 与 P 通常反向变动，为保证 E_d 是正值，加负号；同一条需求曲线上不同点的 E_d 不同，弹性不同于斜率。

（四）需求的价格弧弹性和需求的价格点弹性

需求的价格弧弹性表示需求曲线上两点之间的弹性。

假如商品的价格由20美元/件下降为15美元/件（$P=20$，$\Delta P=15-20=-5$），需求量由20件增加到40件（$Q=20$，$\Delta Q=40-20=20$），这时，根据需求的价格弹性的定义，该商品的需求的价格弹性为：

$$E_d = - \frac{20}{-5} \times \frac{20}{20} = 4$$

但是，若将上例倒过来，即该商品价格由15美元/件升为20美元/件（$P=15$，$\Delta P=5$），需求量由40件减少到20件（$Q=40$，$\Delta Q=-20$），根据需求的价格弹性的定义，则需求的价格弹性为：

$$E_d = - \frac{-20}{+5} \times \frac{15}{40} = 1.5$$

两种不同的结果，到底是怎么一回事呢？其实，需求的价格的弧弹性表示需求曲线上两点之间的弹性。需求的价格的弧弹性的一般公式为：

$$E_d = -\frac{\Delta Q}{\Delta P} \times \frac{\dfrac{P_1 + P_2}{2}}{\dfrac{Q_1 + Q_2}{2}} = -\frac{\Delta Q}{\Delta P} \times \frac{P_1 + P_2}{Q_1 + Q_2}$$

需求的价格点弹性表示需求曲线上一点的弹性。需求的价格的点弹性的公式为：

$$E_d = \lim_{\Delta p \to 0} -\frac{\dfrac{\Delta Q}{Q}}{\dfrac{\Delta P}{P}} = -\frac{\dfrac{dQ}{Q}}{\dfrac{dP}{P}} = -\frac{dQ}{dP} \times \frac{P}{Q}$$

如果进行非线性需求价格弹性分析，可以用图 2-24 辅助分析说明。需求曲线为 D，分析其上点 H 的点弹性。如下图所示经过需求曲线 D 上 H 点切线的斜率为：

$$\frac{dP}{dQ} = \frac{CH}{CB}$$

因此，根据需求的价格的点弹性的定义，需求曲线 D 上的 H 点的需求的价格点弹性为：

$$E_d = -\frac{dQ}{dP} \times \frac{P}{Q} = -\frac{1}{dP/dQ} \times \frac{P}{Q} = \frac{CB}{CH} \times \frac{CH}{OC} = \frac{CB}{OC}$$

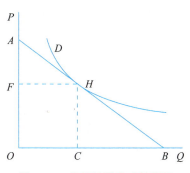

图 2-24   非线性需求弹性图解

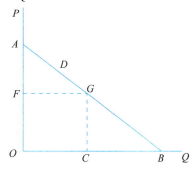

图 2-25   线性需求弹性图解

如果进行线性需求价格弹性分析，可以用图 2-25 辅助分析说明。需求曲线为 D，分析其上点 G 的点弹性。

如图 2-25 所示，需求曲线 D 上 G 点的点弹性为：

$$E_d = -\frac{dQ}{dP} \times \frac{P}{Q} = -\frac{1}{dP/dQ} \times \frac{P}{Q} = \frac{CB}{CG} \times \frac{GC}{OC} = \frac{CB}{OC}$$

（五）需求的价格的点弹性分析

第一，$E_d > 1$，即需求富有弹性。表明某种商品的需求量相对于其价格的变化较敏感，需求量变化的幅度大于价格的变化的幅度，如图 2-26 所示。

第二，$E_d = 1$，即需求是单位弹性。表明某种商品的需求量相对于其价格的变化敏感度为 1，需求量变化的幅度等于价格的变化的幅度，如图 2-27 所示。

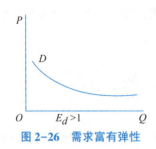

图 2-26　需求富有弹性

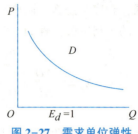

图 2-27　需求单位弹性

第三，$E_d<1$，即需求缺乏弹性。表明某种商品的需求量相对于其价格的变化敏感度很小，需求量变化的幅度小于价格的变化的幅度，如图 2-28 所示。

第四，$E_d=\infty$，即需求完全富有弹性。表明某种商品的需求量相对于其价格的变化非常敏感，敏感度为 ∞，需求量变化的幅度远远大于价格的变化的幅度，如图 2-29 所示。

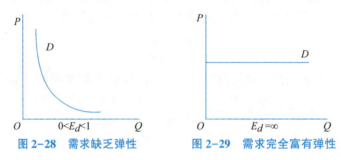

图 2-28　需求缺乏弹性　　　　　图 2-29　需求完全富有弹性

第五，$E_d=0$，即需求完全缺乏弹性(完全无弹性)。表明某种商品的需求量相对于其价格的变化完全不敏感，敏感度为 0，需求量变化的幅度小大于价格的变化的幅度且等于 0，如图 2-30 所示。

五种类型综合在一起可以以图 2-31 所示。A 点的需求价格点弹性为 ∞，C 点的需求价格点弹性大于 1 是富有弹性，D 点的需求价格点弹性为 1 处于单位弹性，H 点的需求价格点弹性小于 1 是缺乏弹性，B 点的需求价格点弹性为 0 是完全无弹性。

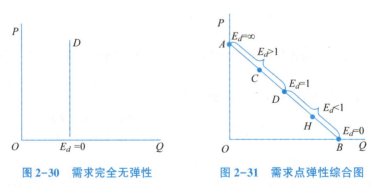

图 2-30　需求完全无弹性　　　　图 2-31　需求点弹性综合图

影响需求的价格弹性的因素：商品本身的性质；商品的可替代程度；商品在家庭预算中所占的比重；商品用途的广泛性；人们对价格变动做出反应的时间长短。

(六)需求的价格弹性关系生产者的总收益

总收益是指生产者销售一定数量的商品所得到的全部收益，它等于商品的价格乘以商品的销售量。

$$TR = P \times Q$$

式中，TR 表示生产者的收益；P 表示价格；Q 表示销售的商品数量。

第一种情况：对于 $E_d > 1$ 的富于弹性的商品，降低价格会增加厂商的销售收入；相反，提高价格会减少厂商的销售收入，即商品的价格与厂商的销售收入成反方向的变动。价格下降时，需求量或销售量增加的幅度大于价格下降的幅度，所以总收益会增加。这个结论可以解释"薄利多销"现象，如图 2-32 所示。

第二种情况：对于 $E_d = 1$ 的单一弹性的商品，降低价格或提高价格对厂商的销售收入都没有影响。

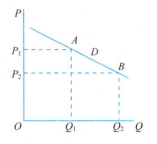
图 2-32　富有弹性的商品

◎ **专题 2-2　恩格尔定律**

你知道恩格尔定律吗？恩格尔定律是由德国统计学家恩格尔提出的。在一个家庭或一个国家中，食物支出在总收入（总支出）中所占比例随着总收入（总支出）的增加而减少。用弹性概念来表示恩格尔定律：对于一个家庭或国家而言，富裕程度越高，其食物支出的收入弹性就越小；反之，则越大。恩格尔系数（＝食物支出／全部支出）可以反映一国或一个家庭富裕程度与生活水平。恩格尔系数越大，富裕程度和生活水平越低。一般地说，恩格尔系数超过 50% 的，其经济尚处于温饱阶段；小于 30% 的，其经济则是富裕的。

第三种情况：对于 $E_d < 1$ 的缺乏弹性的商品，降低价格会使厂商的销售收入减少；相反，提高价格会使厂商的销售收入增加，即商品的价格与厂商的销售收入成同方向的变动。价格下降时，需求量或销售量增加的幅度小于价格下降的幅度，所以销售总收益会减少。这个结论可以解释"谷贱伤农"现象，如图 2-33 所示。

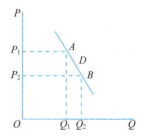
图 2-33　缺乏弹性的商品

四、需求的其他弹性

（一）需求的收入弹性

需求的收入弹性是指一定时期，消费者对一种商品需求量的变动对消费者收入变动的反应程度。或者说，是一种商品需求量变动的百分比除以消费者收入变动的百分比。需求的收入弹性常用弹性系数 E_I 来表示。

$$E_I = \frac{\dfrac{\Delta Q}{Q}}{\dfrac{\Delta I}{I}} = \frac{\Delta Q}{\Delta I} \times \frac{I}{Q} \quad \text{（弧弹性）}$$

$$E_I = \lim_{\Delta I \to 0} \frac{\dfrac{\Delta Q}{Q}}{\dfrac{\Delta I}{I}} = \frac{\dfrac{\mathrm{d}Q}{Q}}{\dfrac{\mathrm{d}I}{I}} = \frac{\mathrm{d}Q}{\mathrm{d}I} \times \frac{I}{Q} \quad \text{（点弹性）}$$

在影响需求的其他因素既定的条件下，需求的收入弹性系数可正可负，并可据此来判别该商品是正常品还是劣等品。如果某种商品的需求收入弹性系数是正值，即 $E_I > 0$，表示随着收入水平的提高，消费者对此种商品的需求量随之增加，该商品即被称为正常品。如果某种商品的需求收入弹性系数是负值，即 $E_I < 0$，表示随着收入水平的提高，消费者对此种商品的需求量反而下降，该商品即被称为劣等品。可以进一步将正常品分成必需品和奢侈品。如果 $0 < E_I < 1$，则为必需品；如 $E_I > 1$，则为奢侈品。

需求收入弹性对于企业及政府机构制定方针政策都有重要意义。收入弹性还能在企业的销售活动中起重要的作用。收入弹性可能对广告宣传与其他推销活动有影响。收入弹性问题在若干关键国民经济部门中显出了它的重要性。

（二）需求的交叉弹性

当两种商品之间存在着替代或互补关系时，一种商品的价格变动会对另一种商品需求量产生交叉影响。需求的交叉弹性指价格和其他因素不变的情况下，一种商品的需求量对另一种商品价格变动的反应程度。

$$E_{XY} = \frac{\dfrac{\Delta Q_X}{Q_X}}{\dfrac{\Delta P_Y}{P_Y}} = \frac{\Delta Q_X}{\Delta P_Y} \times \frac{P_Y}{Q_X} （弧弹性）$$

$$E_{XY} = \lim_{\Delta P_Y \to 0} \frac{\dfrac{\Delta Q_X}{Q_X}}{\dfrac{\Delta P_Y}{P_Y}} = \frac{\dfrac{dQ_X}{Q_X}}{\dfrac{dP_Y}{P_Y}} = \frac{dQ_X}{dP_Y} \times \frac{P_Y}{Q_X} （点弹性）$$

当 $E_{XY} > 0$ 时，可以推导出 X 商品与 Y 商品存在替代关系。当 $E_{XY} < 0$ 时，可以推导出 X 商品与 Y 商品存在互补关系。当 $E_{XY} = 0$ 时，说明 X 商品的价格与 Y 商品需求量没有任何相关性。

五、蛛网模型

在分析市场均衡价格的形成时，均采用静态分析。分析市场均衡的变动和政府干预均衡价格，采用的是从一种均衡到另一种均衡状态的比较静态分析。事实上，在研究供求变动对市场均衡的影响时，需要引入现实的时间因素进行动态分析。蛛网模型就是用于市场均衡动态分析的一种理论模型。蛛网模型是研究一些生产周期较长产品的价格和产量失去均衡时市场上可能出现的各种波动情况。它分别是由美国经济学家舒尔茨、荷兰经济学家丁伯根、意大利经济学家里西提出的。蛛网模型的假设前提是：第一，市场是完全竞争市场。完全竞争市场上单个生产者的产量不会影响市场价格。第二，市场供给对价格变动的反应存在一定的时滞。生产者从产品生产到产品进入市场，有相当长的一段时间，即供给量被假设为上一时期价格的函数。第三，市场需求对价格的反应是瞬时的，不存在时滞。本期的需求量取决于同期的价格。第四，市场均衡的条件是同一时期市场上的供给量与需求量相等。

基于上述假设条件，蛛网模型可以用以下三个方程表述：

$$Q_{dt} = Q_{st}$$
$$Q_{dt} = a - bP$$
$$Q_{st} = -c + dP_{t-1}$$

式中，a、b、c、d 都是常数，而且都大于零。

　　根据商品供求曲线斜率绝对值的大小，当商品的价格和产量一旦失去均衡时，市场上可能会出现下列三种类型的波动：收敛型蛛网、发散型蛛网、封闭型蛛网。

（一）收敛型蛛网

　　供给曲线斜率的绝对值大于需求曲线斜率的绝对值的前提下，当市场由于受到干扰偏离原有的均衡状态后，实际价格和实际产量会围绕均衡水平上下波动，但波动的幅度越来越小，最后会恢复到原来的均衡点，如图 2-34 所示。

（二）发散型蛛网

　　供给曲线斜率的绝对值小于需求曲线斜率的绝对值的前提下，当市场由于受到外力的干扰偏离原有的均衡状态以后，实际价格和实际产量上下波动的幅度会越来越大，偏离均衡点越来越远，如图 2-35 所示。

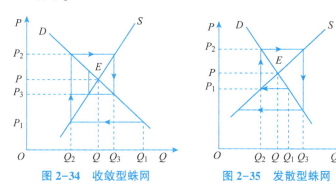

图 2-34　收敛型蛛网　　　　　图 2-35　发散型蛛网

（三）封闭型蛛网

　　供给曲线斜率的绝对值等于需求曲线斜率的绝对值的前提下，当市场由于受到外力的干扰偏离原有的均衡状态以后，实际产量和实际价格始终按同一幅度围绕均衡点上下波动，既不进一步偏离均衡点，也不会逐步地趋向均衡点，如图 2-36 所示。

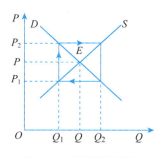

图 2-36　封闭型蛛网

　　蛛网模型表明，在现实的经济生活中，各种产品的市场很少会真正达到均衡，经常是处在趋向于均衡的过程之中，这种过程可能是收敛于均衡，也可能是发散于均衡，还可能是封闭的。大量的理论和实证分析表明，世界各国农产品的供求波动大多是呈收敛式蛛网或发散式蛛网。

《 课 后 训 练 》

一、单项选择题

1. 张某对面包的需求表示(　　)。

   A. 张某买了面包

   B. 张某没有买面包，而买了煎饼

   C. 张某准备买 10 个，但钱没带够

   D. 面包卖每个 1 元时，张某准备用现有的收入买 4 个；而每个为 2 元时，准备买 1 个

2. 保持所有其他因素不变，某种商品的价格下降，将导致(　　)。

   A. 需求增加　　　　　　　　　　　B. 需求减少

   C. 需求量增加　　　　　　　　　　D. 需求量减少

3. 所有下列因素除哪一种以外都会使需求曲线移动(　　)。

   A. 购买者(消费者)收入变化　　　　B. 商品价格下降

   C. 其他有关商品价格下降　　　　　D. 消费者偏好变化

4. 生产者预期某物品未来价格要下降，则对该物品当前的供给会(　　)。

   A. 增加　　　　　　　　　　　　　B. 减少

   C. 不变　　　　　　　　　　　　　D. 上述三种情况都可能

5. 需求定律说明，一种物品价格上升(　　)。

   A. 该物品需求减少　　　　　　　　B. 该物品需求量减少

   C. 该物品供给增加　　　　　　　　D. 该物品供给量增加

6. 供给定律说明，一种物品价格上升(　　)。

   A. 该物品需求减少　　　　　　　　B. 该物品需求量减少

   C. 该物品供给增加　　　　　　　　D. 该物品供给量增加

7. 假设个人电脑的供给和需求都增加。再假设个人电脑供给的增加大于个人电脑需求的增加。在个人电脑市场上，我们可以预期(　　)。

   A. 均衡数量增加，而均衡价格上升

   B. 均衡数量增加，而均衡价格下降

   C. 均衡数量增加，而均衡价格保持不变

   D. 均衡数量增加，而均衡价格的变动是无法确定的

8. 向右下方倾斜的需求曲线的斜率不变，因此其价格弹性也不变，这个说法(　　)。

   A. 一定正确　　　　　　　　　　　B. 一定不正确

   C. 可能不正确　　　　　　　　　　D. 无法断定正确不正确

二、多项选择题

1. 如果一种物品价格高于均衡价格，下列说法错误的有(　　)。

   A. 存在过剩，而且价格将上升　　　B. 存在过剩，而且价格将下降

   C. 存在短缺，而且价格将上升　　　D. 存在短缺，而且价格将下降

2. 如果一种物品价格低于均衡价格，下列说法不正确的是(　　)。
   A. 存在过剩，而且价格将上升　　　　B. 存在过剩，而且价格将下降
   C. 存在短缺，而且价格将上升　　　　D. 存在短缺，而且价格将下降

3. 下面哪些项会导致粮食制品的均衡价格上升(　　)。
   A. 居民收入的下降　　　　　　　　　B. 牛奶价格的下降
   C. 恶劣的气候条件　　　　　　　　　D. 鸡蛋价格的上升

4. 影响某种商品的需求价格弹性的因素有(　　)。
   A. 该商品的可替代程度
   B. 商品的必需程度
   C. 商品的消费支出在总支出中所占的比重
   D. 时间的长短

5. 若某商品需求的收入弹性为负，则该商品为(　　)。
   A. 正常品　　　　　　　　　　　　　B. 低档品
   C. 吉芬商品　　　　　　　　　　　　D. 奢侈品

6. 旨在保护生产者利益，刺激生产的政策组合及其福利效果是(　　)。
   A. 最高限价，余额收购，生产者受损
   B. 最低限价，余额收购，生产者受益
   C. 最高限价，余额收购，消费者受损
   D. 最低限价，余额收购，消费者受损

7. 假设公寓的均衡价格是每月 500 元，而政府规定租金控制是 260 元。由于租金控制，下列哪些情况是可能发生的(　　)。
   A. 住房短缺　　　　　　　　　　　　B. 房东可以对公寓租赁者进行歧视
   C. 公寓的质量将提高　　　　　　　　D. 等待租房的买者会排长队

8. 以下哪些关于税收负担的表述是错误的(　　)。
   A. 对一种消费者感到必需的物品征税所引起的税收负担主要落在该物品的卖者身上
   B. 税收负担主要落在当价格变得不利于自己时最愿意离开市场的一方身上
   C. 税收负担主要落在纳税的一方
   D. 税收负担的分摊有供给和需求的相对弹性而定

三、判断题

1. 个人供给曲线表明了一种恒等关系。　　　　　　　　　　　　　　　(　　)
2. 钻石的价格高于水的价格是因为钻石比水更有用。　　　　　　　　　(　　)
3. 消费者收入的变动将移动他的需求曲线。　　　　　　　　　　　　　(　　)
4. 商品价格的变化将会导致市场需求曲线向右移动。　　　　　　　　　(　　)
5. 替代品价格的上升将会导致需求曲线向右移动。　　　　　　　　　　(　　)
6. 互补品价格的下降将会导致需求曲线左移。　　　　　　　　　　　　(　　)
7. 在产品和劳务有相近的替代品时需求的价格弹性比较大。　　　　　　(　　)
8. 在同一条需求曲线上需求的价格弹性是固定的。　　　　　　　　　　(　　)

四、计算题

1. 已知某商品的需求价格弹性 $E_d = 2$，原先的价格为 500 元，月销售量为 100，后降价

10%，降价后厂商的收益是多少？

2. 在某个市场上，需求方程为 $Q=400-P$，供给方程为 $Q=P+100$。

（1）求均衡价格，均衡交易量和此时的需求价格弹性。

（2）若政府在消费者购买该商品时对每单位商品征收 10 元的消费税，求新的均衡价格，均衡交易量和相应的需求价格弹性。

3. 某市场供给函数 $Q_d=-50+3P$，需求函数 $Q_d=100-2P$

（1）求市场均衡。

（2）若由于某种原因，市场需求函数变化为 $Q_d=150-2P$。

A. 求新的市场均衡。

B. 若政府要维持(1)中的市场均衡，试问在价格不变的情况下，并以 40 元的价格花钱购进其他市场产品后，以(1)中的市场均衡的价格投放到市场，需购买多少？耗资多少？

五、简答题

1. 下列事件对产品 x 的供给有何影响：

（1）生产 x 的技术有重大革新。

（2）在产品 x 的行业内，企业数目减少了。

（3）生产 x 的人工和原材料价格上涨了。

（4）预计产品 x 的价格会下降。

2. 简述需求曲线向右下方倾斜和供给曲线向右上方倾斜的原因。

3. 粮食价格提高对猪肉的供给曲线有何影响？猪肉价格提高对猪肉销售量和猪肉供给曲线是否会发生影响？

项目三 **均衡消费**

 **学习目标**

知识目标：了解序数效用论的总效用、边际效用概念及边际效用递减规律；理解消费者均衡原则；掌握消费者剩余概念。

能力目标：理解序数效用论，主要运用以无差异曲线、边际替代率和预算线与无差异曲线的切点上的均衡，来解释消费者行为和需求曲线。

素质目标：用所学的消费者行为理论、概念、规律、原理，分析市场消费的热点、焦点问题。运用效用曲线、效用函数解决消费者选择产品问题的精神。

思政目标：养成团队合作精神，个人服从集体，集体服从整体，听从小组团队的安排，倾情投入自己的角色；锻炼学生指挥和掌控现场的素质；养成工作耐心、细致、善解人意的良好品质。

《《 **任 务 布 置** 》》

任务 1： 小明喜欢吃苹果和梨，打算用 30 元钱去买水果，梨的价格为 $P_x = 2$ 元/个，苹果的价格为 $P_y = 3$ 元/个。

消费水果的满足

消费量	吃每个梨得分	吃每个苹果得分
1	10	10
2	6	8
3	4	6
4	0	4
5	−2	2
6	−6	0

对此要求做出回应：

1. 讨论具体回答小明可以买多个苹果？
2. 小明可以买多个梨？

3. 小明购买苹果和梨的各种数量组合。

4. 画图表达小明购买苹果和梨的各种数量组合。

5. 总结分析为小明提出购买苹果和梨的最佳数量组合。

6. 总结分析类似问题的规律。

任务 2： 参照任务 1 的样式，编写出任务 2 的内容和问题，并做出回答。

任务 3： 某人把一天的时间用作睡觉（S）、工作（W）和消费（C）三种用途。他在睡觉和消费中得到的效用函数为 $U(S, C) = S^{0.25} C^{0.75}$，假定此人在消费时每小时要花费 60 元，在工作时每小时可赚 40 元，而且他消费时的收入来源于他的工作所得。各个学习小组请结合这个主题展开讨论，总结出本组的观点并列出理由，并对此要求做出回应：

1. 如果此人想使效用最大，他应各花多少时间用来睡觉、工作和消费？

2. 睡觉和消费的机会成本各多少？

任务一　基数效用

一、效用的定义

效用指商品满足人的欲望的能力或指消费者在消费商品时所感受到的满足程度，是消费者对商品满足自己欲望的能力的主观心理评价。效用具有主观性、"零伦理道德"属性、取值范围的广泛性的特点。效用的主观性指的是同一种商品或服务，因人、因时、因地不同，其效用水平也不同。"零伦理道德"属性理解为，效用无任何伦理道德含义，只要消费者从消费某商品或服务的过程中感到了满足，这种商品或服务就具有效用。从消费主体来讲，效用（Utility）是某人从自己所从事的行为中得到的满足；从消费客体来讲，效用是商品或劳务满足人的欲望和需要的能力。效用本身并不具有伦理学的意义。效用有共性，也有个性。效用受到消费者收入的影响。效用可以由其他因素派生。效用的大小取决于个人的判断。效用很大程度上是为了满足人们的欲望。对欲望的满足就是效用。满足的程度越高，效用越高。经济学是研究稀缺资源配置，以最大限度满足人们欲望和需求的科学。资源的稀缺性和选择的必要性构成了经济学研究的前提。如果效用的大小可以用具体数值来衡量，则效用可以取正值、零、负值，这是讲效用取值范围的广泛性。

二、效用的衡量

效用理论分为基数效用理论和序数效用理论，并形成了分析消费者行为的两种方法：基数效用论的边际效用分析法和序数效用论的无差异曲线分析法。基数效用论主要采用边际分析。序数效用论主要采用无差异曲线。基数效用理论认为，效用可以精确计量与加总，其大小可以用 1、2……来表示，并且可以进行加总求和，得出总效用。基数效用论认为，效用可以具体衡量并加总求和，具体的效用量之间的比较是有意义的。表示效用大小的计量单位被

称作效用单位。例如：对某消费者而言，看一场精彩的电影的效用为 10 效用单位，吃一顿麦当劳的效用为 8 效用单位，则这两种消费的效用之和为 18 效用单位。序数用理论认为效用不可以度量，而且以顺序或等级来比较不同商品之间的效用，不对商品的效用赋予具体数值，只是阐明消费者偏好于一种商品的消费，只能根据偏好的程度排列出第一、第二等等。

◎ 专题 3-1　效用的衡量

在 19 世纪，一些哲学家相信，消费物品和劳务所获得的福利或效用确确实实是可以衡量的。他们的想法是，把人放在某种机器上，让他吃 1 个馅饼，然后从机器的计量表上读到他从这个馅饼中所获得的"快乐"或效用的数量。但是，由于这样的机器至今仍然没有制造出来，因而效用是无法衡量的。

三、效用的分析

偏好是西方经济学价值理论中的一个基础概念。偏好的本义为"爱好"或者"喜欢"，消费者偏好即消费者爱好或者喜欢某商品，表明消费者对不同商品的喜欢程度。如果消费者认为 X 绝对好于 Y，则称消费者对 X 是严格偏好（Strictly Prefered）的，通常用"$X>Y$"来表示，读作"X 严格好于 Y"。如果消费者认为 X 至少同 Y 一样好或 X 不比 Y 差，则称消费者对 X 是弱偏好（Weakly Prefered）的，读作"X 弱偏好于 Y"。如果消费者认为 X 与 Y 一样好，则称 X 与 Y 是无差异（Indifference）的，用"$X \sim Y$"来表示，读作"X 与 Y 无差异"。偏好是主观的，也是相对的概念。偏好实际是潜藏在人们内心的一种情感和倾向，它是非直观的，引起偏好的感性因素多于理性因素。偏好有明显的个体差异，也呈现出群体特征。偏好是指消费者按照自己的意愿对可供选择的商品组合进行的排列。

（一）总效用和边际效用

所谓总效用（Total Utility），是指消费者从消费一定量的某些物品而得到总满足的程度。根据上述对效用的理解，总效用是所有各单位的效用加总，即：

$$TU = U_{X1} + U_{X2} + U_{X3} + U_{X4} + U_{X5} + \cdots$$

用数学语言可表述为：如果 X 表示某种物品，TU 便是 X 的函数，即 $TU = f(X)$，如果有物品 X_1、X_2、X_3、$X_4 \cdots\cdots X_n$，那么总效用 $TU = \sum U_{xi}(i = 1, 2, 3, \cdots, n)$。这里总效用的概念可以表述为消费商品所获得的满足的总量。若只消费一种物品 X，则总效用函数为：

$$TU = f(X) \ 或 \ TU = \sum U_{xi}(i = 1, 2, 3, \cdots, n)$$

所谓边际效用（Marginal Utility），是指消费者每增加 1 单位某种物品的消费所增加的总效用。若以 $\triangle X$ 表示增加的物品量，以 $\triangle TU$ 表示增加的效用量，边际效用是指在一定时间内，消费者每增加一单位某商品的消费所得到的总效用量的增加量。消费的边际效用函数为：

$$MU = \frac{\Delta TU(Q)}{\Delta Q}$$

这一公式还可以进一步表述为：$MU = \dfrac{\mathrm{d}TU(Q)}{\mathrm{d}Q}$

比如人们喝咖啡获得的边际效用和总效用如表 3-1 所示，随着人们对咖啡消费数量的增加，总效用会先增加而后减少。

表 3-1 消费者效用

消费量(杯, Q)	总效用(TU)	边际效用(MU)
0	0	—
1	5	5
2	8	3
3	10	2
4	11	1
5	11	0
6	9	−2

这就容易理解边际效用是消费者在一定时间内每增加一单位某商品的消费所得到的总效用量的增加量。一般地，离散型消费的边际效用函数为：

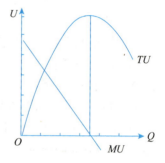

$$MU = \frac{\Delta TU(Q)}{\Delta Q}$$

总效用与边际效用的关系表现在：如果边际效用>0，总效用是上升的；如果边际效用=0，总效用达到最大值；如果边际效用<0，总效用是下降的，如图 3-1 所示。

图 3-1 总效用与边际效用

（二）边际效用递减规律

经济学家认为，一定时间内，在对其他商品的消费数量保持不变的前提下，随着消费者对某种商品消费量的连续增加，其总效用虽然相应增加，但物品的边际效用，随所消费物品数量的增加而有递减的趋势。当边际效用递减到等于零以至变为负数时，总效用就不再增加以至减少。这就是所谓边际效用递减规律，如图 3-2 所示。所谓边际效用是零或负数，意指对于某种物品的消费超过一定量以后，就不再增加消费者的满足和享受，以致还会引起讨厌和损害。如表 3-2 所示，随着消费商品数量的增加，在一定范围内，$MU = dTU/dX > 0$，表示 X 增加或减少，TU 也相应增加或减少，故 dTU 与 dX 呈同方向变化。但到一定阶段，再增加商品消费时，$MU = dTU/dX < 0$，也即 dTU 与 dX 的变化方向相反。再从边际效用变化率来看，随着 X 的数量递增，边际效用本身相应递减，即 dX 与 dMU 的符号相反，故其比值小于零。

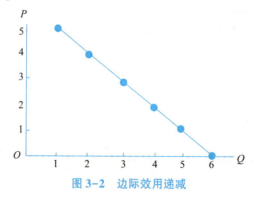

图 3-2 边际效用递减

表3-2　边际效用递减

商品数量	边际效用	价格
0	0	
1	10	5
2	8	4
3	6	3
4	4	2
5	2	1
6	0	0
7	-2	

边际效用递减规律与时间有关；与欲望强弱有关；与商品的稀缺性有关。在理解边际效用递减规律时，需要把握这样几点："一定时间内"；"其他商品消费量不变"；"对某商品消费量连续增加"。为什么边际效用会递减呢？有两种可能的解释。一是生理的或心理的原因：消费一种物品的数量越多，生理上得到满足或心理上对重复刺激的反应就递减了。另一种解释是设想每种物品都有几种用途，再假定消费者把用途按重要性分成几个等级，当他只有一个单位的物品时，作为有理性的人之理性的行为，他一定会将该物品用于满足最重要的需要，而不会用于次要的用途上；当他可以支配使用的物品共有两个单位时，其中之一会用在次要的用途上；有三个单位时，将以其中之一用在第三级用途上，如此等等。所以某种消费品之一定数量中的最后一个单位给消费提供的效用，一定小于前一单位提供的效用。边际效用递减规律是经济学在研究消费者行为时用来解释需求规律（定理）的一种理论观点。它是在考察总结人们日常生活中得出的一个理论命题。

当然，它的有效性要以假定人们消费行为的决策是符合理性和完全信息为其必要的前提条件。

运用边际效用递减规律解释"水与钻石"之谜："没有什么能比水更有用，然而水很少能交换到任何东西。相反，钻石几乎没有任何实用价值，但却经常可以交换到大量的其他物品。"这是因为自然界中人类能拿到的钻石太少了也不容易，因而钻石在人们心中的效用较大。而人类可以很方便地取到水，因而水在人们心中的效用较小。

随着消费商品数量的增加，在一定范围内，$MU = dTU/dQ > 0$，表示 X 增加或减少，TU 也相应增加或减少，故 dTU 与 dQ 呈同方向变化。但到一定阶段，再增加商品消费时，$MU = dTU/dQ < 0$，也即 dTU 与 dQ 的变化方向相反。再从边际效用变化率来看，随着 X 的数量递增，边际效用本身相应递减。

基数效用论者认为，货币和其他商品一样，也具有效用。消费者用货币购买商品，就是用货币的效用去交换商品的效用。商品的边际效用递减规律对于货币也同样适用。对于一个消费者来说，随着货币收入量的不断增加，货币的边际效用是递减的。即：随着某消费者货币收入的逐步增加，每增加一单位货币给该消费者所带来的边际效用是越来越小的。但是，在分析消费者行为时，基数效用论者通常假定货币的边际效用是不变的。这样，货币的边际效用便是一个常数。

(三)总效用极大化、消费者均衡

商品在人们心中的效用有大有小,研究人们持有商品的心理状态最主要的是消费者均衡问题,即消费者最优化问题,研究消费者在一定的收入约束和商品价格既定的条件下,如何将有限的货币收入分配于各种商品的购买中,以实现效用最大化。消费者的行为目标是要使他买进的各种商品提供的总效用达于极大值。当他所要买进的商品提供的总效用达到最大化的时候,消费者就不再改变他的购买方式,这也就是消费者的需求行为达于均衡状态,即消费者均衡。消费者均衡是指在商品现行价格和既定消费者收入的条件下,消费者不愿意再变动的购买量。消费者购买商品时获得效用最大化的必要条件是:在既定收入和商品价格的条件之下,消费者应该使他花费在所购买的每一种商品上的最后1元钱得到的边际效用相等。消费者均衡的内容包括:购买什么?每种商品各购买多少?

◎ 专题 3-2 消费的最佳方案

某消费者消费 X_1 和 X_2 商品的边际效用表是:

Q	1	2	3	4	5	6	7	8
MU_1	11	10	9	8	7	6	5	4
MU_2	19	17	15	13	12	10	8	6

已知该消费者用于消费这两种商品的收入为 $I=8$, X_1 和 X_2 商品的价格分别是 $P_1=1$, $P_2=1$,则该消费者的购买商品 X_1 和 X_2 的行为怎样?

解: 该消费者的购买行为最佳方案为:

∵ $I=P_1X_1+P_2X_2=1\times2+1\times6=8$

且∵ $MU_{X_1}/P_1=MU_{X_2}/P_2=10/1=\lambda$

∴ $TU=11+10+19+17+15+13+12+10=107$

在一定条件下,消费者手中的货币量是一定的,消费者用这一定的货币来购买各种商品可以有多种多样的安排。但一般的目标是要使他买进的各种商品提供的总效用达于极大值。当他所要买进的商品提供的总效用达到最大化的时候,消费者就不再改变他的购买方式,这时,消费者的需求行为达到均衡状态,即消费者均衡。那么怎样才能使得花费一定量货币所买得的各式各样一定量的商品的总效用达于极大值呢?我们假定:消费者的偏好是给定的,就是说,消费者对各种消费品的效用和边际效用是已知和既定的;消费者决定买进各种消费品 1、2 和 3,1 的价格 P_1、2 的价格 P_2 和 3 的价格 P_3 是已知和既定的;消费者的收入 M 是既定的,还假定他的收入全部用来购买这几种商品。于是问题归结为:他买进的 1、2 和 3 的数量应各为多少时,才能使他支出 M 买进的 1、2 和 3 提供的效用总和达到最大?

在这个时候,他花费一定量收入于 1、2 和 3 所得到的效用总和已达到极大值。如果再改变这一组合,将把用于购买某种商品的钱去增加购买另一种商品,就会使得因少买前一种商品所损失的效用,超过他多买后一种商品所增加的效用(因为边际效用递减)。因此在这时,他不会再改变其购入的 1、2 和 3 的数量,亦即消费者在这个问题上的决策行为已达到均衡状态。所购卖的各种商品的边际效用之比等于它们的价格之比并且等于单位货币的边际效用 λ

时，就达到了消费者均衡的条件。

$$TU = TU(X_1, X_2) \quad （目标函数）$$

$$P_1X_1 + P_2X_2 + \cdots + \cdots P_nX_n = M \quad （约束条件）$$

$$\frac{MU_1}{P_1} = \frac{MU_2}{P_2} = \cdots = \frac{MU_n}{P_n} = \lambda \quad （均衡条件）$$

◎ **专题3-3 迁移性训练**

1. 已知：$I = 100$，$P_x = 10$，$P_y = 20$，某消费者的边际效用表是：

Q x	0	1	2	3	4	5	6	7	8	9	10
MUx		5	4	3	2	1	0	−1	−2	−3	−4
Q y	0	1	2	3	4	5					
MUy		6	5	4	3	2					

试求效用最大化的商品组合及效用。

2. 已知某消费者每年用于 X 商品和 Y 商品的收入为 540 元，两种商品的价格分别为 $P_x = 20$ 元，$P_y = 30$ 元，该消费者的效用函数为 $u = 3xy^2$，该消费者每年购买这两种商品的数量各应是多少？每年从中获得的总效用是多少？

3. 已知某人消费的两种商品 X 和 Y 的效用函数为 $U = X^{1/3}Y^{2/3}$，商品价格分别为 P_x 和 P_y，收入为 M，求此人对商品 X 和 Y 的需求函数。

4. 已知某同学用 10 天时间复习三门功课，成绩取决于复习时间的长短(见表)，该同学如何安排这 10 天时间总成绩最高？

时间	0	1	2	3	4	5	6	7
经济	50	70	85	90	93	95	96	96
数学	20	40	55	65	70	74	77	80
英语	30	45	53	58	62	65	67	68

任务二 序数效用

一、序数效用

给定货币的边际效用不变，则 MU_x 与 P_x 的变动方向一致。分析消费者行为时，之所以假设货币的边际效用不变，是因为在一般情况下，单位商品的价格只占消费者总货币收入量中很小的一部分。所以，每当消费者支出一单位货币时，货币的边际效用的变化非常小，可以忽略不计。只要存在 X 与 Y，消费者可以做出选择和前提是：消费者对于任何两种商品组合都有一个明确的偏好关系，即 X 与 Y 具有可比性；消费者认为商品组合 X 至少与它本身同样好；如果消费者认为 $X \geq Y$ 而且 $Y \geq Z$，那么可以推导出 $X \geq Z$，即消费者偏好存在传递性。消费者偏好不会出现突发性逆转。对于同一种商品而言，如果数量严格多于原有商品，那么消费者认为数量更多的商品必定严格优于原有数量的物品。消费者对于任何一个特定的消费计划都不会满足，即使仅允许消费者对商品组合做微小调整，他也会获得更大效用。在一般情形下，比之极端地消费某一种商品，消费者更愿意选择某种商品组合。

序数效用论对消费者偏好有以下三个基本假定：

第一，偏好的完全性。对于任何两个商品组合 A 和 B，消费者总是可以做出，而且也仅仅只能做出以下三种判断中的一种。对 A 的偏好大于对 B 的偏好，对 A 的偏好小于对 B 的偏好，对 A 和 B 的偏好相同（即 A 和 B 是无差异的）。

第二，偏好的可传递性。对于任何三个商品组合 A、B 和 C，如果某消费者已经做出判断：对 A 的偏好大于（或小于，或等于）对 B 的偏好，对 B 的偏好大于（或小于，或等于）对 C 的偏好。那么，该消费者必须做出对 A 的偏好大于（或小于，或等于）对 C 的偏好的判断。

第三，偏好的非饱和性。即偏好多比偏好少要好。

二、无差异曲线

只有消费者觉得消费 X_1 和消费 X_2 商品的效用与价格之比相同时才能完成其市场行为。这要明确一个概念，那就是无差异曲线。无差异曲线又称等效用线、消费的无差异曲线，表明在一定的收入、商品价格和偏好下，两种商品的不同数量组合给消费者带来的效用完全相同的一条曲线。无差异曲线表示消费者在一定的偏好、一定的技术条件和一定的资源条件下，从不同的商品组合可以得到同样的满足程度。无差异曲线表示对于消费者而言，能产生同等满足程度的各种不同商品组合点的轨迹，如图3-3所示。

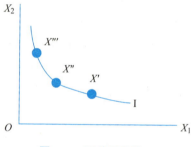

图3-3　无差异曲线

◎ **专题3-4　绘制无差异曲线**

下面表是某消费者消费 X_1 和 X_2 商品的总效用水平完全相同的两种商品消费量的组合，试绘制出该消费者消费 X_1 和 X_2 商品的无差异曲线。

组合方式	X_1	X_2
A	40	40
B	60	30
C	100	20
D	200	10

请画出各位消费者对两种商品（咖啡和热茶）的无差异曲线。

（1）消费者 A 喜欢喝咖啡，但对喝热茶没有感觉，他总是喜欢有更多杯的咖啡，而从不在意有多少杯热茶。

（2）消费者 B 喜欢 1 杯咖啡和 1 杯热茶一起喝，他从来不喜欢单独只喝咖啡，或者单独只喝热茶。

（3）消费者 C 认为，在任何情况下，1 杯咖啡和 2 杯热茶是无差异的。

（4）消费者 D 只喜欢喝热茶，但厌恶喝咖啡。

解：

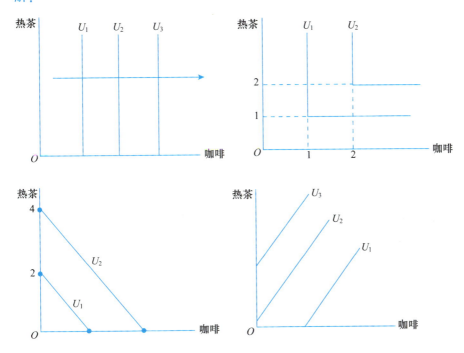

无差异曲线的经济学含义是：在收入、商品价格、消费者偏好一定时，增加一种商品的消费量就要相应减少另一种商品的消费量。无差异曲线是一条向右下方倾斜的曲线，斜率为负。无差异曲线的斜率为负值。无差异曲线具有密集性。在同一坐标平面上存在无数条的无差异曲线，构成无差异曲线群（Indifference Curve Map）。离原点越远的无差异曲线代表的效用水平越高。同一坐标平面上任意两条无差异曲线不能相交。同一平面内，任何两条无差异曲线都不会相交。完全替代品（Perfect Substitutes）指消费者总是以固定的比例用其中一种商品替代另一种商品。这时，无差异曲线的斜率绝对值为固定的，从而无差异曲线为一条直线。完全互补品（Perfect Complements）指消费者对两种商品的消费始终以固定的比例进行消费。这时，无差异曲线呈 L 形，如图 3-4。

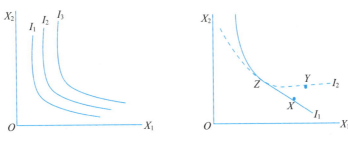

图 3-4 呈"L"型无差异曲线

"好"商品与"坏"商品组合的无差异曲线向右上方倾斜，如图 3-5 所示。

无差异曲线的例外如完全替代品的情况，如图 3-6 所示。完全替代品指两种商品之间的替代比例是固定不变的情况，其效用函数通常情况为：

$$U(x_1, x_2) = ax_1 + bx_2$$

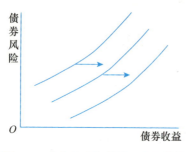
图 3-5　向右上方倾斜的无差异曲线

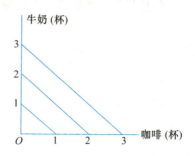
图 3-6　完全替代品的无差异曲线

无差异曲线的例外情况再比如完全互补品之间的组合。完全替代品指两种商品之间的互补比例是固定不变的。在图 3-7 中 A、B 点可以观察到。

没有多大用处的商品与有用商品的无差异曲线情况又有不同。比如尿布的用处不大，不论消费多少，都不会增加效用，而增减一点食品则可以改变效用，如图 3-8 所示。

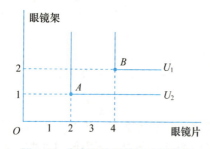
图 3-7　完全互补品的无差异曲线

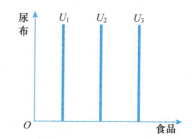
图 3-8　无大用处商品与有用商品之间的无差异曲线

有害商品与普通商品之间的无差异曲线表现为倾斜。消费越少的这种有害商品，消费者效用越大。在图 3-9 中食品在 Q_2 上，可以观察到。

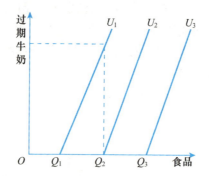
图 3-9　有害商品与普通商品之间的无差异曲线

无差异曲线的斜率是边际替代率（Marginal Rate of Substitution，MRS），即在保持总效用水平不变的条件下，增加一单位某种商品的消费所必须放弃的另一种商品的消费数量。

$$MRSx_1x_2 = \lim_{\Delta x1 \to 0} -\frac{\Delta x_2}{\Delta x_1} = -\frac{dx_2}{dx_1}$$

在维持效用水平不变的前提之下，随着一种商品消费数量的连续增加，消费者为增加每一单位的这种商品所放弃的另一商品的消费数量是递减的。无差异曲线斜率的绝对值是递减的，这表明：从左上方向右下方移动时，无差异曲线的切线斜率应该越来越小，这也决定了无差异曲线的形状是凸向原点的。

如果两种商品是完全替代品，其边际替代率为-1或者等于一个固定值。如果两种商品是完全互补品，其边际替代率为零和无穷大。如果两种商品为消费者特别钟爱的商品和中性商品（消费者持中立态度的商品）的组合，由于无差异曲线垂直于消费者所钟爱的商品轴，所以边际替代率为无穷大。对于两种"坏"商品的组合来说，边际替代率是一个大于零的数。

◎专题 3-5　值不值？

花 50 万元买一套没有产权的住房值不值？戴一块 20 万元的手表值不值？花 100 元买一条裙子值不值？

三、消费者剩余与生产者剩余

消费者剩余（Consumer's Surplus）是消费者在购买一定数量的某种商品时所愿意支付的最高总价格和实际支付的总价格之间的差额。马歇尔认为，买者愿意为一种物品支付的量减去买者为此实际支付的量即为消费者剩余。如图 3-10 中的阴影部分即为消费者剩余。

生产者剩余是指生产者在提供一定数量的某种商品时，实际得到的总价格与希望得到的最低总价格之间的差额。如图 3-11 中的阴影部分所示即为生产者剩余。

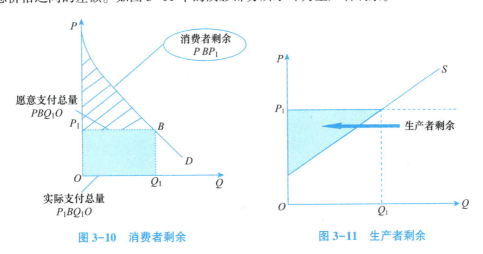

图 3-10　消费者剩余　　　　图 3-11　生产者剩余

经济剩余是消费者剩余与生产者剩余之和，即消费者在购买一定数量的某种商品时所愿意支付的最高总价格和实际支付的总价格之间的差额与生产者在提供一定数量的某种商品时实际得到的总价格与希望得到的最低总价格之间的差额之和。

试问在一个社会中，谁有权利分配经济剩余？谁在占有经济剩余？可以说，不同的社会分配的情况是不一样的，如图3-12所示。

一般来说，一定时期社会中占有明显优势的经济参与主体在分配经济剩余时也具有明显的优势，而处于劣势的经济参与主体在分配经济剩余时也会处于劣势地位。这种优势与劣势又是相对的。

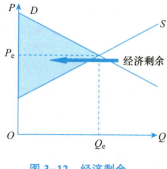

图 3-12　经济剩余

四、收入预算线

实际上消费者的经济资源是有限的。收入和价格是客观条件的限制。欲望和偏好是主观条件的限制。"偏好"揭示了消费者"愿意负担"什么，那么收入与商品价格阐明了消费者在进行购买行为时面临的约束，即"能够负担"什么。

经济学用"预算约束"（Budget Constraint）说明消费者所受到的收入水平与商品价格的限制。预算约束是指消费者在购买商品的过程中的支出不超过其收入，即在一定的价格水平下消费者能够以一定收入负担某商品组合。

$$P_1 x_1 + P_2 x_2 + \cdots + P_n x_n \leq M$$

在收入和商品价格既定的条件下，消费者用尽全部收入能够购买到的两种商品最大数量组合的连线即为预算线。预算线又称为预算约束线、消费可能线和价格线。预算线表示在消费者收入与商品价格既定的条件下，消费者的全部收入所能购买到的两种商品数量最大组合的线。消费可能线表明了消费者消费行为的限制条件。这种限制就是购买物品所花的钱不能大于收入，也不能小于收入。大于收入是在收入既定的条件下无法实现的，小于收入则无法实现效用最大化。它是指在收入和商品价格一定的条件之下，消费者可以购买的商品不同数量组合的集合。它确定消费可能的范围和限度，同时取决于商品的价格水平。对于一般商品，我们用 M 表示消费者的既定收入，P_1，P_2 表示商品 1 和商品 2 的价格，X_1 和 X_2 表示商品 1 和商品 2 的数量，预算线的方程一般可以表示为：

$$P_1 x_1 + P_2 x_2 = M$$

如图 3-13 所示，分析预算线方程所代表的预算线的斜率可知，$-\dfrac{P_1}{P_2}$ 是预算线的斜率。预算线方程的截距为 $\dfrac{m}{P_2}$。

$$x_2 = -\frac{P_1}{P_2} x_1 + \frac{m}{P_2}$$

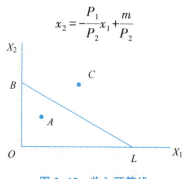

图 3-13　收入预算线

◎专题 3-6　绘制消费者预算约束线

已知某消费者的预算收入为 $M=400$ 元，商品 X 的价格为 $P_x=2$ 元/公斤，商品 Y 的价格为 $P_y=10$ 元/公斤，该消费者消费这两种商品的组合方式为：

则图为：

组合方式	X	Y
A	0	40
B	50	30
C	100	20
D	150	10
E	200	0

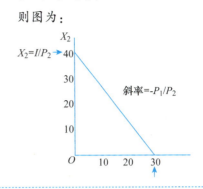

两种商品的价格同比例、同方向变动时，预算线斜率的值不会产生任何影响，但会使预算线截距的值发生同比例、同方向的变化。两种商品价格同时上升（或下降）相同的比例所产生的经济效应与收入下降（或上升）所产生的经济效应相同，从而商品价格变动具有收入效应。其表现为预算线在横轴与纵轴上的截距发生变化，但是斜率绝对值的值不受任何影响。收入增加时使预算线向右移，收入减少时使预算线向左移，如图 3-14 中所示的收入预算线向左向右平移。

某种商品价格变化，比如 X_1 商品价格的变化如图 3-15 中 X_1 价格变化预算线旋转，或者 X_2 商品的价格的变化如图 3-16 中 X_2 价格变化预算线旋，而其他条件不变，预算线斜率的绝对值和截距均发生变化，预算线发生旋转。

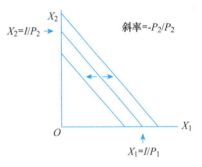

图 3-14　收入预算线向左向右平移

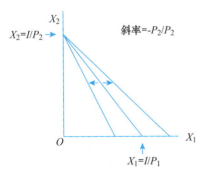

图 3-15　X_1 价格变化预算线旋转

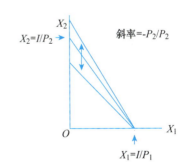

图 3-16　X_2 价格变化预算线旋转

大宗购物打折的情形或者住宅小区物业公司所提供的生活垃圾清运服务，预算线为折线或者向右上方倾斜。

五、基于序数效用论的消费者均衡

在预算约束下追求最优化是一种理性选择行为。消费者收入和两种商品的价格已知，从而预算线是唯一的；消费者的目标是追求效用最大化。消费者面临无数条的无差异曲线，他要在无数条无差异曲线中进行选择，实现预算约束条件下的最优化。如图 3-17 所示，I_1 代表的效用水平最高，但处于预算空间之外，和预算线 BL 既无切点又无交点，所以消费者在 I_1 效用曲线上在现有预算约束下无法实现商品组合的购买。

按照 I_3 与 BL 的交点 b 和 l 所代表的商品组合购买，或者按照 I_3 上的一段弧 b_l 所代表的商品组合购买，现有的收入水平可以使购买得到实现，但消费者无法实现效用最大化目标。

由 b 点出发沿 BL 向右和由 l 点出发沿 BL 向左改变对商品的购买量，可以使消费者在现有收入和价格约束下实现比 I_3 更高的效用水平。

如图 3-18 所示，b 点和 l 点沿线段 b_l 进行运动的结果是，在 BL 和 I_2 的切点 E 处实现消费者均衡，即消费者在预算约束下实现了效用最大化。

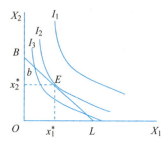

图 3-17　消费者未均衡

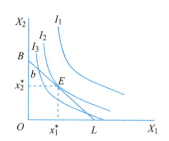

图 3-18　消费者均衡

◎ 专题 3-7　绘制消费者预算约束线

令某消费者的收入为 M，两商品的价格为 P_1、P_2，假定该消费者的无差异曲线是线性的，且斜率为 $-a$，$a>0$，求：该消费者的最优商品的消费组合。

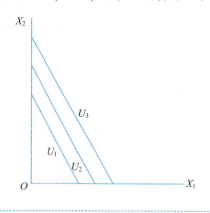

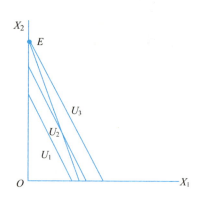

消费者均衡是指在消费者收入和商品价格既定的前提下，所购买的商品组合使消费者能获得最大效用的状态。消费者均衡要求：最优的商品购买组合必须是消费者最偏好的商品组合；最优的商品购买组合必须位于给定的预算线上。

这时：

$$MRSxy = -\frac{P_x}{P_y}$$

$$-\frac{MU_X}{MU_Y} = -\frac{P_x}{P_Y}$$

也就有：

$$\frac{MU_X}{P_X} = \frac{MU_Y}{P_Y}$$

◎ **专题3-8　迁移性训练**

1. 已知消费者的效用函数和预算线分别为 $U=X^{2/3}Y$ 和 $3X+4Y=100$，求该消费者对 X、Y 的最优购买量。

2. 假定 X 和 Y 两种商品有线性无差异曲线，其斜率处处为 $1/2$，$MRS_{xy}=1/2$。

(1) 当 $P_x=1$，$P_y=1$，且 $M=1\,000$ 时，消费者的均衡是什么？（纵轴的交点）

(2) 当 $P_x=1$，$P_y=2$，消费者的均衡是什么？（线上每一点）

当两种商品的边际替代率与两种商品的价格之比相等时，消费者选择的商品组合为最优消费组合，满足了一定预算约束下的效用最大化。

$$MRS_{x_1x_2} = \frac{P_1}{P_2}$$

◎ **专题3-9　计算边际替代率**

已知衬衫价格为 80 元，肯德基快餐的价格为 20 元，在某消费者关于这两种商品的效用最大化的均衡点上，一份肯德基快餐对衬衫的边际替代率 MRS 是多少？

解：一份肯德基快餐对衬衫的边际替代率写成：$MRS_{xy}=-\Delta Y/\Delta X$，其中：$X$ 表示肯德基快餐的份数；Y 表示衬衫的件数。

MRS_{xy} 表示在维持效用水平不变的前提下，消费者增加一份肯德基快餐消费时所需要放弃的衬衫的消费数量。

消费者效用最大化均衡点：$MRS_{xy}=P_x/P_y$，即有 $MRS_{xy}=20/80=0.25$。

这表明，在效用最大化的均衡点上，该消费者关于一份肯德基快餐对衬衫的边际替代率 MRS_{xy} 为 0.25。

六、收入消费曲线和恩格尔曲线

分析收入变动对需求的影响，得出收入消费曲线。在商品价格不变的情况下，收入变动导致消费者均衡点变动的轨迹即为收入消费曲线，如图 3-19 中曲线 ICC 就是消费者均衡点变动的轨迹连成的曲线也就是收入消费曲线。而且图 3-19 中商品需求量随着收入上升而上升，这些商品应是正常商品。

由消费者的收入—消费曲线可以推导出消费者的恩格尔曲线。恩格尔曲线表示消费者在每一收入水平下对某种商品的需求量。与恩格尔曲线相对应的函数关系为 $X=f(I)$。其中，I

为收入水平，X 为某种商品的需求量。

恩格尔曲线是如何得来的呢？在图 3-19 中的收入—消费曲线反映了消费者的收入水平和商品需求量之间的一一对应的关系，即以商品 1 为例，当收入水平为 I_1 时，商品 1 的需求量为 X_{11}；当收入水平为 I_2 时，商品 1 的需求量为 X_{12}；当收入水平为 I_3 时，商品 1 的需求量为 X_{13}；把这种一一对应的收入和需求量的组合描绘在相应的平面坐标图中，就可以得到恩格尔曲线，如图 3-20 所示。

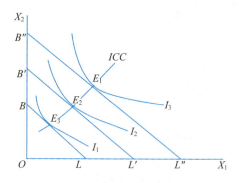

图 3-19　收入消费曲线

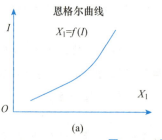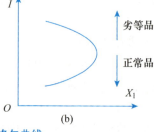

图 3-20　恩格尔曲线

同样地，分析价格变动对需求的影响得出价格消费曲线。如图 3-21 中所示，X_1 商品的价格不断下降，预算线由 BL'' 逆时针转到 BL' 再转至 BL，按消费者均衡的条件，无差异曲线 I_1、I_2、I_3 分别与 BL''、BL'、BL 相切于点 E_1、E_2、E_3，由 E_1、E_2、E_3 连成的曲线 PCC 就是 X_1 商品的价格变化条件下对 X_1 商品消费量的曲线，即消费者对 X_1 商品的需求曲线。而且如图3-21所示，X_1 商品的价格不断下降，消费者对 X_1 商品的需求不断增加。

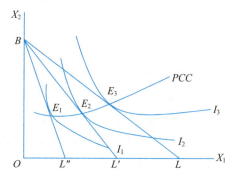

图 3-21　价格消费曲线

◎ **专题 3-10　计算边际替代率**

某消费者的效用函数 $U=x_1^{0.5}x_2^{0.5}$，两商品价格分别为 P_1、P_2，消费者收入为 M。求该消费者关于商品 1 和商品 2 的需求函数。

解：

（1）由已知的效用函数 $U=x_1^{0.5}x_2^{0.5}$，可得：

$$MU_1=dTU/dx_1=0.5x_1^{-0.5}x_2^{0.5}，\quad MU_2=dTU/dx_2=0.5x_1^{0.5}x_2^{-0.5}$$

（2）根据 $MU_1/MU_2=P_1/P_2$，则：

$$(0.5x_1^{-0.5}x_2^{0.5})/(0.5x_1^{0.5}x_2^{-0.5})=P_1/P_2$$

（3）$P_1x_1+P_2x_2=M$

（4）联立（2）和（3）可得：

$$x_1=0.5M/P_1 \qquad x_2=0.5M/P_2$$

一种商品价格的变化会引起该商品的需求量的变化，其变化的总效应可以被分解为替代效应和收入效应两个部分，即：

$$总效应（价格效应）= 替代效应 + 收入效应$$

当一种商品价格发生变化时，会对消费者产生两种影响：一是使消费者的实际收入水平发生变化。这里的实际收入水平的变化被定义为效用水平的变化。二是使商品的相对价格发生变化。这两种变化都会改变消费者对该商品的需求量。

专题 3-11　怎样取得较大效用

1. 政府进行房租补贴的最佳方式？
2. 你的时间怎样在工作得工资与休闲得享受之间分配？
3. 收入和票证约束下你的最佳选择是什么？
4. 希望父母以什么方式增发零花钱？

由商品的价格变动所引起的实际收入水平的变动，进而由实际收入水平变动所引起的商品需求量的变动，为收入效应。收入效应表示消费者的效用水平发生变化。

由商品的价格变动所引起的商品相对价格的变动，进而由商品的相对价格变动所引起的商品需求量的变动为替代效应。替代效应不改变消费者的效用水平。

在商品的相对价格发生变化，而消费者的实际收入不变的情况之下，商品需求量的变化称为替代效应。在其他所有商品的名义价格与名义收入不变的情况下，一种商品的价格变动会引起消费者实际收入的变动，从而导致对该商品需求发生变动，这就是收入效应。个人对储蓄与消费的选择时，由于利率变化会产生替代效应、收入效应与价格效应。

现期消费与未来消费均为正常品的情况下，利率水平的上升有可能使一个借钱者变为储蓄者；利率水平的下降有可能使一个储蓄者变为借钱者；利率水平的上升不可能使理性的贷款者变成借款者；利率水平的下降不可能使理性的借款者变成贷款者；利率水平的上升将使借贷者少借钱；利率水平的下降将使储蓄者少储蓄。

正常商品的两种效应：如图 3-22 所示，商品 X 的价格下降，表明在原来不变的收入水平上，消费者可以买到更多的商品 X，消费可能性线将变得更加平坦了。假设消费者的货币收入是 I，商品 Y 的价格不变为 PY。如果商品 X 的价格开始在 PX_1 上，那么不买商品 Y，仅买商品 X 的最大量在 I/PX_1 上；反之，仅买 Y 的最大点在 I/PY_1，初始的均衡点则在无差异曲线 U_1 的 O_1 点上，购买商品 X 的数量为 X_1。当商品 X 的价格下降到 PX_2 时，消费可能性线将向右旋转，表明在原来不变的收入水平上，不买商品 Y，仅买商品 X 的数量由 I/PX_1 移动至 I/PX_2，均衡点就移动到效用水平较高的无差异曲线 U_2 的 O_2 上，这就是说，消费者购买商品 X 的数量将由原来的 X_1 增加到 X_2单位。

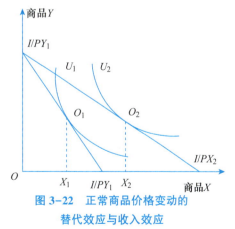

图 3-22　正常商品价格变动的
替代效应与收入效应

消费可能性线的第一步转动，就形成图 3-23 中新的与无差异曲线 U_1 相切的线 FG 补偿预算线，这条线的斜率与价格下降后的消费可能性线的斜率相同，表明消费者的消费结构已经发生了商品 X 降价后的变化，因为它与降价后的无差异曲线平行。但是，消费者的支出水平却没有达到降价后的水平，因为消费者的实际支出要低于降价后的水平，否则补偿预算线就要与降价后的消费可能性线重合了。因为补偿预算线与原来的无差异曲线 U_1 相切于 O^* 点，这就表明消费者要实现与原来相同的满足程度，只要用补偿预算线表示的开支就够了。

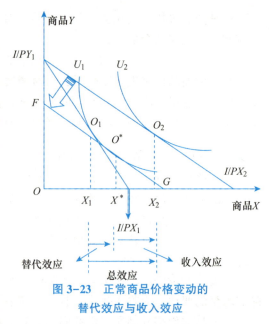

图 3-23　正常商品价格变动的替代效应与收入效应

这就是说，在 O^* 点上的商品 X 和 Y 的组合，消费者的满足程度不变，但是支出要节省得多。从 O_1 到 O^* 的移动就是商品 X 的需求量由 X_1 增加到 X^*，其增加部分是由于商品 X 相对便宜，增加商品 X 的消费，减少商品 Y 的消费，仍保持原来的满足程度的替代效应。

第二步的移动，补偿预算线向降价后的实际预算线切点 O_2 的移动。这种移动表明价格下降后，消费者的名义收入不变，但其实际收入却从补偿预算线提高到降价后的实际预算线，这种实际收入增加而引起商品需求量的增加，表现为图中 X^* 到 X_2 的移动。这种需求量的增加是由于消费者实际收入增加而造成的。所以，从 X^* 到 X_2 就是降价的收入效应。

◎ 专题 3-12　看图说话

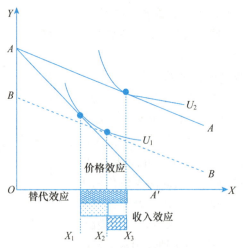

请述上图中商品 X 价格的变化所产生的替代效应、收入效应与价格效应，看谁表达得准确、完整。

　　按照正常商品两种效应分析的同样方法，分析图 3-24 所表示的低档商品 X 的收入效应和替代效应。商品 X 的价格下降后，其全部效应仍然是 $X_1'X_1''$，消费者的满足程度也从 a 点提高到 b 点，商品 X 替代效应仍然是 $X_1'X_1''$，表明商品 X 便宜了，商品 X 的消费仍然增加，只是其幅度没有正常商品那么大。商品 X 的收入效应为 $X_1'X_1''$，也就是商品 X 的收入效应不仅没有增加，反而减少了，这也是低档商品的性质所致。

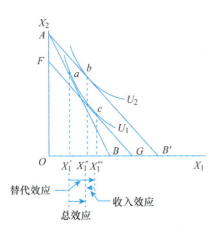

图 3-24　低档商品价格变动的
替代效应与收入效应

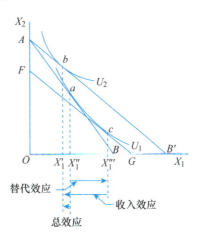

图 3-25　吉芬商品价格变动的
替代效应与收入效应

　　吉芬商品的需求量与商品价格同方向变动。如图 3-25 所示吉芬商品 X 降价后，其全部效应仍然为 $X_1'X_1''$，均衡点也从 a 点移动到 b 点，消费者的满足程度也提高了，但是，商品 X 的消费的总量减少了。替代效应是 $X_1''X_1'''$，表明降价仍然增加商品 X 的需求。

　　但是由于商品 X 是吉芬商品，所以实际收入的增加使得消费者大大减少对该商品的需求，而增加商品 Y 的需求。收入效应表现为从 c 点到 b 点的移动。由于吉芬商品不同于一般低档商品，所以，降价的总效应表现为收入的负效应大于正的替代效应，其结果导致该商品需求量的明显减少。某些高档消费品，比如珠宝、字画、古董之类，也是一种价格与需求量同增同减的现象。收入效应和替代效应的分析与吉芬商品相同。

　　价格下降对正常商品、一般低档商品和吉芬商品的收入效应、替代效应和总效应的影响可以概括在表 3-3 中。

表 3-3　正常的、低档的、吉芬商品的收入效应、替代效应和总效应

商品类别	价格的关系			需求曲线形状
	替代效应	收入效应	总效应	
正常物品	反向变化	反向变化	反向变化	右下方倾斜
低档物品	反向变化	同向变化	反向变化	右下方倾斜
吉芬物品	反向变化	同向变化	同向变化	右上方倾斜

　　一般说来，在通货膨胀不严重的国家，实际利率都保持在较低水平，因此，利率上升的替代效应大于收入效应，就是说：储蓄会随利率上升而增加。多数消费者会以期待未来更多

的消费取代当前的消费。

◎ **专题3-13　求需求函数**

已知某商品的个人需求曲线是 $P=-1/6Q+5$，若市场上有100个相同的消费者，试求出市场的需求函数。

解：

∵ $P=-1/6Q+5$

∴ $Q=30-6P$

∴ 市场的需求 $D=100Q=3\,000-600P$

任务三　不确定消费均衡

一、不确定消费的定义

不确定性是指消费者行动的结果被置于某种概率之下。具体到消费者行为研究中，不确定性意味着消费者决策的结果明显地依赖于不能由消费者控制的事件，只有在做出选择后，消费者才知道其决策结果。

购买彩票有两种可能结果：中与不中。一是拥有财富 W_1；概率 p，$0<p<1$；二是拥有财富 W_2，概率为 $1-p$。这张彩票可表示为：$L=[p,\ (1-p);\ W_1,\ W_2]$，简单表示为：$L=[p;\ W_1,\ W_2]$。比如：持有100元的初始货币财富。彩票的购买成本支出是5元。中彩概率为2.5%，可得到200元奖励，会拥有295元；不中彩概率为97.5%，得不到奖励，只持有95元。即彩票：$p=2.5\%$，$1-p=97.5\%$；$W_1=295$元，$W_2=95$元。$L=[2.5\%;\ 295,\ 95]$消费者面临彩票 $L=[p;\ W_1,\ W_2]$彩票的期望值，即彩票 $L=[2.5\%;\ 295,\ 95]$的期望值：$2.5\%\times295+95\times(1-2.5\%)=100$元的初始货币财富。

假如某消费者的初始货币财富100元，面临是否购买某种彩票的选择。彩票购买支出5元。中彩的概率为2.5%，可以得到200元的奖金；不中彩的概率为97.5%。如果决定不购买彩票，可以稳妥持有100元初始货币财富；如果购买彩票，中彩会拥有295元；不中彩，只有95元。

二、不确定消费行为的均衡

具体到消费者行为研究中，不确定性意味着消费者决策的结果明显地依赖于不能由消费者控制的事件，只有在做出选择后，消费者才知道其决策结果。效用函数由两部分组成：一为对商品的消费水平，二为概率。表示为：

$$U(a_1,\ a_2,\ p_1,\ p_2)=p_1U(a_1)+p_2U(a_2)$$

即冯·诺伊曼-摩根斯坦效用函数，简写为 *VNW* 效用函数，也称作预期效用函数。效用最大化的决定不仅取决于消费者自己行动的选择，也取决于自然状态(某个随机事件的不同结果)本身的选择或随机变化。以购买保险为例说明不确定条件下的选择行为：

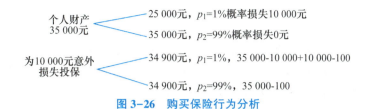

图3-26　购买保险行为分析

K 为保金，γ 为保率，保费为 γK，购买保险为不确定条件下的选择行为过程中的预算线为：

$$p(25\,000+K-\gamma K)+(1-p)(35\,000-\gamma K)=34\,900$$

若 $\triangle C_g$、$\triangle C_b$ 是未发生保险事件和发生保险事件的财产收益，则有：

$$\frac{\Delta C_g}{\Delta C_b}=-\frac{\gamma K}{K-\gamma K}=-\frac{\gamma}{1-\gamma}$$

消费者在不确定状态下的财富的效用函数在发生保险事件和未发生保险事件时表现为：

$$E\big[U(W)\big]=P\cdot U(W_b)+(1-P)\cdot U(W_g)$$

$$MRS_{g,\,b}=-\frac{\dfrac{\partial U(W)}{\partial W_b}\cdot P}{\dfrac{\partial U(W)}{\partial W_g}\cdot(1-P)}$$

K 为保金，γ 为保率，保费为 γK，则消费者均衡的条件为：

$$-\frac{\dfrac{\partial U(W)}{\partial W_b}\cdot P}{\dfrac{\partial U(W)}{\partial W_g}\cdot(1-P)}=-\frac{\gamma}{1-\gamma}$$

假定保险公司的期望利润为零，则：

$$-\frac{\dfrac{\partial U(W)}{\partial W_b}\cdot p}{\dfrac{\partial U(W)}{\partial W_g}\cdot(1-p)}=-\frac{1-p}{p}$$

$$\frac{\partial U(W)}{\partial W_b}=\frac{\partial U(W)}{\partial W_g}$$

对于风险回避者而言，无风险的财富总收益大于有风险的时的财富总收益。

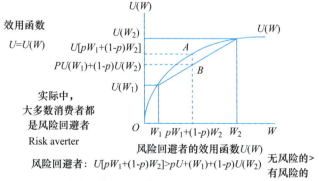

图3-27　风险回避者的财富总收益

◎专题3-14　不确定消费的确定

假定消费者可以在本期(假定是今年)和下期(假定是明年)中做选择，今年和明年的收入分别为 $I_1 = 12\ 000$ 和 $I_2 = 12\ 600$，借贷的市场利率都为 $r = 5\%$。若今明两年收入全用于今年消费，则由于要用5%的利率借用明年的收入来消费，故今年的消费金额总共为：

$$I_1 + \frac{I_2}{1+r} = 12\ 000 + \frac{12\ 600}{1.05} = 24\ 000$$

若今明两年收入全用于明年消费，则由于可把今年收入放贷到明年消费，故明年的消费金额总共为：

$$I_2 + I_1(1+r) = 12\ 600 + 12\ 000 \times 1.05 = 25\ 200$$

对于风险爱好者而言，有风险时的财富总收益大于无风险的财富总收益。

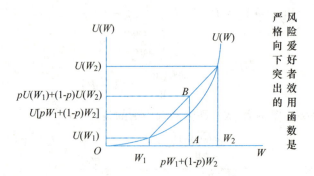

风险爱好者：$U[pW_1 + (1-p)W_2] < pU(W_1) + (1-p)U(W_2)$

图3-28　风险爱好者的财富总收益

对于风险中立者而言，有风险时的财富总收益等于无风险的财富总收益。

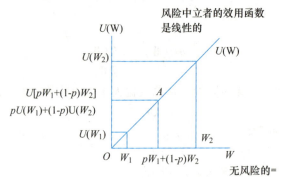

风险中立者：$U[pW_1 + (1-p)W_2] < pU(W_1) + (1-p)U(W_2)$

图3-29　风险中立者的财富总收益

在不确定条件下，消费行为达到最优的原则是遭受损失与未遭受损失两种状态下的边际效用相等，从而消费者在两种可能性下的财产值相等。消费者的最优选择是购买保险。

面临风险，风险回避者愿意放弃一部分收入去购买保险。如何确定保险购买支出量？一般而言，如果支付的保险金额等于财产的期望损失，消费者就会购买保险，使其在遭受可能的损失时得到全部补偿。如果初始财富 W，可能遭受意外的损失 L，意外发生概率为 p，购买保险支出为 $S(Safe)$。则存在风险时的财产期望值为：

$$p(W - L) + (1 - p) \cdot W$$
$$S = pL$$

《 课 后 训 练 》

一、单项选择题

1. 若某位劳动供给者的劳动供给曲线在某一特殊区间后拐，则（   ）。
   - A. 替代效应超过了收入效应
   - B. 替代效应、收入效应向同一方向作用
   - C. 闲暇是一种劣等品
   - D. 闲暇是一种正常商品

2. 总效用增加时，边际效用应（   ）。
   - A. 为正值，且不断增加
   - B. 为正值，且不断减少
   - C. 为负值，且不断增加
   - D. 为负值，且不断减少

3. 无差异曲线上商品 X、Y 的边际替代率等于它们的（   ）。
   - A. 价格之比
   - B. 数量之比
   - C. 边际效用之比
   - D. 边际成本之比

4. 商品 X、Y 价格与消费者收入按相同比例下降，预算线（   ）。
   - A. 向左下方平动
   - B. 向右上平动
   - C. 不变动
   - D. 转动

5. 预算线的位置与斜率取决于（   ）。
   - A. 消费者收入
   - B. 消费者偏好
   - C. 消费者偏好、收入和商品价格
   - D. 消费者收入和商品价格

6. 序数效用论者认为，商品效用大小（   ）。
   - A. 取决于它们的价值
   - B. 取决于它们的价格
   - C. 可以比较
   - D. 无法比较

7. 无差异曲线为直线时，则两种商品（   ）。
   - A. 互补
   - B. 独立
   - C. 完全替代
   - D. 部分替代

8. 边际效用递减是由于（   ）。
   - A. 人的欲望是有限的
   - B. 商品有多种用途及人的欲望本身的特点
   - C. 人的欲望的多样性
   - D. 商品用途的多样性

9. PCC 曲线为一水平线，说明 X 商品与 Y 商品间交叉需求弹性为（   ）。
   - A. 0
   - B. 1
   - C. 大于 1
   - D. 小于 1

10. 由于某种商品价格下跌，消费者均衡点转到较高水平的无差异曲线是(　　)。

    A. 替代效应　　　　　　　　　B. 价格效应

    C. 收入效应　　　　　　　　　D. 无法确定

二、多项选择题

1. 无差异曲线具有如下特征(　　)。

    A. 向右下方倾斜

    B. 远离原点的无差异曲线具有较大的效用

    C. 任意两条无差异曲线不能相交

    D. 是斜率为负的曲线

2. 在消费者收入与商品价格既定的情况下，消费者所能购买到的两种商品数量最大组合的点的轨迹是(　　)。

    A. 等支出线　　　　B. 无差异曲线　　　　C. 预算线　　　　D. 消费可能线。

3. 边际效用呈递减规律，但也有边际效用并不递减的特殊情况，如(　　)。

    A. 嗜酒成性的酒徒在消费酒时酒的边际效用

    B. 人们吃饭时每碗饭的边际效用

    C. 一个集邮爱好者搜集的邮票的边际效用

    D. 一个口渴的人在饮用水时水的边际效用

4. 效用在如下情形可能是不同的，这些情形是(　　)。

    A. 不同的人对同一物品

    B. 同一个人对不同的物品

    C. 同一个人对同一物品在不同的时间

    D. 同一个人对同一物品在不同的地点

5. 如果商品 X 对于商品 Y 的边际替代率 MRS_{XY} 小于 X 和 Y 的价格之比 P_X/P_Y，则(　　)。

    A. 该消费者获得了最大效用

    B. 该消费者应该增加 X 的消费，减少 Y 的消费

    C. 该消费者应该减少 X 的消费，增加 Y 的消费

    D. 该消费者没有获得最大效用

6. 一种商品的价格变动所引起的该商品需求量变动的总效应可以被分解为替代效应和收入效应，总效应、替代效应、收入效应的值可以是(　　)。

    A. 正值　　　　　　B. 负值　　　　　　C. 零　　　　　　D. 任意数

7. 引起商品的边际替代率递减的原因主要是(　　)。

    A. 消费者购买商品的边际效用是递减的

    B. 货币的边际效用是递减的

    C. 消费者购买的一种商品太多而另一种商品太少

    D. 消费者的偏好发生了变化

8. 随着消费者对一种商品的消费数量的增加，则(　　)。

    A. 总效用可能增加　　　　　　B. 总效用可能减少

    C. 总效用可能不变　　　　　　D. 边际效用减少

三、判断题

1. 预算线的位置和斜率取决于消费者的收入。 （   ）

2. 馒头每个 40 分，包子每个 50 分，馒头边际效用为 4 单位，包子边际效用为 5 单位，追求效用最大化的消费者保持现有的消费组合不变。 （   ）

3. 如果边际效用递减，则总效用相应下降。 （   ）

4. 在同一条预算线上，货币收入是不变的。 （   ）

5. 无差异曲线的形状越接近于直线，说明该消费者消费的两种商品之间的替代性就越大。
（   ）

6. 预算线上的每一点代表了当收入一定时消费者可能购买的不同数量的商品组合。
（   ）

7. 基数效用论采用的分析方法是无差异曲线分析法。 （   ）

8. 只要商品的数量在增加，边际效用大于零，消费者得到的总效用就一定在增加。
（   ）

四、简答题

1. 为什么有些人喜欢买菜时讨价还价，有些人却不喜欢？请运用效用论进行解释。

2. 许多消费者愿意多付钱购买名牌产品，你怎么看待这个问题？请运用效用论进行解释。

3. 分别用图分析正常商品、低档商品和吉芬商品的替代效应和收入效应，并进一步说明这三类物品的需求曲线的特征。

五、计算题

1. 设某人的消费偏好函数为 $U = X^{0.3} Y^{0.7}$，且 $P_X = 3$，$P_Y = 7$。试求：

（1）X，Y 的均衡值。

（2）效用水平为 8 时所需支出的金额。

2. 某人生活在仅有 X，Y 两种商品的社会中，每一时期他的效用为 $U = 50X - 0.5X^2 + 100Y - Y^2$，$P_X = 4$，收入 $M = 672$ 元。试计算：

（1）导出他对 Y 的需求函数。

（2）若 $P_Y = 14$，他将买多少 X？

（3）在这个均衡状态下，他对 X 的需求收入点弹性是多少？

3. 某消费者的效用函数为 $U = \sqrt{xy}$，x 和 y 是他所消费的两种商品，其价格分别是 $P_X = 1$ 和 $P_Y = 2$，他的收入为 100，试问他对 x 和 y 的需求量各为多少？

学习目标

　　知识目标：了解产量变化规律，理解生产函数、平均产量和边际产量、生产要素的边际替代率，理解短期中一种变动投入下的生产函数、产量规律及边际收益递减规律的最优组合以及规模收益。

　　能力目标：理解和掌握产量规律、成本最低、利润最大化原则。

　　素质目标：用所学厂商理论、概念、原理、规律，分析社会热点问题。

　　思政目标：养成运用生产理论分析研究生产者选择产品的习惯；运用等产量曲线、等成本曲线、生产函数解决生产者选择产品问题的意识；养成完成任务过程中的敬业精神和竞争精神；工作耐心、细致，善解人意的良好品质。

《 任 务 布 置 》

　　任务1：小霞开厂做产品需要材料 X 和 Y，预算用 15 000 元采购材料 X 和 Y，材料 X 的价格为 $P_x = 2\,000$ 元/吨，材料 Y 的价格为 $P_y = 3\,000$ 元/吨。

耗材与产品数量表

耗用材料(吨)	耗用 X 获得产量(件)	耗用 Y 获得产量(件)
1	10	10
2	6	8
3	4	6
4	0	4
5	−2	2
6	−6	0

　　对此要求做出回应，讨论具体回答：

　　1. 小霞可以购买多少吨 X 材料？

　　2. 小霞可以购买多少吨 Y 材料？

　　3. 小霞购买 X 材料、Y 材料的各种数量组合。

4. 画图表达小霞购买 X 材料、Y 材料的各种数量组合。

5. 总结分析为小霞提出购买 X 材料和 Y 材料的最佳数量组合。

6. 总结分析类似问题的规律。

任务2： 参照任务 1 的样式，编写出任务 2 的内容和问题，并做出回答。

任务3： 某厂商用资本（K）和劳动（L）生产 X 产品，短期中资本是固定的，劳动是可变的。短期生产函数为：$Q=240L+24L^2-L^3$，其中，Q 为每周产量，L 是雇佣劳动量（人），每人每周工作 40 小时，工资每小时 12 元。厂商处于短期生产阶段，产品最低价格为多少？

任务一　厂商

一、厂商的定义

厂商其实主要指生产者或企业，是指能够做出统一的生产决策的单个经济单位。企业之所以产生，主要前提有四项：资产专用性、信息不对称性、市场失灵、团队生产假说。资产专用性是指企业资产专用性是指用于特定用途后被锁定很难再移作他用性质的资产，若改作他用则价值会降低，甚至可能变成毫无价值的资产。信息不对称性指的是在市场交易中，产品的卖方和买方对产品的质量、性能等所拥有的信息是不对称的，通常产品的卖方对自己所生产或提供的产品拥有更多的信息，而产品的卖方对所要购买的产品拥有更少的信息。市场失灵是指对于非公共物品而言由于市场垄断和价格扭曲，或对于公共物品而言由于信息不对称和外部性等原因，导致资源配置无效或低效。团队生产指由各种生产要素所有者按照分工合作和专业化的原则组织起来参与生产活动。那么生产怎么理解？生产也叫社会生产，是指人类从事创造社会财富的活动和过程，包括物质财富、精神财富的创造和人自身的生育。西方经济学中所说的生产是指能够创造或增加效用的人类活动。因此，所有能够给予人们创造或增加某种满足的活动都是生产活动。任何生产都需要投入生产要素（Factor of Production），从这个关系上看，生产也就是把投入变为产出的过程。西方经济学认为，生产活动离不开厂商。

厂商的主要组织形式有个人企业、合伙制企业、公司制企业。个人企业也成为业主制企业，其产权特点是由一个自然人投资，财产为投资人个人所有，投资人以其个人财产对企业债务承担无限责任。财产的权利与义务的行为能力由个人（即自然人）承担。无限责任是指资不抵债时，对个人资产提出索赔。产权具有直接的唯一性与排他性的优点，其缺点是规模约束。合伙制企业是指由两人以上按照协议投资，共同经营、共负盈亏的企业。合伙制企业财产由全体合伙人共有，共同经营，合伙人对企业债务承担连带无限清偿责任。财产的权利与义务的行为能力由合伙人共同承担。对企业的外部具有唯一性与排队他性；但在企业内部，不具有唯一性与排他性。由于无限责任，使得筹措大量资本仍然困难。内部的非唯一性与非排他性是合伙制形式的严重缺点，而且连续性较差。公司制企业又叫股份制企业，是指由两个以上投资人依法出资组建，有独立法人财产，自主经营，自负盈亏的法人企业。按股东的责任可分为无限责任公司、有限责任公司。有限责任有利于分散股权，分散风险；其中经过批准其股票可以上市。有限责任公司的低成本筹资是它的主要优点。它的双重纳税（公司税与个人所得税）是它的主要问题。处理好公司的管理结构（两权分离），是公司企业成败的重要因素之一。企业的本质上是企业作为生产的一种组织形式，在一定程度上是对市场的一种替代。厂商的根本目标是追求利润最大化。厂商进行生产的过程就是从投入生产要素到生产出产品的过程。

厂商组织生产活动离不开四个要素：劳动、资本、土地、企业家才能。劳动是劳动者所提供的服务，它包括体力劳动和脑力劳动。资本表现为实物形态和货币形态的资金，即资金、厂房、设备、材料等物质资源。土地是指生产中所使用的各种自然资源，是在自然界所存在的，如土地、水、自然状态的矿藏、森林等。企业家才能是企业家经营企业的组织才能、管理才能与创新才能。

二、厂商生产的目的

厂商进行社会生产的主要动机是获取最大利润。生产活动中，投入与产出之间存在着一种依存关系，投入一定数量的要素，就会有一定数量的产出相对应。投入与产出的差额就是利润。

$$\pi = TR - TC = Q \times P - Q \times AC$$

企业作为一种组织形式，在一定程度上是对市场的一种替代。企业所以与市场同时并存，是因为有的交易在企业内部进行成本更小，而有的交易在市场上进行成本更小。而科斯认为：交易成本是围绕交易契约所产生的成本。交易成本包括，产生于契约签订时交易双方所面临的偶然因素所带来的损失；签订契约以及监督和执行契约所花费的成本。

交易成本在市场和企业两种组织之间不相同的主要原因是信息的不完全性。不完全信息包括纯粹的信息不确定性和信息的不对称性。通过企业这种组织形式，可以使一部分市场交易内部化，从而抵消和降低一部分市场交易所产生的较高的交易成本。但是，在企业内部，也会产生一些特定的交易成本。这使得企业的规模也不是越大越好。

企业内部特有的交易成本产生原因是信息的不完全性。具体来说，企业内部的多种契约、监督和激励，其运行需要成本；企业规模过大导致信息传导过程中的缺损；隐瞒信息、制造虚假和传递错误信息。

市场的优势是厂商自己生产部分中间产品，降低部分交易成本；某些特殊的专门化设备，必须在内部专门生产；厂商长期雇用专业人员比从市场上购买相应的产品或服务更有利。市场的优势是规模经济和降低成本；提供中间产品的单个供应商面临着众多的厂商需求者，因而销售额比较稳定；中间产品供应商之间的竞争，迫使供应商努力降低成本。

三、生产与生产要素

所谓生产，从经济学的角度看，就是能够创造或增加效用的人类活动，而效用，就是消费者通过消费某种商品或劳务的产生的满足程度。因此，所有能够给予人们创造或增加某种满足的活动都是生产活动。

任何生产都需要投入生产要素（Factor of production），从这个关系上看，生产也就是把投入变为产出的过程。

西方经济学把生产要素分为三类：劳动、土地和资本。劳动是劳动者所提供的服务，它包括体力劳动和脑力劳动。土地是指生产中所使用的各种自然资源，是在自然界所存在的，如土地、水、自然状态的矿藏、森林等。资本是指生产中所使用的资金。它采取两种形式：无形的人力资本与有形的物质资本。前者指体现在劳动者身上的身体、文化、技术状态，后者指生产过程中使用的各种生产设备，如机器、厂房、工具、仓库等资本品。在生产理论中，指的是后一种物质资本。

以上三者是西方经济学传统的"生产三要素"说，后来又增加了一种生产要素——企业家才能，即企业家对整个生产过程的组织与管理工作。因此，"生产的三要素"说便发展为"生产的四要素"说。

四、生产函数

投入与产出之间存在着一种依存关系，投入一定数量的要素，就会有一定数量的产出相对应。投入与产出的这种关系可以用函数形式表示出来，这种函数就是生产函数（Production Function），它表示在既定技术条件下，生产要素的数量与某种组合和它所能产出来的最大产量之间的依存关系。

怎样构成生产函数的一般形式？设 Q 代表产出，L、K、N、E 分别代表劳动、资本、土地、企业家才能这四种生产要素，则生产函数一般形式为：

$$Q = f(L, K, N, E)$$

在分析生产要素与产量的关系时，一般把土地作为固定的，企业家才能难以估算，因此，生产函数又可以写为：

$$Q = f(L, K)$$

这一函数表明，在一定技术水平时，生产 Q 的产量，需要一定数量的劳动与资本的组合。同样，生产函数也表明，在劳动与资本的数量与组合为已知时，也就可以推算出最大的产量。

（一）固定投入比例生产函数

固定投入比例生产函数也称为里昂惕夫生产函数。任何生产过程的各种要素投入数量之间都存在一定的比例关系，固定投入比例生产函数是指在每一个产量水平上的任何一对要素投入量之间的比例都是固定的生产函数。假定只使用劳动和资本两种要素，则固定比例投入生产函数的通常形式为：

$$Q = \text{Min}(L/u, K/v)$$

常数 u、v 分别为固定的劳动和资本的生产技术系数，它们分别表示生产一单位产品所需要的固定的劳动和资本投入量。

上述生产函数表示：产量取决于 L/u、K/v 这两个比值较小的那一个，即使其中的一个比例数值较大，那也不会提高产量。

同时，在该生产函数中，一般又假定生产要素的投入量 L、K 都满足最小的要素投入组合要求，所以有：

$$Q = L/u = K/v$$

进一步可以有：

$$K/L = v/u$$

可见，上式体现了该生产函数的固定投入比例的性质，在这里，它等于两种要素的固定的生产技术系数之比。对此，可用图4-1来说明。

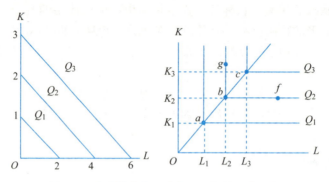

图4-1　完全替代与固定投入比例的生产函数

(二)固定替代比例的生产函数

固定替代比例的生产函数，表示在每一产量水平的任何两种生产要素之间的替代比率是固定的。

$$Q = aL + bK$$

以 L 为横坐标以 K 为纵坐标，可画出关于以 L、K 为自变量，以产量 Q 为因变量的生产函数的曲线图。

(三)柯布-道格拉斯生产函数

当代最著名的生产函数是柯布-道格拉斯生产函数。

$$Q = AL^{\alpha}K^{\beta} \qquad (0 < \alpha, \beta < 1)$$

式中，Q 是产出，L 和 K 分别表示劳动和资本投入量，A 表示技术进步率，α 表示劳动对产出的贡献，β 表示资本对产出的贡献。A、α 和 β 都为参数。设 $\alpha = 0.75$，$\beta = 0.25$，那么，总产出中四分之三是由劳动生产的，四分之一是由资本生产的。

根据柯布-道格拉斯生产函数中的参数 α 和 β 之和，还可以判断规模报酬情况。若 $\alpha+\beta>1$，则为规模报酬递增；若 $\alpha+\beta=1$，则为规模报酬不变；若 $\alpha+\beta<1$，则为规模报酬递减。

(四)技术系数

由生产函数可知，不同产品的生产需要不同的要素配合比例。这种比例被称为技术系数。如果生产某种产品所需要的各种生产要素的配合比例是不能改变的，这种技术系数称为固定技术系数。这种固定技术系数的生产函数称为固定比例生产函数。例如，假如 L 和 K 的组合比例是 $L:K$ 等于 $1:2$，当劳动增加一倍为 2 时，资本数量也必须增加一倍，即从 2 个单位增加为 4 个单位，这种生产函数就是固定比例生产函数。

但大多数产品的生产，技术系数是可变的，即劳动与资本的组合比例是可以变动的。例如，为了生产一定数量的产品，可以采用多用劳动少用资本的劳动密集型生产方法，也可以采用多用资本少用劳动的资本密集型生产方法，这样的生产函数称为可变比例的生产函数。

注意：生产函数的前提条件是一定时期内既定的生产技术水平，一旦生产技术水平变化，原有的生产函数就会变化，从而形成新的生产函数。

任务二 短期产量决定

一、短期生产函数

经济学上，短期是指生产者来不及调整全部生产要素的数量，至少有一种生产要素是固定不变的时间周期。长期是指生产者可以调整全部生产要素的数量的时间周期。短期和长期的划分并非按照具体的时间长短。对于不同的产品生产，短期和长期的具体时间的规定是不同的。例如，变动一个大型炼油厂的规模可能需要五年，则其短期和长期的划分以五年为界，而变动一个小食店的规模可能只需要一个月，则其短期和长期的划分界限为一个月。一般认为，只有劳动变化的生产函数定义为短期生产函数，它是可变生产要素的生产函数的一种。

$$Q = f(L, \bar{K})$$

劳动总产量指与一定量的可变要素劳动的投入量相对应的最大产量。产量关于劳动总产量的函数是典型的短期生产函数。劳动总产量函数是：

$$TP_L = f(L, \bar{K})$$

劳动平均产量指平均每一单位可变要素劳动的投入量所生产的产品产量；劳动平均产量函数是：

$$AP_L = \frac{TP_L(L, \bar{K})}{L}$$

边际产量指增加一单位可变要素劳动投入量所增加的产量。边际产量函数是：

$$MP_L = \frac{\Delta TP_L(L, \bar{K})}{\Delta L}$$

若 Δ 趋尽于 0，则有：$MP_L = \dfrac{\mathrm{d}TP_L(L, \bar{K})}{\mathrm{d}L}$

类似的，对于另外一种生产函数，反映资本的变动引起产量变动的函数中，产量关于资本变动的总产量函数是：

$$Q = f(\bar{L}, K)$$

即：$TP_K = f(\bar{L}, K)$

产量关于资本变动的平均产量函数是：

$$AP_K = \frac{TP_K}{K}$$

产量关于资本变动的边际产量函数是：

$$MP_L = \frac{\Delta TP}{\Delta L}$$

二、短期产量决定

如果令劳动投入量分别为 0、2、3、4、5、6、7、8 时，总产量 TPL、平均产量 APL、边

际产量 MPL 的数值分别如表 4-1、图 4-2 所示。

人们发现，在技术水平不变的条件下，在连续等量地把某一种可变生产要素增加到一种或几种数量不变的生产要素上去的过程中，当这种可变生产要素的投入量小于某一特定值时，增加该要素投入所带来的边际产量是递增的；当这种可变要素的投入量连续增加并超过这个特定值时，增加该要素所带来的边际产量是递减的。这就是边际报酬递减规律。值得说明的是，第一，报酬递减律的前提条件是技术水平不变。若技术水平发生变化，这个规律就不存在。第二，随着可变要素的连续增加，边际产品变化要经历递增、递减，最后变为负数的全过程。递增是因为固定要素在可变要素很少时潜在效率未充分发挥出来。一旦固定要素潜在效率全部发挥出来了，边际产品就开始出现递减。但是，边际产品递增并不与报酬递减律相矛盾。因为这个规律的意义在于：当一种要素连续增加时，迟早会出现边际产品递减的趋势，而不是规定它一开始就递减。第三，报酬递减律只适用于可变要素比例的生产函数。如果要素比例是固定的，这个规律也不成立。第四，报酬递减律象边际效用递减规律一样无须提出理论证明，它是从生产实践中得来的基本生产规律，边际产量是可以计量的。与之相比，边际效用递减规律是从消费者心理感受中得来的，边际效用是不可计量的。边际报酬递减规律是研究一种生产要素合理投入的出发点。

表 4-1　总产量、平均产量与边际产量

L	$TPL(Q)$	$APL(Q/L)$	$MPL(dQ/dL)$
0	0	0	0
1	38	38	48
2	94	47	63
3	162	54	72
4	236	59	75
5	310	62	72
6	378	63	63
7	434	62	48
8	472	59	27
9	486	54	0
10	470	47	−33

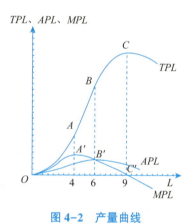

图 4-2　产量曲线

只要边际产量是正的，总产量总是增加；只要边际产量是负的，总产量总是减少；当边际产量为零时，总产量达到最大值。

如图 4-3，B 点为拐点，边际产量曲线的最大值点和总产量曲线的拐点相互对应。

如图 4-4，在平均产量曲线达到最大值时，总产量曲线必然有一条从原点出发的最陡的切线，其切点为 C 点。

例如某排球队的平均身高是 1.80 米（平均量），新加入的一名队员身高 1.85 米（边际量），则全队的平均身高就会增加。反之，如果新加入的一名队员身高是 1.75 米（边际量），则全队的平均身高就会下降。

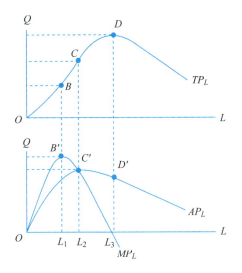

图4-3　总产量、平均产量、边际
产量之间的关系

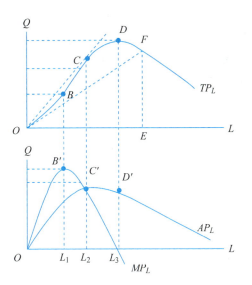

图4-4　总产量、平均产量、边际
产量曲线的几何意义

图4-5，MP 与 AP 相交于 AP 的最高点。当 $MP>AP$ 时，AP 是递增的；当 $MP<AP$ 时，AP 是递减的；当 $MP=AP$ 时，AP 达到最大。

第Ⅱ阶段是短期生产的生产决策区间。Ⅰ区域和Ⅲ区域都不是一种生产要素的合理投入范围，因为在Ⅰ区域，边际产量大于平均产量，增加劳动，不仅可增加总产量，还可以提高平均产量。而在Ⅲ区域，边际产量小于零，增加劳动，会使总产量绝对减少。所以，在其他生产要素不变的情况下，一种生产要素的合理投入只能在Ⅱ区域内进行选择。至于应当选择该区域的哪一点，则要视厂商的目标而定。

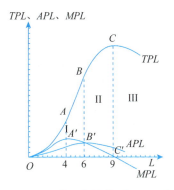

图4-5　生产要素的合理投入区域

根据以上分析，可以得出，总产量、平均产量和边际产量之间的关系有这样几个特点：第一，在资本量不变的情况下，随着劳动量的增加，最初总产量、平均产量和边际产量是递增的，但各自增加到一定程度以后就分别递减。所以总产量曲线，平均产量曲线和边际产量曲线都有先上升而后下降。这反映了边际报酬递减规律。第二，边际产量曲线与平均产量曲线相交于平均产量曲线的最高点。在相交前，平均产量是递增的，边际产量大于平均产量（$MP>AP$）；在相交后，平均产量是递减的，边际产量小于平均产量（$MP<AP$）；在相交时，平均产量达到最大，边际产量等于平均产量（$MP=AP$）。第三，当边际产量为零时，总产量达到最大，以后，当边际产量为负数时，总产量就会绝对减少。

显然，图4-6中，Ⅰ区域和Ⅲ区域都不是一种生产要素的合理投入范围，因为在Ⅰ区域，边际产量大于平均产量，增加劳动，不仅可增加总产量，还可以提高平均产量。而在Ⅲ区域，边际产量小于零，增加劳动，会使总产量绝对减少。所以，在其他生产要素不变的情况下，一种生产要素的合理投入只能在Ⅱ区域内进行选择。至于应当选择该区域的哪一点，则要视厂商的目标而定。如果厂商的目标是使平均产量达到最大，那么，劳动量增加到 $L=$

L_2就可以了。如果厂商的目标是使总产量达到最大，那么，劳动量就可以增加到 $L=L_3$。如果厂商是以利润最大化为目标，那就要考虑成本、产品价格等因素。因为平均产量为最大时，并不一定是利润最大；总产量为最大时，利润也不一定最大。劳动量增加到哪一点所达到的产量能实现利润最大化，还必须结合成本和产品价格来分析。

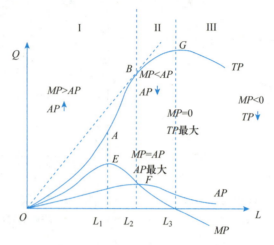

图 4-6　生产要素的合理投入区域

　　研究两种生产要素变化的生产函数，必须研究可变比例生产函数的多种要素投入。在技术系数可以变动，即各种生产要素的配合比例可以变动的情况下，各种生产要素按什么比例配合最好呢？这就是生产要素最佳组合——也就是存在两种可变要素时的生产函数所研究的问题。这种分析，与消费者均衡是很相似的，分析方法也基本相同，即边际分析法与等产量分析法。

　　同消费者均衡分析相似，生产要素最佳组合的原则是：在成本与生产要素价格既定的条件下，应该使所购买的各种生产要素的边际产量与价格的比例相等，即要使每一单位货币无论购买何种生产要素都能得到相等的边际产量。

任务三　长期产量决定

一、长期生产函数

　　长期是指生产者可以调整全部生产要素的数量的时间周期。在长期时间跨度里，所有生产要素都会发生变化。多种可变生产要素的长期生产函数可以写为：

$$Q = f(X_1, X_2, \cdots, X_n)$$

　　如果用资本能购得土地、企业家才能，则生产要素主要只包含了资本 K 和劳动 L。若所购买生产要素是资本 K 和劳动 L，则两种可变生产要素的长期生产函数可以写为：

$$Q = f(L, K)$$

　　发果厂商愿意付出成本 M 去购买劳动和资本要素，则生产要素最佳组合的条件可写为：

$$P_K \cdot Q_K + P_L \cdot Q_L = M \tag{1}$$

$$MP_K/P_K = MP_L/P_L = MP_M \tag{2}$$

式中，P_K、P_L 分别代表资本和劳动的价格，Q_K、Q_L 分别为资本和劳动的购买量；M 既定成本；MP_K、MP_L 为资本和劳动的边际产量；MP_M 为每一单位货币的边际产量。上述(1)式是限制条件，(2)式是生产要素最佳组合的条件。

二、等产量线

等产量线是在技术水平不变的条件下生产同一产量的两种生产要素投入量的所有不同组合的轨迹。与无差异曲线相似，等产量线是表示两种生产要素的不同数量的组合可以带来相等产量的一条曲线或者说是表示某一固定数量的产品，可以用所需要的两种生产要素的不同数量的组合生产出来的一条曲线。

$$Q = f(L, K)$$

图 4-7 中等产量线的特征表现为：等产量线是一条向右下方倾斜并且凸向原点的曲线，其斜率为负值。在同一平面图上有无数条等产量线，在同一平面图上，任意两条等产量线不能相交。每一条等产量线代表一种产量水平，而且离原点越远的等产量线所代表的产量水平越高。

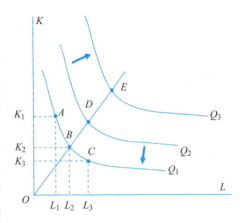

图 4-7　等产量线

等产量线是一条向右下方倾斜并凸向原点的曲线，是因为边际技术替代率递减。等产量线上任一点的边际替代率，从几何学意义上看，是过该点的等产量曲线切线的斜率，因一个增大，一个减少，因此是负值，如图 4-8 所示。

在同一平面图上有无数条等产量线，且任意两条等产量线不能相交，如图 4-9 所示。

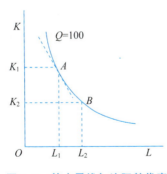

图 4-8　等产量线与边际替代率

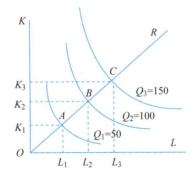

图 4-9　等产量线

否则就互相矛盾，不合逻辑。如果说有两条等产量线相交于某一点，那么在这一点上就有相等的产量，显然这与不同等产量线代表不同产出水平相矛盾。每一条等产量线代表一种产量水平，而且离原点越远的等产量线所代表的产量水平越高。由于等产量线的几何特点与无差异曲线相似，它又被称为生产无差异曲线。但两者有区别，等产量曲线表示产量，无差异曲线表示效用，等产量线是客观的，无差异曲线是主观的。

在维持产量水平不变的条件下，增加一单位某种生产要素投入量时所减少的另一种要素的投入量。一种生产要素可以由另一种生产要素所代替而保持产量不变，经济学上称为边际技术替代率。或者说，在维持产量水平不变的条件下，增加一单位某种生产要素投入量时所减少的另一种要素的投入数量，被称为边际技术替代率。

$$MRTS_{LK} = -\frac{\Delta K}{\Delta L}$$

$$MRTS_{LK} = \lim_{\Delta l \to 0} -\frac{\Delta K}{\Delta L} = -\frac{dK}{dL}$$

显然，等产量线上的某一点的边际技术替代率就是等产量线在该点斜率的绝对值。边际技术替代率还可以表示为两种要素的边际产量之比。人们发现，在维持产量水平不变的条件下，当一种生产要素的投入量不断增加时，每一单位的这种生产要素所能替代的另一种生产要素的数量是递减的，这就是边际技术替代率递减规律。

这是因为：边际技术替代率的概念是建立在等产量曲线的基础上的。对于任意一条给定的等产量曲线来说，当用劳动投入去替代资本投入时，在维持产量水平不变的前提下，由增加劳动投入所带来的总产量增加量和由减少资本量所带来的总产量的减少量必然是相等的。

$$|\triangle L \cdot MPL| = |\triangle K \cdot MPK|$$

整理得：

$$-\frac{\Delta K}{\Delta L} = \frac{MP_L}{MP_K}$$

由边际技术替代率的定义公式得：

$$MRTS_{LK} = -\frac{dK}{dL} = \frac{MP_L}{MP_K}$$

$$MRTS_{LK} = -\frac{dK}{dL} = \frac{MP_L}{MP_K}$$

图4-10所示，边际技术替代率递减，其原因是，任何一种产品的生产技术都要求各种要素之间有适当的比例，这意味着要素之间的替代是有限的。以劳动和资本两种要素的投入为例，在劳动投入量很少而资本投入量很多的情况，减少一些资本投入量可以很容易得通过增加劳动量来弥补，以维持原有的产量水平；但是，在劳动投入增加到相当多的数量和资本投入量减少到相当少的数量，再用劳动来替代资本就将很困难了，如图4-11。

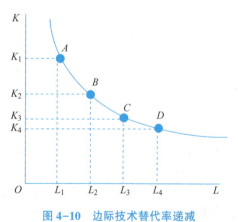

图 4-10　边际技术替代率递减　　　　图 4-11　边际技术替代率递减

三、等成本线

等成本线，也叫企业预算线。等成本线是一条表明在生产者的成本与生产要素价格既定的条件下，生产者所能购买到的两种生产要素的各种不同数量组合的轨迹。等成本线表明了厂商进行生产的限制条件，即它所购买生产要素所花的钱不能大于或小于所拥有的货币成本。大于货币成本是无法实现的，小于货币成本则无法实现产量最大化。等成本线方程为：

$$C = wL + rK$$

$$K = \frac{C}{r} - \frac{w}{r}L$$

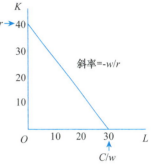

图 4-12　等成本线

这是一条直线，如图 4-12，其斜率为 $-P_L/P_K$；因为 M、P_L、P_K 为既定的常数，所以给出 Q_L 的值，就可以解出 Q_K，当然给出 Q_K 的值，也可以解出 Q_L；如果 $Q_L = 0$，则 $Q_K = M/P_K$；如果 $Q_K = 0$，则 $Q_L = M/P_L$。

> ◎ **专题 4-1　绘制预算线**
>
> 　　如果 $M = 600$ 元，$P_L = 2$ 元、$P_K = 1$ 元，则有 $Q_L = 0$，则 $Q_K = 600$；$Q_K = 0$，则 $Q_L = 300$。根据预算方程，绘出预算线。

如图 4-13，等成本线是在厂商的成本和生产要素价格既定条件下做出的，如果厂商的成本和生产要素价格改变，则等成本线就会变动。要素价格不变，成本在变，等成本线平移；成本不变，要素价格在变，等成本线转动。

四、生产者均衡

为了实现既定成本条件下的最大产量，厂商必须选择最优的生产要素组合，使得两要素的边际技术替代率等于两要素的价格比例。厂商可以通过对两要素投入量的不断调整，使得最后一单位的成本支出无论用来购买哪一种生产要素所获得的边际产量都相等，从而实现既定成本条件下的最大产量。把等产量线与等成本线结合在一个图上，如图 4-14，等成本线必定与无数条等产量线中的一条切于一点，在这个切点上就实现了生产要素的最适组合。

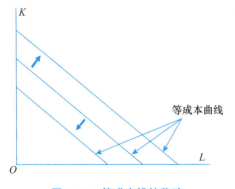

图 4-13　等成本线的移动

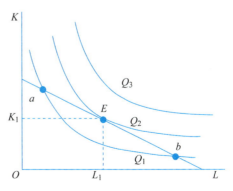

图 4-14　生产者均衡

厂商应选择最优的生产要素组合，使得两要素的边际技术替代率等于两要素的价格之比，从而实现既定产量条件下的最小成本。为了实现既定常量条件下的最小成本，厂商应该通过对两要素投入量的不断调整，使得花费在每一重要素上的最后一单位的成本支出所带来的边际产量相等。

生产者为实现既定产量下的成本最小，可以用图4-15表示。图中等产量曲线 Q 和等成本曲线 $A'B'$ 相切在 E 点，这表示：在产量既定的前提下，生产者应该选择 E 点的要素组合（OK_1，OL_1），才能实现最小的成本。图中等产量曲线与等成本曲线相切，在均衡点 E 有：

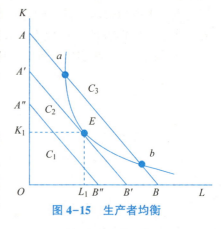

图4-15　生产者均衡

$$MRTSLK = w/r$$

这表明，厂商应选择最优的生产要素组合，使得两种要素的边际技术替代率等于两种要素的价格之比，从而实现既定产量条件下的最小成本。由于边际技术替代率可表示为两种要素的边际产量之比，所以，上式可以写为：

$$MRTS_{LK} = MP_L/MP_K = w/r$$

进而有：$MP_L/w = MP_K/r$

这表明，为了实现既定产量条件下的最小成本，厂商应该通过对两种要素投入量的不断调整，使得花费在每一种要素上的最后一单位的成本支出所带来的边际产量相等。

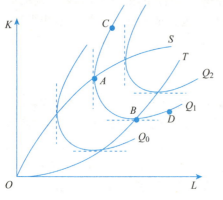

图4-16　脊线和生产的经济区域

等产量曲线可能有斜率为正的部分或向自身弯曲。图4-16中，射线 OS 和 OT 分别是资本的边际产量和劳动的边际产量为零的点的轨迹，被称为脊线。要生产既定的产量，在两条脊线内总能找到比脊线外更有效率或更便宜的投入组合方式，所以两条脊线之间的区域被称为生产的经济区。

分析利润最大化可以得到的最优生产要素组合。在完全竞争条件下，由于商品的价格和生产要素的价格是既定的，则厂商可以通过对生产要素投入量的不断调整来实现最大的利润。厂商在追求利润最大化的过程中可以得到最优的生产要素组合，这一点可以做如下证明：

假定在完全竞争条件下，生产函数为 $Q=f(L，K)$，既定的价格为 P，既定的劳动价格和资本价格分别是 w、r，π 表示利润。由于厂商的利润等于收益减去成本，则其利润函数为：

$$\pi(L，K) = p \cdot f(L，K) - (wL + rK)$$

利润最大化的一阶导数条件为：

$$\frac{\partial \pi}{\partial L} = P \frac{\partial f}{\partial L} - w = 0$$

$$\frac{\partial \pi}{\partial K} = P \frac{\partial f}{\partial K} - r = 0$$

根据上述两式可以得到：

$$\frac{\frac{\partial f}{\partial L}}{\frac{\partial f}{\partial K}} = \frac{MP_L}{MP_K} = \frac{w}{r}$$

因此，追求利润最大化的厂商是可以得到最优生产要素的组合的。等斜线是一组等产量曲线中两种要素的边际技术替代率相等的点的轨迹，如图4-17。

在生产要素的价格、生产技术和其他条件不变时，如果企业改变成本，等成本线就会发生平移；如果企业改变产量，等产量线就会发生平移。这些不同的等产量曲线与不同的等成本线相切，形成一系列不同的生产均衡点，这些生产均衡点的轨迹就是扩展线，如图4-18。当生产者沿着这条线扩大生产时，可以始终实现生产要素的最佳组合，从而使生产规模沿着最有利的方向扩大。扩展线表示：在生产要素价格、生产技术和其他条件不变的情况下，当生产的成本或产量发生变化时，厂商必然会沿着扩展线来选择最优的生产要素组合，从而实现既定成本下的最大产量，或实现既定产量条件下的最小成本。

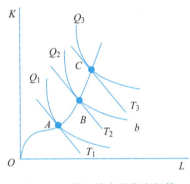

图4-17　边际技术替代率相等

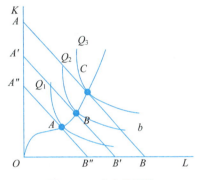

图4-18　生产扩展线

◎ 专题4-2　求生产者均衡值

1. 已知生产函数为：

（1）$Q = 5L^{\frac{1}{3}}K^{\frac{2}{3}}$，求厂商长期生产的扩展线方程。

（2）$Q = \dfrac{KL}{K+L}$，当 $P_L = 1$，$P_K = 1$，$Q = 1\,000$ 时，厂商实现最小成本的要素投入组合。

2. 已知某企业的生产函数为 $Q = L^{2/3}K^{1/3}$，劳动的价格 $w = 2$，资本的价格 $r = 1$。求：

（1）当成本 $C = 3\,000$ 时，企业实现最大产量时的 L、K 和 Q 的均衡值。

（2）当产量 $Q = 800$ 时，企业实现最小成本时的 L、K 和 C 的均衡值。

五、生产规模

考察固定比例生产函数，两种（或多种）生产要素按原来的技术系数增加，也就是生产规模的扩大。那么，多大规模最合适呢，这就是规模经济的问题。

所谓规模经济（Income to Scale）是指厂商采用一定的生产规模所能获得的经济利益。即在技术条件不变情况下，企业生产规模的变动（各种生产要素按同样的比例变动）引起生产单位产量或收益变动的情况。

当一个厂商持续地扩大其企业规模时，产出当然会增加，但是增加的幅度一般要经历三个阶段。当厂商最初扩大工厂规模时，产量增加的幅度将大于规模扩大的幅度，这是规模收益递增的阶段。在产量增加的幅度大于规模扩大的幅度后，厂商继续扩大工厂规模，产量增加的幅度将等于规模扩大的幅度，这是规模收益不变阶段。规模收益不变阶段后，厂商如果还继续扩大工厂规模时，产量增加的幅度将会下降到小于规模扩大的幅度，这是规模收益递减阶段。两种要素同比例变(技术系数不变)，产量如何变？规模报酬是在生产技术不变的条件下，企业生产规模的变动(各种生产要素按同样的比例变动)引起的产量或收益变动的情况。当一个厂商持续地扩大其企业规模时，产出当然会增加，但增加的幅度一般要经历三个阶段：规模报酬递增、规模报酬不变、规模报酬递减。当厂商最初扩大工厂规模时，产量增加的幅度将大于规模扩大的幅度，这是规模报酬递增的阶段。在产量增加的幅度大于规模扩大的幅度后，厂商继续扩大工厂规模，产量增加的幅度将等于规模扩大的幅度，这是规模报酬不变阶段。规模报酬不变阶段后，厂商如果还继续扩大工厂规模时，产量增加的幅度将会下降到小于规模扩大的幅度，如图 4-19 所示，这是规模报酬递减阶段。即规模报酬递减时，产量增加的比例小于各种生产要素增加的比例。

规模报酬递增时，产量增加的比例大于各种生产要素增加的比例，如图 4-20 所示。

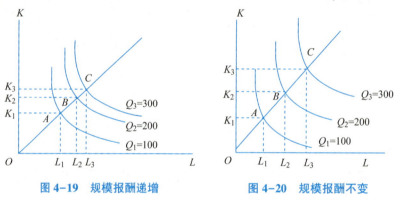

图 4-19　规模报酬递增　　　　　图 4-20　规模报酬不变

规模报酬不变时，产量增加的比例等于各种生产要素增加的比例，如图 4-21 所示。

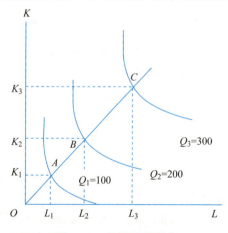

图 4-21　规模报酬递减

◎ **专题 4-3 边际报酬递减？**

已知生产函数为 $Q = AL^{1/2}K^{2/3}$，判断：

(1) 在长期生产中，该生产函数的规模报酬属于哪一种类型？

(2) 在短期生产中，该生产函数的是否受边际报酬递减规律的支配？

规模收益的三种情况也可以用齐次生产函数来描述。设一函数为 $f(a, b)$，如果对于所有的正实数 λ，下述关系都能成立：

$$f(\lambda a, \lambda b) = \lambda^k f(a, b)$$

那么，这个函数就叫作 K 次齐次函数。换句话说，如果当每个自变量都乘以正实数 λ 时，函数值乘以 λ^k，则这个函数就叫作 K 次齐次函数。举例说明。设一函数为：

$$Q = AL^{\alpha}K^{\beta}$$

当 L 和 K 增加 λ 倍时，生产函数为：

$$A(\lambda L)^{\alpha} \cdot (\lambda K)^{\beta} = \lambda^{\alpha+\beta}AL^{\alpha}K^{\beta}$$

当 $\alpha+\beta=1$ 时，规模收益不变。$\alpha+\beta=1$ 时，即 $A(\lambda L)^{\alpha} \cdot (\lambda K)^{\beta} = \lambda^1 AL^{\alpha}K^{\beta}$，那么，当劳动和资本同时增加 1 倍（$\lambda=2$）时，产量 Q 也增加 1 倍（$\lambda^{\alpha+\beta}=2^1=2$）；当劳动和资本同时增加 2 倍（$\lambda=3$）时，产量将增加 2 倍（$\lambda^1=3^1=3$）。这就表明，一次齐次生产函数表示规模收益不变的情况（该生产函数就是柯布–道格拉斯生产函数）。

当 $\alpha+\beta>1$ 时，规模收益递增。假如当 $\alpha+\beta=2$ 时，也就会有 $A(\lambda L)^{\alpha} \cdot (\lambda K)^{\beta} = \lambda^{\alpha+\beta}AL^{\alpha}K^{\beta} = \lambda^2 AL^{\alpha}K^{\beta}$，当劳动和资本同时增加 1 倍（$\lambda=2$）时，产量 Q 将增加 3 倍（$\lambda^{\alpha+\beta}=2^2=4$）；当劳动和资本同时增加 2 倍（$\lambda=3$）时，产量将增加 8 倍（$\lambda^2=3^2=9$）。由此可见，二次齐次生产函数（一般地说，大于一次的齐次生产函数）描述了规模收益递增的情况。

当 $\alpha+\beta<1$ 时，规模收益递减。比如当 $\alpha+\beta=0$ 时，这时也就会有 $A(\lambda L)^{\alpha}(\lambda K)^{\beta} = \lambda^{\alpha+\beta}AL^{\alpha}K^{\beta} = \lambda^0 AL^{\alpha}K^{\beta} = Q$。当劳动和资本同时增加 1 倍（$\lambda=2$）时，产量 Q 将仍然保持不变（$\lambda^0=2^0=1$）；当劳动和资本同时增加 2 倍（$\lambda=3$）时，产量也仍然不会增加（$\lambda^0=3^0=1$）。这就表明，零次齐次生产函数（一般地说，小于一次的齐次生产函数）是规模收益递减的函数。

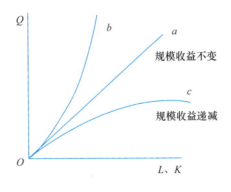

六、规模经济与不经济

生产规模扩大之所以会引起的产量的不同变动，首先可以用内在经济和内在不经济来解释。规模报酬递增称为规模经济；否则称为规模不经济。规模经济与不经济可以用内在经济和内在不经济来解释。所谓内在经济（Internal Economies）是指一个厂商从自身工厂规模扩大中获得递增的规模收益。引起内在经济的因素或原因主要有以下几个方面。

第一，技术。生产规模扩大，可以购置和使用更加先进的机器设备；可以提高专业化程度，提高生产效率；还有利于实行资源的综合开发和利用，使生产要素效率得到充分发挥。

第二，管理。巨大的工厂规模能使厂商内部管理系统高度专门化，使各个部门管理者容易成为某一方面专家，从而提高管理水平和工作效率。

第三，购销。大厂商从大宗产品的销售和原料购买中获得更大好处。订购大批原料可获得各种优惠条件，大宗产品的销售能节约销售成本。

第四，金融。在为企业扩展筹措资金时，大厂商具备一切有利条件。它能容易获得银行贷款，因为它可以提供更大的财产担保；它能比小厂商以更低的费用发行股票和债券来筹集资金，因为它更能取得投资者的信任。

工厂规模的扩大可以使厂商从很多方面获得内在经济，从而获得递增的规模收益。但是，如果一个厂商不断地扩大工厂规模，到了一定程度，会因管理越来越复杂，管理效率下降；因增加生产要素供给和产品销售困难，使生产要素价格与销售费用增加；从而，规模收益将会出现递减的趋势。这种情况就叫作内在不经济（Internal Diseconomies）。

一个厂商除了从工厂规模扩大中获得利益外，还可以从行业规模扩大中获得好处。这种因整个行业生产规模扩大，给个别厂商所带来的产量与收益的增加称为外在经济（External Economies）。引起外在经济的因素或原因是：行业规模的扩大可以设立专业技术学校培养熟练劳动力和工程技术人员，提高整个待业的劳动力素质；可以建立共同的服务组织，如市场推销机构、信息机构和科研机构等，从而提高整个待业的经济效益；可以建立较便利的交通运输和通信网络。行业规模的扩大如同厂商规模扩大一样，能够在行业内部实行更好的专业化协作，提高各个厂商的生产效率。

若行业规模过大，厂商之间互相争购原料和劳动力，从而导致要素价格上升，成本的增加。其次，行业规模过大，也会加重环境污染，交通紧张，个别厂商要为此承担更高代价。因此，行业规模过大将会导致外在不经济（External diseconomies），使厂商的规模收益递减。

一个厂商和一个行业的生产规模不能过小，也不能过大，即要实现适度规模（Appropriate Degree Dimensions）。对一个厂商来说，就是两种生产要素的增加应该适度。

适度规模就是使各种生产要素的增加，即生产规模的扩大正好使收益递增达到最大。当收益递增达到最大时就不再增加生产要素，并使这一生产规模维持下去。

对于不同行业的厂商来说，适度规模的大小是不同的，并没有一个统一的标准。在确定适度规模时应该考虑的因素主要有以下几个方面。

第一，本行业的技术特点。一般来说，需要的投资量大，所用的设备复杂先进的行业，适度规模也就大；相反，需要的投资少，所用的设备比较简单的行业，适度规模也小。

第二，市场条件。一般来说，生产市场需求量大，而且标准化程度高的产品的厂商，适度规模也就应该大；相反，生产市场需求小，而且标准化程度低的产品的厂商，适度规模也应该小。

第三，自然资源状况。比如矿山储藏量的大小，水力发电站的水资源的丰裕程度等。在确定适度规模时要考虑的因素还很多。各国、各地，由于经济发展水平、资源、市场等到条件的差异，即使同一行业，规模经济的大小也不完全相同。但对一些重要行业，国际有通行的规模经济标准。我国大多企业都没有达到规模经济要求。而随着技术进步，许多行业规模经济的生产规模尚有扩大趋势。因此，对我国来说，适当扩大企业规模是我国许多企业提高规模经济效益的客观需要。

范围经济(Economies of Scope)是指企业通过扩大经营范围，增加产品种类，生产两种或两种以上的产品而引起的单位成本的降低。与规模经济不同，它通常是企业或生产单位从生产或提供某种系列产品(与大量生产同一产品不同)的单位成本中获得节省。而这种节约来自分销、研究与开发和服务中心(像财会、公关)等部门。范围经济一般成为企业采取多样化经营战略的理论依据。

《课后训练》

一、单项选择题

1. 以横轴表示劳动(L)，纵轴表示资本(K)，则等成本线的斜率是(　　)。

   A. P_L/P_K　　　　B. P_K/P_L　　　　C. P_L/P_L　　　　D. P_K/P_K

2. 如果连续增加某种生产要素，在总产量达到最大时，边际产量(　　)。

   A. 大于零　　　B. 等于零　　　C. 小于零　　　D. 递增

3. 当边际产量递减但为正值时，平均产量(　　)。

   A. 递增　　　　　　　　　　　B. 递减

   C. 达到最大　　　　　　　　　D. 以上每一种情况都有可能

4. 平均产量达到最大时、下列说法中正确的是(　　)。

   A. 平均产量大于边际产量　　　B. 平均产量等于边际产量

   C. 平均产量小于边际产量　　　D. 边际产量等于零

5. 当生产过程处于生产第一阶段时，关于平均产量和边际产量的说法中，正确的是(　　)。

   A. 平均产量递增，边际产量递减

   B. 平均产量递减，边际产量递增

   C. 平均产量递增，边际产量先递增然后递减到与平均产量相等

   D. 平均产量始终大于边际产量

6. 理性的厂商将让生产过程在(　　)进行。

   A. 第一阶段　　　　　　　　　B. 第二阶段

   C. 第三阶段　　　　　　　　　D. 第一阶段或第三阶段

7. 当处于生产过程第三阶段时，边际产量为(　　)。

   A. 负值　　　B. 正值　　　C. 零　　　D. 不能确定

8. 下列说法中，正确的是(　　)。

   A. 只要边际产量减小，总产量就减少

   B. 只要平均产量减少，总产量就减少

   C. 只要总产量减少，边际产量就一定为负

   D. 只要边际产量减少，平均产量就减少

二、多项选择题

1. 对于生产函数 $Q=f(L，K)$ 和成本方程 $C=w \cdot L+r \cdot K$ 来说，在最优的生产要素组合点上应该有（　　）。

    A. 等产量曲线和等成本曲线相切　　　　B. $MRTS_{LK}=\dfrac{w}{r}$

    C. $\dfrac{MP_L}{w}=\dfrac{MP_K}{r}$　　　　　　　　　D. 上述说法都对

2. 要确定厂商的生产是不是最优的生产要素的组合，需要知道（　　）。

    A. 该厂商的生产函数　　　　　　　　B. 一条等成本函数曲线

    C. 生产要素的价格　　　　　　　　　D. 总产量

3. 如果某厂商的等成本曲线与等产量曲线没有交点，该厂商要实现等产量曲线所表示的产量，就应该（　　）。

    A. 增加投入并增加各种生产要素使用量

    B. 在总成本不变的情况下，压低各种生产要素价格

    C. 在总成本不变的情况下，减少某些生产要素的使用量，同时增加另一些生产要素的使用量

    D. 以上方式都可以

4. 当边际产量曲线处于下降状态时，平均产量曲线和总产量曲线可以是（　　）。

    A. 增加状态　　　　B. 减少状态　　　　C. 零　　　　　　D. 负值

5. 边际报酬递减规律发挥作用的基本前提是（　　）。

    A. 技术进步

    B. 技术水平保持不变

    C. 只有在可变投入达到一定数量之后

    D. 只有部分投入是可变的，而且单位可变投入的效率必须相同

6. 对生产函数的研究，最终要解决的问题是（　　）。

    A. 购买生产所需要的各种生产要素需要支出多少

    B. 在生产要素价格既定的情况下，各种生产要素各使用多少才能达到预期的产量

    C. 各种生产要素在产出中如何分配才是合理的

    D. 各种最终产品各生产多少才能实现利润最大化

7. 等产量曲线被两条脊线划分成为有效替代和无效替代的区域，临界两个区域的脊线具有（　　）的性质。

    A. $MRTS_{LK}=0$　　　　　　　　　B. $MRTS_{LK}=\infty$

    C. $MRTS_{KL}=0$　　　　　　　　　D. $MRTS_{KL}=\infty$

8. 最优的生产要素组合的条件可以表述为（　　）。

    A. $\dfrac{MP_K}{w}=\dfrac{MP_L}{r}=\lambda$　　　　　　B. $MRTS_{LK}=\dfrac{r}{w}$

    C. $MRTS_{LK}=\dfrac{w}{r}$　　　　　　　　D. $\dfrac{MP_L}{w}=\dfrac{MP_K}{r}=\lambda$

三、判断题

    1. 等产量线是指在一定技术水平下，为生产一定数量的产品所使用的两种生产要素的不

同组合方式的坐标点的轨迹。 （　　）

 2. 边际产量达到最大时，平均产量也达到最大。 （　　）

 3. 边际产量为零时，总产量达到最大值。 （　　）

 4. 边际产量与平均产量不可能相等。 （　　）

 5. 理性的生产者将在生产过程的第二阶段进行生产。 （　　）

 6. 生产理论中的长期和短期是指生产要素是全部可调整还是部分可调整而言的。（　　）

 7. 既定成本条件下，厂商实现最优要素组合的条件是使得最后一单位的货币成本，无论用于购买何种生产要素所得的边际产量相等。 （　　）

 8. 既定成本条件下的产量最大化条件，是两种生产要素的边际技术替代率等于这两种要素的价格之比。 （　　）

四、简答题

 1. 平均产量和平均可变成本的关系如何？

 2. 为什么边际技术替代率会出现递减？

 3. 生产要素最优组合是如何确定的？它与厂商的利润最大化有什么关系？

五、计算题

 1. 设某企业有短期生产函数 $Q=-0.1L^3+6L^2+12L$，求劳动的平均产量最大时应雇用多少工人。

 2. 设某厂商总产量函数为：$Q=72L+15L^2-L^3$。求：

 （1）当 $L=7$ 时，边际产量 MP 是多少？

 （2）L 的投入量为多大时，边际产量 MP 将开始递减？

 3. 假定企业的生产函数为 $Q=2K1/2L1/2$，如果资本存量固定在 9 个单位上（$K=9$），产品价格（P）为每单位 6 元，工资率（w）为每单位 2 元，请确定：

 （1）该企业的规模收益状态。

 （2）企业应雇用的最优的（能使其利润最大的）劳动数量。

 （3）如果工资提高到每单位 3 元，最优的劳动数量是多少？

项目五　优化成本控制

《 任 务 布 置 》

任务1： 小张参加高考被某三年制高等院校录取，每年学杂费6 500元，如果直接参加工作每年平均收入为35 000元，可以工作40年。如果读大学不仅少工作3年，还多出3年的学杂费，但却可以每年平均获得55 000元的收入。

对此要求做出回应，讨论后具体回答：

1. 小张直接参加工作，工作40年的总入是多少？

2. 小张大学毕业后，37年的总入是多少？小张大学3年的学杂费总计多少？

3. 总结分析小张是应直接参加工作，还是选择上大学？请用数据说明。

任务2： 李教授和王教授想合写一本书，他们计算出他们写此书的生产函数为 $Q = L^{1/2} W^{1/2}$，Q 是写完的书的页数，L 和 W 分别是李教授和王教授工作的小时数。李教授每小时值3美元，他已用了900小时用来写草稿；王教授每小时值12美元，他将修改李教授的草稿并完成该书。

对此要求做出回应：

1. 王教授为完成150页、300页和450页书稿分别得用多少时间？

2. 写完150、300和450页书的边际成本分别是多少？

任务 3：小张利周末时间在公园附近做烧烤，每件烧烤品收益都相同且很可观。小张烧烤品的总成本函数为 $C=2Q_1^2+Q_2^2-Q_1Q_2$，Q_1、Q_2 分别表示烧烤品的数量，现在小张决定每天做 40 件烧烤品。

讨论后具体回答：

1. Q_1、Q_2 产量组合为多少时，小张花的成本最小。

2. 小张每天做 40 件烧烤品的最小成本是多少？

任务 4：某河附近有两座工厂，每天分别向河中排放 300 及 250 单位的污水。为了保护环境，政府采取措施将污水排放总量限制在 200 单位。如每个工厂允许排放 100 单位污水，两工厂的边际成本分别为 40 美元及 20 美元。

讨论后具体回答：这是不是将污水排放量限制在 200 单位并使所费成本最小的方法？

任务一　成本与利润

一、成本

从不同的角度出发，对成本有不同的界定也就有着不同的内涵。西方经济学家认为，经济学是研究一个经济社会如何对稀缺的经济资源进行合理配置的问题。由于经济资源的稀缺性，从而产生了机会成本的概念。当某一资源投入某一用途以后，就必然失去了做其他用途的可能性，其他诸用途中的最佳获益，就是资源投入该用途的机会成本。也就是人们生产一单位某种商品的机会成本指生产者所放弃的使用相同的生产要素在其他生产用途中所能得到的最高收入。应该从机会成本的角度来理解企业的生产成本。人们往往低估真实成本：使用有多种用途的房地产的机会成本与会计按实际购置（历史）成本所分摊的使用成本是很不相同的。会计费用往往低于机会成本，从经济学角度看，真实成本往往被低估。

企业的生产成本可以分为显性成本和隐性成本。显性成本和隐性成本之和构成企业的总成本。显性成本指厂商在生产要素市场上购买或租用所需要的生产要素的实际支出。例如，厂商雇用一定数量的工人，取得一定数量的银行贷款，租用一定数量的土地，为此，则需要向工人支付工资，向银行支付利息，向土地出租者支付地租。隐性成本指厂商本身自己所拥有的且被用于该企业生产过程的那些生产要素的总价格。例如，厂商使用自有资金和土地，并亲自管理企业，向自己支付利息、地租和工资。由于这些支出不如显性成本明显，因而被称为隐性成本。如图5-1，会计学重视显性成本（Explicit Costs）即实际支付的成本，如反应在财务报表中的企业工资，原材料等支付。经济学家则重视隐性成本（Implicit Costs）即由企业所有和使

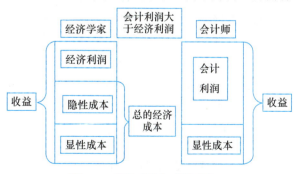

图 5-1　经济成本与会计成本

用的所有资源的成本。会计成本是指生产活动中厂商按市场价格支付的所有生产要素的费用。这是在企业经营活动的财务分析中使用的一种成本概念。这些费用要记入厂商会计账面上，是显性成本。经济成本是厂商从事某项经济活动所支付的费用，即显性成本与隐性成本的总和。私人成本与经济成本相等。社会成本是私人成本与外在成本的总和。微观经济学只分析私人成本，即经济成本。

◎ 专题 5-1　隐性成本？显性成本？

　　企业家经营企业和企业家的才能（机会成本）；农民纯收入与农民工资（被人们忽略的成本）；下雨天打孩子，闲着也是闲着，但打孩子的效果如何（隐性成本、显性成本）？

　　企业的会计利润（Accounting Profit）等于总收益减去会计成本。企业的经济利润（Economic Profit）等于收益减去经济成本，也称为超额利润。正常利润指厂商对自己所提供的企业家才能的报酬的支付。它是隐性成本的一个组成部分。经济利润中不包括正常利润。当厂商的经济利润为零时，厂商仍得到了全部正常利润。

$$经济利润 = 总收益 - 总经济成本$$
$$总经济成本 = 总机会成本$$
$$= 隐性成本（机会成本） + 显性成本（会计成本）$$
$$总收益 = 经济利润 + 隐性成本 + 显性成本$$
$$总收益 = 会计利润 + 会计（显性）成本$$

◎ 专题 5-2　显性成本与经济成本

　　张明用自己的一所临街的房子开了一家小餐馆并亲自管理。他雇用了1名厨师和2名杂工。厨师的月工资是3 000元，杂工每人月工资是1 500元。水、电、材料等支出合计每月20 000元。按照当时的市场情况，他的这所房子本来可以每月5 000元租出去。另外他本来可以受雇于别人，每月得到2 000元的工资。算一算张明开餐馆的显性成本和经济成本分别是多少？

　　（提示：显性成本3 000+2×1 500+20 000＝26 000；经济成本3 000+2×1 500+20 000+5 000+2 000＝33 000）

　　需要说明的是，经济学中的显性成本与会计中的显性成本可能存在不一致的情况。比如，使用原材料，会计中是按购买价格计算的，而经济学是按照现行市场价格计算的。

　　会计利润的高低反映企业家的能力不够准确。经济利润能准确反映企业家的能力，反映企业家是否把资源用于了满足消费者最迫切的需要。负的经济利润即经济亏损表明企业家浪费了资源，即没有被稀缺资源用于满足消费者更为迫切的需要。经济利润等于零时，会计利润等于他的生产活动中占用的自有资源的机会成本，即这些资源在他的经营活动中得到的报酬正好等于他把这些资源按照市场价格交给其他企业家使用而得到的报酬。经济利润表明企业家改善了资源配置，即把稀缺资源用于满足消费者更为迫切的需要。

二、利润

　　厂商追求利润最大化是其最主要的目的。利润最大的产量也被称作最优产量。要说明利润最大化的产量，需要知道 TR 和 TC 如何依赖于产量 Q。利润等于总收益减去总成本，即：

$$\pi = TR - TC$$

一方面，总收益 TR 与产量 Q 的具体关系取决于厂商所处市场结构；另一方面，成本直接依赖于各种要素的数量及其价格，通过投入–产出关系即生产函数，成本间接地依赖于产量。详细说明成本与产量的关系即成本曲线或成本函数，是本章剩余篇幅的任务。这里，若总收益函数和成本函数已知，接下来，用边际分析方法说明最优产量的一般条件。按照边际分析方法，要判断一个产量是不是利润最大的产量，只需比较增加或减少产量所带来的收益变化和成本变化。增加 1 单位产量所带来的收益增加上边际收益 MR。增加 1 单位产量所带来的成本增加是边际成本 MC。如果边际收益大于边际成本，那么，增加产量将导致利润增加或亏损减少。

◎ 专题 5-3　使利润增加

假设边际收益是 10 元，边际成本是 5 元，那么，无论现有利润是多少，增加 1 单位产量将使利润增加 5 元。相反，如果边际收益小于边际成本，那么，减少产量将使利润增加。比如，假设边际收益是 5 元，边际成本是 10 元，那么，减少 1 单位产量将使利润增加 5 元。

边际收益大于边际成本的产量或边际收益小于边际成本的产量都不是最优产量，边际收益等于边际成本的产量才可能是最优产量，即利润最大化的条件是：

$$MR = MC$$

◎ 专题 5-4　使利润最大

设总收益函数为 $TR = 41.5Q - 1.1Q^2$；总成本函数为 $TC = 150 + 10Q - 0.5Q^2 + 0.02Q^3$；利润函数为 $\pi = TR - TC$。试求利润最大时的产量。

$$\pi = TR - TC$$
$$= 41.5Q - 1.1Q^2 - (150 + 10Q - 0.5Q^2 + 0.02Q^3)$$
$$= 41.5Q - 1.1Q^2 - 150 - 10Q + 0.5Q^2 - 0.02Q^3$$
$$= -150 + 31.5Q - 0.6Q^2 - 0.02Q^3$$

$$M\pi = \frac{d\pi}{dQ} = 31.5 - 1.2Q - 0.06Q^2$$

$$Q = \frac{1.2 \pm \sqrt{(-1.2)^2 - 4 \times (-0.06) \times 31.5}}{2 \times (-0.06)}$$

$$= \frac{1.2 \pm \sqrt{9}}{-0.12} = \frac{-1.2 \pm 3}{-0.12}$$

$$Q_1 = -35$$
$$Q_2 = 15$$

利润最大时的产量 Q 为 15。

如图 5-2，$MR = MC$ 时，利润最大。因为 $TR - TC$ 为利润，要使利润最大，$TR - TC$ 的一阶导数等于 0 有 TR' 和 TC' 相等，即有，$MR = MC$。

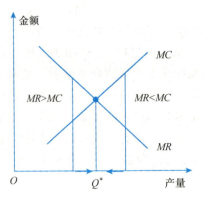

图 5-2　边际成本与边际收益

◎ **专题 5-5　使成本最小**

　　已知生产函数 $Q = X^2 + 3XY + Y^2$；$P_X = 6$，$P_Y = 8$，支出为 $R = 132$，求所能生产的最大产量。如果生产量是 495，求最小成本。

(1) $Q = X^2 + 3XY + Y^2$

$$\frac{\partial Q}{\partial X} = MP_X = 2X + 3Y; \quad \frac{\partial Q}{\partial Y} = MP_Y = 3X + 2Y$$

$$R = 132 = 6X + 8Y; \quad \frac{P_X}{P_Y} = \frac{6}{8} = \frac{3}{4};$$

$$\frac{2X + 3Y}{3X + 2Y} = \frac{3}{4}; \quad 132 = 6X + 3Y$$

$$X = 18; \quad Y = 3.$$

$$Q = 495$$

(2) $495 = X^2 + 3XY + Y^2$,

$$\frac{2X + 3Y}{3X + 2Y} = \frac{3}{4};$$

$$495 = X^2 + 3XY + Y^2$$

$$495 = (6Y)^2 + 3 \times 6Y^2 + Y^2$$

$$= 55Y^2;$$

$$Y = 3; \quad X = 18;$$

$$R = 6X + 8Y = 132$$

　　成本也可分为沉没成本与可回收成本。已经发生的会计成本中，有的(如原材料、燃料、动力等)可以通过出售或出租方式在很大程度上加以回收，属于可回收成本；有的则不可能回收，属于沉没成本(Sunk costs)。沉没成本是指过去已经发生的并且在任何条件下都无法避免或改变的成本支出，比如花在机器、厂房等要素上的固定成本。向前看的经济学家对机会成本"斤斤计较"，而对沉没成本则潇洒地一挥手"过去的就让它过去吧"。

◎专题5-6　下套的工程

　　计划经济体制下的"钓鱼工程"原理：工程投资的阶段性，工程阶段性决策，项目经济仅考虑新增投入的经济性；初始申报时，少算工程投入，给上面下套，然后在各阶段逐步要求追加。试分析一下其中的奥妙。

任务二　短期成本

一、短期成本函数

　　短期是厂商来不及调整生产规模的时间跨度。只有一部分生产要素（劳动、原材料）可变。长期是厂商可以调整生产规模的时间跨度，一切生产要素（劳动、资本等）均可变。研究产量与成本之间关系的是成本函数；随着产量变动的成本叫变动成本，不随产量变动的成本叫固定成本；既有固定成本又有变动成本的函数叫短期成本函数，只有变动成本没有固定成本的函数叫长期成本函数。由厂商的短期生产函数出发，可以得到相应的短期成本函数，因此，由厂商的短期总产量函数出发，就可以得到相应的短期总成本函数。假定厂商在短期内使用劳动和资本这两种要素生产一种产品，其中资本的投入量是固定的，则短期生产函数为：

$$Q = f(L, \ \overline{K})$$

　　上式表示：在资本投入量固定的前提下，可变要素劳动投入量 L 和产量 Q 之间存在相互依存的关系。这种关系可以理解为：厂商可以通过对劳动投入量的调整来实现不同的产量水平，或者说，厂商根据不同的产量水平，来确定相应的劳动投入量。按照后一种说法，且假定要素市场上劳动的价格为 w 和资本的价格 r 是给定的，就可以用下式来表示厂商在每一产量水平上的短期总成本：

$$STC(Q) = w \times L(Q) + r \times \overline{K}$$

　　式中，$w \cdot L(Q)$ 为可变成本部分，$r \times \overline{K}$ 为固定成本部分。两者共同构成厂商的短期总成本。如果以 $\varphi(Q)$ 表示可变成本，b 表示固定成本，进而有：

$$STC(Q) = f(Q) + b$$

　　这样，我们就由短期生产函数出发，写出了相应的短期总成本函数。显然，短期总成本是产量的函数。平均固定成本 AFC（Average Fixed Cost）是总固定成本对产量求平均：

$$AFC = \frac{TFC}{Q}$$

　　平均变动成本 AVC（Average Variable Cost）是总变动成本对产量求平均：

$$AVC = \frac{TVC}{Q}$$

　　平均成本 AC（Average Cost）是总成本对产量求平均：

$$AC = \frac{TC}{Q}$$

边际成本 MC（Marginal Cost）是每增加一个单位产量所增加的总成本：

$$MC = \frac{DTC}{DQ} \text{ 或 } = \frac{dTC}{dQ}$$

二、短期成本曲线

可以由厂商的短期总产量曲线求得相应的短期总成本曲线，如图5-3，第一步：根据总产量曲线找到和每一个总产量对应的各个劳动投入的数量；第二步，用劳动投入量乘以劳动的价格，就可以得到在每一总产量水平下的可变成本；第三步，将这种总产量和可变成本之间的一一对应的关系，描绘于坐标图中，即可以得到短期可变成本曲线；第四步，由于固定成本的数值是已知的，在每一短期可变成本曲线上加上固定成本，就可以得到短期总成本曲线。

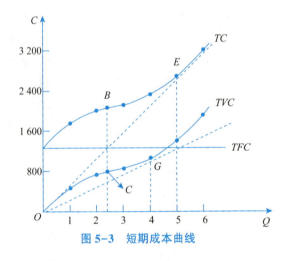

图5-3　短期成本曲线

关于短期成本曲线可做如下分析：

第一，总不变成本 TFC 曲线是一条水平线。它表示在短期内无论产量如何变化，总不变成本是固定的。

第二，总可变成本 TVC 曲线是一条由原点出发向右上方倾斜的曲线。在拐点之前，TVC 曲线的斜率是递减的，在拐点之后，TVC 曲线的斜率是递增的。

第三，总成本 TC 曲线是一条由水平的 TFC 曲线与纵轴的交点出发向右上方倾斜的曲线。它是由每一产量点上的总不变成本和总可变成本垂直相加而成的。在每一产量点上，TC 曲线的斜率与 TVC 曲线的斜率相等，两者之间的垂直距离等于总不变成本 TFC。

第四，平均不变成本 AFC 曲线是一条向两轴渐近的双曲线。它表示平均不变成本随产量的增加而减少。

第五，平均可变成本 AVC 曲线呈 U 形。它表示平均可变成本随产量的增加而先降后升。

第六，平均总成本 AC 曲线呈 U 形。它表示平均总成本随产量的增加而先降后升。

第七，边际成本 MC 曲线呈 U 形。它表示边际成本随产量的增加而先降后升。

总成本 TC、总不变成本 TFC、总可变成本 TVC、平均不变成本 AFC、平均可变成本 AVC、平均总成本 AC、边际成本 MC 的关系可知：

$$AFC = \frac{TFC}{Q}$$

$$AVC = \frac{TVC}{Q} = \frac{P_L X_L}{Q}$$

$$= P_L\left(\frac{\frac{1}{Q}}{X_L}\right) = P_L\left(\frac{1}{AP_L}\right)$$

$$SAC = \frac{STC}{Q} = \frac{VC}{Q} + \frac{FC}{Q} = AVC + AFC$$

$$SMC = \frac{\Delta STC}{\Delta Q} = \frac{d}{dQ}(TFC + TVC)$$

$$= \frac{d(TVC)}{dQ} = MVC$$

七种短期成本曲线的形状见图5-4。

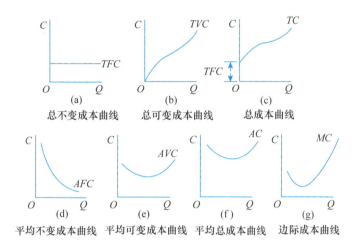

图 5-4　各类短期成本曲线

图5-4中，总不变成本 TFC 曲线是一条水平线。它表示在短期内无论产量如何变化，总不变成本是固定的。总可变成本 TVC 曲线是一条由原点出发向右上方倾斜的曲线。在拐点之前，TVC 曲线的斜率是递减的，在拐点之后，TVC 曲线的斜率是递增的。总成本 TC 曲线是一条由水平的 TFC 曲线与纵轴的交点出发向右上方倾斜的曲线。它是由每一产量点上的总不变成本和总可变成本垂直相加而成的。在每一产量点上，TC 曲线的斜率与 TVC 曲线的斜率相等，两者之间的垂直距离等于总不变成本 TFC。平均不变成本 AFC 曲线是一条向两轴渐近的双曲线。它表示平均不变成本随产量的增加而减少。平均可变成本 AVC 曲线呈 U 形。它表示平均可变成本随产量的增加而先降后升。平均总成本 AC 曲线呈 U 形。它表示平均总成本随产量的增加而先降后升。边际成本 MC 曲线呈 U 形。它表示边际成本随产量的增加而先降后升。

三、短期成本的特征

根据短期成本函数变量之间的关系列举出具体数据形成短期成本表，再根据短期成本表中的数据在坐标系中描出相应的点，然后连接这些点得出相应的曲线。

表5-1　短期成本表

产量 Q	总成本			平均成本			边际成本
	总不变成本 TFC	总可变成本 TVC	总成本 TC	平均不变成本 AFC	平均总成本 AC	平均总成本 AC	边际成本 MC
0	1 200	0	1 200				
1	1 200	600	1 800	1 200	600.0	1 800.0	600
2	1 200	800	2 000	600	400.0	1 000.0	200
3	1 200	900	2 100	400	300.0	700.0	100
4	1 200	1 050	2 250	300	262.5	562.5	150
5	1 200	1 400	2 600	240	280.0	520.0	350
6	1 200	2 100	3 300	200	350.0	550.0	700

根据表5-1绘出总成本 TC 线、总变动成本 TVC 线、总的固定成本 TFC 线、平均变动成本 AVC 线、平均固定成本 AFC 线、平均成本线 AC、边际成本 MC 线，如图5-5。

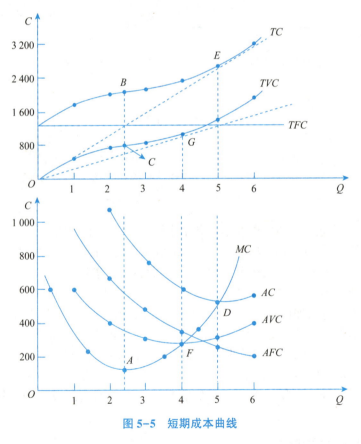

图5-5　短期成本曲线

总成本 TC 线、总变动成本 TVC 线、总的固定成本 TFC 线、平均变动成本 AVC 线、平均固定成本 AFC 线、平均成本线 AC、边际成本 MC 线表现出的特点是：TC、TVC 在每一产量水平上，二者的斜率是相等的。两者之间的垂直距离等于固定成本 TFC。在 2.5 单位的产量上，TC、TVC 两者各自存在一个拐点 B、C，拐点以前，两者的斜率是递减的；拐点以后，两者的斜率是递增的；AVC、AC、MC 均呈 U 形，且 MC 分别相交于 AVC、AC 的最低点；当 AC 最低时，总成本曲线 TC 与原点的连线正好是总成本曲线的切线；当平均可变成本 AVC 最低时，总可变成本 TVC 与原点的连线正好是总可变成本曲线的切线。

人们研究分析，发现了边际报酬递减规律。边际报酬递减规律是短期生产的一条基本规律，它决定了短期成本曲线的特征。边际报酬递减规律是指，在短期生产过程中，在其他条件不变的情况下，随着一种可变要素投入量的连续增加，它所带来边际产量先是递增，达到最大值后再递减。关于这一规律，也可以从产量变化所引起的边际成本变化角度来理解：假定生产要素的价格是固定不变的。在开始时的边际报酬递增阶段，增加一单位可变要素投入所带来的边际产量是递增的，也就是说，在这一阶段，增加一单位产量所需要的边际成本是递减的；而在以后的边际报酬递减阶段，增加一单位可变要素投入所带来的边际产量是递减的，也就是说，这时增加一单位产量所需要的边际成本是递增的。

因此，在短期生产中，边际产量的递增阶段对应的是边际成本的递减阶段；边际产量的递减阶段对应的是边际成本的递增阶段；与边际产量的最大值相对应的是边际成本的最小值。正是如此，在边际报酬递减规律的作用下，边际成本 MC 曲线也就表现出先降后升的 U 形特征。

从边际报酬递减规律所决定的 U 形 MC 曲线出发，可以解释其他短期成本曲线的特征以及短期成本曲线相互之间的关系。

TC 曲线、TVC 曲线和 MC 曲线之间存在特定关系。每一产量点上的 MC 值是相应的 TC 曲线和 TVC 曲线的斜率。在边际报酬递减规律的作用下，当 MC 曲线先降后升时，相应的 TC 曲线和 TVC 曲线的斜率也由递减变为递增。当 MC 曲线达极小值时，TC 曲线和 TVC 曲线相应地各自存在一个拐点。

总成本曲线与平均成本曲线、边际成本曲线存在特定关系。如图 5-6，由 TFC 曲线可以推导出 AFC 曲线。因为，任何产量水平上的 AFC 的值，都可以由连接原点到 TFC 曲线上的相应的点的线段的斜率给出。图中，$AFC = aQ_1/OQ_1$ 为 a' 点的 AFC 值。其他值类推。

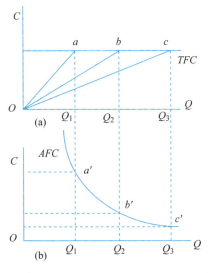

图 5-6　固定成本 TFC 与固定成本 AFC 之间的关系

同样地，可由 *TVC* 曲线推导出 *AVC* 曲线。这是因为，任何产量水平上的 *AVC* 值都可以由连接原点到 *TVC* 曲线上的相应的点的线段的斜率给出。

也可以由 *TC* 曲线推导出 *AC* 曲线，如图 5-7。这是因为，任何产量水平上的 *AC* 值都可以由连接原点到 *TC* 曲线上的相应的点的线段的斜率给出。

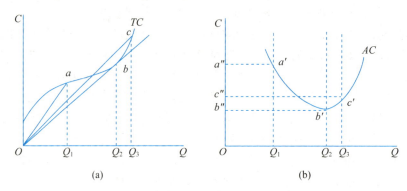

图 5-7　总成本与平均成本 AC 之间的关系

还可以由 *TC* 曲线推导出 *MC* 曲线，如图 5-8。这是因为：任何产量水平上的 *MC* 曲线任意点的数值既可以由 *TC* 曲线又可以由 *TVC* 曲线上的相应的点的斜率给出。

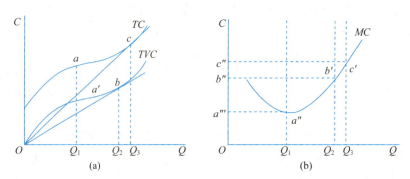

图 5-8　总成本 TC 与边际成本 MC 之间的关系

前面谈到，短期生产函数为：

$$Q = f(L, \bar{K})$$

理论上短期成本函数可表述为：

$$TC(Q) = TVC(Q) + TFC$$

这表示，总成本 *TC* 是可变成本 *TVC* 与不变成本 *TFC* 的和，并与可变成本 *TVC*、不变成本 *TFC* 同增加或减少，且增减方向相同。

$$TVC(Q) = w \times L(Q)$$

式中，生产要素的价格 *w* 不变，表明可变成本 *TVC* 与 *L(Q)* 成正比例增加或减少。

由上述数学表达式可以推导出边际产量函数和边际成本函数呈现出对偶关系。根据短期成本函数求出边际成本函数 *MC* 的过程为：

$$MC = \frac{\mathrm{d}TC}{\mathrm{d}Q} = \frac{\mathrm{d}TVC}{\mathrm{d}Q} = w \cdot \frac{\mathrm{d}L}{\mathrm{d}Q}$$

又由于 $\dfrac{\mathrm{d}Q}{\mathrm{d}L}=MP_L$

所以有 $MC=w\cdot\dfrac{1}{MP_L}$

如图 5-9，可分析 MC 曲线与 MP_L 曲线的关系是：

第一，MP_L 曲线的上升段对应 MC 曲线的下降段；MP_L 曲线的下降段对应 MC 曲线的上升段；MP_L 曲线的最高点对应 MC 曲线的最低点。

第二，TP_L 曲线的下凸段对应 TC 曲线和 TVC 曲线的下凹段；TP_L 曲线的下凹段对应 TC 曲线和 TVC 曲线的下凸段；当 TP_L 曲线存在一个拐点时，TC 曲线和 TVC 曲线也均存在一个拐点。

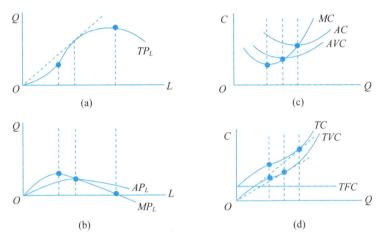

图 5-9 边际产量与边际成本之间的对偶关系

同样，可推导出短期平均产量函数和平均可变成本函数之间呈现的对偶关系。根据短期可变成本函数求出平均可变成本函数 AVC 的过程为：

$$TVC(Q)=w\cdot L(Q)$$
$$AVC=\frac{TVC}{Q}=w\cdot\frac{L}{Q}=w\cdot\frac{1}{AP_L}$$

由此可分析 AVC 曲线与 AP_L 曲线的关系是：

第一，AP_L 曲线的上升段对应 AVC 曲线的下降段；AP_L 曲线的下降段对应 AVC 曲线的上升段；AP_L 曲线的最高点对应 AVC 曲线的最低点。

第二，MP_L 曲线和 AP_L 曲线的交点（AP_L 曲线的最高点）与 MC 曲线和 AVC 曲线的交点（AVC 曲线的最低点）是对应的。

在其他条件不变时，扩展线是厂商在长期中扩张或收缩生产的最优的生产要素组合的轨迹，如图 5-10。尽管如此，在附加一些条件的基础上，就可以利用扩展线来分析短期生产及其相应的短期成本问题。在短期内，厂商只能沿着与横轴平行的 E 曲线进行生产，无论是在 H' 点还是在 F' 点，厂商的成本都会大于最优成本。这是因为，在短期内，厂商不能变动其生产规模。

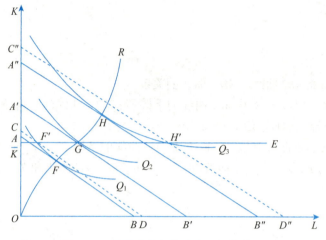

图 5-10　扩展线与短期成本之间的关系

任务三　长期成本分析

在长期内，厂商所有的成本都是可变的。厂商的长期成本可以分为长期总成本、长期平均成本和长期边际成本。

一、长期总成本函数和长期总成本曲线

从长期看，厂商总是可以在每一个产量水平上选择最优的生产规模进行生产。长期总成本 LTC 指厂商在长期中在各种产量水平上通过改变生产规模所能达到的最低总成本。长期总成本函数写为：$LTC = LTC(Q)$

长期总成本 LTC 曲线是无数条短期总成本 STC 曲线的包络线，如图 5-11。在这条包络线上，在连续变化的每一个产量水平上，都存在着 LTC 曲线和一条 STC 曲线的相切点，该 STC 曲线所代表的生产规模就是生产该产量的最优生产规模，该切点所对应的总成本就是生产该产量的最低总成本。

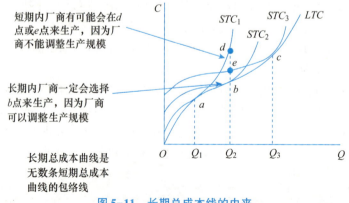

图 5-11　长期总成本线的由来

LTC 曲线是从原点出发向右上方倾斜的。而且，其斜率先递减，经拐点之后，又变为递增。这表明，当产量为零时，长期总成本为零，以后随着产量增加，长期总成本是增加的。

在长期运行中的企业，对于每一个确定的产量，都可以选择最佳的投入比例，使相应的成本最小。企业的成本扩张线反映了在各种产量下最小的总成本。

企业的长期总成本曲线也可以由扩展线来加以说明。图 5-12 中，E_1、E_2、E_3 是三个长期均衡点，每一点都表示企业通过最优的生产要素组合所实现的生产的每一既定产量时的最小总成本。把企业的这种规模变化和成本变化的情况反映在产量与成本的平面图中，就可以得出企业的长期总成本曲线 LTC。

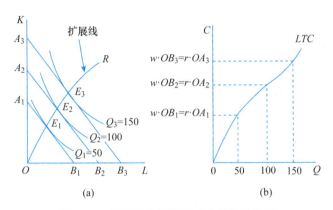

图 5-12　扩展线与长期总成本曲线的关系

二、长期平均成本函数和长期平均成本曲线

长期平均成本 LAC 指厂商在长期内按产量平均计算的最低总成本。长期平均成本函数写为：

$$LAC(Q) = \frac{LTC(Q)}{Q}$$

由于厂商在长期是可以实现每一产量水平上的最小总成本的，则这时也必然实现了相应的最小平均成本。现在来看长期平均成本曲线是如何推导出来的。

首先，长期平均成本可以根据它与长期总成本之间的关系画出。只要把相应点上的长期总成本除以产量，就可以得到长期平均成本。

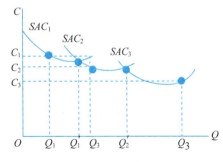

图 5-13　最优生产规模的选择

其次，也可以根据短期平均成本曲线得到长期平均成本曲线。如图 5-13，当厂商生产 $Q1$ 产量时，会选择 SAC_1 上的一点；（这时，平均成本 OC_1 低于其他任何规模下的平均成本。这就是低于除了 SAC_1 之外的任何 SAC 曲线与 Q_1 的连线）当厂商生产 Q_2 产量时，在短期内必然只能选择 SAC_1 上的一点，这时的短期平均成本为 C_1。但是，在长期内，由于生产规模是可以变动的，长期就会选择 SAC_2 上的一点，成本为 C_2。

如果产量为 Q_1'，厂商既可以在 SAC_1 也可以在 SAC_2 上生产。因为这两个不同的生产规模以相同的最低平均成本来生产 Q_1 的产量。Q'_2 的产量，也同样适用。

在短期中，厂商只能在同一条平均成本曲线上找到最低成本的某一点。但是，在长期内，厂商总是可以在每一产量水平上找到相应的最优生产规模进行生产。例如，现在厂商要生产 Q_2 的产量，在短期内他只能在 SAC_1 曲线所表示的 C_1 平均成本上生产。但在长期内，厂商一定会在 SAC_2 曲线上的 C_2 这样的平均成本来生产。

因此，沿着图中所有的 SAC 曲线，厂商总是可以找到长期内生产某一产量的最低平均成本。

长期平均成本 LAC 曲线是无数条短期平均成本 SAC 曲线的包络线，如图 5-14。在这条包络线上，在连续变化的每一个产量水平上，都存在着 LAC 曲线和一条 SAC 曲线的相切点，该 SAC 曲线所代表的生产规模就是生产该产量的最优生产规模，该切点所对应的平均成本就是生产该产量的最低平均成本。

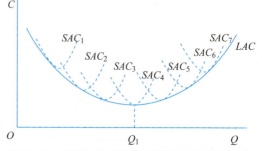

图 5-14　短期平均成本与长期平均成本的关系

在 LAC 曲线的下降段，LAC 曲线相切于所有相应的 SAC 曲线最低点的左边；在 LAC 曲线的上升段，LAC 曲线相切于所有相应的 SAC 曲线最低点的右边；只有在 LAC 曲线的最低点上，LAC 曲线才相切于相应的 SAC 曲线的最低点。

在理论上，假定生产规模可以无限细分，从而有无数条 SAC 曲线。每一条 SAC 曲线都和 LAC 曲线相切。LAC 曲线就表示在长期内的每一产量水平上可以实现的最小的平均成本。

长期平均成本的 U 形特征由规模经济决定；其位置由外部经济和外部不经济决定。长期生产中的规模经济和规模不经济决定长期平均成本曲线呈先降后升的 U 形特征在企业生产扩张的开始阶段，厂商由于扩大生产规模而使经济效益得到提高，称为规模经济。当生产扩张到一定的规模后，厂商继续扩大生产规模，就会使经济效益下降，称为规模不经济。规模经济和规模不经济都是由厂商变动自己的企业生产规模所引起的，因此，也被称为规模内在经济和规模内在不经济。引起规模内在经济和规模内在不经济的主要原因是长期生产的规模经济的作用。所以，正是由于规模经济和规模不经济，决定了长期平均成本 LAC 曲线表现出现先下降后上升的 U 形特征。注意：长期平均成本曲线和短期平均成本曲线都呈先降后升的 U 形特征。但是，两者形成 U 型的原因各不相同。短期平均成本曲线呈 U 形的原因是短期生产函数的边际报酬递减规律的作用。

三、外在经济和外在不经济影响长期平均成本曲线

当企业同时生产多种产品，共用一些设施和设备，共享市场，共同的管理，副产品的使用也更加有效，由此而带来的好处称为范围经济。规模经济和范围经济之间没有直接的关系。范围经济的量度：

$$S = \frac{C(Q_1) + C(Q_2) - C(Q_1, Q_2)}{C(Q_1, Q_2)}$$

外在经济是由于厂商的生产活动所依赖的外界环境得到改善而产生的。例如，整个行业的技术水平发展，从而使行业内的单个厂商受益。厂商的生产活动所依赖的外界环境恶化，

则是外在不经济。例如，整个行业的生产成本水平提高，从而使行业内的单个厂商受损。外在经济和外在不经济是由企业以外的因素所引起的。外在经济使 LAC 曲线向下平移。外在不经济使 LAC 曲线向上平移。

如图 5-15 所示，外在经济使 LAC_1 曲线向下移至 LAC_2 曲线的位置；反之，外在不经济使 LAC_2 曲线向上移至 LAC_1 曲线的位置。

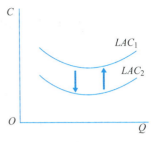

图 5-15 外在经济与内在经济

四、长期边际成本曲线

（一）长期边际成本函数

长期边际成本 LMC 指厂商在长期内增加一单位产量所引起的最低总成本的增量。长期边际成本函数写为：

$$LMC(Q) = \frac{\Delta LTC(Q)}{\Delta Q}$$

$$LMC(Q) = \lim_{\Delta Q \to 0} \frac{\Delta LTC(Q)}{\Delta Q} = \frac{dLTC(Q)}{dQ}$$

（二）长期边际成本曲线

长期边际成本得出的两种方法：一是根据长期总成本曲线的斜率得出；二是根据短期边际成本得出。

现在使用第二种方法，在连续变化的每一个产量水平上，都存在着长期边际成本 LMC 曲线和一条短期边际成本 SMC 曲线的相交点，该 SMC 曲线所代表的生产规模就是生产该产量的最优生产规模，该交点所对应的边际成本就是生产该产量的最低边际成本。

与长期总成本曲线和长期平均成本曲线不同，长期边际成本曲线不是短期边际成本曲线的包络线。

长期边际成本 LMC 曲线呈 U 形，如图 5-16，与长期平均成本曲线相交于长期平均成本曲线的最低点。原因在于根据边际量和平均量的关系，在 LAC 曲线的下降段，LMC 必定小于 LAC，LMC 将 LAC 拉下；在 LAC 曲线的上升段，LMC 必定大于 LAC，LMC 将 LAC 拉上。由于 LAC 曲线呈 U 形，所以 LMC 曲线也必然呈 U 形，而且两者必然相交于 LAC 曲线的最低点。

由于 LMC 曲线呈 U 形，LMC 的值是 LTC 曲线上相应点的斜率，所以 LTC 曲线的斜率呈先递减后递增的特征。

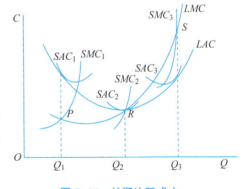

图 5-16 长期边际成本

在每一短期最优生产规模时，有一个既定的最优边际成本 SMC。如产量为 Q_1 时，从 SAC_1 和 LAC 相切点向产量 Q_1 的连线得到最优的 SMC 为 PQ_1。这时可以得到：

$$LMC = SMC_1 = PQ_1$$

同样，在 Q_2Q_3 时，能得到 R 点和 S 点。连接 PRS 这样一些点，就可以得到 LMC。

五、短期成本曲线与长期成本曲线

在连续变化的每一个产量点上，都存在着一个 LTC 曲线与相应代表最优生产规模的 STC 曲线的相切点；一个 LAC 曲线与相应代表最优生产规模的 SAC 曲线的相切点；一个 LMC 曲线与相应代表最优生产规模的 SMC 曲线的相交点。

如图 5-17，在 LAC 曲线的最低点，LAC 曲线与相应代表最优生产规模的 SAC 曲线恰好相切于两者的最低点，LMC 曲线与相应代表最优生产规模的 SMC 曲线恰好相交于该点。

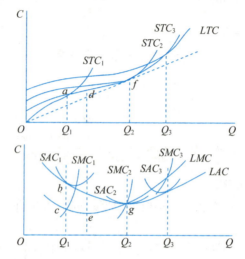

图 5-17　规模经济和规模不经济情况下的短期成本曲线和长期成本曲线

(1) 规模经济和规模不经济情况下的短期成本和长期成本。

A. 在任何产量水平上都有：LTC 和 STC 相切；LAC 和 SAC 相切，LMC 和 SMC 相交。

B. d 与 e 相对应，g 与 f 相对应。g 点是长期总成本的拐点。

C. 在 g 点，LAC＝SAC＝LMC＝SMC，有最优生产规模。

(2) 规模报酬不变情况下的短期成本和长期成本。

A. L 形的长期平均成本曲线，如图 5-18 所示。

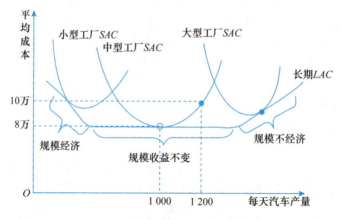

图 5-18　L 形的长期平均成本曲线

B. 规模报酬不变情况下的短期成本曲线，如图 5-19 所示。

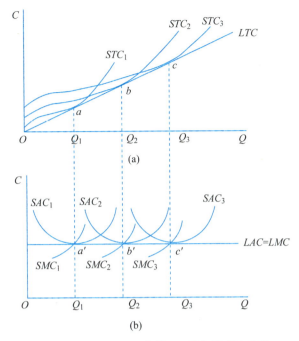

图 5-19　规模报酬不变情况下的短期成本曲线

《 课 后 训 练 》

一、单项选择题

1. 经济学中短期成本与长期成本的划分是取决于(　　)。

    A. 时间的长短　　　　　　　　　　B. 是否可以调整产量

    C. 是否可以调整产品价格　　　　　D. 是否可以调整生产规模

2. 经济利润等于总收益减(　　)。

    A. 隐性成本　　　　　　　　　　　B. 显性成本

    C. 隐性成本与显性成本之和　　　　D. 边际成本

3. 假定某机器设备原来生产产品 X，利润收入为 200 元，现在改变生产产品 Y，所花费的人工、材料费为 1 000 元，则生产产品 B 的机会成本是(　　)。

    A. 1 200 元　　　　B. 200 元　　　　C. 1 000 元　　　　D. 800 元

4. 对应于边际报酬的递增阶段，STC 曲线将是(　　)。

    A. 以递增的速率上升　　　　　　　B. 以递减的速率上升

    C. 以递增的速率下降　　　　　　　D. 以递减的速率下降

5. 短期内在每一产量上的边际成本值应该(　　)。

    A. 是该产量上总变动成本曲线的斜率，但不是该产量上总成本曲线的斜率

    B. 是该产量上总成本曲线的斜率，但不是该产量上总变动成本曲线的斜率

C. 既是该产量上总变动成本曲线的斜率，又是该产量上总成本曲线的斜率

D. 既不是该产量上的总变动成本曲线的斜率，也不是该产量上的总成本曲线的斜率

6. 从原点出发的射线与 STC 曲线相切的产量上，必然有（　　）。

    A. SAC 值最小　　　　　　　　　　B. SAC = SMC

    C. SMC 曲线处于上升段　　　　　　D. 上述说法均正确

7. 当 SAC 曲线达到最低点时，一定有（　　）。

    A. AVC = AFC　　　　　　　　　　B. SMC = SAC

    C. P = AVC　　　　　　　　　　　　D. P = SMC

8. 下列说法正确的是（　　）。

    A. 生产的可能性边界之所以凹向原点，是因为机会成本递增

    B. 若一人选择上学而不是工作，那他的机会成本等于他在学习期间的学费

    C. 经济分析中的生产成本与机会成本这两个词是同义词

    D. 如果连续增加某种产品的产量，它的机会成本将递增

二、多项选择题

1. 下列关于短期生产函数与短期成本函数之间的关系描述，正确的是（　　）。

    A. 当短期生产函数处于递增阶段时，短期成本函数处于递减阶段

    B. 当 AP 处于上升阶段时，AVC 和 MC 处于下降阶段

    C. 当 AP 达到最大时，有 AP = MP，且 AVC 达到最小，有 AVC = MC

    D. 当 MP 达到最大时，SAC 取得最小值

2. 在短期成本曲线之间的关系中，下列说法正确的是（　　）。

    A. TVC 曲线的拐点对应于 SMC 曲线的最低点

    B. STC 曲线的拐点对应于 SMC 曲线的最低点

    C. 从原点向 TVC 曲线做射线的切点对应于 AVC 曲线的最低点

    D. 从原点向 STC 曲线做射线的切点对应于 SAC 曲线的最低点

3. 在 AVC、SAC 和 SMC 曲线关系中，表述正确的有（　　）。

    A. 在三条曲线中，最先达到最低点的是 SMC 曲线

    B. 若 SMC 大于 AVC，则必定有 SMC 大于 SAC

    C. 若 SMC 大于 SAC，则必定有 SMC 大于 AVC

    D. 若 SAC 达到最小值，则必定有 SAC = SMC，且 SMC 大于 AVC

4. 对于短期边际成本曲线，下列说法正确的有（　　）。

    A. SMC 曲线依次经过 SAC 和 AVC 曲线的最低点

    B. SMC 曲线的最低点既是 TVC 曲线的拐点，也是 STC 曲线的拐点

    C. SMC 曲线的最低点既对应于 MP 曲线的最高点，也对应于 AP 曲线的最高点

    D. SMC 曲线的变动决定了 AVC 和 SAC 曲线的变动

5. 长期总成本曲线可以通过（　　）来推导。

    A. 短期平均成本　　　　　　　　　B. 短期边际成本

    C. 短期总成本　　　　　　　　　　D. 生产扩展线

6. 对于 LAC 曲线，描述正确的是（　　）。

    A. LAC 曲线是无数条 SAC 曲线的包络线

B. *LAC* 曲线与 *SAC* 曲线的切点均为 *SAC* 曲线的最低点

C. *LAC* 曲线上任意一点均表示最优生产规模的最低平均成本

D. *LAC* 曲线的最低点与 *LMC* 曲线相交

三、判断题

1. 短期成本函数中的最低平均成本就是短期生产函数中的最高平均产量水平上的平均成本。 （ ）

2. 某一方案的机会成本是指决策者为采取该方案而放弃的所有其他方案的利益。（ ）

3. 经济学上的正常利润是指厂商对自己所提供的企业家才能的报酬的支付。 （ ）

4. 经济利润总是大于正常利润。 （ ）

5. 正常利润是成本的一个组成部分。 （ ）

6. 长期边际成本曲线是短期边际成本曲线的包络线。 （ ）

7. 厂商增加一单位产量时所增加的总可变成本等于边际成本。 （ ）

8. 总成本在长期内可以划分为不变成本和可变成本。 （ ）

四、简答题

1. 什么叫机会成本？什么是纯利润？

2. 请分析一下私营企业的企业主一般要承担哪些显性成本和隐性成本？在购买或租借自身没有的生产要素时，必须支付什么样的价格？

3. 边际固定成本、边际可变成本与边际总成本之间有何不同？

五、计算题

1. 已知某厂商的生产函数 $Q = L^{3/8} K^{5/8}$，又设 $P_L = 3$ 元，$P_K = 5$ 元，求总成本为 160 元时厂商的均衡产量以及所使用的劳动量和资本量。

2. 设某厂商的需求函数为 $Q = 6\,750 - 50P$，总成本函数为 $TC = 12\,000 + 0.025Q^2$，求：（1）利润最大化时的产量和价格；（2）最大利润。

3. 已知 $MC = 9Q^2 + 4Q + 5$，$Q = 10$，$TC = 3\,000$。分别求 TC、AC、VC 和 AVC 的函数形式。

学习目标

知识目标： 掌握完全竞争市场、完全垄断市场、垄断竞争市场和寡头垄断市场的基本特点，理解各种类型市场产量和价格的确定，厂商的均衡条件，以及不同类型市场经济效率差异。

能力目标： 能够理解市场结构理论，并能学以致用，如就企业所处市场的环境与特点等一般市场问题做初步的理论分析，以利于企业在市场竞争中生存与发展。

素质目标： 理性坚忍，认真学习市场理论、概念、规律、原理，养成分析市场中经济主体竞争、合作行为的习惯。

思政目标： 自觉投入现实社会之中，适应改革开放、市场经济的形势，将爱国热情融入中华民族伟大复兴的征程中，运用市场规律主动分析求产品市场，谋求市场均衡或者谋求更高水准的均衡。

《 任 务 布 置 》

任务1： 小凡创业有四个项目可选择：一是种植小葱；二是经营洗衣机；三是生产目前本地只有两三家小企业在制造的小家电；四是种植一种不为人所知的神秘的特种中草药。

对此要求做出回应：

1. 讨论具体回答，生产或经营的这四个产品，分别是什么类型的市场？

2. 分析小凡生产或经营的这四个产品，分别具有什么特征？

3. 生产或经营的这四个产品，怎样实现短期均衡、长期均衡？

4. 小凡分别生产或经营这四个产品，怎样做才能获取最大的利润？

任务2： 安吉县高禹镇南店村的老李不用为大米的销售发愁。他种出的不是普通大米，而是有着红、紫、绿、黑等多种颜色的彩色大米。老李是当地小有名气的种粮大户，但种植彩色大米是10多年来头一回。这次试种植的彩色大米是由安吉县金牛水稻合作社与省农科院等部门引进的新品种。尽管彩色大米的亩产量低于普通大米，但由于通过基因改良，彩色大米所含的铁、硒、锌、钾等微量元素是普通大米的2倍以上。金牛水稻合作社的相关负责人郑先生表示，准备将这批彩色大米拿到的海南农博会上去展示。国内天然彩色大米种植还不多。至于价格，当然要比普通大米高许多。

对此要求做出回应：

1. 讨论具体回答，老李种植的彩色大米处于什么类型的市场？何以见得？

2. 分析老李种植的彩色大米，分别具有什么市场特征？

3. 老李种植的彩色大米，怎样做才能获取最大的利润？

任务 3：各个小组分别列举四种类型市场的产品来，又正确又多者获胜。总结出每种产品有何市场特征？

任务 4：土地富有的郊区或农村的业主来说，当住房的供给增加时，土地不会相应涨价。同样，建筑成本也不会增加，因为木料和其他建筑物资可以从国内市场得到。

对此要求做出回应：

1. 郊区或农村住房的长期供给弹性和长期供给曲线有什么特点？

2. 当用城市土地来衡量供给弹性时，即使土地随业主住房服务的需求增加而成本提高，若土地成本只占整个住房成本很小的部分，则城市住房的长期供给弹性和长期供给曲线又有什么特点？

3. 现就租房来看，出租房的建设常受到当地法律的制约，某些社区完全禁止出租房的建设，而有的社区仅批准在一定地域内建设，原因是出租房占用城市有限并且价值很高的土地，则此时住房的长期供给弹性和长期供给曲线有什么特点？

任务 5：中国彩电市场的降价趋势明显，同时若干彩电大厂商为了"遏制恶性价格竞争"而几次采取了停止价格战，共同制定彩电价格的价格联盟行动，后来政府有关部门表态对此不赞成，请用微观经济理论分析上述行为。

任务一　市场类型

解决"有限的资源"和"无穷的欲望"这一矛盾的机制是市场。最初，市场是众多买者和卖者面对面地进行交易的实实在在的场所，比如，农民将他们生产的粮食、蔬菜拿到农贸市场上出售。市场最重要的特征是将买者和卖者汇集到一起，来共同决定商品的价格和成交数量。

随着人类社会的发展，几乎每一样东西都存在相应的市场，市场的形态也超越了传统的模式。市场可以是集中的，如股票市场；也可以是分散的，如房地产市场和劳动力市场；市场甚至可以是电子化的，例如许多金融资产和服务是通过电脑进行交易的。

从本质上说，市场是交易双方互相作用共同决定商品交易价格和数量的一种机制或制度安排。西方经济学将经济生活中的物品分为商品和生产要素，相应地，市场也可分为商品市场和要素市场。在此主要关注的是商品市场。

当经济学家考察市场时，他或她首先要考察的是市场结构，即市场是如何组织起来的。经济学通常根据以下特征区分不同的市场结构：

（1）厂商数量和价格操控能力。

（2）交易产品有无差别。

（3）有无厂商进出市场障碍。

（4）是否完全信息。

根据这四个特征，经济学把市场结构分为四种：完全竞争市场、完全垄断市场、垄断竞争市场和寡头垄断市场，见表6-1。

表6-1　市场结构

市场类型	厂商数量	产品差异	市场进出难度	厂商对价格的控制程度	市场信息	近似的市场
完全竞争	很多	同质	很容易	无	充分	农产品
垄断竞争	较多	有一定差异	较容易	有一定的价格控制能力	较充分	轻工业，零售业
寡头垄断	几个	或有差异	较困难	较强的价格控制能力	不充分	钢铁，汽车，石化
完全垄断	一个	无替代产品	无法进入	垄断定价，但可受到管制	不充分	公用事业

由于竞争往往是"不完全"的，相反，它经常受到限制。竞争受到限制的市场又可分三大类市场结构。一种极端的情况是完全垄断，一家厂商供给整个市场，确切地说，是控制整个市场，这种情况被称为完全垄断。如我国电力市场、土地市场区域性的自来水与燃气市场等。另一类市场结构是少数几个厂商供给一个市场，可能存在一定程度的竞争，这种市场结构属于寡头垄断，如国内的钢铁、石化、金融、铁路、民航、通信等市场。第三类市场结构中，厂商的数量较寡头垄断市场中的厂商数量多，但又没有达到完全竞争市场的厂商数量规模，这种市场结构称为垄断竞争。典型的垄断竞争的例子是彩电市场，长虹、康佳、TCL、海信、海尔等厂商提供的彩电既有品牌及产品的差异，但又非常类似，市场中存在相当程度的竞争，甚至可能使利润下降为零。由于产品的差异的存在，使得垄断竞争市场中的竞争受到一定程度的限制。尽管如此，垄断竞争下的竞争程度大于寡头竞争的竞争程度。

与市场相对应的概念是行业。行业是指为同一个市场生产或提供商品的所有厂商的总和。市场和行业的类型是一致的，如完全竞争市场对应的就是完全竞争行业。

◎ 专题6-1　中国市场经济地位之争

市场经济地位（Market Economy Status，简称MES）是一个经济学上的名词，它表示一个国家的市场经济的状况。按照一个国家市场经济在全国经济中的重要性，以及国家政府对于经济的干预程度，一般可区分为完全市场经济国家和非市场经济国家。

此外，市场经济地位是反倾销调查确定倾销幅度时使用的一个重要概念。反倾销案发起国如果认定被调查商品的出口国为"市场经济"国家，那么在进行反倾销调查时，就必须根据该产品在生产国的实际成本和价格来计算其正常价格。如果认定被调查商品的出口国为"非市场经济"国家，将引用与出口国经济发展水平大致相当的市场经济国家（即替代国）的成本数据来计算所谓的正常价值，并进而确定倾销幅度，而不使用出口国的原始数据。如20世纪90年代，欧盟对中国的彩电反倾销，就是将新加坡作为替代国来计算我国彩电的生产成本。当时，新加坡劳动力成本高出中国20多倍，中国的产品自然被计算成倾销，这对中国十分不利。

自加入世贸组织以来，中国政府一直在努力争取国际贸易各国承认中国的完全市场经济地位，获得市场经济地位将有利于中国外贸进出口的发展。但由于其他世贸成员不承认中国的市场经济地位，使得中国企业在应诉国外反倾销调查时处境极为不利，不但败诉率高，而且被裁定的倾销税率也让很多企业难以承受。最重要的是，不承认中国为市场经济国家的规定严重背离了中国经济发展的现实，是不公平的。

结合我国各主要行业的竞争与垄断情况，你怎么看这个问题？

任务二　完全竞争市场均衡

一、完全竞争市场的界定

完全竞争市场是市场结构中的一个极端形式，完全竞争市场必须满足以下几个条件。

(一)市场上有众多卖家和买家

卖家和买家的数量多到使每一个卖家可能提供的产量或每一个买家打算买进产品的数量相对于整个市场总量而言都微不足道，以至于使任何一个卖家或买家的买卖行为都不会影响市场价格，即每个人都无法通过改变买卖数量来左右市场价格，价格是市场给定的。因此，在完全竞争市场上，每一个卖家和买家都只能是价格的被动接受者。

(二)产品同质

由于商品的这种没有任何差别的同质性，例如，同一等级的苹果或其他农品可以视为同质的，消费者在购买这些商品时就不会在乎商品是哪一家厂商生产的。

(三)市场开放

不管是新厂商想进入市场，还是老厂商想退出市场，都不会存在任何法律的、社会的或资金上等障碍。也就是说，在长期内，生产要素可以在不同行业之间自由流动。例如，在很多行业中存在生产规模方面的进入门槛。如工信部的《钢铁行业生产经营规范条件》就规定，普钢企业粗钢产量100万吨及以上，特钢企业30万吨及以上，且合金钢比大于60%。完全竞争的市场没有这道门槛，保证来去自由。

(四)信息完全

每一个参与市场活动者都掌握有关产品的价格、质量和性能等方面的信息，他们都可据此做出各自的正确决策。因此，在同一个市场上不可能出现低卖或高买现象，如果某个卖者要使自己产品的价格高于其他人，他的产品就卖不出去；如果某个卖者产品的定价低于其他人，市场价格并不会因此而下降，受损失的只是自己。

只有同时满足上述四个特征的市场，才能被视作完全竞争市场。由于完全竞争市场的假设条件十分苛刻，以至于在现实中很难找到这样理想的市场。一般来说，大部分农产品市场，例如玉米、大米等市场比较接近完全竞争的特征，可被近似地看作完全竞争市场。尽管这些市场或多或少偏离了完全竞争的假设前提，但对完全竞争模型的有效性和预测性并没有太大的影响，经济学家仍倾向于用完全竞争理论的扩展和延伸模型来分析这些市场。因为完全竞争市场理论是各种市场理论研究的基础，必须首先加以研究。

二、完全竞争厂商的需求

如老张这样的完全竞争市场中的单个生产者，或说厂商，因其所占市场份额极小，无力影响市场价格，故而只能是市场价格的接受者。如图6-1，其所面临的需求曲线为一条由既定的市场价格 P_e 出发的水平线。若以 TR、AR、MP 分别表示厂商的总收益、平均收益与边际收益，则：

$$TR(Q) = P_e \cdot Q$$

$$AR(Q) = \frac{TR(Q)}{Q} = P_e$$

$$MR(Q) = \frac{dTR(Q)}{dQ} = P_e$$

即厂商所面临的需求曲线、平均收益曲线以及边际收益曲线这三条线是重叠的，即 $d = P_e = AR = MR$。

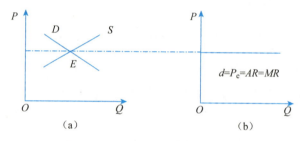

图6-1　完全竞争市场的供求曲线

尽管如老张这样的单个生产者无力改变市场价格，但这决不表示完全竞争市场的价格也是固定不变的。相反，市场供求曲线会受到各种因素影响而发生移动，均衡价格也会不断地被调整，正如我们经常看到的农产品市场价格波动的那样。

◎ 专题6-2　谁能影响价格？

如何理解单个厂商无力影响价格和完全竞争市场价格的波动？

不同于单个厂商是价格的接受者，就整个市场而言，价格机制的作用在完全竞争市场上表现得最为充分。"看不见的手"，指的就是价格机制的这种作用。长期来看，市场上的价格受到厂商自由进入或退出所造成的供给增加或减少的影响而波动，尽管它也会受到需求的影响，但供给的波动往往更为剧烈。而厂商之所以进入或退出某个行业，正是价格使然。

三、完全竞争厂商短期的均衡

在短期里，完全竞争市场价格是既定的，厂商又无法改变生产中不变要素投入量，即厂商只能用既定的生产规模进行生产，他所能做的就是确定或调整产量，确保利润最大化。如图6-2，厂商根据 $MC = MR$ 法则确定产量为 Q_1，实现利润最大化。由于价格是既定的，厂商利润大小由其平均成本 AC 的水平决定。

如图（a），当 $AR>AC$ 时，厂商获得经济利润，利润金额为图中阴影面积。

如图（b），当 $AR=AC$ 时，厂商的经济利润刚好为零。

如图（c），当 $AC>AR$ 时，厂商亏损，亏损金额为图中阴影面积；但如果厂商没有别的选择，如转产等，厂商一般不会停产。

如图（d），当 $AR=AVC$ 时，厂商亏损，亏损金额为图中阴影面积。这时，厂商会停止生产，我们称其为停止营业点。

如图（e），当 $AR<AVC$ 时，厂商亏损，亏损金额为图中阴影面积，此时，价格不能弥补单位产品的变动成本，厂商生产比不生产时的亏损额度更大，厂商会立即停产。

综上所述，完全竞争厂商短期均衡的条件是：$P=MR=MC$。在短期中，厂商可能获得最大利润，也可能经济利润为零，还可能蒙受损失，但 P 至少应不小于 AVC 的最低水平。

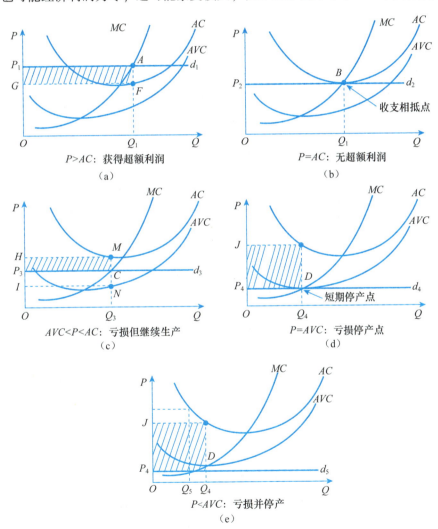

图 6-2　完全竞争厂商短期均衡的五种情形

◎**专题6-3　老张还会种水稻吗?**

　　如果老张种水稻不需要机械设备等固定投入，并能预计到 AR=SAC，又没有别的种植计划，老张还会种水稻吗？

　　现在情况不同，老张去年刚投资数百万元购置了播种机和收割机等设备。他预计种植水稻可能的平均收益等于短期平均成本，即 AR=SAC，如果转行种水果或养鱼，原有的设备就得低价转让或闲置，这就意味着损失。种还是不种水稻，你能帮老张出出主意吗？

　　如果水稻的价格还不够补偿种植水稻的人工、种子、灌溉、农药、化肥等成本支出，老张又该如何？

　　如果你是老张，在没有其他选择的情况下，在做出是否经营的决策时，必须记住固定成本与可变成本的区别。种植水稻的许多成本——土地租金、农机具折旧费用等，都是固定的，停止生产并不能减少这些成本。当老张决定是否继续种植水稻时，只有可变成本，如人工、种子、化肥、农药、燃油等，才是需要加以考虑的相关成本。当收入大于变动成本时，固定成本得到了部分补偿，相对于停止生产的损失——全部的固定成本，实现了损失最小化。同样，我们也很容易理解，当收入与变动成本相当时，生产或者是不生产，损失额同样都是全部的固定成本，理性的选择当然是停止生产。

四、完全竞争厂商的短期供给

　　供给曲线说明在每一给定价格下，厂商有能力且愿意生产多少产品。在每一给定的价格 P，厂商应该按照 $P=MR=AR \geqslant LAC$ 的原则选择最优的产量 Q。如图6-3，如果市场价格高于最低平均成本 SAC，如 P_1，将提供的产量为 Q_1，在这一产量上要求价格等于边际成本 $P=MR=AR \geqslant LAC$，完全竞争厂商实现利润最大化；如果市场价格等于最低平均成本 SAC，如 P_2，提供的产量为 Q_2，在这一产量上也要求价格等于边际成本 $P=MR=AR \geqslant LAC$，完全竞争厂商实现利润刚好为0；如果市场价格低于最低平均成本 SAC，但高于 $P=MR=AR \geqslant LAC$，如 P_3，此时提供的产量为 Q_3，在这一产量上也要求价格等于边际成本 $P=MR=AR \geqslant LAC$，完全竞争厂商出现亏损，且追求亏损最小状态；如果市场价格低于最低平均成本 SAC，且等于最低平均可变成本 $P=MR=AR \geqslant LAC$，如 P_4，厂商提供的产量为 Q_4，在这一产量上也要求价格等于边际成本 $P=MR=AR \geqslant LAC$，完全竞争厂商可选择停产或者生产，即停产点，厂商的收益正好与变动成本相等，亏损额为固定成总额。当市场价格低于最低平均可变成本 $P=MR=AR \geqslant LAC$ 时，如 P_5，厂商停产，其产量为0，即无供给，因为厂商生产的产品越多，产生的亏损额也会越大。

　　归纳起来，厂商供给高于 $P=MR=AR \geqslant LAC$ 曲线最低点以上的 $P=MR=AR \geqslant LAC$ 曲线正体现了 P、Q 间的对应关系。厂商的短期供给曲线实际上是其边际成本曲线高于最低平均变动成本的部分。该曲线向右上方倾斜，表明商品供给价格与供给量之间是同方向变化关系，一般学者认为这是产品的供给曲线。

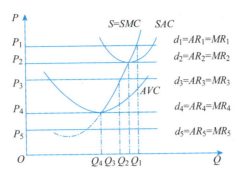

图 6-3　完全竞争厂商的短期供给曲线

五、完全竞争行业的短期供给

行业的供给量等于行业内所有厂商的供给量的总和，因而一个行业的短期供给曲线由该行业内所有厂商的短期供给曲线的水平加总而来。如图 6-4，图 (a) 表示一个厂商的短期供给曲线，假定行业内有 1 000 家同样的厂商，为了得到行业的供给曲线 S，把在同一价格水平上所有企业的供给曲线 S 以水平方向加在一起，得到图 (b) 的行业供给曲线。

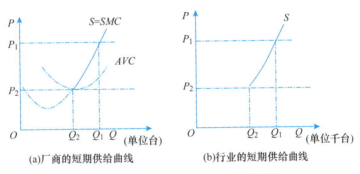

(a)厂商的短期供给曲线　　　　(b)行业的短期供给曲线

图 6-4　完全竞争市场的短期供给曲线

> ◎专题 6-4　厂商的短期供给曲线
>
> 　　各厂商的短期供给曲线都是高于最低的 SVC 部分的 SMC 线，事实上，不同厂商的成本水平并不相同，或者厂商具有不同的 SMC 曲线，这样，行业的短期供给曲线可能并不光滑，即存在折点，特别是在较低供给量的初始部分。考虑到市场上有很多厂商，折点就变得不重要，或者说，将变得不那么明显。所以，我们将市场供给曲线画成一条光滑的向右上方倾斜的曲线。如果再考虑到行业产量变化对生产要素价格的影响，完全竞争行业短期供给曲线是行业内所有厂商短期供给曲线的水平相加而构成的这一结论，就成了一种粗略的或不准确的说法了。因为，生产要素价格的变化，会使厂商的短期生产成本变化和相应的短期成本曲线发生移动，从而使厂商的短期供给曲线发生移动，并进一步影响行业的供给曲线的构成和位置。为使问题简化，可假设生产要素价格不变。

六、完全竞争厂商的长期均衡

在长期内，厂商可以通过调整所有要素投入规模来调整产量，实现利润最大化。所有要素投入规模都是可调整的，因而厂商所有的成本都是可变成本。对于一个特定的市场价格，为了获得最大利润，完全竞争厂商将继续选择 $P=LMC$ 的产量。厂商只有在价格大于或等于长期平均成本时，即 $P=MR=AR \geqslant LAC$，才进行生产，否则厂商将选择退出该行业。

如图 6-5，厂商要求价格必须大于或等于 LAC 的最低点，即图中的 E_0 点或 P_0。假定行业中厂商的进入或退出并不影响单个厂商的成本，开放市场和竞争将使价格不能处于长期平均成本的最低点 E_0 之上。因为，如果价格高于 E_0，如 E_1，厂商获得了超额利润，这就会吸引新企业进入该行业。

如图 6-6 所示，随着行业中进入的厂商数量逐渐增加，行业的供给曲线将向右下方移动，从而导致市场价格下降。下降的价格将使得行业中每个厂商的超额利润逐渐减少，直到市场供给曲线决定的价格达到厂商的长期平均成本曲线的最低点 E_0。在 E_0 点，长期平均成本刚好得到补偿，企业经济利润为零。

如果最初的市场价格 P_2 低于长期平均成本，如图 6-6 所示，这就意味着行业中单个厂商处于亏损状态。没有厂商愿意长期忍受亏损，因而最终将会有一些厂商退出该行业。随着部分厂商的退出，行业的市场供给曲线向左上方移动，从而价格提高，直到长期平均成本曲线的最低点 E_0 为止。

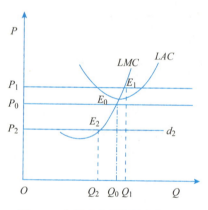

图 6-5　完全竞争厂商的长期均衡

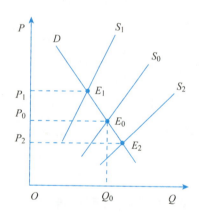

图 6-6　完全竞争行业的长期均衡

由此可见，长期内完全竞争市场决定的价格恰好位于长期平均成本的最低点，对应于这一价格 P_0，厂商按 $MR=LMC$ 决定的产量也恰好对应于平均成本的最低点。因此，在长期均衡时，单个厂商既无利润，又无亏损，即经济利润为 0。

综上所述，完全竞争厂商的长期均衡条件可以为：$MR=AR=P=LMC=LAC$

◎ 专题 6-5　理性

问题一："理性"的困扰

完全竞争能力厂商的长期均衡出现在 LAC 的最低点。这时，生产的平均成本降到长期平均成本的最低点，商品的价格也等于最低的长期平均成本。

西方经济学中，假设经济人为理性人。这就有一个问题，理性人都会认识到厂商进出后带来的波动变，所以理性人都不会离开这种商品市场，结果会如何？

既然一个厂商离开去别的市场，为什么其他的厂商还要在此坚持而不做离开的打算呢？

经济模型只是对经济生活的简约化与抽象化，并不是现实的直接反映。经济人的理性预期的确与传统的经济学模型存在不兼容的现象。由于信息是稀缺的，而且现实中的判断往往受所在经济体结构的影响以及人类社会中广泛存在的对微小变化的不敏感性，会使理性判断及行为结果大打折扣。

问题二：为何获得零利润的完全竞争厂商还在经营

完全竞争厂商在长期中获得零利润可能有点令人费解，因为这似乎不符合理性判断。要弄清这个问题，我们首先要正确理解利润这个概念。经济学教科书通常将利润分为两种：正常利润和经济利润。关于正常利润的内容，经济学家观点当然并不一致。一种观点认为，其应该包括两方面，即企业家才能的报酬、平均分摊收益。企业家才能的报酬就是企业家组织管理企业的才能这个生产要素的报酬。平均分摊收益指企业家自有资本的报酬，即股息和红利。股息一般应大于同额货币在同时间内所能取得的利息。

正常利润实质是一种机会成本，经济学家将机会成本作为总成本的一部分。总收益减去总成本即为利润，这里的利润指的是经济利润，也就是超过正常利润的那一部分超额利润。所以，完全竞争厂商长期均衡中获得正常利润，但利润（超额利润）就为零。

但在会计师看来，机会成本并不会带来现金流，自然也不计入成本，于是，会计利润为正，或者说这时正常利润表现为会计利润。

任务三　垄断市场均衡

一、垄断市场的界定

完全垄断市场是与完全竞争市场情况恰好相反的另一种极端形式的市场。完全垄断市场具有以下特征：

（1）行业中只有一家厂商，而消费者却众多，厂商可以操控产量与价格。

（2）该厂商生产和销售的产品没有任何相近的替代品。

（3）行业中存在进入障碍，使得其他厂商的进入极为困难或不可能。

在这样的市场中，厂商就是行业，这就排除了所有的竞争因素，他对产量和价格有操纵能力。

二、垄断市场的形成

垄断市场的成因主要有以下几种。

第一，某厂商控制了生产某种产品的全部资源或基本资源，基于资源的独占形成了垄断。

第二，基于关键性技术或专利的独占而形成的垄断。

第三，行政垄断。在某些行业，特别是在公用事业领域，如供水、供电、供气等，政府往往以特许经营的方式将一定区域内垄断经营权授给某企业，从而在制度上确立该企业的垄断地位。

第四，自然垄断。有些行业需要巨大的投资，庞大的固定成本使得规模效益要在很高的产量水平上才能实现，以至于整个行业只能由一个企业来独家经营。

第五，在生产的社会化发展过程中，自由竞争自然而然引起生产和资本的集中，而当生产和资本的集中发展到一定阶段以后，就必然会产生垄断。

三、垄断厂商的需求与收益

如图6-7，由于垄断厂商面临的是一条向右下方倾斜的需求曲线 D，所以，要想增加销售量，就必须降低产品的价格。这样在每个销售量上，垄断者的价格总是等于平均收益，但平均收益并不等于边际收益，而是平均收益大于边际收益，即 $P=AR>MR$。

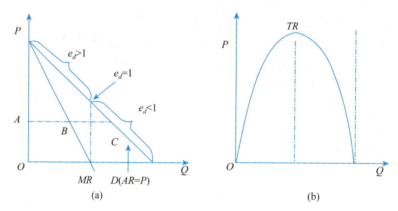

图6-7　垄断厂商的需求曲线和收益曲线

◎ **专题6-7　垄断势力**

如图6-6，假定垄断厂商的需求曲线 D 是线性的，MR 曲线还有一些其他的重要特征。若线性的反需求函数为 $P=a-bQ$，a，$b>0$，则总收益函数为：$TR(Q)=PQ=aQ-bQ^2$。边际收益函数为：$MR(Q)=\dfrac{dTR(Q)}{dQ}=a-2bQ$。可知，反需求函数与边际收益函数的斜率分别是 $-b$ 和 $-2b$，而它们的纵截距是相同的，均为 a。

当厂商面临的需求曲线是向右下方倾斜时，厂商的边际收益、价格和需求的价格弹性三者之间的关系如下。若反需求函数为 $P=P(Q)$，则 $TR(Q)=P(Q)\cdot Q$，$MR(Q)=\dfrac{dTR(Q)}{dQ}=P+Q\cdot\dfrac{dP}{dQ}$，已知 $e_d=-\dfrac{dQ}{dP}\cdot\dfrac{P}{Q}$，故 $MR=P\left(1-\dfrac{1}{e_d}\right)$。

所以，当 $e_d>1$ 时，$MR>0$，即 TR 曲线斜率为正，TR 曲线上扬。当 $e_d=1$ 时，$MR=0$，即 TR 曲线的斜率为0，TR 达到最大值。当 $e_d<1$ 时，$MR<0$，即 TR 曲线斜率为负，TR 曲线下降。

平均收益和边际收益之间的这种关系，可用表 6-2 的有关数据自行验证。

表 6-2　完全垄断厂商的价格、边际收益和平均收益

销售量(Q)	价格(P)	总收益(TR)	平均收益(AR)	边际收益(MR)
0	6	0	—	—
1	5	5	5	5
2	4	8	4	3
3	3	9	3	1
4	2	8	2	−1
5	5	1	−3	

◎ 专题 6-8　垄断厂商有没有供给曲线？

垄断厂商没有供给曲线，为什么？

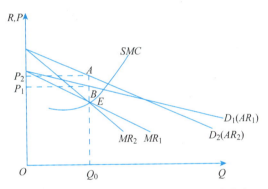

图 6-8　垄断厂商均衡产量与均衡价格的决定

垄断厂商的价格和产量是同时决定的，两者之间并无严格的一一对应关系，即不存在明确的短期供给曲线。

完全垄断的均衡产量不仅取决于边际成本线，而且取决于需求曲线，即平均收益曲线和边际收益曲线。如果需求曲线发生变动，均衡点也发生变动。由于要同时考虑边际收益与边际成本的均衡，又要考虑需求曲线的影响，直接的结果就是：一个均衡价格可能对应不同的均衡产量或一个均衡产量对应不同的均衡价格，如图 6-8。直观地说，就是垄断厂商可以操控价格和产量。

推而广之，具有垄断因素的市场都不存在供给曲线，这种说法对吗？

四、垄断厂商的短期均衡

为了获得最大的利润，垄断厂商会按照边际收益等于边际成本的原则安排产量。在短期内。垄断厂商无法改变全部要素投入量，垄断厂商是在既定的生产规模下通过对产量和价格的调整，来实现 $MR = SMC$ 的利润最大化的原则。这可用图 6-9 来说明。

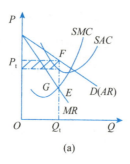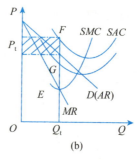

(a)　　　　　　　　　　　(b)

图 6-9　垄断厂商的短期均衡

图 6-9（a）中的 SMC 曲线和 SAC 曲线代表垄断厂商的既定的生产规模，D 曲线和 MR 曲线代表垄断厂商的需求和收益状况。垄断厂商根据 $MR=SMC$ 的利润最大化的均衡条件，将产量和价格分别调整到 Q_1 和 P_1 的水平。在短期均衡点 E 上，垄断厂商的平均收益为 FQ_1，平均成本为 GQ_1，平均收益大于平均成本，垄断厂商获得利润。单位产品的平均利润为 FG，总利润量相当于图中的阴影部分的矩形面积。

在图 6-9（b）中，垄断厂商遵循 $MR=SMC$ 的原则，将产量和价格分别调整到 Q_1 和 P_1 的水平。在短期均衡点 E，垄断厂商是亏损的，单位产品的平均亏损额为 GF，总亏损额等于图中阴影部分的面积。在亏损状态下，若 $AR>AVC$，垄断厂商就继续生产；若 $AR<AVC$，垄断厂商就停止生产；若 $AR=AVC$，垄断厂商生产与不生产都一样。

综上所述，在完全垄断市场条件下，垄断厂商的短期均衡可能获得超额利润，可能获得正常利润，也可能亏损。一般来说，作为具有操控产品价格和产量市场的唯一厂商，往往不会让自己亏损。

◎ **专题 6-9　垄断厂商会亏损吗？**

垄断厂商也可能亏损？是的。垄断厂商可以操控产量与价格，但没有任何理论支持垄断者获取利润是应该的，也就是说，它不是必定赚钱的。大萧条情况下，垄断炼油企业就可能出现亏损，而且是较长时间的大幅亏损。或者，它的短期亏损是一种策略性行为，例如定低价以阻止其他企业进入等。技术性垄断企业在重大技术发明市场化的初期，由于产品的市场较小，成本却较高，亏损就更不足为奇了。

五、垄断厂商的长期均衡

虽然垄断厂商在短期内可能亏损，垄断厂商在长期内却可以调整全部生产要素的投入量来降低成本，并借垄断地位长期实现超额利润。如果垄断厂商在长期内无法扭转亏损局面，他就应该退出行业。

下面用图 6-10 来说明垄断厂商的长期均衡。垄断厂商初始生产的短期均衡点为 E_1，在 E_1 点，$MR=SMC_1$，相应的短期均衡价格和均衡产量分别为 P_1、Q_1。此时，垄断厂商所获得的短期超额利润为图中矩形 P_2DCP_1 的面积。但是，由于生产规模较小，产量 Q_1 难于满足需求，且在短期均衡点 E_1 处有 $MR>LMC$，说明垄断厂商只要扩大生产规模，其利润仍有增加的可能。

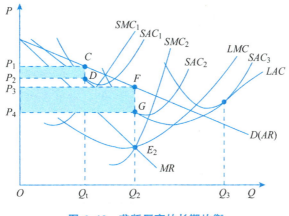

图 6-10   垄断厂商的长期均衡

在长期中，垄断厂商按照 $MR=LMC$ 的原则，将进一步调整生产规模。假若在 E_2 点，$MR=SMC_2=LMC$，实现长期均衡。此时与 E_2 点相对应的产量和价格分别为 Q_2 和 P_3，长期平均成本曲线 LAC 为短期成本曲线 SAC_1、SAC_2、SAC_3……的包络线。SMC_2 为最优短期边际成本曲线，E_2 点即为长期均衡点。在长期均衡产量 Q_2 规模下，垄断厂商获得长期超额利润，其利润额相当于图中矩形 P_4GFP_3 的面积。

注意，垄断厂商根据利润最大化条件决定的均衡产量并不是市场均衡产量，垄断厂商的产量一般要小于市场均衡产量，且价格高于边际成本。在长期内，垄断厂商通过对生产规模的最优化调整以及对新进入者的阻止，以保持垄断地位，获得超额利润。

综上所述，垄断厂商长期均衡的条件是：$MR=LMC=SMC$。在垄断市场上，$P>LAC>LMC$，消费者为每单位商品支付的价格不仅高于长期边际成本，且高于长期平均成本，因而，厂商有经济利润。

六、垄断与社会福利的损失

垄断市场被认为是经济效率最低的一种市场结构。从资源配置角度来看，垄断不仅造成较高价格和较低产量，而且还带来效率的损失，所以垄断者不可能有效配置资源。

如图 6-11，假定完全垄断厂商和完全竞争厂商的平均收益曲线和边际收益曲线为 AR 和 MR，并进一步假定 $AC=MC$，从而平均成本曲线 AC 和边际成本曲线 MC 是重合的。垄断厂商根据 $MR=MC$ 的原则确定其产量 Q_1，并在需求曲线的相应位置 G 点上索要价格 P_1。如果在完全竞争市场上，厂商会按 $MC=AC=P_0$ 的原则决定产量 Q_0，并按现有的市场价格 P_0 出售产品。

与完全竞争相比，垄断条件下的价格高些，而产量低些。其实，两者相比，还有社会净福利的损失。

社会净福利是指社会消费既定数量商品时消费者获得的总效用与社会生产这些商品的总成本之间的差额。从图 6-11 中可以看出，在完全竞争的市场条件下，消费者的总效用为 OQ_0EA 的面积，而厂商生产这些产品的总成本为 OQ_0EP_0 的面积，因此社会的净福利等于三

角形 P_0EA 的面积；在垄断市场条件下，消费者获得的总效用为 OQ_1GA 的面积，而厂商生产这些产品的总成本为 OQ_1FP_0 的面积，从而社会净福利等于 P_0FGA 的面积。相比于完全竞争市场，垄断市场条件下的社会净福利减少了，减少的量为三角形 FEG 的面积。这种无谓的损失就是垄断造成的。

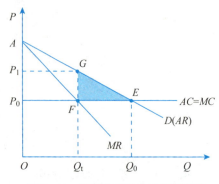

图 6-11　垄断造成社会净福利损失

垄断除了导致产品价格较高和产量较低外，还带来社会净福利的无谓损失，同时还会使垄断厂商在长期中保持一份本不应该得到的超额利润。此外，由于垄断厂商无竞争压力，技术创新的动力不足，这无形中又增加了社会的成本。希克斯（Hicks）曾经说过："垄断对于一个企业经理的最大好处莫过于可以清闲度日。"

任务四　垄断竞争市场均衡

一、垄断竞争市场的界定

经济学家将完全竞争市场以外的市场称为不完全竞争市场。不完全竞争市场除了垄断市场外，还包括垄断竞争和寡头垄断两种市场结构。

垄断竞争市场是一种有许多厂商出售有差异的同种产品的市场结构，它同时具有某些垄断特征和某些竞争特征，但以竞争为主要特征。其主要特征有如下几个方面。

（一）产品存在差异

同类产品之间存在差异，这种差异可能产生于产品的性能、款式、颜色、包装、品牌等方面。正因为产品有差异，所以形成局部垄断，垄断程度与差异度正相关；又由于产品彼此在一定程度上能够替代，所以存在竞争，替代越容易，竞争也越激烈。很明显，垄断竞争市场是一种普遍的现象。如冰箱、洗衣机、书籍、家具、电影、糕点、肥皂、牙膏、感冒药等产品市场，都是垄断竞争市场。

（二）厂商众多

市场上有众多的厂商，这些厂商可以独立决策，互不依存。局部垄断的地位使得厂商对市场价格可以施加有限的影响，却无法形成价格控制。

(三)市场开放

单个厂商生产规模较小，因而进出市场没有太大障碍。

二、垄断竞争厂商的短期均衡

基于产品差别这一重要特征，垄断竞争厂商可以通过价格和非价格的竞争手段实现利润最大化。垄断竞争厂商面临的需求曲线向右下方倾斜，只是要比完全垄断厂商的需求曲线更平缓些。在垄断竞争市场中，各个厂商的产品是有差别的，厂商们的成本与需求曲线未必相同。但西方学者总是假定所有厂商都会相同的成本曲线和需求曲线，并以代表性厂商进行分析。

在短期内，垄断竞争厂商仍然遵循垄断厂商的利润最大化原则。它选择边际收益等于边际成本的产量，并把价格提高到在这一产量上消费者愿意支付的最高价格。这样，垄断竞争厂商的短期均衡可以用类似垄断厂商的短期均衡进行分析。如图 6-12，在短期均衡状态下，垄断竞争厂商可能获得超额利润，也可能只获得正常利润，还可能蒙受亏损。盈亏取决于 AC 的高低位置，垄断竞争厂商的短期均衡的条件是：$MR = MC$。

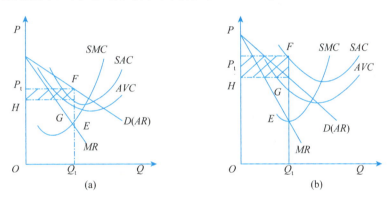

图 6-12 垄断竞争厂商的短期均衡

◎ 专题 6-10 想一想、比一比
　　垄断竞争厂商短期均衡与完全竞争厂商短期均衡有什么不一样？为什么？

三、垄断竞争厂商的长期均衡

垄断竞争厂商蒙受亏损或获得超额利润的局面都不能长期维持。一方面，厂商可以调整生产规模，变动短期内固定不变的生产要素投入量，以求降低成本。其次，新的厂商可以自由地进入，行业内的厂商也可以自由退出。正是这种进入或退出将使得单个垄断竞争厂商面临的需求曲线发生变动。

假设所有现存的和新加入的企业都有完全相同的成本曲线。随着新企业的加入，新的有差别的相似产品会瓜分该行业市场。垄断竞争者的产品需求曲线 d 会向左方移动，最终的结果是，随着企业的不断进入，直到利润为零时停止。亏损企业退出会使留驻该行业的企业的需求曲线向右移动，这样亏损减少直到消失。企业进入和退出的过程会使行业持续到经济利润为零。所有垄断竞争厂商的长期均衡时的利润必为零，即需求曲线 d 与 LAC 曲线相切。如图 6-13，G 点是长期均衡点，这时，没有企业企图进入或被迫退出该行业。通过这两个方面综合分析得出的结论是：垄断竞争厂商长期均衡的条件是 $MR=LMC$，$AR=LAC$，其中 $AR=P>MR$。

由于垄断竞争厂商面临的需求曲线是向右下方倾斜，所以，在长期均衡时的需求曲线只能与长期平均成本 AC 相切于最低点的左边。这意味着，垄断竞争所提供的产量小于完全竞争的产量。

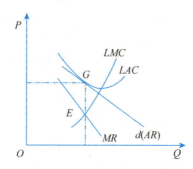

图 6-13　垄断竞争厂商的长期均衡

◎**专题 6-11　垄断竞争市场与完全竞争市场的差异**

垄断竞争市场与完全竞争市场在许多方面都很相似，当然也有明显的差异。

第一，效率差异。在完全竞争市场，厂商处于长期均衡状态时，厂商的价格等于长期边际成本，市场价格最低，厂商均衡产量最高，资源得到有效配置，也即达到了福利经济学第一原理所述的"帕累托最优"，因此完全竞争市场的效率最高。在垄断竞争市场，厂商处于长期均衡时，市场价格高于厂商的边际成本，产量小于完全竞争厂商市场均衡的产量，资源存在一定的浪费。

第二，产品差别。在完全竞争市场上，产品是同质的，即任何一生产者的产品都是无差别的，无法满足消费者的各种偏好。由于垄断竞争市场的产品有差别，因而可以满足多样化的市场需求，充分体现消费者的消费个性。由于产品的差别是包含了销售条件如品牌，售后服务等，所以企业会不断地提高某品牌的质量，改善售后服务，从而有利于消费者。弊价格高于边际成本，与完全竞争相比，消费者被迫多支付市场价格。

第三，技术进步。虽然经济学家从效率方面推崇完全竞争的市场环境，认为完全竞争市场能带来高效率，但其行业中所有企业均生产完全相同的产品，企业之间唯一的竞争方式是价格竞争，这样的企业技术创新愿望不是很强烈。

默顿·卡曼和南塞·施瓦茨在分析了市场集中度和创新产出的关系后认为，在完全竞争市场条件下，企业规模一般较小，缺乏保障技术创新的持久收益的垄断力量，因此不利于技术创新；在完全垄断市场条件下，由于缺乏竞争对手的威胁，难以激发企业技术创新的活力。因此，介于上述两者之间的市场结构最适合企业进行技术创新。

也有相当一部分经济学家认为，完全竞争的市场结构最有利于技术创新。阿罗就曾指出，在完全竞争性市场中，技术创新收益大于垄断市场的收益，因此竞争市场比垄断市场更能诱导企业进行创新。

任务五　寡头垄断市场均衡

一、寡头垄断市场的界定

寡头垄断市场是介于完全垄断和垄断竞争之间，又以垄断为主要特征的一种市场结构。一个寡头垄断市场只有少数几个厂商，各厂商提供相似或相同的产品。如石油、钢铁、电信、航空、飞机制造、大型机械等市场，完全或部分具有寡头垄断的特征。寡头垄断一般具有以下三个特点。

（一）竞争又依存

在完全竞争和垄断竞争市场上，厂商数量很多，但相互之间在决策上没有依赖性，一家厂商的决策对其他厂商没有直接影响，也不受其他厂商决策的影响，它们之间的关系就如同放在一个袋子里的马铃薯那样。但在寡头市场上，厂商很少，每家厂商在该行业的总产量中都占有相当大的份额，以至于其中任何一家厂商的产量或价格的变动，都会对市场的价格和供给量产生重大影响。很显然，这种影响是双向的。

在寡头垄断市场上，在寡头垄断市场上，每个厂商的收益和利润不仅取决于自己的产量，而且要受到其他厂商产量的影响。因此，每个厂商总是首先推测其他厂商的产量，然后再根据最大利润原则来决定自己的产量，每个厂商既不是价格和产量的创造者，也非价格和产量的接受者，而是价格和产量的寻求者。面对其他厂商，寡头选择是：合作或者竞争。

（二）进出有壁垒

由于规模、资金、信誉、市场、专利、法律等原因使其他厂商很难进入，寡头厂商退出市场也很困难。

（三）价格操纵

各厂商在做出价格与产量决策时，都要考虑到竞争对手的反应，而竞争对手的反应可能是多种多样的，很难准确预测，这就使得寡头市场的价格和产量的决定相当复杂。由于难以摸清竞争对手的行为，一般不会轻易变动已存在的价格和产量均衡，价格和产量一旦确定之后就有相对刚性或黏性。为了最大利润，有时寡头间会形成默契或公开勾结，操纵价格与产量。为此，许多市场经济国家制定出相关的法律，如《反垄断法》等，或对寡头垄断行业采取政府定价，如我国的成品油价格就由发改委制定。即便如此，寡头厂商依然有可能通过控制产量与主管部门进行博弈。当然，利润的驱使也可能促使厂商采取单独行动。

二、寡头间的合作

当厂商意识到它们的利润取决于它们的共同行动时，它们就会试图勾结，一致行动，共同控制价格和产量，以避免灾难性的竞争后果。这种勾结或是公开的，或是秘密的。因为在大多数市场经济国家，厂商相互勾结共同操控市场是非法的。

在资本主义的早期阶段，寡头们往往公开勾结共同操纵市场。厂商之间有关生产与价格的这种协议被称为"勾结"，而且以一致方式行事的企业集团被称为卡特尔。一旦形成了卡特尔，市场实际就是由一个垄断者提供服务。

◎专题 6-12　寡头合作

　　所有寡头一致行动时，卡特尔就像一个垄断厂商。设想一个市场，只有两个企业，生产完全同质的产品，如石化产品，它们具有完全相向的成本曲线，每一个企业都拥有一半的市场份额。如图 6-14，产商 A 和 B 相互勾结，索取相同的价格。A 或 B 的需求曲线 D，且与行业的需求曲线具有完全相同的弹件，A、B 企业均得到一半的市场份额，从而使它们的共同利润最大。最大利润的均衡就是图 6-14 中所示的 E 点，即厂商的 MC 曲线与 MR 曲线的相交点。勾结的寡头的最优价格显示在 D 曲线的 A 点，它在 E 点的正上方，其价格和产量类似于单个垄断者的价格和产量。

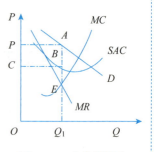

图 6-14　合作的寡头

　　由于寡头垄断者之间公开的勾结在一些主要的市场经济国家被认为是非法的，所以，寡头垄断者之间的勾结更多的是以非公开或非正式的形式进行的。这种非公开的勾结是指同行业的厂商共同默认的一些"行为准则"。如共同承认削价倾销是违反商业道德的；相互尊重对方的市场份额和销售范围；使用同一种方法计算价格；认同已经实行了一定时期的价格模式和竞争行为的持续性等。

　　尽管寡头市场上的勾结现象是相当普遍的，但由于厂商对利润的追求，他们间这种"合作"，不论是公开的或是暗中的勾结，很不稳定，每一个寡头都有强烈的动机去偷偷违反协议，从而可能导致最终的协议崩溃。

◎专题 6-13　寡头是如何勾结的?

　　情景一：欧佩克和世界石油市场

　　世界上大部分石油主要是少数国家——中东国家生产的。这些国家在一起组成一个寡头市场。世界石油的大部分生产国家形成了一个卡特尔，称为世界石油输出国组织（OPEC）。在 1960 年最初成立时，欧佩克包括伊朗、伊拉克、科威特、沙特阿拉伯和委内瑞拉。到 1973 年，又有其他八个国家加入：卡塔尔、印度尼西亚、利比亚、阿联酋、阿尔及利亚、尼日利亚、厄瓜多尔和加蓬。

　　这些国家控制了世界石油储量的 3/4。正如任何一个卡特尔一样，欧佩克力图通过协调减少产量来提高其产品的价格。但是，卡特尔的每个成员都受到增加生产以得到更大总利润份额的诱感。欧佩克成员常常就减少产量达成协议，然后又私下违背协议。

　　在 1973—1985 年，欧佩克最成功地维持了合作和高价格。原油价格从 1972 年的每桶 2.64 美元上升到 1974 年的 11.17 美元，然后在 1981 年又上升到 35.10 美元。但在 20 世纪 80 年代初各成员国开始扩大生产，欧佩克在维持合作方面变得无效率了。到了 1986 年，原油价格回落到每桶 12.52 美元。

　　现在，欧佩克成员继续坚持每两年开一次会，但卡特尔在达成或实施协议上不再成功了，各成员国拒绝削减自己现有的市场份额。结果，欧佩克成员主要是相互独立地做出生产决策，世界石油市场是相当有竞争性的。根据总体通货膨胀调整的原油价格现在与欧佩克成立之前一样。

情景二：两油"亏损"——不是一个人在战斗

日前，发改委陷入了与石化双雄关于炼油亏损数据的"掐架"。发改委披露的数据显示，炼油行业受全年原油价格整体高位运行影响，前9个月净亏损11.7亿元。稍后，中石油披露1—9月炼油亏损达到415亿元。在呐喊"亏损"这件事上，中石油决不是一个人在战斗。同日，中石化也披露1—9月炼油亏损246.10亿元。这场奇特的"罗生门"背后，空前地折射出"两油"只喊亏、不论赚的盈亏逻辑。

在所有"哭穷"伎俩中，公众最熟悉的莫过于关于炼油亏损的一套说辞。长期跟踪油价的人士发现，只要国际油价处于高位，两大油企在分析财务报表时总不忘"兜售"炼油板块巨亏的言论。

国内成品油不到位及国际原油价格过高，一直是对炼油亏损的"巨头版"解释。10月28日，中石油、中石化发布的三季度业绩报告故技重施，所谓炼油亏损加剧依旧是两巨头联袂出演的"苦肉戏"。尽管随后两大石油公司给出了自打耳光的解释，相差几十倍的"数差"还是赤裸裸地显示出算法玄机。

油价一波动必唱"油荒"

记者统计发现，2009年新的调价机制施行后，发改委共下调油价只有5次，上调了十几次，但几乎每次下调，两大石油公司都会使出各种手段逼宫阻挠。其中著名的一条手段就是不断高唱"油荒"。

不久前全国开征资源税后寥寥数日，"两桶油"便高调呼吁减收"暴利税"；针对民营加油站的柴油断供、限购，又发生在发改委下调成品油售价的半月之内，其时点之诡异耐人寻味。

国内"跌声"渐起时，"两油"为了阻挠下调油价必唱"油荒"；国内"涨势"一片时，"两油"又为了囤油卖出好价必唱"油荒"，意图推高油价。

专家观点——油荒七分是人为

在与"两油"掐断民营加油站供油的抗争之路上，中国商业联合会石油流通委员会会长赵友山算是先锋。近日万余家民营加油站无油可供的消息就是由他爆料的，他公开强调："油源是国家的，不是个人的，给了两大油企，扶植和发展民营企业是他们的责任，而不应该依仗垄断来制造油荒。"这就将矛头直指油荒的人为性。

三、寡头间的竞争

(一)折射需求曲线

1939年，美国的经济学家保罗·斯威齐提出了弯折的需求曲线模型，即斯威齐模型。这一模型分析的是竞争寡头之间的价格刚性现象，即当成本在一定范围内变化时，而产品的价格不变的现象。由于合作的不稳定，寡头厂商变动价格的后果又具有不确定性，寡头垄断厂商常常有稳定价格的强烈愿望，这就使得价格刚性成为寡头垄断行业的一个重要特征。

由于寡头厂商意识到相互依赖的关系，因此，当一个寡头厂商提价时，其竞争对手并不提价，以保持市场份额；但是当一个寡头厂商降价时，其竞争对手也降价，以避免市场份额减少。

如图 6-15，现有价格水平为 P_1，假定厂商 A 提高它的价格，其他厂商不会跟进，而会乘机占领市场，提价者销售量大幅度下降。这意味着 A 企业价格提高将导致更大幅度的销量下滑，即需求价格弹性大，需求曲线为 D_1 曲线 E 点以左部分。

如果厂商 A 降价，其他厂商也会跟进。相对于涨价，此时需求曲线价格弹性变小，即需求曲线变得更为陡峭，需求曲线不再沿着 D_1 继续向右运动，而是顺着 D_2 向下运动。

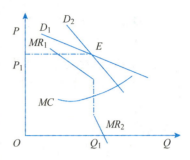

图 6-15　寡头厂商折断的需求曲线

厂商 A 的实际需求曲线是一条弯折的曲线，即 D_1ED_2 曲线，该曲线在现行价格水平上有一个"拐点"。相应地，对应于 D_1 需求曲线的边际收益曲线为 MR_1，边际成本曲线为 MC_1；对应于 D_2 需求曲线的边际收益曲线为 MR_2，边际成本曲线为 MC_2。同需求曲线的情况一样，边际收益曲线也由 MR_1 和 MR_2 的实线部分组成，于是就形成一条在 E 点处垂直间断的边际收益曲线。边际收益曲线的间断部分表明，寡头垄断者的产量和价格具有刚性，在边际成本 MC_1 和 MC_2 之间，即使成本有所变化，产量和价格也不会改变。只有当边际成本不处于 MC_1 和 MC_2 之间，产量和价格才会变化。

虽然折射需求曲线模型为寡头市场较为普遍的价格刚性现象提供了一种解释，但是该模型并没有说明具有刚性的价格，如图中的价格水平 P_1，是如何形成的。

(二)寡头博弈

在寡头市场上，厂商既相互勾结又相互欺瞒，他们经常考虑的是采取什么策略打败对手。经济学用博弈论来分析在价格、产量、广告、研发等方面竞争(即非合作)寡头的策略。1994 年，三位经济学家因在非合作寡头的博弈分析中做出了开创性贡献，同时获得诺贝尔经济学奖；1996 年，两位经济学家因在博弈论应用方面同时获得诺贝尔经济学奖。同一领域五位学者获奖，这是史无前例的，注重相互关系分析的博弈论引起经济学的又一次革命，博弈论正在重构经济学的基础并将成为经济学的主流。

◎**专题 6-14　纳什和他的"纳什均衡"**

约翰·福布斯·纳什 1948 年作为年轻数学博士生进入普林斯顿大学，其研究成果见于题为《非合作博弈》(1950)的博士论文。该博士论文导致了《n 人博弈中的均衡点》(1950)和题为《非合作博弈》(1951)两篇论文的发表。纳什在上述论文中，介绍了合作博弈与非合作博弈的区别。他对非合作博弈的最重要贡献是阐明了包含任意人数局中人和任意偏好的一种通用解概念，也就是不限于两人零和博弈。该解概念后来被称为纳什均衡。

假设有 n 个局中人参与博弈，给定其他人策略的条件下，每个局中人选择自己的最优策略(个人最优策略可能依赖于也可能不依赖于他人的战略)，从而使自己利益最大化。所有局中人策略构成一个策略组合。纳什均衡指的是这样一种战略组合，这种策略组合由所有参与人最优策略组成。即在给定别人策略的情况下，没有人有足够理由打破这种均衡。纳什均衡，从实质上说，是一种非合作博弈状态。

纳什均衡达成时，并不意味着博弈双方都处于不动的状态，在顺序博弈中这个均衡是在博弈者连续的动作与反应中达成的。纳什均衡也不意味着博弈双方达到一个整体最优状态。

1. 囚徒困境

博弈分析的原始模型是"囚徒困境"。有两个犯罪嫌疑人，因偷窃被抓并且被怀疑犯有杀人罪。A、B各自选择坦白或抗拒的结果如表6-3，数字表示刑期，如-8表示8年刑期，0表示免于刑责。尽管事先订立了攻守同盟，而且都保持沉默是最有利的(各判刑一年)，但唯有坦白符合个人理性判断。结果，都坦白构成(-8，-8)纳什均衡，如表6-3。

纳什均衡是这样一个均衡状态，如果其他参与均不改变各自的最优策略，任何一个参与者都不会改变自己的最优策略。"囚徒困境"可以用来解释企业之间在产量、价格、市场等方面的竞争关系。

表6-3　囚徒困境模型

A 囚犯 B 囚犯	坦白	抗拒
坦白	-8　　-8	-10　　0
抗拒	0　　-10	-1　　-1

◎ **专题6-15　用"囚徒困境"原理对寡头勾结的分析**

现在，我们可以利用"囚徒困境"来对寡头勾结的不稳定进行分析。设有两个寡头厂商A和B，就产品的产量和价格进行勾结。由于利益的驱使，他们又彼此不信任，都有机会主义的思维，即如果厂商单方面提高产量，将获得更多的利益。假设厂商"高"产量和"低"产量选择的获利情况如表6-4，你能进行简单的博弈分析吗？

表6-4　寡头厂商产量博弈

A 厂商 B 厂商	高产量	低产量
高产量	A 获利 200 万元 B 获利 200 万元	A 获利 100 万元 B 获利 500 万元
低产量	A 获利 500 万元 B 获利 100 万元	A 获利 400 万元 B 获利 400 万元

结论：很显然，不论厂商A做出什么样的选择，厂商B都会认为选择高产量是合理的：高产量B获利为200万或500万元，而低产量B获利为100万或400万元。同样，不论厂商B做出什么样的选择，厂商A部都认为选择高产量是合理的。

2. 懦夫博弈

懦夫博弈译自 Chicken Game，Chicken 在美国口语中是"懦夫"之意。将 Chicken Game 译作斗鸡博弈，其实是一种误译。两人过独木桥，进则两败俱伤，退则一无所获。两个寡头厂商都会避免两败俱伤(-3，-3)或一无所获(0，0)，过独木桥的两个寡头厂商会有两个纳什均衡(2，0)(0，2)，敌进我退，敌退我进。究竟哪个纳什均衡会发生，取决于谁先采取行动(先动优势)。为了使对方不采取行动，寡头厂商会威胁对方，但这种威胁是不可信的，即"不可置信的威胁"。寡头厂商总是千方百计让对方相信自己传递的信息。

◎**专题 6-16　懦夫博弈**

懦夫博弈在生活中也是普遍存在的，你能列举出一些吗？

一个简单的例子就是，在公路上发生了交通事故，一个无赖和一个书生进行理论，由于时间成本不一样，斗鸡博弈是很容易产生的，最后的结果往往是一个：秀才遇到兵，有理说不清。这样的例子充斥在社会中，往往没有无理取闹的人、发疯闹事的人在发生纠纷以后更容易震慑住理性的人。

在大学里面，经常要进行团队合作，往往对考试成绩不在乎并表示"鱼死网破"的同学可以轻松地获得搭便车的机会，因为重视学习、重视成绩的人在团队中更没有理由地把作业做好。

综合上面的例子，如表6-5所示，懦夫博弈在很大程度上强调了一种"机会成本"的概念，一个有更多机会成本丧失的人往往表现得更加理性，更加拘束，更加患得患失，而几乎没有什么机会成本的人往往在生活中更加肆无忌惮。

表6-5　寡头厂商"懦夫博弈"

B厂商 A厂商	进	退
进	A -3　B -3	A 2　B 0
退	A 0　B 2	A 0　B 0

3. 智猪博弈

猪圈有一大一小两头猪，食槽和开关分别在两边，按一下会有10个单位的猪食。不管谁按，成本为-2，同时去按，成本为-4=-2-2。有下面四种情况：

（1）同时按，减去成本后，大小猪得到5和1。

（2）同时等待，大小猪得到0和0。

（3）大猪按，大小猪得到4和4。

（4）小猪按，大小猪得到9和-1。

小猪会按吗？"按"的收益为1或-1，"等待"的收益为4或0，聪明的小猪当然选择等待。大猪如何选择？"按"的收益为5或4，"等待"的收益为9或0，他面临收益性和安全性之间的两难选择："按"的收益为5或4，较安全，但收益不太高；"等待"的收益为9或0，收益高（9）但风险大（0）。他会犹豫。但是，一旦他知道小猪选择等待后，他会无奈地、责无旁贷地选择按。所以，"纳什均衡"为大猪按、小猪等待（4，4）。

◎**专题 6-17　智猪博弈**

"智猪博弈"在经济生活中有着广泛的应用。你能自己列举出一些吗？

"智猪博弈"故事给了竞争中的弱者（小猪）以等待为最佳策略的启发。在小企业经营中，学会如何"搭便车"是一个精明的职业经理人最为基本的素质。在某些时候，如果能够注意等待，让其他大的企业首先开发市场，是一种明智的选择。有所不为才能有所为！

　　高明的管理者善于利用各种有利的条件来为自己服务。"搭便车"实际上是提供给职业经理人面对每一项花费的另一种选择，对它的留意和研究可以给企业节省很多不必要的费用，从而使企业的管理和发展走上一个新的台阶。这种现象在经济生活中十分常见，却很少为小企业的经理人所熟识。

　　类似的现象如：大股东监督经理，小股东搭便车；大企业搞研发培育市场、做广告，小企业模仿；有钱人出资修路建桥，公众受益……

（三）寡头厂商产品和广告竞争

　　寡头垄断者在价格和产量上达成协议或形成默契以后，削价和变动产量都会被指责为"不道德的行为"。因此，寡头垄断者的竞争更多地表现在产品本身和广告宣传上。

1. 产品竞争

　　寡头厂商的产品竞争主要体现在产品差异上。研究表明，产品差异度越小，寡头厂商的博弈平均价格就越低；反之，则价格更高。

◎ 专题6-18　寡头厂商产品差异化

　　我们来看一个寡头厂商产品差异化的实例，就是汽车生产中的"马力比赛"。20世纪50年代和60年代，美国汽车在长些、宽些、重些上发展。马力在不断增加，每公里耗油指标在下降，不断出现了新的特点，如增加了自动变速、中央控制锁、驾驶方向盘助力等。同时期，欧洲的厂商则更美洲汽车的经济性。20世纪70年代，石油危机后，美国人购买由欧洲进口的小些和经济些的汽车。进口增长很快，当进口达到几十万辆时，美国的汽车制造者便敲起警钟，走起回头路来，搞他们自己的"紧凑的"车型。最终，与其说是国内的竞争，不如说是国外的竞争，把车体不断加大和价格不断提高的趋势限制住了。美国的紧凑车型，同外国汽车比，还是较大，购买和使用都费钱。从1974年原油和汽油价格大涨之后，购买者不得不认真考虑使用费用。外国汽车以油耗低继续增加在美同市场上的售量，英国汽车制造者相应地又展开了"再小巧""再再小巧"工作，并以减轻车重、改变引擎设计来改进每公里耗油指标。

2. 广告竞争

　　寡头厂商的产品广告不仅仅是信息广告，更是引导需求的广告。它们给消费者的信息是：使用我们的产品便意味着与美女、俊男、时尚、奢华相关联系，便意味着一种生活方式。

　　广告常被作为一种投资。年复一年的广告可建立某种市场地位，享有一种"商誉"。短期中，如果公司停止广告，这个牌子的商品还继续有好销路。但是，长期中，积累起来的"商誉"会有某种程度的衰颓。所以、某种程度的"防御性的广告"是必要的、以使维持其市场份额。

　　厂商当然也希望通过广告创造需求。吉利汽车广告的目的是提高对吉利汽车的需求。但是，需求从何而来呢？因为消费者收入依旧，它可能全是来自对其他产品消费的减少，与其说是影响需求的增加，不如说是影响需求的变动。当然，有可能由于汽车广告对公众的强烈影响，而提高公众对汽车总的需求。广告创造需求，只有在消费者总的收入提高和储蓄部分减少，从而公众总的说更渴望购买物品的情况下才有可能。

一个寡头垄断者从试图通过广告，向右移动他的需求曲线。他可能成功，也可能不成功，因为他的对手也在做这个努力。如果一个公司的广告部，想出一个特别聪明的口号，可能会暂时获得好的销路。但是，过些时间，广告的竞争运动会使它们互相抵消，结果使每个公司的需求曲线一如既往。不过，每家的费用因广告费而更加增高了。

广告也有某种"军备竞赛"的味道。在各竞争者和大企业经理之间，还有互相较量的平行现象，每个公司密切注视其他公司。如果吉利汽车司多拨出一些钱搞广告，长城汽车和长安汽车公司就感到也非如此做不可。

看来，广告竞争很可能发展到失去理件的地步，寡头垄断者最好是协商一致，如全面裁军，以减少广告预算，节省开支。至于合作能否实现，就是另外一回事了。

"广告竞赛"还有另一个功用，就是防范新厂商的进入。进入障碍越高，已确立的生产者就能把价格提得越高些，所得利润也就越多些；这可能是集团广告开支水平显著高于"一般生产者水平的根据。

根据有关人士对美国的研究，在41个产业中，仅就其中8个看，广告费占总销售额的比重分别是：化妆品15%、食品10%、药品10%、肥皂9%、啤酒类饮料7%、果汁饮料6%、香烟5%、酒类5%。不过，汽车工业广告费用的绝对值名列前茅，只是销售额大，比率低。

◎ **专题6-19　奥运会运动员的着装**

穿着"恒源祥"在开幕式上亮相，然后穿着"安踏"进入赛场，然后脱掉"安踏"、露出"李宁"或者"阿迪达斯"或者"耐克"进行比赛，然后再穿着"安踏"上台领奖。伦敦奥运会上，中国运动员在竞赛，赞助商也在"夺金"。这只是比赛时有机会"露脸"的，更多的赞助商在镜头外，竞争的激烈程度毫不逊色。

4年一届的夏季奥运会已经变成了一场愈演愈烈的商业争夺战。赛场内外、运动员身上，每一寸空间都被精明的赞助商挖掘到了极致。奥运金牌大户中国队，自然是商家眼中的"金牌合作对象"。

除了本土赞助商外，国际知名运动品牌依然活跃。阿迪达斯赞助了中国男女足球队、中国男女排球队、中国男女跆拳道队、中国男女击剑队、中国拳击队(包括男子、女子和青年队)、中国男女柔道队等13支运动队。另外，中国国家篮球队、举重队、摔跤队、田径队、网球队、射箭队和沙滩排球队等7支中国军团，将穿着耐克公司赞助的运动装备出场比赛。此外，耐克还与刘翔、李娜等明星运动员签署了赞助协议，专门为他们设计竞赛装备。随着李娜在第一轮比赛的早早出局，对其寄予厚望的赞助商恐怕很难高兴起来。

不过，他们还不是最郁闷的。每届奥运会，都有一些未获得奥运最终参赛资格的队伍，比如本届奥运会的中国男女足、男排、男网、男子曲棍球，他们的赞助商便无缘在奥运会上露脸。

任务六　不同市场类型的经济效率比较

经济效率是指利用经济资源的有效性；不同市场类型的经济效率是不一样的。西方经济学通过对不同市场条件下的厂商长期均衡的分析得出结论：市场竞争的程度越高，则经济效率越高；市场垄断程度越高，则经济效率越低。完全竞争市场的经济效率最高，垄断竞争市场经济效率较高，寡头市场经济效率较低，垄断市场的经济效率最低。

一、价格和产量的比较

（一）完全竞争市场

厂商的需求曲线是一条水平线，且厂商的长期利润为零。在完全竞争厂商长期均衡时，水平的需求曲线相切于 LAC 曲线最低点，表明了产品均衡价格最低和产品的均衡产量最高，且生产的平均成本最低。

（二）垄断竞争市场

厂商的长期利润为零。在垄断竞争长期均衡时，向右下方倾斜的、相对比较平坦的需求曲线相切于 LAC 曲线的最低点的左边，表明了产品均衡价格比较低和产品的均衡数量比较高，且生产的平均成本较低，企业存在着多余生产能力。

（三）完全垄断市场

厂商在长期内可获得利润。在垄断厂商的长期均衡时，向右下方倾斜的、相对比较陡峭的器需求曲线与 LAC 曲线相交，表明了产品的均衡价格最高和产品的均衡数量最低，且生产的平均成本最高。若垄断厂商放弃一些利润，价格可下降一些，产量便可增加一些。

（四）寡头垄断市场

厂商的需求曲线不太确定。一般认为，寡头市场是与垄断市场比较接近的市场组织，在长期均衡时，寡头厂商的产品的均衡价格比较高，产品的均衡数量比较低。

二、价格和成本比较

西方经济学认为，某个行业在长期均衡时是否实现了"价格等于长期边际成本"，即 $P = LMC$，也是判断该行业是否实现了有效的资源配置的一个条件。商品的市场价格 P 通常被看成是商品的边际社会价值，商品的长期边际成本 LMC 通常被看成是商品的边际社会成本。当 $P = LMC$ 时，商品的边际社会价值等于商品的边际社会成本，它表示资源在该行业得到了最有效的配置。倘若不是这样，当 $P > LMC$ 时，商品的边际社会价值大于商品的边际社会成本。它表示相对于该商品的需求而言，该商品的供给是不足的，应该有更多的资源投入该商品的生产中来，以使这种商品的供给增加，价格下降，最后使该商品的边际社会价值等于商品的边际社会成本，这样，社会的境况就会变得好一些。

在完全竞争市场，在厂商长期均衡点上有 $P = LAC = LMC$，表明资源在该行业得到了有效的配置。在垄断竞争市场，在厂商长期均衡点上有 $P = LAC > LMC$，它表示资源在行业生产中的配置是不足的。在垄断市场，在厂商长期均衡点上有 $P > LAC > LMC$，它表示资源在行业生产中的配置严重不足。

《 课 后 训 练 》

(一)

一、单项选择题

1. 在完全竞争市场中,成本不变行业的长期供给曲线取决于(   )。
   A. SAC 曲线最低点的轨迹 　　　　　　B. SMC 曲线最低点的轨迹
   C. LAC 曲线最低点的轨迹 　　　　　　D. LMC 曲线最低点的轨迹

2. 在 $MR=MC$ 的均衡产量上,企业(   )。
   A. 必然得到最大利润 　　　　　　　　　B. 不可能亏损
   C. 必然获得最小的亏损 　　　　　　　　D. 若有利润,则利润最大;若有亏损,则亏损最小

3. 如果在厂商的短期均衡产量上, AR 小于 SAC ,但大于 AVC ,则厂商(   )。
   A. 亏损,立即停产 　　　　　　　　　　B. 亏损,但继续生产
   C. 亏损,生产或不生产都可以 　　　　　D. 获得正常利润,继续生产

4. 在厂商的停止营业点上,应该有(   )。
   A. $AR=AVC$ 　　　　　　　　　　　　B. 总亏损等于 TFC
   C. $P=AVC$ 　　　　　　　　　　　　　D. 以上说法都对

5. 完全竞争厂商的短期供给曲线应该是(   )。
   A. SMC 曲线上超过停止营业点的部分
   B. SMC 曲线上超过收支相抵点的部分
   C. SMC 曲线上停止营业点和超过停止营业点以上的部分
   D. SMC 曲线上收支相抵点和超过收支相抵点以上的部分

6. 在完全竞争厂商的长期均衡产量上必然有(   )。
   A. $MR=LMC\neq SMC$,其中 $MR=AR=P$
   B. $MR=LMC=SMC\neq LAC$,其中 $MR=AR=P$
   C. $MR=LMC=SMC=LAC\neq SAC$,其中 $MR=AR=P$
   D. $MR=LMC=SMC=LAC=SAC$,其中 $MR=AR=P$

7. 当一个完全竞争行业实现长期均衡时,每个企业(   )。
   A. 都实现了正常利润 　　　　　　　　　B. 利润都为零
   C. 行业中没有任何厂商再进出 　　　　　D. 以上说法都对

8. 某完全竞争行业的价格和供给量在长期内呈同方向变动,则该行业的长期供给曲线呈(   )。
   A. 水平的 　　　　　　　　　　　　　　B. 向右下方倾斜的
   C. 向右上方倾斜的 　　　　　　　　　　D. 向后弯曲的

二、多项选择题

1. 在完全竞争市场,厂商短期内继续生产的最低条件是(   )。
   A. $AC=AR$ 　　　　　　　　　　　　　B. $AVC<AR$
   C. $AVC=AR$ 　　　　　　　　　　　　D. $MC=MR$

2. 在完全竞争市场上，厂商在短期内的供给曲线向上倾斜的原因是(　　)。
    A. 产量越大，总成本越大　　　　　B. 产量越大，平均成本越大
    C. 产量越大，边际成本越大　　　　D. 边际产量递减规律

3. 在一个完全竞争市场上，超额利润的存在将导致(　　)。
    A. 单个厂商的产量增加　　　　　　B. 单个厂商的产量减少
    C. 单个厂商的产量不变　　　　　　D. 行业的产量增加

4. 在完全竞争的条件下，市场价格处于厂商的平均成本的最低点，则厂商将(　　)。
    A. 获得最大利润　　　　　　　　　B. 不能获得最大利润
    C. 亏损　　　　　　　　　　　　　D. 获得正常利润

5. 下列比较接近完全竞争市场有(　　)。
    A. 汽车市场　　　　　　　　　　　B. 发达的证券市场
    C. 农产品市场　　　　　　　　　　D. 钢铁市场

6. 完全竞争厂商实现短期均衡时，可能(　　)。
    A. 获得最大利润　　B. 利润为零　　　C. 出现亏损　　　D. 取得正常利润

7. 在完全竞争市场上，厂商短期均衡条件是(　　)。
    A. $P=AC$　　　　B. $MC=MR$　　　C. $P=MC$　　　　D. $P=AVC$

8. 当一个完全竞争行业实现长期均衡时，每个企业(　　)。
    A. 都实现了正常利润　　　　　　　B. 利润都为零
    C. 行业中没有任何厂商再进出　　　D. 利润可以大于零

三、判断题

1. 完全竞争厂商短期生产者剩余等于利润与固定成本之和。　　　　　　(　　)
2. 当市场价格小于短期平均可变成本时，厂商一定会停止生产。　　　　(　　)
3. 当市场价格等于短期平均可变成本的最低点时，厂商的获得完全的正常利润。(　　)
4. 完全竞争市场的短期供给曲线是不存在的。　　　　　　　　　　　　(　　)
5. 完全竞争市场中某厂商以低于市场均衡价格的价格出售产品将获得经济利润。(　　)
6. 如果行业中每个企业都处于长期均衡状态，整个行业不一定处于长期均衡。(　　)
7. 如果企业和行业都处于长期均衡，它们不一定处于短期均衡。　　　　(　　)
8. 完全竞争厂商的瞬时供给曲线是垂直的，行业的瞬时供给曲线向右上方倾斜。(　　)

四、计算题

1. 某完全竞争的成本固定不变行业包含多家厂商，每家的长期总成本函数为 $LTC = 0.1q^3-4q^2+50q$(q 是厂商年产量)。产品的市场需求函数是 $Q=9\,000-100P$(Q 是该行业年销售量，P 是产品价格)。
    (1) 计算厂商长期平均成本为最小时的产量和销售价格。
    (2) 求该行业的长期均衡产量。
    (3) 该行业长期均衡时有多少家厂商？

2. 假设某完全竞争行业有 100 个相同的厂商。每个厂商的成本函数为 $TC=0.1q^2+q+10$。求：
    (1) 市场供给函数。

（2）假设市场需求函数为 $Q_D = 4\,000-400P$，求市场的均衡价格和产量。

（3）假定对每单位产品征收 0.9 元的税，新的市场均衡价格和产量又为多少？厂商和消费者的税收负担各为多少？

3. 某一行业中有大量的厂商，每一厂商的成本函数为：$TC = 36+8q+q^2$；行业为完全竞争的市场结构。

（1）计算每个厂商的边际成本、平均成本、平均可变成本以及每个厂商的短期供给曲线。

（2）假定行业的需求曲线为：$P = 32-Q/50$，其中 P 为该商品的价格，Q 为行业供给量。假定行业中有 100 厂商，试计算行业市场的出清价格和数量。

（3）该行业是否处于长期均衡？

（二）

一、单项选择题

1. 在垄断竞争市场上，厂商长期均衡的条件是（   ）。

　　A. $MR = MC$ 　　　　　　　　　　　B. $MR = MC$，$AR = AC$

　　C. $AR = AC$ 　　　　　　　　　　　D. $MR = AR$

2. 一个垄断竞争企业面对的需求曲线是（   ）。

　　A. 水平的　　　　　B. 垂直的　　　　　C. 向上倾斜的　　　　D. 向下倾斜的

3. 完全竞争与垄断竞争的区别是（   ）。

　　A. 完全竞争行业中的厂商数量比垄断竞争行业的厂商数量多

　　B. 完全竞争厂商的需求曲线是水平的，而垄断竞争的需求曲线是向右下倾斜的

　　C. 如果某一行业中有不止一家企业且生产同质的商品，则该市场就是完全竞争的

　　D. 上述说法都不正确

4. 垄断竞争企业实现最大利润的途径有（   ）。

　　A. 调整价格从而确定相应产量　　　　B. 质量竞争

　　C. 广告竞争　　　　　　　　　　　　D. 以上途径都可以

5. 垄断厂商长期均衡的条件是（   ）。

　　A. $MR = LAC = SAC$ 　　　　　　　B. $MR = LMC = SMC$，$AC = LAC = SMC$

　　C. $MR = SMC$ 　　　　　　　　　　D. $MR = P$

6. 垄断竞争与寡头的区别在于（   ）。

　　A. 在垄断竞争中，无须考虑其竞争对手的反应

　　B. 寡头是不完全竞争的一种形式

　　C. 在垄断竞争中，企业面对的需求曲线是向下倾斜的

　　D. 在寡头市场，价格高于边际成本

7. 假定市场上只有两家寡头厂商生产和销售相同的产品，该种产品的市场最大容量是 1 500 单位，根据古诺模型的结论可知这两家厂商的均衡产量是（   ）。

　　A. 300 单位　　　　　B. 400 单位　　　　　C. 500 单位　　　　　D. 600 单位。

8. （   ）不是价格歧视的前提条件。

　　A. 卖方必须拥有一定的垄断能力　　　　B. 商品必须是耐用品

　　C. 消费者具有不同偏好　　　　　　　　D. 不同消费者群体所在的市场能够被分割开来

二、多项选择题

1. 关于寡头垄断中的所有价格领导模型假定，下列说法不正确的是(　　)。
   A. 产品是同质的
   B. 某个厂商有能力支配其他厂商跟着他的导向走
   C. 最低成本的厂商决定价格
   D. 产出最大的厂商决定价格

2. 形成完全垄断的条件包括(　　)。
   A. 政府借助于政权对某一行业进行完全垄断
   B. 政府特许的私人完全垄断
   C. 某些厂商控制了某些特殊的自然资源或矿藏，从而就能用这些资源和矿藏生产的产品实行完全垄断
   D. 对生产某些产品的特殊技术的控制

3. 假如某厂商处在垄断竞争的市场中，下列说法错误的是(　　)。
   A. 该厂商面对的需求曲线的弹性无限大
   B. 该厂商生产的商品没有替代品
   C. 该厂商的需求曲线向下倾斜
   D. 该厂商的需求曲线向上倾斜

4. 寡头企业通过实行价格歧视的定价方法剥夺消费者剩余，具体说来价格歧视包括(　　)。
   A. 一级价格歧视
   B. 二级价格歧视
   C. 三级价格歧视
   D. 差别定价

5. 下列属于垄断竞争的特征有(　　)。
   A. 行业有大量企业
   B. 自由进入
   C. 企业之间的产品无任何差别
   D. 行业只有一家厂商

6. 下列关于寡头市场陈述正确的是(　　)。
   A. 所有寡头垄断模型都假设厂商们考虑他自己的行动对其他厂商的定价和产出决策所产生的影响
   B. 主导厂商价格领导模型假设，主导厂商允许小企业按照主导厂商定的价格出售他们希望出售的所有产品
   C. 过剩的生产能力可以作为一种进入市场的障碍而起作用
   D. 按照折弯需求曲线理论，行业中厂商假设价格升高不会导致其他厂商提高价格，但当降低价格时将导致其他厂商降低价格

7. 以下是有效实行价格歧视的条件有(　　)。
   A. 市场上对同种产品的需求价格弹性是不同的
   B. 市场存在不完善性
   C. 无弹性的总需求
   D. 能有效分割市场。

8. 长期均衡处于零利润的是(　　)。
   A. 完全竞争行业
   B. 垄断竞争的厂商
   C. 卡特尔
   D. 完全垄断的

三、判断题

1. 垄断厂商面临的需求曲线就是行业需求曲线。　　　　　　　　　　(　　)
2. 如果厂商面临的需求曲线是下降的，则这个市场必定是完全垄断市场。(　　)

3. 垄断厂商的边际收益总是大于边际成本。 （ ）

4. 差别定价是按边际成本的差异销售不同的价格。 （ ）

5. 垄断厂商实现利润最大化的条件不符合边际收益等于边际成本这条规则。 （ ）

6. 一个垄断者在两个地区市场上以差别定价进行销售，他将选择需求弹性大的市场销售更多的产品。 （ ）

7. 垄断竞争市场中存在过剩生产力是消费者为追求产品差别而付出的代价。 （ ）

8. 寡头厂商生产的产品必然是有差别的，即使没有质上的差别，也会有包装、商标上的差别。 （ ）

四、简答题

1. 为什么对垄断企业来说，边际收益总是小于价格？

2. 垄断竞争市场与寡头市场的相同点与不同点分别是什么？

3. 在一个支配厂商的价格领先模型中，除支配厂商外请评论其他厂商的行为与完全竞争厂商的行为是否一样。为什么这些厂商愿意跟着支配厂商定价？

七、计算题

1. 某垄断厂商在两个分割的市场上可以实行价格歧视，在两个市场上厂商面临的需求曲线分别为：$Q_1 = a_1 - b_1 p_1$ $Q_2 = a_2 - b_2 p_2$。

如果厂商的边际成本为常数 C。试证明该垄断厂商无论实行价格歧视还是不实行价格歧视，产出水平总量都是相同的。

2. 双头寡头垄断企业的成本函数分别为：$C_1 = 10Q_1$，$C_2 = Q_2^2$ 市场需求曲线为 $P = 100 - 2Q$，其中 $Q = Q_1 + Q_2$，试求出古诺均衡情况下的产量、价格以及利润。

3. 某公司面对以下两段需求曲线：$P = 25 - 0.25Q$（当产量为 0~20 时） $P = 35 - 0.75Q$（当产量超过 20 时）公司总成本函数为：$TC_1 = 200 + 5Q + 0.25Q^2$。

（1）说明该公司所属行业的市场结构是什么类型？

（2）公司的最优价格和产量是多少？这时利润（亏损）多大？

（3）如果成本函数改为 $TC_2 = 200 + 8Q + 0.25Q^2$，最优价格和产量是多少？

4. 一个实行支配型价格领导的寡头垄断行业中，行业的需求函数为 $P = 300 - Q$，这里，P 是支配厂商制定的能为其他厂商接受的产品价格，Q 是总需求量，其他厂商的总供给量为 $Q_1 = 49P$。支配厂商的边际成本是 $2.96Q_2$，Q_2 是该厂产量。问：若该厂商想达到利润最大，应生产多少？产品价格应为多少？在这一价格上整个行业的产量将是多少？

均衡生产要素

学习目标

知识目标：了解土地、劳动、资本、企业家才能四大生产要素及对应的地租、工资、利息、利润，理解生产要素的价格是由供求关系决定的，掌握衡量收入分配平等程度的方法以及收入调节的政策。

能力目标：理解西方经济学对利润、利息的定义。能将利润被看成是企业家才能的报酬，资本所有者的收益即利息。能分析产品市场与要素市场的区别与联系。

素质目标：通情达理，认真学习用生产要素理论、概念、规律、原理，养成分析收入分配和公平等问题的习惯。

思政目标：自觉投入现实社会之中，适应改革开放、市场经济的形势，将爱国热情融入中华民族伟大复兴的征程中，运用生产要素市场规律主动分析求要素市场，谋求市场均衡或者谋求更高水准的均衡；感悟创新、创业的艰辛。

《 任 务 布 置 》

任务1：张敏是一部门主管，节日将至单位分配给张英所在的部门10万元节日费用。有人说每人平均分配1万元；有人说在本部门中张敏主管的贡献较大，应分配5万元，其余的5万元平均分配给剩下的8位下属；还有人说此费用是由张英一个争取来的，给她一个人，大家也没有多大的意见。

对此要求做出回应：

1. 根据上述三个方案分别画出洛伦兹曲线。
2. 计算出三个方案的基尼系数。
3. 并说明哪个方案最好，并说明理由。

任务2：某人继承了一家农场，他或者自己从事农场经营，或者将农场出卖。如果他在因管理农场获得5 000元的年收入之后其投资的年收益率超过8%，那么他乐于自己经营农场。现假设他经营农场的生产函数为 $Q = 20.5L^{0.5}K^{0.25}M^{0.125}$，其中，$Q$ 为谷物的年产出吨数，L 为雇用工人的劳动星期数，K 为在资本要素上的年支出，M 为在原材料上的年支出。单位劳动周工资率为256元，谷物售价为每吨128元。

问该人愿意出售农场的最低价格为多少？

任务3：一垄断者只使用一种可变的投入要素 X 去生产单一产品。该可变要素的价格为 $P_X = 5$，产品需求函数和生产函数分别为 $P = 85 - 3Q$，$Q = 2\sqrt{x}$。

问该垄断者利润极大时使用的 X，产品数量和产品价格。

任务4：设某垄断者的需求函数为：$P = 80 - 5Q$（P 为价格，Q 为产量）。生产函数 $Q = \sqrt{Y}$，产品 Q 是用一种生产要素 Y 生产的。生产要素价格是按固定价格 $r = 5$ 购买的。

试计算该垄断者利润极大时的价格、产量、生产要素及利润的值。

任务一　收入和贫富分化

一、收入与财富

收入指的是居民或家庭在一定时期（通常为一年）内的全部收入，包括薪酬所得、财产收入以及政府转移支付。

大部分收入来自要素市场，并以工资、利润、租金和利息等形式分配给生产要素的所有者。例如，某人有来自劳动的工资，又从储蓄中得到利息，从持有的公司股份中收取红利，从房产中收取租金。大多数家庭的收入主要来自工资和薪金，部分富人的收入则主要来自财产收益。

◎**专题7-1　收入分配与贫富分化**

反映财富分布公平状况的是基尼系数。据国家统计局的数据，1978 年中国的基尼系数为 0.317，自 2000 年开始越过 0.4 的警戒线，并逐年上升，2004 年超过了 0.465。此后，国家统计局不再公布国内的基尼系数。此后的基尼系数大都是经济学者的估计。中国社科院一份报告称，2006 年中国的基尼系数已经达到了 0.496。发改委社会发展研究所所长杨宜勇说，基尼系数超过 0.49 的国家不超过十个，中国是其中的一个，其他的就是一些非洲与拉丁美洲的国家。2010 年，新华社两位研究员判断我国的基尼系数实际上已超过了 0.5。

另一方面，劳动报酬占 GDP 的比重是大幅度下降了。根据省际收入法 GDP 构成数据，我国劳动者报酬占 GDP 的比重 1990 年为 53.4%，1995 年为 52.8%，2000 年为 51.4%，2006 年为 40.61%，2007 年为 39.74%。2000 年到 2007 年，劳动报酬占比下降了 11.66 个百分点，其中，2004 年，国家统计局把个体经营业主的收入从劳动报酬转为营业利润，然而，这并未改变 2004 年之前劳动报酬比重不断下降，2004 年之后劳动报酬比重仍下降的总体趋势。

2007 年，我国包括农业主收入在内的劳动报酬占比 39.74%，同期美国劳动报酬占比为 55.81%，英国 54.5%，瑞士 62.4%，德国为 48.8%，南非为 68.25%。2006 年，韩国劳动报酬占比为 45.4%，俄罗斯 44.55%，巴西为 40.91%，印度为 28.07%。

从国际比较可以看出，随着经济发展水平的提高，劳动报酬份额不断增加，到一定阶段后趋于相对稳定。美国、加拿大、英国等一些发达国家的数据表明，在与我国现有产业结构相似时期，劳动者报酬与业主收入相加，在业主收入占 GDP 比重快速下降的情况下，劳动报酬与业主收入两个账户总和占 GDP 比重仍快速提高。例如：1920—1929 年，美国劳动报酬和业主收入总和占国民净收入的比重为 78.1%，1950—1954 年这一比重增加为82.1%，1980—1984 年为 81.8%，其中劳动报酬比重由 1920—1929 年的 60.5% 上升到1980—1984 年的 74.3%，而业主收入比重由 1920—1929 年的 60.5% 和 17.6% 下降到1980—1984 年的 7.5%。

多年来，我国包括农户收入在内的劳动报酬比重不断降低，更说明了我国非农劳动者劳动报酬在 GDP 中的比重下降幅度较大。此外，工资总额是劳动报酬的重要组成部分，我国职工工资总额占 GDP 比重由 1995 年的 13.32% 下降到 2008 年的 11.21%，城镇单位就业人员劳动报酬占 GDP 比重也由 1995 年的 13.6% 下降到 2008 年的 11.7%。说明我国劳动报酬比重的确在较短时间内快速下降了。

而且，劳动报酬总量占 GDP 的比重下降，还不足以说明普通职工收入的变动状况。如果与 20 世纪 90 年代初期相比，还应考虑劳动报酬的结构性变化。90 年代初机关事业单位与企业工资差别不大。90 年代中后期以来，国有行政性垄断行业职工工资增长过快，行业平均工资差距不断。

人社部劳动工资研究所副所长杨黎明认为，行业、企业间工资差距扩大。2010 年平均工资最高与最低行业的收入比为 4.2∶1。20 世纪 80 年代，我国行业间工资收入差距基本保持在 1.6~1.8 倍左右。世界上多数国家行业间差距在 1.5~2 倍左右。行业工资如此，企业间工资差距更大。2010 年调查上海某银行员工工资及奖金人均为 29.66 万元，员工的其他福利人均 6.08 万元，合计 35.75 万元，是当年城镇单位企业在岗职工平均工资的10 倍。2010 年，城乡居民家庭人均可支配收入比达 3.23∶1。1990 年，这一比例为2.2∶1。世界上多数国家这一比例在 1.6∶1 以下。

此外，很多人尤其是靠社会保险生活的退休人员，从政府那里得到转移支付。政府通过税收和其他收费征收了国民收入的很大一部分，其中有一部分用于转移支付。转移支付是政府对个人不需要用商品或服务作为回报的直接支付。

公众将收入积累，或者沉淀下来，就形成了财富。财富是人们在某一时间点上所拥有资产额，如房屋、土地、现金、储蓄、有价证券等。大部分家庭最重要的一项资产是住宅，大多数家庭都以储蓄或有价证券等形式持有一定数量的金融资产。收入分配与财富分布，事关公平、社会和谐与安定，具有重要的意义。

二、收入分配与基尼系数

基尼系数为意大利经济学家基尼于 1912 年提出，用于定量测居民收入分配差异程度。

假设有全国有 100 个居民（或家庭），先将其按收入由低到高排序，从最贫穷的人口开始，计算各人口百分比对应的收入百分比（如累计最贫穷的 20% 人口占有的收入百分比，累计最贫穷的 40% 人口占有的收入百分比，直至 100% 的人口占有的收入百分比），在图中描出这些数据点，如图 7-1，图中横轴 OH 表示人口（按收入由低到高分组）的累积百分比，纵轴

OM 表示收入的累积百分比，将这些点(如 E_1、E_2、E_3、E_4 等)连成曲线，我们就得到了著名和洛伦兹曲线 OL。用洛伦兹曲线 OL 与 45 度直线 OL 围成的区域 A 的面积除以三角形 OHL 的面积，得到的商就是基尼系数。

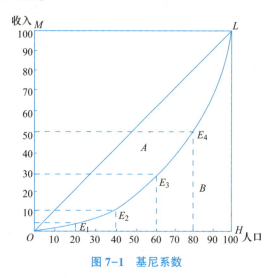

图 7-1　基尼系数

◎ **专题 7-2　洛伦兹曲线**

你知道收入分配绝对平等和绝对不平等时洛伦兹曲线的形态吗？

很显然，洛伦兹曲线弯曲程度越大，收入分配越不平等，反之亦然。特别是，如果所有收入都集中在一人手中，而其余人口均一无所获时，收入分配达到完全不平等，洛伦兹曲线成为折线 OHL。另一方面，若任一人口百分比均等于其收入百分比，从而人口累计百分比等于收入累计百分比，则收入分配是完全平等的，洛伦兹曲线成为通过原点的 45 度线 OHL。

基尼系数最大为"1"，最小等于"0"。前者表示居民之间的收入分配绝对不平均，即 100% 的收入被一个单位的人全部占有了；而后者则表示居民之间的收入分配绝对平均，即人与人之间收入完全平等，没有任何差异。但这两种情况只是在理论上的绝对化形式，在实际生活中一般不会出现。因此，基尼系数的实际数值只能介于 0~1 之间。

通常认为，基尼系数低于 0.2 表示收入过于公平；而 0.4 是社会分配不平均的警戒线，故基尼系数应保持在 0.2~0.4 之间，低于 0.2 社会动力不足；高于 0.4，社会不安定。

任务二　要素的需求和供给

一、要素的需求

"价格"理论在讨论产品的价格和数量时，将范围限定在产品市场，并假定消费者收入和生产要素的价格是既定的。很显然，这种讨论是不充分的。收入不可能不变，就如同生产要素价格不可能不变一样。而且，消费者的收入在很大程度上取决于要素的价格和数量。为此，我们需要讨论生产要素市场。由于生产要素与收入分配的相关性，西方经济学将要素价格理论称为分配理论。

19世纪的本文经济学家们习惯于将生产要素分为三类：土地、劳动、资本。它们的价格被分别称为地租、工资和利润。那时的要素价格理论就是在地主、劳动者和资本所有者这三个阶层之间的收入分配理论。到19世纪末，企业家才能才被发现，于是，利润被看作是企业家才能的收益，而资本所有者的收益被称作利息。

在生产要素市场上，厂商是要素的需求者，居民或家庭是要素的所有者或供给者。普通消费者的需求和厂商作为投入品的要素需求之间有着本质的差别。消费者需要游戏机和面包等最终产品，是因为这些消费品都能直接提供效用。而像厂商购买设备或土地这类投入却并不是因为它们能直接提供满足，厂商购买投入品是因为它用这些投入进行生产并从中获得收入。

在不同的消费阶段，为获得满足所需要的要素投入组合会不相同，从而导致厂商生产决策的不同。消费者从玩电子游戏中获得的满足决定了软件公司能卖出多少游戏软件，需要多少销售商，必须租用多少办公场地。该游戏软件越是成功，办公场地需求曲线就越向右移动。

因此，要准确地分析厂商要素需求，必须认识到消费者需求最终决定了厂商对要素的需求。事实上，消费者需求决定所有的要素需求，从农民工到大学教授，从填海造地到征地拆迁，都是如此。如果不存在消费者对产品的需求，厂商也不会去投入要素生产产品。从这个意义上来说，对生产要素的需求不是直接需求，而是从对产品需求派生出来的间接需求，或说引致需求。

厂商所使用的生产要素投入分为两类：固定投入与可变投入。在大多数行业中，固定投入是资本(车间、设备和建筑物)与土地，可变投入是劳动。在长期中，厂商通过改变其资本和土地的投入规模来适应产量的变动。在短期中，厂商通过改变其劳动的投入量来适应产量的变动。

二、完全竞争厂商的要素需求

(一)完全竞争厂商

在市场理论中，完全竞争市场的讨论只是针对产品市场的。现在，讨论的问题已从产品市场扩展到要素市场，仅从产品市场的角度讨论完全竞争性是不够的，还必须要求要素市场也是完全竞争的。对要素市场完全竞争的描述与产品完全竞争市场类似，完全竞争要素市场只是完全竞争产品市场概念的简单推广。我们把同时处于完全竞争的产品市场与完全竞争的要素市场的厂商称为完全竞争厂商。

厂商选择要素最优数量的依据是利润最大化原则，即要素的边际收益等于要素的边际成本。因此，首先需要明确要素的边际收益和边际成本。

(二)要素边际收益

要素的边际收益是指每增加一单位要素使用量所增加产量的收益，也称边际产品价值，用 MRP 表示。显然，$TR(L) = Q(L)P$，其中 TR 表示产品的总收益，P 表示要素价格。则 $MRP = dTR(L)/dL = dQ(L)/dL \times P$。

厂商对生产要素的需求就取决于生产要素的边际收益。生产要素的边际收益取决于该要素的边际生产力。要素的边际生产力理论是由美国经济学家克拉克（J. B. Clark）提出，它是边际分析方法在要素价格理论中的具体应用。克拉克将新增单位要素带来的产量称为边际生产力，或称要素的边际产品。如果两种生产要素共同生产一定的产品，那么，当一种生产要素的投入量不变，而增加另一种生产要素，新增单位要素的产量将会递减，称为边际生产力递减规律。要素的边际生产力，用 MP 表示。显然，$MP = dQ(L)/dL$。

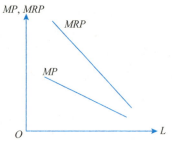

图7-2　要素的边际产品与边际收益

在其他条件不变的情况下，要素的边际生产力是递减的。因此，生产要素的边际收益曲线是一条向右下方倾斜的曲线。如图7-2所示。图中横轴表示劳动要素的数量 L；纵轴表示生产要素的边际产品和边际收益。

（三）要素边际成本

要素的边际成本是指厂商增加使用一单位生产要素所增加的成本。

如果要素价格，比如说劳动的工资为 W，则要素的使用成本可表示为：$C = C(L) = W \times L$，L 表示要素的用量。在完全竞争市场上，劳动要素价格是既定不变的常数。因为，在完全竞争下，要素买卖双方数量众多且要素无差别，任何一家厂商单独增加或减少其要素使用量都不会影响要素价格。要素的边际成本等于要素价格，即 $MC = dC(L)/dL = W$。也就是说，单个完全竞争厂商的要素使用量无论多少，要素的边际成本部不会发生变化。

（四）完全竞争厂商的要素需求曲线

厂商本着利润最大化的宗旨使用要素。在完全竞争条件下，为确保利润最大化，厂商使用要素的原则是"要素的边际收益"和"要素边际成本"相等。由于要素边际成本等于要素价格 W，因此，厂商使用要素的原则可写为：$MRP = W$。

很显然，按照上述原则投入要素进行生产，完全竞争厂商达到了利润最大化，生产处于最优水平，要素使用数量也为最优。如果 $MRP > W$，厂商通过增加要素的投入带来的收益增量将大于要素成本的增量，利润得以增加。随着要素边际收益的递减，直至 $MRP = W$；如果 $MRP < W$，厂商将减少要素的使用，要素的边际收益将随着要素使用量的减少而上升，最终也将达到 $MRP = W$。只有当 $MRP = W$，即要素的边际收益恰好等于要素边际成本，或说要素价格时，厂商的要素使用量达到最优水平，产量达到最优水平，利润最大化。

厂商使用要素的原则如图7-3所示。在完全竞争下，要素买卖双方数量众多且要素无差别，任何一家厂商单独增加或减少其要素使用量都不会影响要素价格，故要素价格曲线表现为一条水平线。假设厂商只使用一种要素，MRP 曲线与 W_0 曲线即要素价格曲线相交于 A 点。A 点表明，当要素价格为 W_0 时，要素需求量为 L_0。如果要素价格受到其他因素影响发生了变动，即要素价格线发生了垂直移动，假设其他厂商不会因要素价格的变动而调整要素的用量，单个完全竞争厂商的市场份额微不足道，其因要素价格价格变动而导致的产量变化也自然不会引起产品价格的变化，于是要素的边际产品收益不变，即 MRP 曲线位置不变，如图7-3（a）所示，新的要素价格与 MRP 相交于另外一点，比如说 B。于是，在使用一种生产要素（假设其他厂商不会调整生产要素用量）的情况下，单个完全竞争厂商对要素的需求曲线与要素的边际收益曲线恰好重合，$MRP=D$。由于要素需求曲线向右下方倾斜，厂商对要素的最佳使用量即需求量与要素价格呈反方向变动。

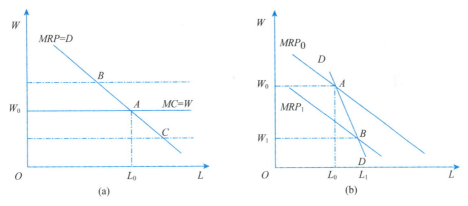

图 7-3　单个完全竞争厂商的要素需求曲线

但是，当要素价格变化时，其他厂商也会进行相应的要素用量调整，这种调整会导致市场供给的变化，并导致价格的变化，进而是单个厂商要素边际产品收益变化。如图 7-3（b）所示，如果要素价格从 W_0 下降至 W_1，厂商会增加要素的用量，行业的供给增加，价格下降，厂商的边际产品收益线从 MRP_0 向线左下方移动至 MRP_1，均衡点为 B。单个厂商的要素需求曲线比 MRP 曲线要陡峭些。

因此，一般来说，要素需求曲线反映要素价格与要素使用量成反方向变化，并且当要素价格变化时，要素的边际产品价值也随之变化。

将完全竞争市场上各厂商的要素需求相加就得到市场的需求曲线，也就是说，完全竞争的要素需求曲线是各厂商的要素需求曲线的水平相加。

◎ **专题 7-3　高薪酬为企业带来了什么？**

在深圳，华为公司新建的华为城分为生活区、科研开发区和生产厂房三个部分，均由来自美国、德国和香港的工程师规划和设计。这个设施齐全、技术先进、环境优美的现代化工业城为员工提供"比这个城市的其他人相对优越的生活和待遇"。

华为是个创造神话的企业，不仅创造超过 20 亿元的年销售额，而且创造出一批敬业高效、贴着"华为创造"标签的华为人。3 万名华为员工用自己的全部青春和热情，日复一日地过着两点一线的生活。

据猎头公司介绍，摩托罗拉和贝尔等外资企业要想挖华为的人很难，但华为要挖他们的人就容易多了。其中，钱是重要的因素。一名刚毕业的硕士生可拿到 10 万元的年薪；一位刚工作两年、本科毕业的技术或市场人员可派发 8 万股内部股票；对于一个总监级的员工（约占公司人数的 2%），平均拥有 300 万的内部股票。华为的基本管理费用都比竞争对手——如中兴通讯要高。

总之，高薪和一个巨大的持股计划，使得华为员工都很关心公司的市场前景和发展，也使他们愿意用自己的努力创造企业的神话。

三、要素的供给

一般而言，供给可能与价格相关，同时也依赖于要素的特性和所有者的偏好。在市场经济中，大多数生产要素归私人所有。在今天，"人力资本"只能租借而不能买卖了。资本和土地一般都由国家、集体、家庭和厂商所拥有。

> ◎ 专题7-4 效率工资
>
> 考虑东非坦桑尼亚的经验。1964年，大部分工资收入者在大种植园工作。和非洲的普遍情况一样，大多数工人是移民，每年要从种植园回农村家乡几次。工人生产效率低，工资也不高。独立后，政府宣布种植园工人的工资提高3倍。种植园主预言这是一场灾难。因为这会使他们支付的劳动价格大幅上升而破产。但政府根据效率工资理论的预言是，高工资将引起高效率和稳定的劳动力。
>
> 结果政府的预言是正确的。例如，在效率工资政策之下，西沙尔麻(一种用作绳子和纤维的坚韧的白色纤维)的整个生产增加了4倍。其原因并非由于所得到的实物资本发生了变化，而是因种植园主雇用了更积极又更有技术的工人。
>
> 但是，工资提高几年之后，坦桑尼亚西沙尔麻行业的就业从12.9万人减少到4.2万人。这说明效率工资会增加失业。
>
> 要素需求曲线反映要素价格与要素使用量成反方向变化，并且当要素价格变化时，要素的边际产品价值也随之变化。回到上面的例子中，公司(或厂商)支付一个较高的工资，那么将会得到生产更有效率的工人，其创造的边际产品价值也就更高。
>
> 第二，效率工资理论认为，效率工资的含义之一——雇主可通过增加工资得到更廉价的劳动。对此，马歇尔也曾经说过："高工资的劳动一般说来是有效率的，因此不是昂贵劳动。"这是因为，通过提供效率工资：①可招收到高质素的工人；②工人会努力工作，从而效率会更高；③可减少偷懒，因为偷懒的风险太大；④工人的流动性小。
>
> 总之，效率工资是企业激励机制的一个重要组成部分。支付高工资可降低劳动成本，提高生产效率，从而为企业创造更多的利润。
>
> 你能对企业的高薪酬政策加以解释吗？

劳动供给受到经济和非经济因素的影响，主要因素有劳动的价格(即工资率)、教育、年龄、性别、家庭结构等。土地和其他自然资源的供给不可能有大的改变。资本的供给依赖于厂商、家庭和政府过去的投资。资本存量在短期内也是固定的，但长期内的资本供给对于风险和价格，即回报率这样的经济因素非常敏感。

于是，要素供给曲线弹性表现多样化，可以向上倾斜或垂直，甚至可能斜率为负。对于大多数要素，在一般情况下，可以认为在长期内供给和要素价格的变化是一种正相关，此时供给曲线向右上倾斜。但土地的供给总体上不受价格影响，即土地的供给完全没有弹性，供给曲线是垂直的。

劳动要素的供给与价格的关系比较特殊，当工资水平较低时，工资上涨可能使劳动者愿意提供更多的劳动以获得更多收入。但当劳动收入达到一定水平后，这种刺激效应减弱。继续提高工资率可能使人们愿意工作的时间更少，此时的劳动供给曲线向后弯曲，斜率为负。

任务三　劳动和工资

一、劳动的供给

劳动供给指的是人们愿意工作的小时数。劳动的供给有其特殊规律，劳动供给主要取决于劳动的机会成本。由于个人时间资源总量是既定的，显然，这种假设是非常合理的，劳动时间与闲暇时间就是一种互补关系。这些时间里，你可以选择部分时间用于劳动，余下时间则用于"闲暇"。在现实中，尽管不同职业的工作时间灵活性有所不同，大多数人对其一生的工作时间有很多的控制办法，如上大学、早退休、部分时间工作而不是全天工作，这些选择都能减少一生工作时间的总时数；相反，加夜班、从事第二职业等则会增加这一生的工作时间。于是，劳动供给问题就变成如何决定其全部时间资源在闲暇和劳动两种用途间的分配。选择劳动可以带来工资收入，但也相应减少了闲暇所带来的效用。于是，工资是闲暇的机会成本，闲暇效用则是劳动的机会成本。

假设你是个工人，雇主给你提供了更高的工资，你面临两种选择：一方面，闲暇变得"昂贵"了，于是你受到一种激励选择增加工作时间来替代闲暇，这就是替代效应；另一方面，工资更高时，你的收入也更多，你就会想购买更多的商品和服务，也包括了更多的闲暇，这就是收入效应。哪种效应更加有力，是替代效应还是收入效应？这取决于个体差异。

就一般意义上来说，假定工资上升了，劳动者会增加还是减少工作时间呢？当工资处于较低水平时，此时增加工资，收入增加带来的收入效应有限，而闲暇变得昂贵了，替代效应强于收入效应，劳动供给增加。但工资达到较高水平后，再继续增加工资，工资收入的货币边际效用递减，而闲暇的边际效用递增，劳动的机会成本增加，收入的增加不足以补偿闲暇减少的负效用，或者说收入效应强于替代效应，理性的选择是减少劳动。当工资的提高使人们富足到一定的程度以后，人们会更加珍视闲暇。因此，当工资达到一定高度而又继续提高时，人们的劳动供给量不但不会增加，反而会减少。于是，劳动供给曲线明显异于一般的供给曲线，即它具有一段向后弯曲的部分，如图 7-4 所示。

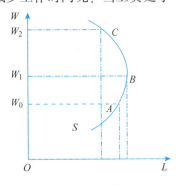

图 7-4　个人劳动供给曲线

虽然典型的工作似乎都有固定的工作时间，但仍存着各种影响人们提供劳动数量的因素。尽管许多工人无法决定是否全天工作，但他们对是否加班却有一定的选择余地。另外，许多人为了获得更多收入而同时兼职。大多数情况下，这些兼职的工作时间都可以有很大的弹性。因此，即使人们在本职工作方面无法选择工作多长时间，他们仍然有选择的余地。

到目前为止，我们在讨论工资变动对劳动供给的影响时，隐含地假定消费品的价格保持不变。但是，个人在评价闲暇与消费间的取舍时，他关心的是实际能够购买的商品与服务，而不是可以用于消费支出的货币数。如果工资增加一倍，而所有消费品的价格也上涨一倍，那么，闲暇与消费之间的取舍关系不会变化。但如果物价的涨幅快于工资涨幅，那又会是怎样一种情况？

◎**专题 7-5　劳动与闲暇**

2005 年 3 月 22 日是法国人难以忘记的日子,从那天起天堂慢慢变成了法国人的回忆。因为在那一天,法国国会以压倒性多数通过了一项旨在提高国家竞争力法案,鼓励大家"多工作多拿钱"。然而新法案却引起了法国民众的强烈不满,他们已经习惯于支配丰富的闲暇时光,拒绝牺牲休息的权利。于是,种种反对的言论遍布街头巷尾。

的确,自工业革命以来,随着劳动生产率的不断提高,减少劳动时间一直是大势所趋。技术进步让人们通过较少的劳动生产出了较多的产品,并享有了较多的闲暇。乍看之下,法国增加劳动时间的行为似乎是"倒行逆施",既有悖于人伦,又违反了社会发展的客观规律。其实不然,法国此举不仅本身颇有苦衷,而且实质上也有利于法国人民的长远利益。

从经济学角度看,法国政府在财政扩张的同时增加工时实际上是对古典经济学和凯恩斯经济学的完美结合。大萧条后,大红大紫的凯恩斯主义总是告诫人们"需求创造了供给",法国扩大政府支出的赤字财政正是响应凯恩斯号召的总需求政策。但 20 世纪 70 年代的"滞胀"打破了凯恩斯神话,对古典经济学的回归越发成为一种时尚,萨伊"供给创造需求"的金玉良言又重新在决策者耳边响起,法国增加工时正是重回古典主义的总供给政策。双管齐下使得总供求在政府调控的双重刺激下将更有可能引领法国驶入经济复苏的快车道。

当然,追求舒适是人类与生俱来的本性,法国民众对增加工时的反感也是情有可原。但如若不然,经济的疲软将让法国人更加享受不到天堂的阳光。至少,现在的牺牲换来的是无尽的希望,正如《肖申克的救赎》里的经典台词:"有希望,才能看见天堂。"劳动和闲暇是一种两难的选择,而在国家经济陷入低谷时增加劳动、减少闲暇,绝对是帮助国家、拯救自己的"利国利民"的上上之举。

请你对上述资料阐述自己的观点。

二、工资的决定

将所有单个劳动者的劳动供给曲线水平相加,即得到整个劳动要素市场的供给曲线。尽管许多个人的劳动供给曲线可能会向后弯曲,但劳动市场供给曲线却不一定如此。在较高的工资水平上,现有的工人也许提供较少的劳动,但高工资也吸引进来新的工人,因而总的市场劳动供给还是随着工资的上升而增加,从而市场劳动供给曲线仍然是向右上方倾斜的。

由于要素的边际收益递减,要素的市场需求曲线通常总是向右下方倾斜。劳动的市场需求曲线也不例外。将向右下方倾斜的劳动需求曲线和向右上方倾斜的劳动供给曲线综合起来,即可决定均衡工资水平。参见图 7-5。

图 7-5 中,劳动需求曲线 D 和劳动供给曲线 S 的交点是劳动市场的均衡点。此时,均衡工资为 W_0,均衡劳动数量为 L_0。因此,均衡工资水平由劳动市场的供求曲线决定,且随着这两条曲线的变化而变化。

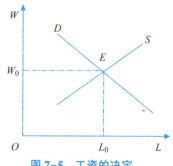

图 7-5　工资的决定

三、劳动市场分割与工资差异

即便在完全竞争的市场中，工资的巨大差异仍然存在。这些差异可能反映的是人力资本投资方面的差异，或者是对特殊才能的一种报酬，或者是某些职业对劳动者吸引力不够——这种吸引力的差异可能源于习惯或者社会心理等因素。

现实中，还大量存在上述这些因素无法解释的工资差距。这种差距来自另一种原因，即劳动市场被分割，从而形成了一些非竞争性子市场。

在劳动市场中存在着许多由不同职业群体组成的子市场，在这些子市场之间不存在竞争。如果你想成为一名律师，你要花费大量的时间和精力进行学习并通过司法考试。同样，要想成本一名出色的会计师也不是一件易举的事。我们很容易理解，一名律师想进入会计师行业，是非常困难的。当人们专门从事某一特定职业时，他们就成为一个特定劳动子市场的一部分，于是就处于该市场供求的影响之下。他们会发现自己工资的升降依赖于本行业所发生的事情。正是由于这种市场分割，不同子市场，如律师和会计师的工资水平可能存在较大差异，这就很好理解了。

上述的劳动市场分割毕竟是一种市场自发行为，也易于为公众所接受。但现实中，这种市场分割更多的还源于法律、政策或偏见等因素，如垄断行业（这时产品市场不是完全竞争市场，劳动要素市场也不是完全竞争市场）的高薪酬，如此"按要素分配"容易引发社会分配不公及矛盾，这里仅提供一个案例，不做进一步探讨。

◎**专题7-6　亏损电企工资高于赢利煤企的悖谬**

一则"中国大唐集团公司岗位薪点工资标准表"在网上曝光后备受热议，话题聚焦在"最低岗级的初级岗位对应基准为20"上。电企员工一向被传拿着高薪，"20"这个数字很容易引发人们往"年薪20万元"方面猜测。大唐集团相关人士回应称，网上所曝工资标准表中的数字并非职工实际收入，仅为薪酬点数。而据记者调查到的情况，电企职工工资普遍是相关产业煤企职工的5~10倍。

在前一个月国家发改委上调电价之前，大唐集团一位高层曾表示，大唐集团火电业务亏损已达30亿元，是自2008年以来亏损最严重的一年。发电企业总是抱怨，煤价涨得很快，电价涨得很慢，"市场煤"和"计划电"导致它们发电越多、亏损越多。然而在"亏损最严重"的情况下，电企职工的工资竟然是相关煤企职工的5~10倍，这是多么荒诞啊！

企业都严重亏损了，职工工资为什么居高不下？这主要是因为大唐集团是国有垄断性质的企业。中国共有发电企业3 500多家，其中国有控股的占95%以上，也就是说，发电行业完全处于垄断状态。既无竞争压力，又无破产之忧，所以电企动辄停机，以"电荒"要挟政府。每当成本上升，它们就要求提高电价，却从不考虑降低自己的工资。

国企畸形高薪的根本途径还是推进电力行业的市场化，允许更多民间资本进入发电领域。市场具有发现价格的机制，而且市场发现的价格最合理。只要有了充分的竞争，发电企业的工资自然会如同戴上了金箍，渐渐趋于合理。

任务四 土地和地租

一、地租

土地可以泛指生产中使用的各类自然资源，又可分为两类：消耗性自然资源和非消耗性自然资源。消耗性自然资源如，煤、天然气、石油等，因消耗而日渐减少。非消耗性自然资源如，土地、海洋、阳光等，可保持规模不变。当然，如果有利可图，人们会通过填海造地等方式"创造"出土地。为简单起见，经济学家经常忽略土地数量的变化，假定它是既定不变的。

因使用土地而支付的价格称为地租，有时称纯经济租金。注意，这里的地租，不同于土地本身的价格。租金这一概念不仅用于土地，对使用供给固定的生产要素所支付的报酬均可称为租金。

由于土地的数量是既定的，假定土地只有一种用途，比如只能用于建房，再没有别的用途，则土地供给是固定的，所以土地的供给曲线完全没有弹性，形状是垂直的。在图 7-6 中，需求和供给曲线相交于 E 点，均衡价格，也就是租金为 R_0。

假定土地只能被用来开了商品房，如果对商品房的需求上升了，土地的需求曲线就会向右移动（如图 7-6 中的 D'），租金就会上升。所以土地的租金完全是由产品的价值派生而来，这也很好地证明了对土地这一要素的需求是引致性需求。

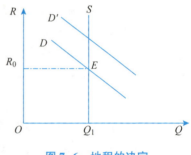

图 7-6 地租的决定

◎ **专题 7-7 房价与地价，谁推高了谁？**

高房价与高地价，谁推高了谁？这似乎是先有鸡还是先有蛋的问题。

但细究之下，你会发现，高地价导致高房价只是个伪命题。中国城镇居民住房的宅基地最高使用年限为 70 年，政府出让一块地要拍卖、招标，转让给出价最高的人。出价最高者愿意开出这个价格的前提是什么？他事先要核算，只有认为出这个价有利可图，才用这个价格把这块地拍下来。没有一个房地产开发商会做赔本的买卖。可见，土地的定价权在开发商手里。

从经济学理论上讲，物价受供给曲线和需求曲线影响，最后达到一个市场均衡价格。市场定价是一个很复杂的过程，绝非一定是成本决定价格，心理恐慌就会对价格产生很大的影响。2011 年 3 月，日本福岛核电站因大地震造成放射性污染，中国居民抢购食盐，食盐价格由平时的一袋 1 元多瞬间涨到 10 元，好多商店还卖断货。此时的食盐就成了"吉芬商品"，价格越涨，人们越抢。这不是因为生产食盐的成本增加了，也不能说食盐更稀缺了，而是因为人们对食盐价格上涨的心理恐慌造成抢购，价格被抬高了。

房价也是如此，高房价不是因为土地成本高，而是因为有人炒作，从而造成民众心理恐慌，抢购住房，加之通货膨胀造成银行存款负利率，人们认为存钱不如存房，一些专业炒房客更是推波助澜，就这样，像炒股一样把房价炒高了。

二、要素固定供给与地租

如前文所述，租金是指固定供给的一般资源的价格。显然，这里的固定不变对短期和长期都适用。虽说租金的范围比地租大得多，地租仍然是非常合适的一个租金范例。不仅土地可以看成固定不变的，还有许多其他资源，包括许多个人的某些天赋，也可以看成是固定不变的。这些供给固定的资源的服务价格与地租非常类似，经济学称其为租金。租金是完全取决于需求的报酬，而不是取决于"努力"。

(一)经济租金

有许多要素的收入尽管从整体上看不同于租金，但其收入的一部分却可能类似于租金，亦即如果从该要素的全部收入中减去这一部分并不会影响要素的供给。我们将这一部分要素收入叫作"经济租金"，又叫经济剩余。经济租金是要素所有者如果实际得到的收入中高于他们所希望得到收入的部分。

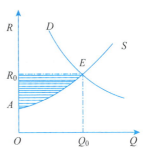

图 7-7　经济租金

如图 7-7，要素的全部收入为 OR_0EQ_0。但按照要素供给曲线，要素所有者愿意供给 Q_0 数量的最低要素收入是 $OAEQ_0$。要素供给曲线 A 以上、要素价格 R_0 以下的阴影区域 AR_0E 为经济租金，也就是要素的超额收益，即使少了这部分收益，也不会影响到要素的供给量。经济租金与要素的稀缺有关，也就是与供给曲线的形状有关，要素越稀缺，供给越缺乏弹性，供给曲线愈陡峭，经济租金就越大。一种极端情况是，当供给曲线垂直时，经济租金就等于素收入，前述的租金或地租就属于这种情况。可见，租金实际上是经济租金的一种特例，而经济租金则是更为一般的概念，它不仅适用于供给曲线垂直的情况，也适用于非垂直的一般情况。在另一个极端上，如果供给曲线成为水平的，则经济租金便完全消失。

总之，经济租金是要素收入(或价格)的一部分，它代表着要素收入中超过其在其他场合可能得到的收入部分。简言之，经济租金等于要素收入与其机会成本之差。

◎ 专题 7-8　石油的经济租金

北宋时期的沈括曾在其《梦溪笔谈》里面预言石油"生于地中无穷"，并且"此物后必大行于世"。但是在当时，沈括却没有考虑到对供给(生于地中无穷)与需求(大行于世)有重要意义的价格问题。

2011 年 5 月，在美国参议院针对石油行业补贴举行的听证会上，英国石油、壳牌、雪佛兰、康菲和埃克森美孚这五大石油公司的 CEO 们在聆讯席上个个正襟危坐，抵挡着一位又一位民主党参议员的考问。听证会上，巨头们曝料：原油的平均生产成本为每桶 11 美元；而市面上的平均价格为每桶 72 美元，是开采成本的 6.5 倍。今年第一季度，五大石油公司的利润高达 360 亿美元。

　　我们知道，地租产生的根本原因在于土地的稀缺性，其供给是固定的。那么高于原油价格高于真实生产成本的部分来自什么地方呢？从租金的角度来看，石油作为一种可耗竭的稀缺资源，其高于成本的价格部分就是"经济租金"。

（二）准租金

　　租金与资源的固定供给相联系，这种供给上的固定在任何时候，或者说在短期和长期内都适用。但是，在现实生活中，有些生产要素尽管在长期中可变，但在短期中却是固定的。对厂商而言，这些生产要素它不能改变现有的用途，也不能从其他相似的生产要素中得到补充，这些要不就是固定供给的，这些要素的服务价格，虽然不符合租金的定义，但在某种程度上也类似于租金，通常被称为准租金。

　　图 7-8 中，MC、AC、AVC 分别表示厂商的边际成本、平均成本和平均可变成本。假定产品价格为 P_0，则厂商将生产 Q_0：这时的可变总成本为面积 $0GBQ_0$，它代表了厂商对生产 Q_0 所需的可变生产要素量而必须做出的支付。固定要素得到的则是剩余部分 GP_0CB，这就是准租金。

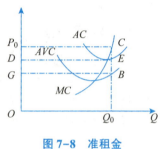

图 7-8　准租金

　　如果从准租金 GP_0CB 中减去固定总成本 $GDEB$，则得到经济利润 DP_0CE。可见，准租金为固定总成本与经济利润之和。当经济利润为 0 时，准租金便等于固定总成本。当然，当厂商有经济亏损时准租金也可能小于固定总成本。

任务五　资本和利息

一、资本和利息

　　作为和劳动、土地并列的一种生产要素，资本的特点可以概括为：第一，它的数量可变的，人们可以通过经济活动生产出资本品。第二，资本将被作为要素投入以便生产更多的商品和劳务；资本既是一种投入又是一种产出。资本是由经济制度本身生产出来并用作投入要素以便生产更多商品和劳务的物品。

　　资本品主要有三类：建筑（如工厂和住宅）、设备（耐用消费品，如汽车、机床、采掘机等机器设备及计算机）以及投入和产出的存货（如库存的材料、产成品等）。

　　资本可在资本市场上买卖，资本具有一个市场价格，即所谓资本价值。与土地和劳动等其他要素一样，有些资本被所有者租借出去收取租费。使用资本服务也有一个市场价格，这个价格通常被称为利息率，也就是资本收益率。例如，一台价值为 1 000 元的机器被使用一年得到的收入为 100 元，用这个年收入 100 元除以机器本身的价值，即得到年利息率 10%。

　　实际利息率是名义利息率减去通货膨胀率。1970 年 12 月 8 日，花旗银行的放款利率高达 20%，而当时年通货膨胀率为 12%，则实际利率为 8%。

二、利息率的决定

(一)短期利息率的决定

效用最大化为目的资本所有者如何向市场供给资本要素？不同于土地和劳动的数量是自然给定的，资本的数量是可以改变的。个人完全可以在不影响他人资本拥有量的情况下，通过储蓄增加自己的资本资源，当然也可以增加消费而减少储蓄及资本。储蓄是个流量概念，资本则是个存量概念，要通过储蓄显著地改变资本存量，需要相当长的时间。如果从一个非常短的时期，或者说从一个"时点"上考察，储蓄流量就为零，而资本存量就不变。于是，我们假定短期中资本存量不变，就十分合理了。

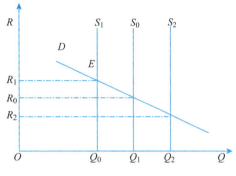

图7-9　资本利息率的决定

由于短期中资本数量不变，再假定资本的自用价值为零，短期内，资本供给量与利率高低无关，资本的短期供给曲线就是一条垂直线。如图7-9，设初始的资本供给曲线为S_1，数量为Q_1，资本的需求曲线为D，S_1与D的交点决定了短期利率水平为R_1，资本数量为Q_1。

(二)长期利息率的决定

短期的均衡状态$(R_1，Q_1)$的利息率如果处于较高水平，那么，人们就会进行更多的储蓄，则会形成更多的资本供给，从长期上看，资本供给曲线会向右移动，例如移动至S_0位置，见图7-9。如果此时储蓄与资本的折旧相等，则资本供给保持不变，在S_0与D的交点$(R_0，Q_0)$上，市场达到了长期均衡。

如果短期的均衡为$(R_2，Q_2)$，此时的利息率水平明显偏低，人们将增加消费，从而减少储蓄，资本供给减少，供给曲线左移。从长期上看，最终也将形成$(R_0，Q_0)$的长期均衡。

◎ **专题7-9　本金和利息的古典理论**

为什么要给资本支付利息，经济学家做出了各种解释。

第一，生产的迂回性。

迂回生产就是先生产生产资料(或资本品)，然后用这些生产资料再去生产消费品，它是一种间接生产。迂回生产提高了生产效率，其迂回的过程越长，生产效率越高。迂回生产需要先投资。开始用手抓鱼，但最终发现应该先造渔船和编织渔网，那样可以捕到更多的鱼。造渔船和织渔网就是投资，但它不是目的，目的是要捕到更多的鱼。如果把渔船造成机动船，把渔网织成更结实的尼龙网，就延长了迂回生产的过程，而效率会更高。现代生产的特点就是迂回生产。

如何实现迂回生产呢？这就需要有资本。资本的投资才能使迂回生产得以实现，从而提高生产效率。这就说明，资本具有生产力。资本的这种生产力称为资本的净生产力，又称资本净生产率或资本的内在收益率。资本具有净生产力是资本能带来利息的根源。

换言之,渔船和渔网就是资本品,投资于资本品意味着牺牲现在的消费以增加今后的消费。减少今天的消费可以释放劳动用来造船和编织渔网,以便今后捕到更多的鱼。就一般的意义而言,社会通过推迟当前消费来建造厂房设备,生产资本品,以增加和提高未来的消费。迂回生产能获得好的回报率。

第二,人们的时间偏好。

有的经济学家认为,人们具有一种时间偏好,即人们没有耐心地为将来的消费积累更多的资本品,在未来消费与现期消费中,人们更乐意于现期消费。因为未来是难以预期的,所谓天有不测风云,再说人们对物品未来效用的评价要小于现在的效用。

例如,人们对现在或五年后购买同一辆汽车所带来的效用评价就不同。也许他认为自己不一定能活到五年之后,现在购买这辆汽车能给他带来效用,五年之后就没有用了;也许他现在更加需要汽车,五年后就不如现在需要了。

换句话说,现在多增加一单位消费所带来的边际效用大于将来多增加一单位消费所带来的边际效用。因此,把货币作为资本,就应该得到作为放弃现期消费的报酬——利息。

第三,利息率与资本收益率。

企业以资本品、劳动、土地和其他投入相配合生产商品,其最终目的是获得利润。家庭通过在一定时期抑制消费和积累储蓄为投资供给资金。为理解利息率和资本收益率,现在考虑在理想的完全竞争条件下一个没有风险和通货膨胀的例子。为决定是否投资,追求利润最大化的企业要将资金的成本与资本收益率进行比较。如果收益率高于企业能借到资金的市场利息率,企业就会从事这项投资;如果利息率高于投资的回报率,企业就不会投资。

这一过程会持续到什么时候?只要收益率高于市场利息率,所有企业都会选择机会进行投资。当企业之间的竞争使投资的收益率等于市场利息率时,就达到了均衡状态。在没有风险和通货膨胀的竞争经济中,资本的市场收益率会等于市场利息率。

市场利息率起到三个重要作用:第一,作为理性因素,它使社会仅选择那些回报率高的投资项目,将稀缺的资本品分配到具有最高收益的用途中去;第二,作为驱动因素,它刺激人们储蓄和积累财富,引导人们牺牲现时消费以提高资本存量;第三,作为调控手段,在宏观经济中可以利用利息率的升降调节经济。

任务六　企业家才能与利润创造

利润实际上是各种不同成分的组合,西方经济学将利润分为正常利润、超额利润。

一、正常利润创造

关于正常利润的内容,经济学家的看法并不一致。一般认为,正常利润基本上来自两部分:一是企业家自有资本的租金收入,即股息和红利;二是企业家提供劳动(所考虑到所有权与经营权的分离,这种劳动不一定是由企业主提供的)的收入,即企业家才能报酬。

企业要进行生产活动,就必须把各种生产要素组织起来、协调起来,这个组织者就是企业家。企业家的这种劳动在经济学中被称为企业家才能。企业家才能这一要素的收入，其性质与工资相类似，是由企业家才能的需求与供给所决定的。对企业家才能的需求很大，因为企业家才能是使劳动、资本与土地结合在一起生产出更多产品的决定性因素。企业家才能的供给又很小，并不是每个人都具有企业家的天赋，只有那些有胆识、有能力，又受过良好教育的人才有可能具有企业家才能。所以，企业家才能的收入高于一般劳动所得到的工资。

资本的租金收入，也可被看作是投入资本的机会成本。那些在经济学上被称为正常利润的东西，实质上不过是资本和企业家才能的要素收入，是租金和工资的另一种名称，它也是对企业所拥有的要素的机会成本的一种解释。作为一种隐含成本（"隐含租费""隐含租金"和"隐含工资"），在企业中不被会计计入成本中，属于正常利润。

在社会化大生产之前，由于企业主同时又是企业家，利息与利润事实上不可分，因而利润问题并不是经济学要研究的重要课题。随着大规模生产的出现，许多企业的所有权和经营权逐渐分离，所有权归企业主而经营权归企业家，企业家才能作为一种独立的生产要素才得以出现。在经济学里，就常常把利息作为资本收入，而把正常利润作为企业家才能的收入。

会计学中的会计利润是正常利润与超额利润（即经济利润）之和。

二、超额利润创造

超额利润是指超过正常利润的那部分利润，又称为纯粹利润或经济利润。这里的超额利润来源于：承担风险、创新和垄断。

部分利润来自承担风险的回报，这种风险指的是从事某项事业时失败的可能性。由于未来具有不确定性，人们对未来的预测有可能发生错误，就存在着风险。因为投资者总是要规避风险的，他们势必要为这种不确定性的投资寻求风险溢价来加以补偿。例如，当粮食丰收时某公司可以大量低价收购贮藏，在来年歉收时再高价售出。这种活动有利于平抑物价，对社会是有利的。但也有风险，如果粮食连年丰收就会使该公司亏本。如果该公司的预测是准确的，粮食就会涨价，该公司可以高价出售获得经济利润。这种溢价得来的利润就是对承担风险的补偿。所以公司资本必须有一个大的风险溢价以吸引投资者。公司股票年收益率的3~6个百分点，是吸引该项投资所必需的风险溢价。

社会中充满了不确定性，风险需要有人承担，因此由承担风险而产生的经济利润也是合理的，它可以作为社会保险的一种形式。

作为创新报酬的利润。现代经济中新产品层出不穷，从软件、数码电视到机器人保姆，都来自创新和发明。如斯蒂芬·乔布斯创立的苹果电脑，比尔·盖茨创新的计算机操作系统，这些创新也为创新者和企业带来大量的财富。

创新是社会进步的动力，每一项成功的创新都造成了暂时性的垄断。可将创新利润视为创新者或企业家的暂时性超额收入。这些利润很快就会由于竞争者和模仿者的出现而消失。当一种创新的利润源泉消失之时，另一种又诞生。不断的管理变革和持续的技术创新，使得经济中总是存在创新利润。

垄断利润也是超额利润的一种。不过，它不是来源于不确定性，而是由垄断造成的。在非完全竞争的市场中，企业通过提高价格可获得高于正常水平的利润。例如，某种贵重药品专利的唯一拥有者，或某一城市获得出租有线电视的独家特许权者，均可将价格提高到边际成本以上来赚取垄断利润。

《课后训练》

一、单项选择题

1. 因为(　　)，所以生产要素的需求曲线向右下方倾斜。
   A. 两种要素的边际替代率递减
   B. 要素生产的产品的边际效用递减
   C. 要素参加生产的规模报酬递减
   D. 要素的边际生产力递减

2. 行业对某种生产要素的需求曲线，与单个厂商对这种生产要素的需求曲线相比(　　)。
   A. 前者与后者重合
   B. 前者比后者陡峭
   C. 前者比后者平坦
   D. 前者与后者平行

3. 完全竞争产品市场与不完全竞争产品市场条件下的两种竞争性生产要素的需求曲线相比(　　)。
   A. 前者与后者重合
   B. 前者比后者陡峭
   C. 前者比后者平坦
   D. 前者与后者平行

4. 已知生产要素的组合是(20A，30B，40C)，产量是 500。如果生产要素的组合变成了(20A，31B，40C)，产量增加到 520。由此可知(　　)。
   A. 要素 A 的边际物质产品等于 20
   B. 要素 B 的边际物质产品等于 20
   C. 要素 C 的边际物质产品等于 20
   D. 要素 B 的边际收益产品等于 20

5. 假设生产某种商品需要使用 A、B、C 三种生产要素，当 B 的投入量连续增加时，它的边际物质产品(　　)。
   A. 递减
   B. 在技术条件不变，A 和 C 的数量同比例增加时将下降
   C. 递增
   D. 在 A 和 C 的数量及技术条件不变时将下降

6. 工资率的上升所导致的替代效应系指(　　)。
   A. 工作同样长的时间可以得到更多的收入
   B. 工作较短的时间也可以得到同样的收入
   C. 工人愿意工作更长的时间，用收入带来的享受替代闲暇的享受
   D. 工人愿意工作更短的时间，增加闲暇的享受替代收入带来的享受

7. 某工人在工资率为每小时 10 美元的时候每周挣 400 美元，每小时 15 美元的时候每周挣 450 美元，由此可以断定(　　)。
   A. 收入效应和替代效应相等
   B. 替代效应起着主要作用
   C. 没有收入效应和替代效应
   D. 收入效应起着主要作用

8. 正常利润是(　　)。
   A. 经济利润的一部分
   B. 会计利润的一部分
   C. 隐含成本的一部分
   D. 显成本的一部分

二、多项选择题

1. 某生产要素的需求弹性大，表明(　　)。
   A. 用该要素生产的商品的需求弹性大　　B. 用该要素生产的商品的需求弹性小
   C. 该要素容易被其他要素替代　　D. 该要素不易被其他要素替代
2. 在完全竞争条件下，生产要素的供给曲线是一条与(　　)重合的水平线。
   A. 要素的边际收益产品曲线　　B. 要素的边际成本曲线
   C. 要素的平均成本曲线　　D. 要素的边际产品价值曲线
3. 在完全竞争条件下，对厂商而言，生产要素价格均衡条件是(　　)。
   A. 生产要素的边际成本等于它的边际收益产品
   B. 生产要素的边际成本等于它的边际产品价值
   C. 生产要素的平均成本等于它的边际收益产品
   D. 生产要素的平均成本等于它的边际产品价值
4. 劳动的供给与其他产品的供给不同，它由(　　)等因素决定。
   A. 劳动力的训练和质量　　B. 劳动力的年龄和性别
   C. 劳动条件　　D. 劳动者对工作的偏好
5. 产生工资差别的原因是(　　)。
   A. 职业的差别　　B. 劳动的数量不同
   C. 工会限制　　D. 妇女歧视
6. 利息率的作用在于(　　)。
   A. 调节可贷资金的供给　　B. 解决可贷资金的分配问题
   C. 影响投资水平　　D. 调节国际经济

三、判断题

1. 由于劳动的个别供给曲线是一条向右上方倾斜的曲线，所以劳动的市场供给曲线才是向右上方倾斜的。　　(　　)
2. 随着工资的不断提高，单个劳动者提供的劳动越来越多。　　(　　)
3. 在土地的供给中，无论是整个社会，还是企业和厂商，它们所面临的供给曲线均是没有弹性的。　　(　　)
4. 经济租金等于要素收入与机会成本的和。　　(　　)
5. 所谓准租金就是对供给量暂时固定的生产要素的支付，即固定生产要素的收益。　　(　　)
6. 土地的供给曲线是一条垂直于横轴的直线，这是因为土地供给是不变的。　　(　　)
7. 由于厂商的要素需求曲线为边际生产力曲线，所以生产要素市场需求曲线由个别生产力曲线加总而得。　　(　　)
8. 地租是土地产品价格超过其机会成本的余额。　　(　　)

四、简答题

1. 要素使用原则与利润最大化产量原则之间的关系。
2. 在产品市场和要素市场都是完全竞争条件下，为什么一个行业对某种要素的需求曲线，不是由该行业的各个厂商的需求曲线在水平方向(数量轴)加总而成？怎样由单个厂商对要素的需求曲线推导出行业的需求曲线。

3. 试用无差异曲线推导生产要素供给曲线。

五、计算题

1. 设某厂商只把劳动作为可变要素，其生产函数为 $Q = -0.01L^3 + L^2 + 36L$，Q 为厂商每天产量，L 为工人的日劳动小时数。所有市场均为完全竞争的，单位产品价格为 0.10 美元，小时工资率为 4.80 美元。试求当厂商利润极大时：

（1）厂商每天将投入多少劳动小时？

（2）如果厂商每天支付的固定成本为 50 美元，厂商每天生产的纯利润为多少？

2. 假定一垄断厂商仅使用劳动 L 去生产其产品，产品按竞争市场中固定价格 2 出售，生产函数为 $Q = 6L + 3L^2 - 0.02L^3$，劳动供给函数为 $W = 60 + 3L$，求利润极大时的 L、Q、W 之值。

3. 设某企业只有一种可变投入要素（劳动力），其生产函数为：$Q(L) = 10L + 5L^2 - L^3$，每增加一单位投入时，须增加成本为 20 元，若产品销售价为 30 元（相对稳定），如果你是企业决策者，怎样才能求出你认为最优的投入量？

学习目标

知识目标：掌握公共物品、外部性与科斯定理等理论知识。

能力目标：能运用公共物品理论分析或解决相关问题，如公共物品可以如何提供、如何解决搭便车问题等。

素质目标：具有公德意识，认真学习公共物品、外部性的理论、概念、规律、原理，养成分析公共物品使用或分配问题、积极应对外部性问题的习惯。

思政目标：自觉投入现实社会之中，适应改革开放、市场经济的形势，将爱国热情融入中华民族伟大复兴的征程中，运用公共物品、外部性规律主动分析求要素市场，谋求市场均衡或者谋求更高水准的均衡；感悟创新、创业的艰辛。

◆━━━《 任 务 布 置 》━━━◆

任务1：20世纪初的某天，列车在绿草如茵的大地上飞驰。车上坐着经济学家庇古，他一边欣赏风景一边告诉同伴，列车在田间经过，机车喷出的火花飞到麦穗上，给农民造成了损失，但铁路公司并不用向农民赔偿。

70年后，1971年，经济学家乔治斯蒂格勒（G. j. Stigler）和阿尔奇安（A. A. Alchian）同游日本。他们在高速列车上见到窗外的稻田，想起了庇古当年的感慨，就询问列车员铁路附近的农田是否受到列车的损害而减产。列车员告诉他们的是，恰恰相反，飞速驰过的列车把吃稻谷的飞鸟吓走了，农民反而受益。但铁路公司没有向农民收取相应的费用。

对此要求做出回应：

1. 两代经济学家分别遇到的是什么类型问题？

2. 这类问题如何解决？

任务2：一些城市许多公园相继对民众免费开放。

对此要求做出回应：

1. 公园对民众免费开放的目的是什么？

2. 公园对民众免费开放也带来了一些问题，请问会出现哪些问题？

3. 公园对民众免费开放带来的问题应当怎样处置合适？

4. 公园对民众免费开放的经济学机理是什么？

任务 3： 某海湾周围居民以渔业为生。假设经营一条渔船的成本为每月 4 000 元。当 q 条渔船同时作业时，渔业的月总收入为 $f(q)=20q-q^2$，单位：千元。

要求计算：

1. 如果捕捞许可证免费，海湾作业的渔船数量。
2. 利润最大化的渔船数量。
3. 保持 b 数量的单位渔船捕捞许可证费用。

任务 4： 一个养蜂场和一个苹果园比邻，它们都位于完全竞争市场上。记苹果的产量为 A，蜂蜜的产量为 H。假设养蜂场的成本函数为 $C_H=H^2/100$，苹果园的成本函数为 $C_A=(A^2/100)-2H$，蜂蜜的价格是 2 元，苹果的价格是 3 元。

要求计算：

1. 养蜂场和苹果园独立经营时，各自的均衡产量。
2. 养蜂场和苹果园合并经营时，蜂蜜和苹果的均衡产量。

任务一　物品分类

在经济生活中，市场机制并不能总是像经济学理论分析的那样，自发地实现资源的有效配置。导致"市场失灵"的原因是多方面的，公共物品供给和需求的特殊性以及社会生产和消费的外部性，就是主要原因之一。

消费产品能给消费者带来效用，但不同性质的物品在消费过程中的受益对象的范围有所不同。比如，一定数量的面包，如果全部被张三消费了，他人就无法消费。我们可以根据物品的这些方面的特性，具体地说，就是竞争性和排他性两种性质，对社会产品进行分类。

一、竞争性与非竞争性物品

在资源有限的条件下，如果某种物品被一个人消费以后，使可供他人消费的数量减少，进而影响到了另一些人的消费，就说这种物品具有竞争性。竞争性物品是单个消费者的消费确实能减少他人的可用量的物品，如前述的面包。某种物品，如果一个人消费以后并不使其他消费者的可用量减少，或者指当增加一个人消费该产品时，该产品的边际成本为零，就可以说这种物品具有非竞争性。

> ◎ **专题 8-1　想一想，再列举出案例**
>
> 　　具有非竞争性的物品不少。每天清晨，当你推开窗户呼吸新鲜空气的时候，你的行为并不会令他人呼吸受到影响；国防保护了所有公民，尽管公民的人数在增减变化，但这并不影响每个公民受到同样的国防保护；如果海洋资源足够丰富，只要愿意，任何人都可以买条船到公海上捕鱼；等等。
>
> 　　你能列举出更多的案例吗？

二、排他性与非排他性物品

如果在消费一件物品时，能够把他人排除在外，就说这种物品具有排他性。比如，你购买了一支冰激凌，他人就无权享用这个冰激凌，除非得到你的许可。对于有排他性的物品的消费，通行的规则是谁付钱谁受益。但情况并不总是这样，某些物品消费所产生的利益不能为某个人或某些人所专有，或者在技术上虽然可以排他，但排他的成本很高，以至于在经济上不可行。当某人消费物品时，并不能阻止他人无偿消费该物品，这种物品就具有非排他性。例如要让某些人不能享受新鲜空气是不可能的。国民都会从国防体系中受益，无论他们是否为此付了费用。在污染控制疫情防治中，情况也是一样的，一旦计划得以实施，无论是否为此付费，区域内所有人都会因此受益。

◎ **专题8-2　想一想，再做分析**

安徽省D县位于黄河故道两岸，由于气候条件和土壤条件的优越性，适宜水果的生长和种植，本地种植的水果具有色泽鲜艳、含糖量高等优点，因而成了全国著名的水果大县。该县从1983年开始种植黄桃，至今已种植8万亩以上。J村是全国著名的黄白桃生产基地，现有黄白桃1 000余亩，是全国四大黄白桃生产基地之一。该村生产的黄桃加工成罐头具有不浑汤、不烂、不软、色泽鲜亮等优点，在全国是独一无二，经济回报极为可观。

虽然相对于其他果树而言，桃树具有耐干旱、耐瘠薄、前期产量高等优点，但桃树耐旱怕涝。J村由于靠近黄河故道，因此排水问题对于该村的重要性是不言而喻的。2004年夏天，由于降水比较集中，D县遭遇到了比较严重的洪涝灾害。许多果树被淹死。J村在洪涝灾害中也遭受了比较严重的损失，不少农民的桃树被淹死。但由于排水不是一家一户单独凭借自己能力所能做到的事情，更何况一部分农民也不愿意去做，结果导致了大家利益的普遍受损。

你能用前述的理论对该现象进行分析吗？

三、结论

根据上述的分析，可以把物品分为不同的类型。如表8-1所示，把具有非排他性和非竞争性的物品称为公共物品。如国防、法律、无线广播、路灯、灯塔等。把具有排他性和竞争性的物品，称为私人物品。在日常生活中，许多物品都是私人物品。如衣、食、住、行、家用电器等。

表8-1　物品分类

物品分类	有排他性	无排他性
有竞争性	住房、食品、衣物、交通与通信工具等	公共绿地、公园、公共渔业区等
无竞争性	桥梁、泳池、有线电视、收费公路等	国防、法律、灯塔、路灯等

按照排他性与竞争性，可以把物品粗略地划分为公共物品和私人物品。然而在现实生活当中，产品的性质并不像理论描述的那样泾渭分明，有许多物品是介于这两者之间的。它们

或者只有非竞争性却不具有非排他性，或者只具有非排他性却不具有非竞争性。这些物品介于公共物品与私人物品之间，兼有公共物品和私人物品的性质，经济学中把这种物品称为混合物品或准公共物品。相应地，把前述不具有竞争性和排他性的公共物品称为纯公共物品。

◎ **专题 8-3　想一想，再举例**

收费游泳池具有排他性，如果它不是太拥挤的话，也不具竞争性，因为即便多一个人游泳，也不会影响到他人游泳的乐趣，那收费泳池就是俱乐部物品。但如果游泳是免费的呢，情况又将发生怎样的变化呢？

收费公路与收费游泳池的情况类似，请自行分析。还有，你还能列举些其他俱乐部物品吗？

混合物品包括两大类：一类是不具有竞争性但具有排他性的物品，即俱乐部物品；另一类混合物品是具有竞争性和非排他性的物品，这些物品被称为共有资源。

◎ **专题 8-4　想一想，再举例**

继 2011 年 5 月 1 日东海海域第一批灯光围网和帆式张网渔船开始休渔后，从 6 月 1 日 12 时起，东海其他种类渔船全面进入伏季休渔期。

东极岛地处舟山群岛最东端，是我国海洋最东端的边境岛屿，距沈家门 24.3 海里。在东极的庙子湖码头，上了年纪的阿公阿婆们正在拾掇着海味，而年轻的女人们则在码头上修补着渔网。今年 46 岁的吴姐，是这个岛上的土著居民，也是这些补网女人中的"头人"。她说："每年的休渔期，都不允许渔民们出海捕鱼，可趁此修补一下渔网和渔船。""现在鱼少了，没有前几年好捕捞了，所以渔民们只好去人迹罕至的暗礁附近打鱼，但暗礁很容易划破渔网，而现在最便宜的渔网也要好几百元一张，但根本不耐用。"吴姐说，她说她已经补了近 10 年的渔网了，忙不过来就请岛上的居民来帮忙，每人每天能赚取 80 元的酬劳。

你能举些其他的共有资源的案例吗？

任务二　搭便车与公共物品

一、搭便车

搭便车理论首先由美国经济学家曼柯·奥尔逊于 1965 年发表的《集体行动的逻辑：公共利益和团体理论》一书中提出的。其基本含义是不付成本而坐享他人之利。当产品或服务具有非排他性和非竞争性时，理性的消费者自己就不愿意去购买这一产品，而是等着从别人的购买中顺便得到好处。比如楼道里的电灯可以为楼里的居民，提供夜间照明，问题是电灯照明的成本由谁来承担？如果由楼里的一户或几户来承担，那么其他人就可以免费享受这种好处。

◎ **专题8-5　想一想，再做分析**

一个拥挤的十字路口，由于没有红绿灯的控制，每辆车都急于通过路口，从而导致路口变得更加拥挤，大家都无法通过。设置一个红绿灯的成本为5万元，一年该路口通过10万辆汽车，每辆汽车由于能够顺利地通过路口而节约的成本为10元。由于节约的成本100万元大于5万元，设置红绿灯是有效率的。

市场会提供这个有效率的结果吗，可能性比较小。公共物品的非排他性使得通过市场交换获得公共产品的利益这种机制失灵。对于红绿灯提供者而言，他必须能够把那些不付钱而享受红绿灯的人排除在消费之外，否则他将无法弥补生产成本。而对于一个消费者而言，由于公共产品的非排他性，公共产品一旦生产出来，每一个消费者都可以不支付就获得消费的权力，每一个消费者都可以搭便车。所以，当我们开车过红绿灯路口时，从来不会为此付费。

消费者这种行为意味着生产公共产品的厂商很有可能得不到弥补生产成本的收益，在长期中，厂商不会提供这种物品，这使得公共物品很难由市场提供。

由于没有人能被排除在享受公共物品的好处之外，正如前面例子中所看到的那样，每个人最好的选择就是去充当那个搭便车者，最终使社会低估对公共物品的需要，尽管提供公共物品是有效率的，但它会使公共物品生产的资源配置不足。搭便车问题导致的最终结果就是公共物品无法通过市场来进行消费。

二、公共物品

要使消费者的欲望得到满足，公共物品是必不可少的。公共物品提供方式不外乎两种：一种是政府提供，或称之为"公共提供"；另一种是市场提供，政府提供就是政府支付公共物品的生产成本，并向公众免费提供。政府提供公共物品需要各种生产要素，也需要成本支出。政府为提供或生产公共物品而进行筹资的渠道是多种多样的，主要包括：税收、发行政府债券、资本市场筹资等。但是，就公共物品提供而言，市场本身缺乏提供充足的公共物品的机制，公共物品只能由政府提供。下面我们就来分析这个问题。

（一）市场失灵

公共物品与私人物品的区别，就在于它有竞争性与排他性。个人购买公共物品，由于其他人不能被排除在享受商品的好处之外，因此从生产公共物品所花费的资源中得到的社会效用就会超过购买公共物品的个人所得到的效用。显然，在这样的情况下，采取市场提供的方式是不妥的，它会造成资源配置的效率损失。

在图8-1中，AB表示在现有资源和技术条件下，私人物品与公共物品各种可能组合的点的集合，即生产可能性边界。AB切线的斜率就是公共物品和私人物品间的边际转换率（MRT）。i表示效用无差异曲线，i_1与AB的切点E就是有效率的产品生产组合。

如果公共物品与私人物品均由市场提供，由于公共物品具有非排他性和非竞争性，大家

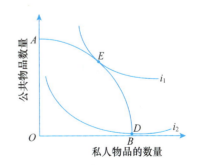

图8-1　公共物品市场提供的效率损失

都不愿去购买公共物品，而是等着搭便车，此时公共物品的市场提供量几近于 0，全部资源都将用于私人物品的生产和消费，并形成产品组合点 D。同样的资源消耗（E，D 在同一条生产可能性曲线上），效用却低了许多（D 点处于比 E 点低的无差异曲线上），这样便造成了效率损失。于是，市场失灵了。

（二）政府失灵与对策

但是，政府提供公共物品往往引起低效率，即所谓政府失灵。公共选择理论认为，政府失灵的原因主要有以下几个方面。

第一，垄断。政府各部门提供公共物品时，没有竞争者，必然导致高成本低质量与低效率。第二，规模最大化目标。政府官员不能把利润占为己有，不会追求利润最大化，但最大规模化可以提升其所掌握的权力和地位，增加提升机会，改善工作条件、减轻工作负担，提高工作薪酬，强化其预算支出。第三，为获得更多选票和中间集团的资助，实施不利于大多数人的预算方案。这些因素共同导致公共物品生产中的低效率。

解决政府低效率问题，公共选择理论认为，可以采取以下措施。

第一，公共部门权力的分散化。一个国家可以有两个以上的电信部门，一个城市应有几个给水排水公司。公共权力集中带来垄断和规模不经济，而公共部门权力的分散有利于降低垄断程度，增加竞争成分，提高效率。

第二，私人公司参与。例如，由政府出资，私人公司通过竞争提供灯塔服务，政府监管服务的质量，公众获得免费的灯塔服务。在处理城市垃圾、消防、清扫街道、医疗、教育、体格检查等公共劳务的生产都可以实行私人公司参与的方式提高效率。要做到这一点，政府必须提供完善的制度供给，更重要的是，将这些制度贯彻落实。

第三，地方政府之间的竞争。如果资源及要素，尤其是劳动力可以自由流动，则会促使地方政府间的竞争、防止职权被滥用并提高效率。因为，某地税收太高或者垄断程度高，投资环境差，政府提供的公共服务差、价格高，居民会迁出从而会减少当地政府的税收。

三、共有资源

共有资源的性质介于私人物品和公共物品之间。一方面它和公共物品一样具有非排他性，想要享用共有资源的任何一个人都可以免费使用；另一方面它与私人物品一样具有竞争性，一个人使用了共有资源就会减少他人对共有资源的享用。在日常生活中，可以找到许多共有资源的例子，例如海洋、草原、清洁的空气和水以及石油矿藏等。

（一）过度使用

数千年前的古希腊哲学家亚里士多德就指出了共有资源的问题：许多人共有的东西总是被关心最少的，因为所有人对自己东西的关心都大于与其他人共同拥有的东西。共有资源往往被过度使用。

海洋是一个典型的共有资源。许多国家都濒临大海，由于海洋是如此浩瀚，实施任何协议都是困难的。因此对于海洋中的任何有经济价值的水产品，任何国家、任何组织、任何个人都是可以进行渔业作业的。这就使海洋这种共有资源的非排他性充分体现了出来。

在人类利用海洋资源的初期，广阔的海洋就像一个取之不尽、用之不竭的聚宝盆。在一两百年以前，海洋生物的数量、品种还是非常丰富的，那时候的人们对海洋资源的利用是非竞争性的。

然而，随着生产力的不断提高，人类社会的不断进步，人类活动的范围越来越大，各种各样先进的航海与渔业工具被创造了出来，人类对海洋的索取能力也越来越强。随着地球上的人口不断地增加，人类对海洋的依赖就越来越强，索取也就越来越多，各国对渔业资源的需求却有增无减。同时，大量的生活垃圾，各种工业废水、废渣也通过大江、大河排到了海里，严重污染之下，海洋渔业资源日益减少。由于渔业资源不再是无限的，于是竞争性捕捞就开始了。但由于海洋是"共有的"，从捕鱼者的角度来看，获得渔业资源完全是免费的，他们的经济利益直接与捕鱼的数量挂钩，个体利益与全球利益对立了起来，这种竞争的结果使人类对海洋资源的破坏变得更加疯狂。

在这里，海洋渔业资源是所有海洋渔业生产者所共有的，而渔业资源又是有限的。通过上面的分析发现一个共有资源面临的问题，那就是：当一个人利用共有资源时，便减少了其他人对这种共有资源的享用，换句话说，他使别人产生了负的外部效应或外部成本。把使用共有资源而产生的外部效应所造成的问题称为共有资源问题。

◎专题8-6 看一看，再分析

日本农林水产大臣鹿野道彦(2011年10月)4日宣布，日本政府将派遣一艘船保护捕鲸船队。

鹿野说，除了派遣一艘船，日本政府打算制定其他措施，以保护捕鲸船队免遭环境保护主义者攻击。

日本捕鲸船队定于11月出发，前往南极海域捕鲸。由于遭到环境保护主义者船只的干扰，日本捕鲸船队今年2月结束捕鲸作业，早于往年。

反对日本捕鲸的"海洋守护者协会"上周宣布，定于12月组建比往年更强大的反捕鲸船队，不惜冒险，阻止"捕鲸者的贪婪举动"。

国际捕鲸委员会1986年通过《全球禁止捕鲸公约》，禁止商业捕鲸，但允许以科学研究为目的猎捕。日本利用这一漏洞，借科研之名捕鲸，每年捕杀数百头鲸，但这些鲸最后大多都上了本国居民的餐桌。德新社提供的数据显示，1987以来，日本共捕杀超过3.5万头鲸。

(二)成因分析

通过上面的分析可以得出一个一般性的结论：共有资源往往被过度使用。那么，是什么原因造成这种结果呢？实际上这一现象的经济根源是外部性。当一个国家在捕鲸时，这种行为使整个人类社会受到损害，我们称之为负的外部效应。由于捕鲸者只是根据自己的利益出发来的，而并没有考虑到由于他们的行为带来的负外部效应。详细内容见下一任务的外部性分析。

任务三 外部性应对

到目前为止，除了在上一任务中分析共有资源问题成因的时候，提到了外部性影响以外，在前面所有微观经济理论的讨论中都有一个隐含的假设：单个消费者或生产者的经济行为对他人的福利不产生影响。换言之，就是单个经济单位从其经济行为中所产生的私人成本和私人效益等同于该行为所造成的社会成本和社会效益。但在实际经济生活中，情况并不总是这样。

一、界定外部性

所谓外部性是指个体的行为对他人福利的影响。当个体从其活动中得到的私人利益小于该活动所带来的社会利益时，称之为正外部性，或外部经济；当个体在其活动中所付出的私人成本小于该活动所造成的社会成本时，称之为负外部性，或外部不经济。

私人利益是指，某一经济主体通过市场上的经济活动所得到的利益。社会利益是指，某经济主体的私人利益加上该经济主体经济活动所产生的外部收益，即社会利益=私人利益+外部收益。

企业的私人利益小于其社会利益，即外部收益大于零时，就会产生外部收益。当某一行业中的某个企业增加产量时，可使为该行业服务的其他行业企业提高效率，从而使与该企业向行业的其他企业由此受益。又如，某一个消费者出资建造外观上很漂亮的房屋，并在住宅周围种植花草，这不仅会使该消费者自己受益，也会使他的邻居受益；家长教育自己的孩子，使其成为有责任感的公民，也会给其邻居和社会带来好处。在这种情况下，消费者的私人利益只是他的消费活动所产生的全部社会利益的一部分，从而引起外部收益；当你发明一种更好的清除油外漏污染的方法时，其利益便会外溢到许多人之中，但那些人并不会给你任何支付。

私人成本是指企业在生产商品时发生的各项费用。社会成本是指外部成本加上私人成本。例如，工厂排放有毒物质，使社会受到损失，却不用为付费。从社会观点看，这种损失应该算作生产费用一部分。这样，社会成本是私人成本加上对别人应当补偿的损失，即社会成本=私人成本+外部成本。企业的私人成本小于社会成本，即外部成本大于零时，就会产生外部成本。

外部成本也会发生在消费者身上；例如吸烟有害于他人的健康，但吸烟者却不必为受害者提供任何补偿；在这种情况下，消费者个人为其本人的消费所支付的成本只是这种消费活动的全部社会成本的一部分，从而产生外部成本。

在生产过程中，如果各个企业以自身利益为行为目标，它只考虑自己所承担的成本以及自己所得到的利益，并以此作为生产决策的依据。在这样的情况下可能产生外部性，其结果是个人与社会或他人的利益发生冲突。也就是说，在出现外部性的情况下，市场竞争不能实现效率。

◎ **专题8-7　看一看，再分析**

20世纪初的一天，列车在绿草如茵的英格兰大地上飞驰。车上坐着英国经济学家A. C. 庇古。他边欣赏风光，边对同伴说：列车在田间经过，（蒸汽）机车喷出的火花飞到麦穗上，给农民造成了损失，但铁路公司并不用向农民赔偿。

将近70年后，1971年，美国经济学家乔治·斯蒂格勒和阿尔钦同游日本。他们在高速列车上想起了庇古当年的感慨，就问列车员，铁路附近的农田是否受到列车的损害而减产。列车员说，恰恰相反，飞速驰过的列车把吃稻谷的飞鸟吓走了，农民反而受益。当然铁路公司也不能向农民收"赶鸟费"。

（一）正外部性

当个体的经济行为对他人产生了有利的影响，而自己却不能从中得到报酬时，便产生了生产的正外部性。正外部性的例子很多，比如晶体管的发明。1948年，贝尔实验室发明了广晶体管，这一发明预示着电子时代到来。快速超级计算机、电子电话转换器、立体声设备、数字手表和无数其他相关产品随之出现。贝尔从这种发明中获得了丰厚的收益，即私人利益。

仅晶体管革命所产生的外部性给全世界带来的外部收益，贝尔却分文未得。晶体管并不是一个孤立的例子。人类各个时代的发明和发现，从车轮、火、计算机到超导，都不可避免地带给人们外部收益。这些外溢的好处比发明者自己所得要大得多得多。

◎ 专题8-8　想一想，再举例

举一个例子加以分析，两个农业生产者，一个生产蜂蜜，另一个种植苹果，由于蜜蜂到苹果树上去采蜜使苹果的产量增加，蜜蜂使苹果产量增加这一有益效果对于养蜂人就是正外部性。

如图8-2所示，假定养蜂人为非完全竞争厂商，养蜂人的私人边际收益为MR_1，社会边际收益为MR_2，在这样的情况下，养蜂的数量由边际收益和边际成本共同决定。但由于存在正外部性，即蜜蜂使苹果产量增加，所以社会边际收益MR_2比养蜂人的私人边际收益MR_1要高，养蜂人依私人边际收益MR_1等于边际成本的原则确定产量，即为市场衡量产量。但是有社会效率的产量应依社会边际利益等于边际成本的原则而定，是为最适量。然而依靠市场力量无法使养蜂量达到有效率的最适量。

你能对其他正外部性的案例进行分析吗？

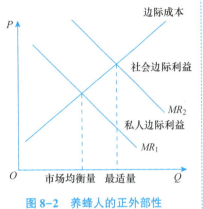

图8-2　养蜂人的正外部性

（二）负外部性

私人成本与社会成本之间的矛盾，在整个社会经济中随处可见：社会对汽车的所有者，既不对他的排气污染收费，也小对他造成公路拥挤收费。航空公司不必为他们造成附近住户的不适付费。饮料瓶制造商只知道用不回收的瓶子便宜，但对废物处理的外部成本却不付分文。由于外部性的存在，产生了私人成本和社会成本的差别。

◎ 专题8-9　想一想，再分析

工厂排污从来就不是什么新鲜事。即便有被处罚的风险，仍有企业偷偷地直接排放未经任何处理的污水不。如图8-3所示，对于工厂来说它的私人边际成本为MC_1，但由于工厂的负外部性，即外部成本的存在，所以社会边际成本高于工厂的边际成本，如图8-3中MC_2所示。这时如果工厂不用承担外部成本，它所决策的产量就是由自己的边际成本MC_1和需求曲线D的X_1。但对于整个社会来说，由于外部成本的存在，最有效率的产量应是由社会边际成本MC_2和需求曲线D决定的X_2。这说明，在个体不承担外部成本的时候，他们的决策产量总会超过社会有效率的产量，造成社会效率的损失。

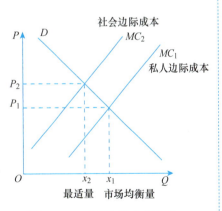

图8-3　工厂废气的负外部性

二、解决外部性

解决经济外部性可以采取以下政策：管制与排污权交易、税收和津贴、产权重新界定、合并—外部效应内部化等。

（一）管制与排污权交易

1. 管制

管制即是对生产者的行为做出某些限制，一般有两种形式：一种是严禁生产者的某些行为；另一种是对生产的程度、规模和数量加以限制。例如，国家明令禁止生产、使用高毒农药。

要完全禁止或管制某些行为，存在着技术上和经济上的困难。例如，实际上所有的交通方式甚至包括马车都会给环境带来负的外部影响即污染。然而，要让政府禁止所有的交通方式肯定是不明智的。在这样的情况下，政府需要评价成本和收益，以便做出允许哪种污染或允许污染多少的决定。

政府管制的另一个困难在于，它不能适应变化的环境。政府所规定的产出水平只有在一组给定的供给和需求曲线的条件下才被认为是符合效率的，一旦供给和需求发生变化，这一规定的产出水平就不再符合效率了。然而政府的决策要跟上这种变化并经常进行调整，一般来说是不可能的，更何况政府所做出的决策要经过收集数据、分析论证等过程，这一过程本身就有滞后性。

另外，政府制定出管制的总量后，又如何确定每个企业具体的限量呢？理论上可以通过测算每个企业的外部成本来规定其限量，但实际上要让政府具体了解每个企业的具体生产状况也是非常困难的。此外，限量本身并没有要求企业承担这种外部成本，相反，这些企业因为限量而获得了超额利润，因此管制只有在税收的配合下才能很好地解决问题。

2. 排污权交易

假设有一个钢铁厂和一个造纸厂都要排污，政府规定每个厂每年的排污量为 300 吨，违反这一规定要重罚。如果这两个厂要求进行一笔交易：钢铁厂以 500 万元购买造纸厂的 100 吨排污权。这样，钢铁厂每年可排污 400 吨，造纸厂每年可排污 200 吨。这两个厂排污总量没变，对环境的影响也没变。允许这种排污权的买卖会有什么影响呢？双方都能从这种交易中获得好处。假设钢铁厂由于生产技术特点，减少污染成本甚高，例如，减少 100 吨污染需要 600 万元。造纸厂减少污染成本低，减少 100 吨污染仅需 400 万元。当双方以 500 万元 100 吨污染权成交时，对钢铁厂而言，多排 100 吨污染物，节省了 600 万元，以 500 万元购买 100 吨排污权增加收益 100 万元。对造纸厂而言，少排 100 吨污染物增加支出 400 万元，以 500 万元出卖 100 吨排污权，也增加收益 100 万元。

如果政府允许这两个企业交易排污权的话，"看不见的手"将会实现这种排污权的有效配置。从经济效率的观点看，重要的是控制污染总量，排污在企业之间如何配置是无关紧要的。这个结论的逻辑与科斯定理背后的逻辑相似，即只要存在排污权交易市场，无论最初的配置如何，通过排污权的交易，最后的配置将是有效率的。

◎专题8-10　美国酸雨计划

没人喜欢酸雨，排放污染、制造酸雨的人也不例外。他们并不是在无缘无故地制造污染，污染不过是某种生产的副产品，而这种生产对社会是有益的。二氧化硫是煤炭燃烧以后产生的气体，这种气体在大气中经过复杂的变化，形成酸性的雨水，就是酸雨。

禁止燃烧煤炭肯定会大大降低二氧化硫的排放。可是，在没有替代能源的情况下，禁止燃烧煤炭是不可想象的。难道冬天可以不取暖吗？难道工厂里的锅炉都应该熄灭吗？当然不行。可是，酸雨那么有害，即使不能禁止，似乎也应该尽量减少煤炭的燃烧。可是企业为此蒙受经济损失，怎么办呢？环保主义者会说，没办法，那是人们为了保护环境而应当承受的牺牲。

正是在这种思路指引下，当20世纪70年代酸雨逐渐对环境造成严重威胁时，美国政府颁布法规，严厉控制污染排放量。法规要求所有排放污染的工业企业都要努力压缩各自的二氧化硫排放量，以减少总的大气污染。不过，法规执行一段时间过后，人们发现，这种强制规定的效果比立法者当初想象的要差多了。工厂减少排放，势必影响生产，企业的经济效益受损。经济效益受到影响的企业对政府法规的抵触越来越强，他们有各种各样的办法来逃避管制。政府执法的难度越来越大。环境保护的效果并不理想。而且，整体经济发展还受到了严重的影响。

保护环境固然重要，但在现实中，无论是政府，还是企业，都很难做到"不惜一切代价"。那么，放弃对污染的控制，任由企业排放污染呢？这当然也不行。问题的解决一时走入困境，相关各方陷入了一个无法解脱的"局"。

这时，经济学家站了出来。他们指出，政府的做法是反市场的，必然遭到企业的抵制，而且也达不到最初设想的效果。酸雨的问题，看起来是市场失灵的结果，可是实际上，解决这个问题还是要依靠市场机制本身。在这个看起来市场无法发挥作用的地方，其实市场与人们之间的自愿交易仍然提供了最好的解决办法。

经济学家说，生产和污染，在既有的技术条件下，是硬币的两面。自然环境有相当的自我净化能力。也就是说，环境可以容纳一定数量的污染，并通过大气循环、水循环等办法把污染消除。人们面临的真正问题，不是怎样彻底消除污染，那也就消除了生产，而是怎样高效率地利用这种资源，生产出尽可能丰富的产品，最大限度地满足人们的需要。

在这个思路指引下，经济学家提出了酸雨的解决办法，这就是著名的美国酸雨计划。酸雨计划的核心是基于市场的许可证交易，前提是认可人们的环境使用权。也就是说，在环境有自我净化能力的前提下，人们有权力向环境中排放一定量的污染。

如果上述前提被接受的话，环境问题就转化为以下两个问题：一、环境对污染物的容量是多少；二、在社会中，怎样分配这些污染量，才能做到产出最大化，也就是效率最高。第一个问题是技术问题，由环境科学家进行定量研究。第二个问题则是一个资源分配问题，应该交给市场去解决。美国的酸雨计划的主要部分正是围绕着这两个问题展开的。

首先，经过多方面的科学研究，政府制定了最高污染排放量，实施污染总量控制。然后，把污染总量分配给行政区内的各个污染制造者。这种分配当然必须是透明平等的，所有企业或者公民个人可以任意核查。得到污染排放许可权的企业拥有相应的许可证。

接下来的事情就交给市场了。企业可以自由交易他们手中的污染许可证。听起来这个情景挺恐怖：一群脑满肠肥的资本家为了利润最大化交易着他们手中制造污染的权力。可是实际上，这是一个奇妙的发现过程。人们通过彼此之间的自愿交易寻找最高效分配污染量的解决方案。

在酸雨计划以前，所有制造污染的企业必须同等地降低其排放量。可是，对于不同的企业来说，降低排放的困难度是不一样的，降低排放所需的费用，对于不同的企业来说大不相同。有的企业可能只需花一点点钱就可以大幅降低排放；而有的企业，即使竭尽全力，可能也很难降低排放。这就好像要求所有的社区消灭同样数量的老鼠。那些非常干净的社区可能已经无鼠可捕，花费大笔钱才能抓到一只老鼠。倒是那些遍地垃圾的社区可以轻松完成灭鼠任务。

酸雨计划实施以后，就像经济学家预计的那样，交易许可证得到了企业的欢迎。那些得到了排污许可证的企业，很乐意在二级市场上交易他们的污染权。也只有通过这种交易，人们才能真正发现不同企业降低污染的真实成本。在强制减排时期，所有企业都在叫喊着他们已经尽了全力。他们对于排污的需求一定是多多益善的。可是，如果排污权可以卖出去，他们的真实情况就会不可避免地暴露于光天化日之下。在经济利益的刺激下，他们降低污染的能力甚至超过了他们自己的预期。

美国的酸雨计划取得的成果超出了人们的想象。在酸雨计划以前，为了达到减排指标，美国社会每年需花费50亿美元。计划制订者估计，酸雨计划可以把这个花费降低到40亿美元，可是实际结果是，实施排污权交易以后，同样的排放总量，只花费了20亿美元。而且，参与交易的企业，污染总排放量降低了45%，而那些没有机会参与交易的企业，排放量却增加了12%；社会体制最理想的状态就是让那些有益的行为同时也是明智的行为。应该说，美国酸雨计划就是这样一个非常好的社会体制。在这个计划下，对整个社会有益的事情同时也是对企业有利的事情。

美国的酸雨计划后来被推广到世界上许多国家，都取得了很好的效果。后来，污染权交易还在世界范围内进行。一般人认为，富裕的发达国家应该为减少地球污染做出更多贡献，他们应该带头降低自己的排污量。这种简单化的认识显然不符合经济规律。符合经济规律的做法是让那些减污花费最低的国家更多地降低污染，而他们的努力将通过交易排污权得到足够的补偿。

1998年，美国芝加哥股市首次抛出减少温室气体证券。当时，发达国家减少空气污染的费用达到每吨空气100美元，而一些发展中国家这方面的费用则只有几美元。在此巨大利差之下，最好的方案自然是发展中国家把排污权卖给发达国家，这样一来，地球总体的污染数量不变或减少，而发展中国家则得到了大笔现金。比如，哥斯达黎加这个小国通过该市场每年可以从出售排污权中获得2.5亿多美元。

（二）庇古税和补贴

用税收的办法来解决外部性问题，这一古典的办法首先是由庇古于20世纪20年代明确提出来的，至今仍然是经济学家给出的对外部性问题的"标准"解决办法之一。因此，通常把用于纠正负外部性影响的税收称为庇古税。

管制本身并没有要求企业承担外部成本，而税收的效果也许比管制更有效率。以污染为例，政府可以通过确定不同的税收水平，实现政府所想要实现的污染控制程度。税收越高，污染越少，如果税收水平足够高，使得生产厂家无利可图，厂家就会停止生产，污染就减少为零。

对于负外部性造成的效率损失的纠正，关键是要找到使外部成本"内部化"的手段和方法。向具有外部成本的生产者征税，税收与其所产生的外部成本相一致，就可以将这部分成本内部化，使得生产者承担了外在成本。此时，私人成本增加，并与社会成本一致。

正如市场把物品分配给那些对物品出价最高的买者一样，庇古税规定了污染权的价格，它把污染权分配给那些消除污染成本最高的企业。无论政府选择的污染水平是多少，它都可以通过税收以最低的成本达到这个目标。同时庇古税的征收还可以激励企业去开发更清洁的技术，因为使用更清洁的技术有利于减少企业支付的税收。

另外，补贴也可以实现对外部性的校正。庇古在他的《福利经济学（第四版）》中也强调了对生产有正外部性的厂家提供补贴是值得的。补贴的作用在于让具有正外部性的生产者的私人收益与社会收益一致。

同管制一样，税收和补贴作为治理外部性的一种方法，其关键在于恰当地评价外部成本和外部收益。无论过高还是过低地估价外部成本和外部效益都会造成效率损失。

（三）产权界定与科斯定理

产权是确定一种资源的法律所有者，并界定使用这种资源方式的一种规定。如果产权是完全确定的，而且得到充分的保障，则外部影响就可以消除。

1960年，罗纳德·科斯在《法学与经济学杂志》中发表了一篇叫《社会成本问题》的文章，阐述了他的关于外部效应的思想，后人把它总结为科斯定理。其主要内容是：只要产权是明确的，并且其交易成本为零或者很低，则无论开始把这种产权赋予谁，有关各方总能达成一致协议，使市场均衡的最终结果都是有效率的。可见，前述的庇古税与补贴措施也可以看作是科斯定理的具体应用。

◎ **专题 8-11 想一想，再分析**

现在举一个例子来说明科斯定理。假设有一个工厂，把它的生产污水不断排向附近的一条河流，在这条河的沿岸住着50户居民。如果由于河水污染使每户居民损失2000元，那么50户居民一共损失10万元。假设这个时候有两种解决方法：一种方法是工厂建一个污水处理池，其费用为8万元；另一种方法是补偿居民的损失10万元。

按照科斯定理的含义，对于河流污染问题的解决，无论是给予工厂污染的权力，还是给予居民不受污染的权力，只要工厂与50户居民的协商费用为零或很小，那么市场机制总是可以得到最有效率的结果，即采取修建一个污水处理池的方法。

如果把排放污水的权力给予工厂，那么沿河居住的50户居民就会联合起来，共同给排放污水的工厂义务修建一个污水处理池。这是因为修建污水处理池的费用为8万元，每户仅需出资1600元，低于每户的损失成本2000。如果把不受污水侵害的权利给予50户居民，那么工厂便会自动修建一个污水处理池。因为如果工厂要继续污染的话，它要向居民赔偿10万元，高于修建污水处理池的费用8万元。

尽管科斯定理的逻辑很吸引人，但交易成本为零或很低的假设却经常不成立。现在假设工厂有排放污水的权利，50户居民由于居住分散、意见难统一，致使共同行动的成本较大。假如每户耽误工时、精力损耗等折合450元，再加上每户1 600元的修建费，共计每户2 050元，超过了他们的损失2 000元。此时，科斯定理失效了。

(四)合并使得外部影响内部化

例如，上游造纸厂与下游养鱼场的合并，合并的企业会把纸产量推进到使上游造纸厂的边际收益等于下游养鱼场的边际损失时为止。一个占地面积较大的度假村，兼并周围的服务企业后，服务企业可因此得到较多的顾客，而度假村则因服务企业的加盟而改善其整个经营环境。一个大城市所产生的空气污染并不局限于该市市区之内，对邻近县区也有影响；大城市作为商业、文化中心，也会给邻近地区带来好处—大城市辐射，如果建立辖区较大的跨区域性的政府，就可将大城市的外部效应内部化。

《 课 后 训 练 》

一、单项选择题

1. 市场失灵是指(　　　)。

　　A. 市场价格机制的运行不再具有灵活性

　　B. 商品需求对价格变化的敏感程度下降

　　C. 市场对稀缺性资源配置的无效率

　　D. 收入分配不均

2. 不完全竞争市场中产品价格(　　　)其边际成本导致低效率的资源配置结果。

　　A. 大于　　　　　　　B. 小于　　　　　　　C. 等于　　　　　　　D. 以上都有可能

3. 垄断缺乏效率的经济学含义是(　　　)。

　　A. 垄断厂商没有在平均成本曲线的最低点进行生产

　　B. 消费者购买最后一单位商品得到的边际效用超过生产该商品的边际成本

　　C. 垄断厂商没有遵循边际收益等于边际成本的利润最大化原则

　　D. 垄断厂商的经济利润为零

4. 垄断厂商销售商品的价格(　　　)。

　　A. 等于边际成本　　　　　　　　　　B. 小于边际成本

　　C. 高于边际成本　　　　　　　　　　D. 无法确定

5. 垄断厂商的产量(　　　)。

　　A. 等于竞争产量　　　　　　　　　　B. 大于竞争产量

　　C. 小于竞争产量　　　　　　　　　　D. 以上都不对

6. 为提高资源配置的效率，政府对待竞争性行业中厂商垄断行为的原则是(　　　)。

　　A. 限制　　　　　　B. 提倡　　　　　　C. 放任　　　　　　D. 支持

7. 被谢尔曼法禁止的经济行为是(　　　)。

　　A. 差别价格　　　B. 垄断　　　C. 纵向合并　　　D. 以上都不是

8. 某人的行为给其他人带来经济利益，但其他人并不为此支付费用，这种现象称之为（　　）问题。

    A. 公共物品　　　　　B. 搭便车　　　　　C. 外部经济　　　　　D. 外部不经济

二、多项选择题

1. 某种经济活动存在外部不经济是指该活动的（　　）。

    A. 私人成本大于社会成本　　　　　B. 私人成本小于社会成本

    C. 私人利益大于社会利益　　　　　D. 私人利益小于社会利益

2. 下面（　　）的活动会引起正的外部性。

    A. 消费比萨饼　　　　　B. 在课堂上教育某位学生

    C. 公共场所吸烟　　　　　D. 注射麻疹免疫针

3. 下面（　　）的情况下不会产生外部性。

    A. 企业向空气中排放污染物　　　　　B. 家庭主妇铲掉家门口的雪

    C. 在一个人的封闭环境里吸烟　　　　　D. 养蜂人的蜜蜂给邻居的果树授粉。

4. 流感疫苗接种具有外部性是指（　　）。

    A. 医生从接种中得到更多的收入

    B. 接种减少了其他人感染流感的可能性

    C. 接种减少病假，使人们可以获得更多的收入

    D. 要忍受接种可能引起的副作用

5. 经济活动存在外部经济可能是指存在（　　）的情况。

    A. 私人利益大于社会利益　　　　　B. 私人成本大于社会成本

    C. 私人利益小于社会利益　　　　　D. 私人成本小于社会成本

6. 用征税的方法纠正污染的优势在于（　　）。

    A. 社会问题的控制权集中　　　　　B. 减少私人成本和社会成本的差距

    C. 社会问题的控制权分散　　　　　D. 拉大私人成本和社会成本的差距

7. 科斯定理表明（　　）。

    A. 政府应该对引起外部不经济问题的厂商征税

    B. 在一定条件下私人之间的协商能够消除外部性问题的影响

    C. 通过协商解决外部性问题一定有助于提高效率

    D. 政府不应该对引起外部不经济问题的厂商征税

8. 外部经济问题发生在（　　）时。

    A. 当市场价格不能反映交易涉及的所有成本和收益

    B. 当竞争建立在自身利益最大化的前提下

    C. 当厂商追求利润最大化目标

    D. 当市场不能完全出清时

三、判断题

    1. 可以通过物品分割的方式解决公共物品问题。　　　　　（　　）

    2. 严格监督可以杜绝公共物品的搭便车现象。　　　　　（　　）

    3. 公共物品可以由私人来生产。　　　　　（　　）

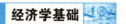

4. 污染具有负的外部不经济，所以政府只有通过行政手段禁止这种行为。　　　（　　）

4. 外部性问题涉及经济学的规范分析。　　　（　　）

5. 解决负的外部性问题各种手段的本质是社会成本的个人化。　　　（　　）

6. 逆向选择都是由事先的信息不对称性引起的。　　　（　　）

7. 由于不完全信息，物品的需求曲线可能向上倾斜。　　　（　　）

8. 寻租活动是腐败的经济学原因。　　　（　　）

四、简答题

1. 厂商利益与社会利益矛盾的主要表现有哪些？

2. 市场失灵的主要原因及其对策。

3. 如何认识市场失灵与政府失灵。

七、计算题

1. 假设有 8 个人住在同一条路上，每个人愿意为增加每一盏路灯支付 3 元。若路灯的成本函数为 $C(x) = x^3$，x 代表路灯的数量。计算：最优路灯数量。

2. 如果按照对于公共电视服务的不同偏好将消费者分为三组，他们对公共电视节目小时数 t 的需求曲线分别是，$t_1 = 100 - P$，$t_2 = 180 - P$，$t_3 = 280 - P$。假定公共电视服务是纯公共产品，提供该服务的边际成本为每小时 80 元。计算：

（1）公共电视的均衡播放小时数。

（2）由私人市场提供公共电视节目时均衡播放小时数。

3. 假设某产品的市场需求函数为 $Q = 1\,000 - 10P$，成本函数为 $C = 40Q$，计算：由垄断厂商生产这种产品，利润最大时的产量、价格以及利润。

核算国民收入

学习目标

知识目标：了解宏观经济的含义、流派；了解国民生产总值等几个宏观经济变量，把握总收入与总支出、实际总供给与总需求的恒等关系；掌握国民收入的核算方法。

能力目标：能运用国民收入的核算方法核算国民收入；能运用国民收入的理论、概念、规律、原理，分析社会的热点问题，提出具体方案解决经济生活中的谜团。。

素质目标：培养数学逻辑推理能力、团队合作精神。

思政目标：具有爱国主义情怀、民族自豪感，适应改革开放、市场经济的形势，将爱国热情融入中华民族伟大复兴的征程中，主动分析国民收入，运用宏观经济规律，努力做大国民收入，谋求人民的福祉。

《 任 务 布 置 》

任务 1：符畅是一名来自盛产椰子的岛屿的学生，村民们仅靠椰子维持生计。在该岛上，有一个种植椰子的农场和一个加工椰子汁的工厂。在 2022 年，农场生产了 2 000 万个椰子，并以每个 3 元的价格卖给椰子汁工厂。椰子汁工厂用这些椰子汁生产了 8 000 万瓶的椰子汁，并以每瓶 3 元的价格出售，但在销售过程中，政府征收了 10% 的间接税（因此，每瓶椰子汁实际售价为 3.3 元）。椰子农场支付给农场工人的总工资为 900 万元，椰子汁工厂支付给工人的总工资为 600 万元。农场和工厂均把净利润中的 50% 保留起来而把剩下的利润以分红的形式发给村民。村民在获得工资和分红以后，要把他们总收入的 10% 以直接税的形式上缴给政府。政府会按 3.3 元每瓶的价格购买 1 000 万瓶椰子汁。假设政府不对村民进行转移支付。（注意，在这里，农场和工厂都不用为他们保留的利润交纳直接税。）

符畅是一个大学生，村民认为符畅很有学问，也听说过 GDP，就问符畅这个岛上创造了多少 GDP？符畅真不赖，为村民上了一课，课程提纲是：

1. 用收入法、附加值法、最终产品法三种不同的方法计算 2022 年岛上创造的 GDP。
2. 政府从税收中获得的总收入。
3. 政府支出额与政府的预算赤字（或预算盈余）数额。
4. 居民的可支配收入。

请你具体完成符畅所列提纲中的数据。

假设在 2023 年，经济运行中的所有其他情况与上面所描述的情形完全一样，只是现在所有商品的价格(椰子和椰子汁)均上涨 3%，请你替符畅分析：

1. 在 2023 年，岛屿上实际经济是否经历了一个扩张？请说明理由。
2. 2023 年的名义 GDP 是多少？
3. 若以 2022 年的价格计算，2023 年的实际 GDP 是多少？
4. 2022—2023 年的通货膨胀率是多少？

任务 2：设一经济社会生产 A、B、C、D 五种产品，它们在 2020 年和 2025 年的产量和价格分别如表 9-1 所示。

2020 年和 2025 年的产量和价格

产品	2020 年产量	2020 年价格	2025 年产量	2025 年价格
A	25	1.50	30	1.60
B	50	7.00	60	8.00
C	40	6.00	50	7.00
D	30	5.00	35	5.50
E	60	2.00	75	2.50

试计算：

(1) 2020 年和 2025 年的名义国内生产总值。
(2) 如果以 2020 年作为基年，则 2025 年的实际国内生产总值为多少？
(3) 2020—2025 年的国内生产总值缩减指数，2025 年价格比 2020 年价格上升了多少？

任务一　宏观经济学

一、宏观经济学简介

宏观经济学(Macroeconomics)是运用总量分析方法，研究国民经济整体的运行及其规律的科学。宏观经济学以国民经济总体为研究对象，研究衡量国民经济总体活动的总量指标及其变动情况，涉及国民经济的重大问题，比如国民收入的决定与变动、国民收入与经济增长、经济周期、充分就业、通货膨胀、国际收支、利率与汇率之间的关系、如何通过财政政策与金融政策来对国民经济进行调节等。"宏观经济学"由挪威经济学家、奥斯陆大学教授拉格纳尔·弗瑞希(Ragnar Frisch)于 1933 年首次提出。1936 年，凯恩斯出版了《就业、货币与利息通论》被认为是现代宏观经济学诞生的标志，而凯恩斯被称为现代宏观经济学之父。宏观经济学的研究对象是国民经济总体，研究方法采用总量分析法，学科性质属于理论经济学，是现代经济学的组成部分。宏观经济学研究的前提条件是市场机制有缺陷，政府可以弥补其不足，解决资源的利用问题，其中心内容是国民收入决定理论。

◎ **专题 9-1　想一想，再分析**

宏观经济学在中国的发展。宏观经济学在中国的发展经历了马克思主义宏观经济理论的继承与发展、马克思主义宏观经济理论向宏观经济学范式转变和宏观经济学"本土化"三个发展阶段。

第一阶段，马克思主义宏观经济理论的继承与发展。这一阶段是从 20 世纪 50 年代到 80 年代初，研究的中心问题是马克思社会再生产理论及其应用。

第二阶段，马克思主义宏观经济理论向宏观经济学范式转变。这一阶段是从 20 世纪 80 年代初到党的十四大之前。

第三阶段，宏观经济学"本土化"。党的十四大以后，摆脱"西方"的范式，实现研究教学内容"本土化"，即与中国经济现象相结合。

二、宏观经济学的流派

（一）古典宏观经济学

古典经济学（Classical Macroeconomics）是贯穿于前凯恩斯时期的经济学文献的宏观经济思想。代表人物有亚当·斯密、大卫·李嘉图（David Richardo）、萨伊（Say）、约翰·斯图加特·穆勒（John Stuart Mill）、阿尔弗雷德·马歇尔（Alfred Marshall）、庇古（Pigou）等。古典宏观经济学认为：资本主义市场经济有可能会偏离产量和就业的均衡水平，但这种偏离是暂时的，市场机制会迅速有效地运作，使经济恢复到充分就业的均衡状态。根据这样的理论，应当让经济自行调节，政府对经济的干预和稳定政策没有必要。

亚当·斯密提出"看不见的手"，即市场力量自身如同一只"看不见的手"能够引导社会经济活动达到某种最优状态，即人们所说的帕累托最优状态。其政策含义十分清楚，政府在自由市场经济体系中的作用十分有限，主张经济自由，反对国家干预经济。

萨伊进而提出，在完全竞争条件下供给会自动创造出自己的需求。萨伊认为，市场经济具有内在的稳定性，市场的自动调节能够达到充分就业。他反对国家对市场的干预，主张放开价格，允许资本自由流动，开展自由的对外贸易。这就是萨伊定律。

（二）凯恩斯宏观经济学

现代宏观经济学诞生于凯恩斯（Keynes，1936）的巨著：《就业、利息与货币通论》。凯恩斯认为，在短期中决定经济状况的是总需求而不是总供给。需求本身可以创出自己的供给，这就是 Keynes 定律。在凯恩斯经济学中，总需求分析是中心。短期中，国民收入水平由总需求决定。通货膨胀、失业、经济周期都是由总需求的变动所引起的。当总需求不足时就出现失业与衰退。当总需求过大时就出现通货膨胀与扩张。从这种理论中得出的政策主张称为需求管理。Keynes 认为，有效需求不足是造成失业的最根本原因，因此，政府应采取措施或制定政策，以刺激需求，才能达到充分就业，使经济稳定增长。凯恩斯总需求理论的另一个意义是打破了市场机制调节完善的神话，肯定了政府干预在稳定经济中的重要作用。

（三）新古典的修正与发展

其代表从物是萨缪尔森（Samuelson，1955）。新古典综合经济学的理论体系可概括为四个主要方面：第一，建立和发展 IS-LM 模型。这一模型是由希克斯（Hicks）、汉森（Hansen）、莫迪利安尼(Modigliani)等人建立与发展；第二，建立凯恩斯主义的 AD-AS 模型；第三，建立揭示通货膨胀与失业之间关系的菲利浦斯曲线；第四，建立新古典增长理论。代表人物哈罗德(1939)、多玛(1947)、索洛(Solow，1956)。

西方经济学者为了发展和完善凯恩斯理论，还在消费理论、投资理论、货币需求理论、宏观经济模型等方面展开研究。

(四)货币主义

其代表人物是弗里德曼(Milton Friedman)。货币主义的主要观点可以归纳为：第一，货币非中性，货币存量的变化是解释收入变化的主要因素；第二，经济不稳定大都来源于货币管理当局的失误导致的货币供给波动；第三，货币供给量变化与收入变化的关系存在时滞，且反复无常，故相机抉择的政策会破坏经济稳定；第四，货币政策的最佳规则是货币供给量应以固定的比率随产量同步增长。

货币主义反对凯恩斯主义的国家干预，主张自由放任。货币主义认为，依靠市场机制的自我调节可以保证经济实现均衡和稳定发展。

(五)新古典主义

其代表人物有罗伯特·卢卡斯(Robert Lucas)、罗伯特·巴罗(Robert Barro)和萨金特(Sargent)、芬·基德兰德(Finn Kydland)、爱德华·普雷斯科特(Edward Prescott)等。卢卡斯提出了"理性预期"(Rational Expectation)的概念。个人和企业可以理性地预测未来的经济事件，当政府的政策被公众完全预期到时，政策就只能影响名义变量，而不会影响实际变量。只有那些没有被预期到的政策才会对实际变量产生影响。他们坚持微观经济主体决策的最优化原则，坚持人们的预期是理性的观点，坚持市场可以即时出清的假设。新古典主义坚信市场自动调节的充分有效性，崇尚自由竞争的市场经济，强调公众的预期对国家经济政策的抵消作用，坚持认为政府的宏观经济政策在稳定经济方面是无效的，应推行更彻底的不干预策略。

(六)新凯恩斯主义

其代表人物有格里高利·曼昆(Gregory Mankiw)、斯蒂格利茨(Stiglitz)、奥利维尔·布兰查德(Olivier Blanchard)、斯坦利·费希尔(Stanley Fischer)、乔治·阿克洛夫(George Akerlof)、罗伯特·霍尔(Robert Hall)、大卫·罗默(David Romer)等。理性人、理性预期、市场非出清，是新凯恩斯主义的基本假设。新凯恩斯主义建立了隐含合同模型，效率工资模型，逆向选择模型，劳动力流失模型，偷懒模型，公平模型，内部人—外部人模型等，提出了名义刚性(Nominal Rigidities)问题、菜单成本观点。用工资和价格刚性来解释经济波动，并证实相机抉择的宏观经济政策的必要性和有效性。

宏观经济学虽然流派众多，但表现出一些共同的特点：第一，从长期来看，一国生产商品和劳务的能力决定着该国的人民生活水平；第二，从短期看，总需求能够影响一国生产的物品和劳务的数量；第三，预期在决定人们的经济行为方面发挥着十分重要的作用；第四，长期中总产出最终要恢复到自然率水平上，而自然率取决于经济中的资本存量和技术水平；第五，宏观经济理论必须有微观基础；第六，政府干预与市场调节必须有机结合。

任务二　国民收入的核算指标

一、国内生产总值

(一)国内生产总值的含义

国内生产总值(Gross Domestic Product，简称GDP)是指一国或地区在一定时期内(通常为一个季度或一年)，在本国或地区领土上生产的各种最终产品和劳务的市场价值的总和。最终产品是指一定时期内生产、同期内不再加工、可供最终消费和使用的产品。最终产品通常包括三类：消费品、军工产品；固定资产积累与储备(包括库存增加)；净出口(进出口差)。中间产品是指没有被最终使用或消费，还要在以后生产中进行再加工的产品或进入下一步生产过程的产品。估算时采用计算增值的方法，是指计算在不同生产阶段增加的产值(Value added)的方法。一般来说，国内生产总值由以下四个不同的部分组成，即消费、私人投资、政府支出和净出口额。用公式表示为：

$$GDP = C + I + G + NX$$

式中，C 为消费、I 为私人投资、C 为政府支出、NX 为净出口额。

(二)理解国内生产总值需要注意的问题

◎**专题9-2　看一看，算一算**

一件上衣从生产到消费者最终使用共要经过5个阶段：种棉、纺纱、织布、制衣、销售。假设棉花价值为20元，并假定它都是当年新生产的价值，不再包含为生产棉花所费的肥料、种子等价值。再假定棉花纺织成棉纱销售价为25元，于是纺纱厂创造的价值是5元，即增值5元。价值25元的纱织成布售价为35元，于是织布厂创造的价值为10元，即增值10元。价值35元的布制成衣卖给销售商售价为50元，于是制衣厂创造的价值是15元，即增值15元。销售商把衣服卖给消费者售价为55元，于是销售商在售卖中增值5元。可见，这件上衣在5个阶段中的价值创造即增值20+5+10+15+5＝55元，正好等于这件上衣的最后售价。

正确理解GDP需要注意最终产品原则、生产部门原则、市场交易原则、合法原则、当年原则、地域原则。具体来说是指：第一，国内生产总值表示的是一个地域概念；第二，国内生产总值核算有一定期限；第三，国内生产总值是一个市场价值概念；第四、国内生产总值核算的是最终产品而不是中间产品的价值总量；第五，国内生产总值是流量而非存量；第六，国内生产总值是指市场活动导致的价值，非市场活动提供的最终产品和劳务没有计入国内生产总值，例如家务劳动、自给自足的生产等。

◎**专题9-3　国家统计局每年公布的GDP数据是怎么得出的?**

GDP核算需要经过以下几个过程：初步估计过程、初步核实过程和最终核实过程。初步估计过程一般在每年年终和次年年初进行。它得到的年度GDP数据只是一个初步数，这个数据有待于获得较充分的资料后进行核实。初步核实过程一般在次年的第二季度进行。初步核实所获得的 GDP 数据更准确些，但因仍缺少 GDP 核算所需要的许多重要资料，因此相应的数据尚需要进一步核实。最终核实过程一般在次年的第四季度进行。这时，GDP 核算所需要的和所能搜集到的各种统计资料、会计决算资料和行政管理资料基本齐备。与前一个步骤相比，它运用了更全面、更细致的资料，所以这个 GDP 数据显得就更准确些。此外，GDP 数据还需要经过一个历史数据调整过程，即当发现或产生新的资料来源、新的分类法、更准确的核算方法或更合理的核算原则时，要进行历史数据调整，以使每年的 GDP 具有可比性，这是国际惯例。总之，每个时段公布的 GDP 都有其特定阶段的含义和特定的价值，不能因为在不同时间公布的数据不同，而怀疑统计数据存在问题。

二、国民生产总值

（一）国民生产总值的含义

国民生产总值（Gross National Product，简称 GNP）是指一国在一定时期内（通常为一年），按国民原则所生产的最终产品和劳务的市场价值的总和。流量是指一定时期测算出来的量值。存量则是指一个时点测算出来的量值。流量来自存量，流量又归于存量之中。人口总数是个存量，它表示一个时点上人口数；而人口出生数是流量，它表示一个时期内新出生人数。一定的人口出生数来自一定的人口数，而新出生的人口数又计入人口总数。同理，一定的国民收入来自一定的国民财富，而新创造的国民收入又计入国民财富中。国民生产总值是经济学意义上的流量。

◎ **专题 9-4　算一算**

农民以 2 美元的价格把小麦卖给面包师，面包师用小麦制成面包，面包以 3 美元的价格出售。对 GNP 的贡献是多少？

（二）国民生产总值与国内生产总值的区别

二者的区别主要体现在核算产出时确定的统计标准不同。国民生产总值是按"国民原则"核算的，它以"常住居民"为统计标准，凡是本国居民生产的，不管生产是在哪里进行，都计入国民生产总值；而国内生产总值是一年内在本国领土上所生产的最终产品和劳务的市场价值总和。它是按"国土原则"作为统计标准的。这就是说，国内生产总值包括本国与外国公民在本国所生产的最终产品的价值总和。

国民生产总值=国内生产总值+本国公民投在国外的资本和劳务所创造的收入
－外国公民投在本国的资本和劳务所创造的收入

要注意，目前，大多数西方国家都采用 GDP 指标作为国民收入核算基础，其中美国在 1991 年后也采用 GDP 作为核算基础。中国从 20 世纪 80 年代中期开始，逐步引进和采用 SNA 体系即国民账户体系，采用 GDP 总值指标作为考核国民经济发展和制定经济发展战略目标的主要指标。

◎专题9-5 想一想，再分析

一个中国公民在美国开公司，该公司某年生产的产品价值为1 000万美元，对中国和美国当年GDP、GNP有什么影响？

三、国内生产净值

(一)国内生产净值的含义

国内生产净值(Net Domestic Product，简称NDP)是指一国新创造的价值，即净增加值。任何产品价值中不但包含有消耗的原材料、燃料等的价值，而且包含有使用的资本设备的折旧。最终产品价值并没有扣去资本设备损耗的价值，因此，还不是新创造的价值，因而最终产品市场价值总和只能称国内生产总值。如果在最终产品价值中把生产过程消耗的资本设备的价值也扣除了，就得到了净的增加值，即国内生产净值。

(二)国内生产净值与国内生产总值的关系

国内生产净值(NDP)＝国内生产总值(GDP)－折旧

四、国民收入

(一)国民收入的含义

这里的国民收入是指狭义的国民收入(National Income，简称NI)，它是一个国家在一定时期内(通常为一年)，用于生产产品和提供劳务的各种生产要素(土地、劳动、资本与企业家才能)所获得报酬(收入)的总和。

(二)国民收入与国内生产净值的区别

从理论上讲，国民收入是从分配的角度考察的，国内生产净值是从生产的角度考察的；从数量上讲，国民收入等于国内生产净值减去企业间接税再加上政府津贴。

(三)国民收入的构成

国民收入(NI)＝国内生产净值－企业间接税＋政府津贴
＝工资＋利润＋利息＋租金＋津贴

五、个人收入

(一)个人收入的含义

个人收入(Personal Income，简称PI)，是指一个国家所有个人在一定时期内(通常为一年)，从各种来源所得到的收入的总和。它包括劳动收入、企业主收入、租金收入、利息和股息收入、政府转移支付和企业转移支付等。

(二)个人收入的构成

个人收入＝国民收入－(公司未分配利润＋公司所得税＋公司和个人缴纳的社会保险费)＋
(政府对个人支付的利息＋政府对个人的转移支付＋企业对个人的转移支付)＋
股息和红利＝工资和薪金＋企业主收入＋个人租金收入＋个人利息收入＋

政府和企业对个人的转移支付-公司和个人缴纳的社会保险费+红利

(三)个人收入与国民收入的区别

个人收入与国民收入的不同之处在于：国民收入中有一部分不分配给个人，如公司未分配利润、公司利润税等，这不构成个人收入。而个人收入中通过再分配渠道取得的部分，如政府和企业对个人的转移支付，则不属于国民收入。

六、个人可支配收入

(一)个人可支配收入的含义

个人可支配收入（Personal Disposable Income，简称 PDI），是指一个国家所有的个人在一定时期内（通常为一年）所得到的收入总和减去个人或家庭纳税部分，即实际得到的由个人自由使用的收入。个人税包括个人所得税、财产税等；非税支付包括罚款、教育费和医疗费等。因此，个人收入并不是人们实际得到的、可任意支配的全部款项，它必须扣除个人税和非税支付之后，才能归个人自由支配。

(二)个人可支配收入的构成

个人可支配收入主要用于两个方面，一是用于个人消费，包括食品、衣物、居住、交通、娱乐等；二是用于个人储蓄，包括个人存款、个人购买债券等。个人可支配收入用公式表示为：

个人可支配收入＝个人收入－（个人所得税＋非税支付）

＝个人消费支出＋个人储蓄

◎**专题 9-6　看一看，再想一想**

为了理解上述指标之间的相互关系，下面列示了某国某年国民收入的统计资料：

项目	收入
资本折旧	3 564
雇员佣金	18 663
企业支付的利息	2 649
间接税	2 663
个人租金收入	341
公司利润	1 648
非公司企业主收入	1 203
红利	664
社会保险税	253
个人所得税	4 021
政府支付的利息	1 051
政府转移支付	3 475
个人消费支出	19 919

根据上述已知资料求国民收入、国内生产净值国、内生产总值、个人收入、个人可支配收入。

国民收入 = 雇员酬金 + 企业支付的利息 + 个人租金收入 + 公司利润 + 非公司企业主收入
= 18 663 + 2 649 + 341 + 1 648 + 1 203 = 24 504

国内生产净值 = 国民收入 + 间接税 = 24 504 + 2 663 = 27 167

国内生产总值 = 国内生产净值 + 资本折旧 = 27 167 + 3 564 = 30 731

个人收入 = 国民收入 − (公司利润 + 社会保险税) + 政府支付的利息 + 政府转移支付 + 红利
= 24 504 − (1 648 + 253) + 3 475 + 1 051 + 664 = 27 793

个人可支配收入 = 个人收入 − 个人所得税 = 27 793 − 4 021 = 23 772

任务三 国民收入核算

一、国民收入核算的理论

(一)生产要素服务论

生产要素服务论认为，作为生产要素的劳动、土地、资本以及企业家才能均作为独立的生产要素在生产中起到贡献作用共同创造了价值。

◎ 专题 9-7 想一想，再分析

为什么美国作为总产出的主要测量指标原采用 GNP 后来改用 GDP？1991 年以前，美国一直采用 GNP 作为总产出的主要测量值，从 1991 年起改为 GDP。GNP 测量一国的总产出，从收入角度看，包括居民从国外取得的收入(工资、利润、利息)，但要减去支付给国外的同类报酬。与 GNP 不同，GDP 不考虑从国外获得的报酬和支付给国外的报酬，它是一国在国内实际生产的产品和劳务的测量值。GDP 是大多数欧洲国家采用的产出衡量标准，因为这些国家的对外贸易在传统上比在美国要重要得多。近些年来，由于国际贸易对美国变得越来越重要，因此，美国也开始采用 GDP 作为衡量总产出的主要测量标准，这种转变也可以使美国对其他国家的经济比较更加容易。一般来说，一个国家对外经济往来的开放程度越大，采用 GDP 作为测量收入的重要性也越大。此外，由于来自国外的要素收入的数据较难获得，而 GDP 的数据较易获得。加上相对于 GNP，GDP 是一国经济中就业潜力的一个较好的测量指标。例如，外国人来美国投资，解决的是美国的就业问题。因此，把 GDP 作为经济中产出的基本测量指标更合理。

(二)三方面等值论

三方面特指生产、收入、支出这方面。三方面等值论认为，生产会创造收入、收入则是支出的源泉，而支出决定了生产的规模，生产又会创造收入，如此反复无穷循环。因此，生产总额等于支出总额，也等于收入总额。

◎**专题 9-8　想一想，再算算**

由棉花(15美元)到纱布(20美元)中，新创造的价值为 5 美元，这 5 美元是纺纱厂投入的生产要素(劳动、土地、资本、企业家才能)共同创造的，这 5 美元作为要素报酬进行分配，见下表：

收入		产出	
工资、薪金	2		
利息	1.5	棉纱	20
地租	0.5	减：棉花	-15
利润	1		
收入总计	5	产出(增值)	5

基于这两个经济学理论便产生了国民收入核算的方法，即生产法、收入法、支出法。

二、国民收入核算的方法

(一)生产法

生产法又称为部门法或增加价值法，它是按提供产品和劳务的所有部门的增加值来核算国内生产总值的一种方法。用生产法核算时，各物质生产部门要把所使用的中间产品价值扣除，只核算本部门的增加值。商业和服务业等部门也按增加值方法核算，卫生、教育、行政、家庭服务等部门用工资收入核算服务的价值。

按照生产法核算国内生产总值，包括以下部门。

(1) 林业、渔业。

(2) 采掘业。

(3) 建筑业。

(4) 制造业。

(5) 交通运输通信和公用事业。

(6) 商业。

(7) 金融保险、不动产。

(8) 服务业。

(9) 政府服务和政府企业。

以上各部门增加值的总和即为国内生产总值。

生产法用公式可表示为：

$$GDP = \sum (\text{某部门总产出} - \text{该部门中间消耗}) = \sum \text{某部门增加值}$$

(二)收入法

收入法又称生产要素法或要素支出法。这种方法是从收入的角度出发，把生产要素在生产中所得到的各种收入相加，即把劳动所得到的工资、土地所得到的地租、资本所得到的利息和企业家才能所得到的利润相加，来核算国内生产总值。从生产角度看，国内生产总值包括对各种投入要素的支付，这些构成了产品和劳务的成本，所以这种方法也叫成本法。

收入法在核算国内生产总值时应包括以下一些项目。

（1）工资、利息和租金等这些生产要素的报酬。工资包括所有对工作的酬金、津贴和福利费，也包括工资收入者必须缴纳的所得税及社会保险税。利息在这里指人们给企业提供的货币资金所得到的利息收入，如银行存款利息、企业债券利息等，但政府公债利息及消费者信贷利息不包括在内。租金除包括出租土地、房屋等租赁收入外，还包括专利、版权等收入。

（2）非公司企业主收入，即不受人雇佣的独立生产者的收入。如医生、律师、农民和小店铺主的收入。他们使用自己的资金，自我雇佣，其工资、利息、利润、租金常混在一起作为非公司企业主收入。

（3）公司税前利润，包括公司所得税、社会保险税、股东红利及公司未分配利润等。

（4）企业转移支付及企业间接税。这些虽然不是生产要素创造的收入，但要通过产品价格转嫁给购买者，故也应视为成本。企业转移支付包括对非营利组织的社会慈善捐款和消费者呆账，企业间接税包括货物税、消费税、周转税等。

（5）资本折旧。它虽不是要素收入，但包括在总投资中，也应计入国内生产总值。

因此，按收入法核算的国内生产总值用公式可表示为：

GDP＝工资+利息+利润+租金+间接税和企业转移支付+折旧+非公司企业主收入

（三）支出法

支出法又称为最终产品法或产品流动法。这种方法是从产品的使用角度出发，把一年内购买各项最终产品的支出加总，核算出该年内生产出来的最终产品与劳务的市场价值总和。

如果用 Q_1，Q_2，$\cdots$，Q_n 来代表各种最终产品与劳务的数量，用 P_1，P_2，$\cdots$，P_n 来代表其价格，则用支出法核算的公式是：

$$GDP = Q_1P_1 + Q_2P_2 + \cdots + Q_nP_n = \sum P_iQ_i$$

上述产品总支出如果按最终使用去向分类，则主要有消费、投资、政府购买和净出口等四个方向，因此，按支出法核算的 GDP，也可表示为核算一定时期内消费、投资、政府购买和净出口的总和。用公式表示为：

$$GDP = C + I + G + (X - M) \text{ 或 } GDP = C + I + G + NX$$

上式中 C 表示消费支出，I 表示私人国内总投资，G 表示政府购买支出，X 表示出口，M 表示进口，NX 表示净出口。

（1）消费支出。指居民个人购买消费品和劳务的支出，主要包括购买耐用消费品支出、购买非耐用消费品支出和购买劳务支出，但不包括建造住宅的支出。

（2）私人国内总投资支出。投资支出是指增加或更换资本资产的支出，是用于购买可供长期使用的资本品的支出，如机器设备、厂房、存货和住宅等的投资。投资包括固定资产投资和存货投资两大类。

（3）政府购买支出。政府购买支出是指各级政府部门购买产品和服务的支出，包括政府在国防、法治建设、基础设施建设、开办学校等方面的支出。政府购买只是政府支出的一部分，政府支出的另一部分如转移支付、公债利息等都不能计入国内生产总值。

（4）净出口。净出口是指进出口的差额。用 X 表示出口，用 M 表示进口，则 $(X-M)$ 就是净出口。

（四）对三种核算方法的评价

以上三种国民收入核算方法，核算的对象都是 GDP，所得出的结果，从理论上说应该是一致的，因为它们只不过是从不同的角度核算同一 GDP。

国民经济运行本身包括了生产、分配、使用各个环节，形成了一个完整的循环过程。生产创造了收入，收入成为支出的源泉，支出又使生产得以最终完成。

所以，在社会生产各环节上所表现出的经济总量应该是相等的。这就是所谓的"国内生产总值三方等价原则"。

但在实际核算中，由于各种原因，用这三种方法核算的国内生产总值结果可能并不完全一致，在实际操作种，通常是以支出法为主，其后运用收入法和生产法进行修正。

三、国民收入核算的缺陷与修正

（一）国民收入核算的缺陷

1. GDP 指标难以衡量一国经济的全部

由于 GDP 指标只核算最终产品的和劳务的市场价值，因此，不经过市场交易的产品和劳务，如家务劳动、自给性的生产活动，地下经济等并没有在 GDP 中反映出来，即它漏掉了一国经济中的非市场交易活动，难以衡量一国经济的全部，GDP 可能被低估。

2. GDP 指标不能反映一国福利水平的高低

西方 GDP 核算中即使把所有的市场交易活动都包括进来，也不能真实反映一国的经济发展水平，更无法反映人们从物品和劳务消费中获得的福利状况。

3. GDP 指标不能反映社会为经济增长和经济发展所付出的代价

由于 GDP 指标不能反映社会为经济增长和经济发展所付出的代价，例如，它无法反映闲暇增加给人们带来的福利改善，无法反映环境污染的程度等。

4. GDP 不能反映产品结构与市场价格的差异

由于 GDP 不能反映产品结构与市场价格的差异，因此，两国 GDP 难以进行精确比较。例如两国 GDP 相同，甲国军事活动费用庞大，乙国用于文教设施花费较多，由于 GDP 构成的差别会给甲、乙两国人民生活带来不同的影响。此外，在社会经济中生产的技术进步能够降低产品与劳务的市场价格，但 GDP 指标中则体现不了劳动生产率的提高。

（二）国民收入核算缺陷的修正

鉴于以上问题，从 20 世纪 70 年代以来，一些经济学家从不同角度提出了对 GDP 指标的修改。例如托宾和诺得豪斯提出了经济福利标准，提出应计入闲暇、家庭主妇的劳务，扣除环境污染等造成的损失。萨缪尔森也提出了纯（或净）经济福利来衡量经济发展最终给公民带来多少实际收入或实际福利，提出应从 GDP 中扣除许多影响生活水平的因素，如交通拥挤、环境变坏等。

越来越多的人提出应该用绿色 GDP 指标来衡量一国的国民财富。所谓绿色 GDP，就是指用以衡量各国扣除自然资产损失后新创造的真实国民财富的总量核算指标。简单地讲，就是从现行统计的 GDP 中，扣除由于环境污染、自然资源退化、教育低下、人口数量失控、管理不善等因素引起的经济损失成本，从而得出真实的国民财富总量。采用绿色 GDP 指标，不仅能反映经济增长水平，而且能够体现经济增长与自然保护和谐统一的程度，可以很好地表达和反映可持续发展观的思想和要求。因此，绿色 GDP 占 GDP 的比重越高，表明国民经济增长的正面效应越高，负面效应越低。

绿色 GDP 用公式可表示为：

绿色 GDP = GDP 总量-（环境资源成本+环境资源保护服务费用）

然而，到目前为止，绿色 GDP 核算只涉及自然意义上的可持续发展，包括环境损害成本、自然资源的净消耗量。这主要是绿色 GDP 核算是一个庞大的系统工程，在实际核算中存在很大难度，主要表现为以下四点。

第一，污染损失难以量化。例如，绿色 GDP 核算的一个重要内容是对污染损失的估算。然而，各种污染物和受害体之间的定量反应比较难，例如，大气中二氧化硫增加与人们患呼吸道疾病之间的关系还无法准确估算，大气污染而增加的疾病成本、死亡的生命价值很难量化。第二，统计指标连续性不够。这给污染的治理成本核算带来困难，例如，目前的统计体系里，只有污水的排放量，没有污水的产生量，无法算出污水的处理量。第三，农村地区出现核算盲点。农村地区是我国现有的环境监测网的薄弱地区，在某些领域甚至出现盲点。第四，相关法规不完善。此外，绿色 GDP 核算是一个系统工程，需要环保、统计、卫生、农业、城建等多个相关部门之间的通力合作，这也增加了实施的难度。

◎专题9-9　想一想，再分析

幸福来自 GDP 吗？20 世纪 60 年代美国人普遍关注经济增长，迷信 GDP。参议员罗伯特·肯尼迪在竞选总统时批评了这种风气。他说，GDP 衡量一切，但并不包括所有使我们的生活有意义的东西。也许他的话极端了一点，GDP 毕竟是我们幸福的基础。但他的话中有真理，因为 GDP 绝不是幸福的唯一来源，GDP 并不等于经济福利。

从物质意义上说，幸福来自我们经济活动中所创造的一切产品与劳务。但按现行的统计方法，GDP 中有许多遗漏。GDP 衡量的是通过市场交易并有价格的东西。GDP 中不包括地下经济。GDP 统计是根据生产出来的最终产品，但并不是这些产品都与我们的幸福相关。环境和闲暇是影响人们经济福利和幸福程度的两大因素，但 GDP 统计中无法正确反映这些因素。一个社会如果收入差距过大，少数人花天酒地，多数人难以为生，即使这个社会 GDP 高，人均 GDP 高，也不能说是一个幸福的社会。美国经济学家克普格曼认为，社会经济福利取决于生产率、失业率与收入分配平等程度。GDP 可以反映出生产率与失业率，但完全反映不出收入分配状况。其实收入分配差别太大、社会不安定，即使高收入的少数人也谈不上幸福二字。

任务四　国民收入的均衡

一、两部门经济投资-储蓄恒等

（一）两部门经济的含义

两部门经济是指只有居民户和厂商这两种经济单位组成的经济，没有政府的作用，也不存在对外贸易的经济体。如图 9-1 所示，居民与厂商间经济量是均衡的。如果不存在剩余，居民向厂商提供生产要素、居民户向厂商购买产量和劳务与厂商向居民提供产量和劳务、厂商向居民户支付生产要素的报酬二者相对，而且相等。

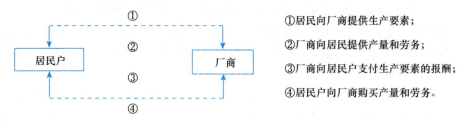

①居民向厂商提供生产要素；

②厂商向居民提供产量和劳务；

③厂商向居民户支付生产要素的报酬；

④居民户向厂商购买产量和劳务。

图 9-1　最简单的两部门经济

（二）投资-储蓄恒等式的推导

在两部门经济中，居民户向厂商提供生产所必需的各种生产要素，如劳动、资本、土地等，得到相应的收入，并用这些收入购买所需要的各种消费品和劳务；与此同时，厂商则不断地向居民户购买生产要素进行生产，然后向居民户提供各种产品和劳务。这个简单经济的循环过程可以用图 9-2 来描述。

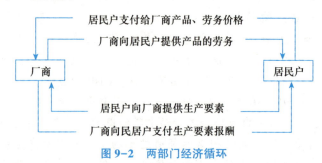

图 9-2　两部门经济循环

然而，在现实生活中，居民户并不是将全部收入都用于消费，而只用一部分收入购买厂商生产的消费品和劳务，另一部分形成储蓄；厂商也不只是生产消费品和劳务，厂商为了维持生产的持续进行，必须生产一部分投资品。因此，企业除了用销售消费品的收入维持消费品的正常生产之外，还需要一定量的资本用于投资品的生产，其资本来源可以是居民户的储蓄。为了使居民户的储蓄顺利地转化为厂商的投资资金，则需要有银行等金融中介机构的介入。增加了储蓄和投资两个变量的两部门经济循环模型如图 9-3 所示。

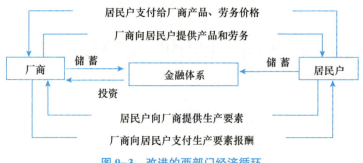

图 9-3　改进的两部门经济循环

在图 9-3 中，储蓄用 S 表示，它为漏出量；投资用 I 表示，它为注入量。所谓漏出量是指居民户的收入中没有作为支出（购买本国企业的产品）付给企业的那一部分，以及企业得到的收入中没有作为支出(购买生产要素的费用)付给居民户的那一部分, 具体包括厂商和居民户的储蓄。所谓注入, 是指居民户或企业得到的收入中, 不是相互由对方付给的那一部分收入, 具体是指厂商的投资。如果金融体系能把储蓄全部转化为投资, 这个经济体系仍能正常运转下去, 并实现总供给(AS)与总需求(AD)的均衡。以 Y 表示产出的价值, 以 C 表示消费, 以 I 表示投资, 则有:

$$Y = C + I$$

换一个角度来看, Y 表示社会总产出的价值, 它在数值上应与居民户提供的要素价值相等, 因而也就与居民户取得的货币收入总额相等。居民户收入的使用无非有两大方向即一部分收入用于消费, 另一部分收入用来储蓄。由此, 若以 S 表示储蓄, 可得出以下公式:

$$Y = C + S$$

由于在这一公式中 Y 等于要素报酬, 也就与社会总供给的价值相等, 因此要使经济平稳地运行下去, 就要满足总需求等于总供给这一条件, 即:

$$C + I = C + S$$

等式左侧说明社会总需求, 包括消费需求与投资需求; 等式右侧说明居民户取得的要素报酬被用来进行消费与储蓄。将等式两侧数值相等的 C 同时减掉, 便得出了两部门经济的恒等式, 即两部门经济的均衡条件:

$$I \equiv S$$

二、三部门经济投资–储蓄恒等

(一)三部门经济的含义

三部门经济是指包含消费者、企业和政府在内的经济实体。

(二)投资–储蓄恒等式的推导

如果以 G 表示政府支出, 则从需求角度分析的三部门经济的社会总产出价值可表示为:

$$Y = C + I + G$$

如图 9-4 所示, 由于社会总供给的数值与居民户取得的要素报酬总和相等, 若以 T 表示政府税收, 则我们从供给角度可以写出以下等式:

$$Y = C + S + T$$

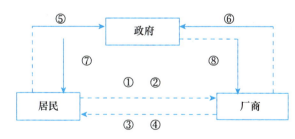

①居民向厂商提供生产要素;
②厂商向居民提供产量和劳务;
③厂商向居民户支付生产要素的报酬;
④居民户向厂商购买产量和劳务;
⑤居民向政府提供商品和劳务;
⑥政府采购商品和劳务;
⑦政府对居民的转移支付;
⑦、⑧政府向居民和厂商征收税收。

图 9-4 三部门经济循环

在三部门经济中, 储蓄与税收表现为经济循环的漏出量, 而投资与政府支出则表现为注入量。要使三部门经济正常运行, 仍然需要社会总供给等于社会总需求, 三部门经济的恒等式为:

$$C + I + G = C + S + T \text{ 或 } I + G \equiv S + T$$

三、四部门经济投资-储蓄恒等

在三部门经济的基础上如果在考虑净出口，就构成了所谓的"四部门经济"。在四部门经济中，若以 X 表示本国的出口，则从总需求角度分析的四部门经济的社会总产出价值可表示为：

$$Y = C + I + G + X$$

同时从供给的角度来看，社会总供给既包括居民户向厂商提供生产要素生产的产品，又包括由政府提供的公共物品，此外还包括国外的要素所有者对本国提供的产品，即本国的进口。这也可以理解为本国居民户取得的全部收入除用于消费本国产品和劳务、进行储蓄和向政府纳税外，还有一部分被用于购买国外生产的产品和劳务。这样，用 M 表示从国外的进口，我们便可以从收入的角度写出以下等式：

$$Y = C + S + T + M$$

如图 9-5 所示，四部门经济正常运行的条件，仍然是总供给等于总需求，四部门经济的恒等式为：

$$C + I + G + X = C + S + T + M \text{ 或 } I + G + X \equiv S + T + M$$

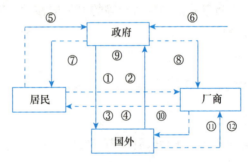

图 9-5　四部门经济循环

①居民向厂商提供生产要素；②厂商向居民提供产量和劳务；③厂商向居民户支付生产要素的报酬；④居民户向厂商购买产量和劳务；⑤居民向政府提供商品和劳务；⑥政府采购商品和劳务；⑦政府对居民的转移支付；⑦、⑧政府向居民和厂商征收税收；⑨、⑪分别是政府和厂商向国外购买此片和劳务，即进口，同时政府向国外征收关税；⑩、⑫国外向本国购买产品和劳务，即出口。

任务四　GDP 的计量

一、名义 GDP 和实际 GDP

(一)名义 GDP 和实际 GDP 的含义

名义 GDP 是用生产物品和劳务的当年价格核算的全部最终产品的市场价值。

实际 GDP 是用从前某一年作为基期的价格核算出来的全部最终产品的市场价值。也就是说，名义 GDP 是以当期价格核算的、没有消除生产期内物价水平、劳务价格的变动对它的影响。而实际 GDP 是消除了价格变动影响后的 GDP。

（二）名义 GDP 和实际 GDP 的计算

在核算实际 GDP 时，首先要确定某一个时期为基期，基期的价格便是"不变价格"。用基期的不变价格乘以各个时期的产量，可以得出各时期的实际 GDP。对不同时期实际 GDP 进行比较，可以较为真实地反映各个时期物质产品产量的增加情况。

二、GDP 紧缩指数

（一）GDP 紧缩指数的含义

GDP 缩减指数是把按当年价格核算的国内生产总值（增加值）通过相关价格指数换算为按可比价格（不变价格）核算的国内生产总值（增加值），以反映扣除价格变动因素后国内生产总值（增加值）实际的发展水平和状况，为计算国内生产总值（增加值）的实际增长速度、发展指数等相对指标提供依据。GDP 缩减指数的作用主要有：一是可以反映国内生产总值（增加值）的实际水平（如实际总量规模等）；二是可以核算国内生产总值（增加值）的实际发展水平（如实际发展速度、实际增长速度或发展指数等）；三是可以综合反映一个国家（或地区）物价变动的总水平。

（二）GDP 紧缩指数计算公式

GDP 紧缩指数=（某一时期名义 GDP÷该时期实际 GDP）×100%

GDP 紧缩指数也是 GDP 的"价格"。它与生产者价格指数（PPI）、消费者价格指数（CPI）一样，是衡量一个国家平均物价水平变化的一个常用指标。它的核算基础比 CPI 广泛得多，涉及全部产品和服务，除消费外，还包括生产资料和资本、进出口产品和劳务等。因此，这一指数能够更加准确地反映一般物价水平走向。经济专家们之所以关注 GDP 紧缩指数，主要就是因为与投资相关的价格水平在这一指标中具有更高的权重。例如，我国 2004 年 GDP 紧缩指数上涨 6.9%，高出 CPI 涨幅 3 个百分点，说明投资价格的上涨远远高于消费价格的上涨。

◎ 专题 9-10　生产者价格指数和消费者价格指数

生产者价格指数，也称工业品出厂价格指数（Producer Price Index，简称 PPI），是反映不同时期或不同年份全国或地区工业品出厂价格总水平变动趋势和程度的相对数。在我国工业统计中，通常用总产值指数除以总产量指数的办法，匡算生产者价格指数。生产者价格除包括工业企业售给商业、外贸、物资部门的产品外，还包括售给工业和其他部门的生产资料，以及直接售给居民的生活消费品。据此核算的指数，以分析出厂价格的变动对工业总产值的影响。目前，工业总产值是按现价和不变价格核算的。按不变价格核算的工业总产值的发展速度，即为扣除了出厂价格变动因素的产品物量指数。其核算公式为：

生产者价格指数=工业总产值总指数/工业总产量总指数×100%

消费者价格指数（Consumer Price Index，简称 CPI），是对一个固定的消费品价格的衡量，主要反映消费者支付产品和劳务的价格变化情况，也是一种度量通货膨胀水平的工具，以百分比变化为表达形式。在美国构成该指标的主要产品共分七大类，其中包括：食品、酒和饮品住宅；衣着；交通；医药健康；娱乐；其他产品及服务。在美国，消费物价指数由劳工统计局每月公布，有两种不同的消费物价指数：一是工人和职员的消费物价指数，简称 CPIW；二是城市消费者的消费物价指数，简称 CPIU。

《 课 后 训 练 》

一、单项选择题

1. 下面不属于总支出的是(　　)。
   A. 政府支出　　　　B. 税收　　　　　C. 净出口　　　　D. 投资

2. 下面不属于流量的是(　　)。
   A. 出口　　　　　　B. 折旧　　　　　C. 转移支付　　　D. 国家债务

3. 社会保障支付属于(　　)。
   A. 政府支出　　　　B. 转移支付　　　C. 税收　　　　　D. 消费

4. 对政府雇员支付的报酬属于(　　)。
   A. 政府支出　　　　B. 转移支付　　　C. 税收　　　　　D. 消费

5. 下面不属于国民收入部分的是(　　)。
   A. 租金收入　　　　B. 福利支付　　　C. 工资　　　　　D. 利息净额

6. 从国民收入核算的结果看,投资等于(　　)。
   A. 私人储蓄　　　　B. 预算盈余　　　C. A 和 B 的和　　D. 既不是 A 也不是 B

7. 国内生产总值是(　　)的市场价值。
   A. 一年内一个经济中所有交易
   B. 一年内一个经济中生产的所有商品和劳务
   C. 一年内一个经济中交换的所有最终商品和劳务
   D. 一年内一个经济中生产的所有最终商品和劳务

8. (　　)的说法是错误的。
   A. 国内生产总值等于个人可支配收入加上折旧
   B. 国内收入等于一定时期内生产要素拥有者获得的收入
   C. 国内生产净值等于国内生产总值减去折旧
   D. 国内收入等于国内生产净值−间接税和企业转移支付+政府补贴

二、多项选择题

1. (　　)是存量。
   A. 货币数量　　　B. 进口额　　　　C. 工资额　　　　D. 资本量

2. (　　)是流量。
   A. 货币数量　　　B. 进口额　　　　C. 工资额　　　　D. 国民收入

3. (　　)等属于政府购买。
   A. 购买军需品　　　　　　　　B. 购买机关办公用品
   C. 社会保险　　　　　　　　　D. 政府债券利息

4. (　　)等属于转移支付。
   A. 购买办公用品　　　　　　　B. 社会保险
   C. 退伍军人津贴　　　　　　　D. 政府债券利息

5. 国民收入等于国内生产总值减去(　　)后的余额。

　　A. 间接税　　　　B. 个人所得税　　　C. 公司所得税　　　D. 资本耗费补偿

6. 个人消费支出包括(　　)。

　　A. 住房　　　　　B. 耐用消费品　　　C. 租房　　　　　　D. 非耐用消费品

7. 公司利润包括(　　)。

　　A. 租金　　　　　B. 股息　　　　　　C. 公司所得税　　　D. 公司未分配利润

8. GDP 如果用收入法来衡量，则它等于(　　)之和。

　　A. 工资　　　　　B. 利息和租金　　　C. 利润　　　　　　D. 间接税

三、判断题

1. 国内生产总值核算采用的是国土原则，国民生产总值核算采用的是国民原则。(　　)

2. 实际国内生产总值与潜在国内生产总值一样，可以反映一个国家的富裕程度。(　　)

3. 国民收入核算的是一个经济社会在一定时期内所生产的新价值总额，它等于各种产品在各个生产环节所产生的附加值总额，这个附加值总额刚好等于各种最终产品和劳务的市场价值总额。　　　　　　　　　　　　　　　　　　　　　　　　　　　　　　　　(　　)

4. 国内生产总值=国民生产总值+国外净要素收入。　　　　　　　　　　　　(　　)

5. 国内生产总值等于一个经济社会在一定时期内在市场上销售最终产品和劳务的市场价值总额。　　　　　　　　　　　　　　　　　　　　　　　　　　　　　　　　　(　　)

6. 按国民收入核算方法核算的国民收入，非常全面，没有任何遗漏，既可以全面地反映一个经济社会的经济绩效，也可以反映一个经济社会的经济福利状况。　　　　　(　　)

7. 按支出法核算国内生产总值，就是把私人消费、私人投资、政府支出、进口和出口加总起来。　　　　　　　　　　　　　　　　　　　　　　　　　　　　　　　　　　(　　)

8. 国民收入等于各种产品产量和价格的乘积，所以无论是产量增加还是价格提高，都会导致实际国民收入的增加。　　　　　　　　　　　　　　　　　　　　　　　　　　(　　)

四、计算题

1. 假定国民生产总值是 5 000，个人可支配收入是 4 100，政府预算赤字是 200，消费是 3 800，贸易赤字是 100(单位：亿美元)。试计算：(1)储蓄。(2)投资。(3)政府支出。

2. 假定一个经济体系中，消费为 1 000，储蓄为 100，政府支出为 300，如果政府预算是平衡的，请计算 GDP。

3. 若 GDP = 500，消费 C = 350，转移支付减去税收为 20，投资 I = 150，预算赤字为 120，那么净出口为多少？若这种状况持续下去，可支配收入将发生什么变化？

学习目标

　　知识目标：了解总需求的构成及各自的特点，总需求与国民收入的决定及变动，需求变动引起国民收入变动的数量关系即乘数理论；理解决定国民收入的因素，即消费函数、储蓄函数、投资函数，领会储蓄与投资的关系与均衡国民收入；掌握乘数理论的实际运用。

　　能力目标：能运用数量分析法分析国民收入如何决定；能计算国民收入乘数；培养数学逻辑推理能力。

　　素质目标：用社会消费函数和乘数原理、规律分析做大国民收入的具体措施。

　　思政目标：自觉投入现实社会之中，适应改革开放、市场经济的形势，将爱国热情融入中华民族伟大复兴的征程中，主动分析国民收入，运用乘数原理等规律，努力做大国民收入，谋求人民的福祉。

《 任 务 布 置 》

　　任务1：一个人砸碎了一家商店的橱窗逃之夭夭。店主自认倒霉，只好花1 000元买了一块玻璃换上。这个时候一个经济学家走过来，说恭喜店主。正在窝火的店主见有人说风凉话，气得要揍这个经济学家。经济学家不慌不忙一番解释，居然让店主目瞪口呆。

　　经济学家这样说，玻璃店老板因为商店橱窗的损失得到1 000元收入，假设他支出其中的80%，即800元用于买衣服，衣服店老板得到800元收入。再假设衣服店老板用这笔收入的80%，即640元用于买食物。食品店老板得到640元收入，他又把这640元中的80%用于支出……如此一直下去，你会发现，最初是商店老板支出1 000元，但经过不同行业老板的收入与支出行为之后，所有人的总收入增加了5 000元。这样，将来有可能会多一些顾客光顾本店的。所以，商店的橱窗被打破了在某种程度上也许是一件可喜可贺的事情。

　　请你用乘数原理解答这一收入创造的过程。

　　任务2：2018年8月31日第十三届全国人民代表大会常务委员会第五次会议通过《关于修改〈中华人民共和国个人所得税法〉的决定》（第七次修正），其中第六条第一款修改为："居民个人的综合所得，以每一纳税年度的收入额减除费用六万元以及专项扣除、专项附加扣除和依法确定的其他扣除后的余额，为应纳税所得额。"同时，对"个人所得税税率表一"的附注做相应修改。这意味着个人所得税的起征点由 3 500 元，提高至 5 000 元。

　　1. 个税改革对国民收入有什么影响？

　　2. 减税与增加政府购买和转移支付对国民收入的影响一样吗？

　　任务 3：2021 年，财政部农业农村司将坚持以习近平新时代中国特色社会主义思想为指导，立足新发展阶段，贯彻新发展理念，构建新发展格局，充分发挥财政职能作用，着力完善财政支农政策，积极创新财政支农机制，不断强化财政支农资金管理，加快推进巩固拓展脱贫攻坚成果与乡村振兴有效衔接，加快推动乡村全面振兴，加快推动农业农村现代化，促进农业高质高效、乡村宜居宜业、农民富裕富足，为全面建设社会主义现代化国家开好局、起好步提供有力支撑，以更加优异的成绩向建党 100 周年献礼。具体措施是：一是持续深入推进政治机关建设；二是推进巩固拓展脱贫攻坚成果与乡村振兴有效衔接；三是突出支持解决种子和耕地问题；四是支持提高农业发展质量效益；五是促进提升乡村建设和治理能力水平；六是推动强化农业农村优先发展投入保障。

　　试运用消费理论分析政府的支农措施会对国民经济产生怎样的影响？

任务一　产出决定

一、简单的收入

　　说明一个国家的生产或收入如何得以决定，要从最简单的经济关系分析开始，为此，我们先做出以下三个假定。

　　一是假设所分析的经济中不存在政府，也不存在对外贸易，只有家户部门（居民户）和企业部门，消费行为和储蓄行为都发生在家户部门，生产和投资行为都发生在企业部门，还假设企业投资是自主的，即不随利率和产量而变动。

　　二是假设不论需求量为多少，经济制度均能以不变的价格变动提供相应的供给量。这就是说，社会总需求变动，只会引起产量变动，使供求相等，而不会引起价格变动。这在西方经济学中又称为凯恩斯定律。

　　三是假定折旧和公司未分配利润为零，则存在 GDP＝NDP＝NI＝PI 的关系。

二、均衡产出的含义

（一）均衡产出的含义

　　经济学家认为，和总需求相等的产出就是均衡的产出。用数学公式表示为：

$$y = c + i$$

也就是说，实际产出或收入等于意愿消费与意愿投资的和。

（二）均衡产出的理解

　　均衡的产出是和总需求相一致的产出，也就是经济社会的收入正好等于全体居民和企业想要的产出。即 $E=y$（E 表示支出），如图 10-1 所示。

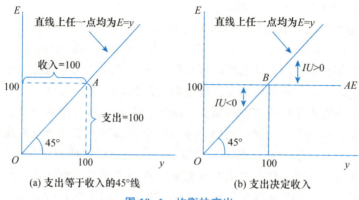

(a) 支出等于收入的45°线　　　(b) 支出决定收入

图 10-1　均衡的产出

三、均衡产出的条件

经济均衡的条件是支出等于收入，也就是：

$$E = y$$

由于计划支出等于计划消费加计划投资，计划收入等于计划消费加计划投资，也就是：

$$E = c + i$$
$$而\ y = c + s$$
$$要求\ E = y$$
$$则\ c + i = c + s$$
$$即有\ i = s$$

所以只有当计划投资等于计划储蓄时，$E=y$，经济才能实现均衡。

任务二　凯恩斯消费理论

一、消费函数

(一)消费函数

消费是人类社会的一项基本经济活动，是决定一国总需求水平的重要因素。在宏观经济学中，消费（Consumption）是指人们为了满足需要而花费在最终消费品和劳务上的总支出。按照联合国的定义："经济体中的最终消费，从支出角度来看，可以定义为常住户、为住户服务的非营利机构和一般政府单位在个人及公共消费品和服务上所支出的价值；从实际最终消费来看，可定义为常住户获得的所有货物和服务的价值加上一般政府提供给社会或社会中某些部分的公共服务的价值。"国家统计局对最终消费的定义是：常住户在一定时期内对于货物和服务的全部最终消费支出。消费分为消费家庭消费和政府消费两部分。家庭消费是指家庭在一定时期内对消费品和劳务的最终消费支出总额。政府消费是政府部门为社会提供公共服务的消费支出，以及免费或以较低价格向居民住户提供的货物和服务支出。经济学中的消费：

一是指最终消费，不包括生产性消费。二是指居民家庭的消费总支出，包括耐用消费品的消费，也包括非耐用消费品的消费，还包括劳务，但不包括住房消费和政府消费。政府的消费包含在政府支出中。居民消费在国内生产总值中占有相当大的份额。统计表明：任何两个家庭消费支出的内容不可能完全相同，但居民的消费支出构成呈现出规律性，这就是著名的恩格尔定律所描述的：低收入水平的家庭，食品支出占家庭总支出的比重较高，随着家庭收入水平的提高，食品支出在家庭总支出的比重下降，而用于服装、汽车、娱乐、旅游等的开支所占的比重逐渐增加。影响居民消费的因素有以下几个方面：一是收入水平；二是物价水平；三是家庭财产；四是利率水平；五是消费信贷；六是收入分配状况；七是消费者年龄构成；八是传统的消费模式。

凯恩斯认为，在消费和收入之间存在一条基本心理规律：随着收入的增加，消费也会增加，但是消费的增加少于收入的增加，消费和收入的这种关系称为消费函数或消费倾向，如果仅考虑收入对消费的影响，其他因素视为固定不变，这时用公式表示是：

$$c = c(y)$$

如图 10-2，消费曲线上任一点作为切点的切线的斜率，都是与这一点相对应的边际消费倾向；消费曲线上任一点与原点相连而成的射线的斜率，则是与这一点相对应的平均消费倾向；随着曲线向右延伸，曲线上各点的斜率越来越小，说明边际消费倾向递减，同时曲线上各点与原点的连线的斜率也越来越小，说明平均消费倾向也递减，但平均消费倾向始终大于边际消费倾向。如图 10-3，如果收入对消费成线性关系，且消费等于自发消费 α 与引致消费 βy 的和。消费函数可以写成：

$$c = \alpha + \beta y$$

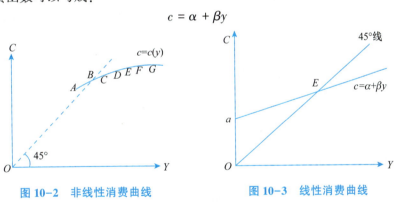

图 10-2　非线性消费曲线　　　　　图 10-3　线性消费曲线

（二）边际消费倾向

增加的消费与增加的收入之比率，也就是增加的 1 单位收入中用于增加的消费部分的比率，称为边际消费倾向 MPC（Marginal Propensity to Consume）。

$$MPC = \frac{\Delta c}{\Delta y}$$

或者

$$\lim_{\Delta Y \to 0} \frac{\Delta c}{\Delta y} = \frac{dc}{dy}$$

也可以表示为：

$$\beta = \frac{\Delta c}{\Delta y}$$

或者
$$\beta \lim_{\Delta Y \to 0} \frac{\Delta c}{\Delta y} = \frac{\mathrm{d}c}{\mathrm{d}y}$$

（三）平均消费倾向

平均消费倾向 APC（Average Propensity of Consumption）指任一收入水平上消费支出在收入中的比率。

$$APC = \frac{c}{y}$$

在收入对消费成线性关系的消费函数中，若 α 表示自发消费，不随收入变动而变动的消费，纵轴截距；β 或 MPC 表示直线斜率；βy 表示引致消费，依存收入变动而变动，则平均消费倾向：

$$APC = \frac{c}{y} = \frac{\alpha + \beta y}{y} = \frac{\alpha}{y} + \beta$$

$$= \frac{\alpha}{y} = MPC$$

而 $\alpha/y > 0$，所以，APC>MPC。

但是，如果 $\alpha/y \to 0$，则 APC→MPC。

二、储蓄函数

（一）储蓄函数

储蓄是收入中没有被消费的部分，由于消费是随收入的增加而增加的比率是递减的，那么储蓄则当然随收入的增加而增加的比率递增。储蓄与收入的这种关系就是储蓄函数，其公式是：

$$s = s(y)$$

或者
$$s = -\alpha + (1 - \beta)y$$

（二）边际储蓄倾向

边际储蓄倾向（Marginal Propensity to Save，简称 MPS）是储蓄增量对收入增量的比率。

$$MPS = \frac{\Delta s}{\Delta y}$$

如果收入与储蓄增量极小，则：

$$MPS = \frac{\mathrm{d}s}{\mathrm{d}y}$$

如图 10-4，储蓄与收入呈非线性关系。如果储蓄与收入呈线性关系，如图 10-5，则线性储蓄函数为：

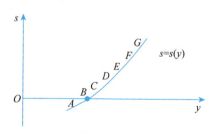

图 10-4　非线性储蓄曲线

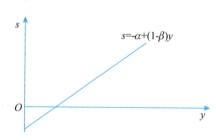

图 10-5　线性储蓄曲线

(三)平均储蓄倾向

平均储蓄倾向(Average Propensity to Save，简称 APS)是某一收入水平上时储蓄在收入中所占的百分比。

$$APS = \frac{s}{y}$$

若 APC 和 MPC 都随收入增加而递减，但 APC>MPC，则 APS 和 MPS 都随收入增加而递增，但 APS<MPS。APC 和 APS 之和恒等于 1。

因为：
$$y = c + s$$

$$\frac{y}{y} = \frac{c}{y} + \frac{s}{y}$$

即：
$$APC + APS = 1$$
$$1 - APC = APS$$
$$1 - APS = APC$$

MPC 和 MPS 之和也恒等于 1。

因为：
$$\Delta y = \Delta c + \Delta s$$

$$\frac{\Delta y}{\Delta y} = \frac{\Delta c}{\Delta y} + \frac{\Delta s}{\Delta y}$$

即：
$$MPC + MPS = 1$$
$$1 - MPC = MPS$$
$$1 - MPS = MPC$$

(四)消费函数和储蓄函数的关系

消费函数和储蓄函数的互为补数，二者之和总等于收入。

如果边际消费倾向和平均消费倾向都随收入增加而递减，但边际消费倾向小于平均消费倾向，那么边际储蓄倾向和平均储蓄倾向都随收入增加而递增，但边际储蓄倾向大于平均储蓄倾向。

平均消费倾向和平均储蓄倾向之和等于 1，边际消费倾向和边际储蓄倾向之和也等于 1。

三、家户消费函数和社会消费函数

社会消费函数是家户消费函数的总和，但社会消费函数并不是家户消费函数的简单加总，从家户函数求取社会消费函数时，还要考虑一些限制条件。比如：国民收入的分配、政府税收政策、公司未分配利润在利润中所占比率、其他。

四、对凯恩斯消费理论的评价

凯恩斯消费理论的最大缺点是以心理分析为基础，在相当大的程度上是一种主观推测，从而缺乏坚实的基础，使它的一些结论与事实不相符合。例如：凯恩斯消费理论认为边际消费倾向本身是随收入增加而递减的，但美国经济学家库茨涅兹对于 1869—1933 年间美国每 30 年左右的长期消费资料的研究证明，"边际消费倾向本身是随收入增加而递减的"这一说法是不成立的，这就是经济学中所谓的"消费函数之谜"。

任务三　其他消费理论

一、相对收入消费理论

相对收入消费理论由美国经济学家杜森贝利创立，这一理论因认为消费习惯和消费者周围的消费水平决定消费者的消费、当期消费是相对地被决定的而得名。这一理论的基本观点是：长期内，消费与收入保持较为固定的比率，故而长期消费曲线是从原点出发的直线；短期内，消费随收入的增加而增加但难以随收入的减少而减少，故短期消费曲线是具有正截距的曲线。

对保持高水平收入的人来说，消费水平会随着自己收入的增加而增加，增加消费是容易的；当收入减少时，因较高的消费水平所形成的消费习惯使得消费具有惯性，降低消费水平就有一定的难度，不太容易把消费水平降下来，消费者几乎会继续在原有的消费水平上进行消费。这就是说，消费容易随着收入的增加而增加，但难以随收入的减少而减少。仅就短期而言，在经济波动的过程中，低收入者收入水平提高时，其消费会增加至高收入者的消费水平，但收入减少时，消费的减少则相当有限。因而，短期消费曲线与长期消费曲线是不同的。

这种理论包括两个方面的含义：一是指消费支出不仅受自身收入的影响，也受别人消费与收入的影响；二是指消费指出不仅受目前收入的影响，还要受过去收入与消费的影响。

如果当前收入超过从前高峰期的收入，则他的消费与上述相对收入有关，如果低于从前高峰期的收入，则人们通过提高消费倾向维持已经有过的生活水平。这就是所谓消费的"棘轮效应"，即长期消费倾向的稳定性对短期消费减少的抑制作用。杜森贝利的相对收入消费理论另一方面内容是指消费者的消费行为要受周围人们消费水准的影响，这就是所谓"示范效应"。

二、生命周期消费理论

生命周期消费理论由美国经济学家弗朗科·莫迪利安尼提出。生命周期消费理论认为，人们会在相当长时期的跨度内计划自己的消费开支，以便于在整个生命周期内实现消费的最佳配置。从个人一生的时间发展顺序看，一个人年轻时的收入较少，但具有消费的冲动、消费的精力等消费条件，此时的消费会超过收入；进入中年后，收入会逐步增加，收入大于消费，其收入实力既可以偿还年轻时的债务，又可以为今后的老年时代进行积累；退休之后步入老年，收入减少，消费又会超过收入，形成负储蓄。

生命周期消费理论还得出另外一个结论：整个社会不同年龄段人群的比例会影响总消费与总储蓄。比如，社会中的年轻人与老年人所占比例大，则社会的消费倾向就较高、储蓄倾向就较低；中年人比例大，则社会的储蓄倾向较高、消费倾向较低。

生命周期消费理论也分析了其他一些影响消费与储蓄的因素，比如高遗产税率会促使人们减少欲留给后代的遗产从而增加消费，而低的遗产税率则对人们的储蓄产生激励、对消费产生抑制，健全的社会保障体系等会使储蓄减少，等等。

显然，生命周期消费理论与凯恩斯的消费理论是不一样的，生命周期消费理论强调或注重长时期甚至是一生的生活消费，人们对自己一生的消费做出计划，以达到整个生命周期的最大满足；凯恩斯的消费理论则把一定时期的消费与该时期的可支配收入联系起来，是短期分析。

三、永久收入消费理论

永久收入消费理论是美国经济学家米顿·弗里德曼（M. Friedman）的理论。永久收入消费理论认为，从长期来看，消费支出取决于持久性收入。对于消费支出取决于可支配收入这一点，所有经济学家都是没有分歧的，分歧在于可支配收入的含义是什么。凯恩斯把可支配收入解释为现期绝对收入水平，美国经济学家杜森贝里把可支配收入解释为相对收入水平，持久收入假说则解释为持久收入。持久收入与暂时收入既有区分又有联系。持久收入与暂时收入不同，只有前者才影响消费支出，暂时收入对消费支出的影响是通过对持久收入的影响而发生的。可以以过去收入与暂时收入的变动来计算出持久收入。持久收入是稳定的，所以，消费函数也是稳定的。

弗里德曼认为，消费者的消费支出不是由他的现期收入决定的，而是由他的持久收入决定的。也就是说，理性的消费者为了实现效应最大化，不是根据现期的暂时性收入，而是根据长期中能保持的收入水平即永久收入水平来做出消费决策的。这一理论将人们的收入分为暂时性收入和持久性收入，并认为消费是持久收入的稳定的函数。

弗里德曼认为，所谓永久收入，是指消费者可以预期到的长期收入，即预期在较长时期中（3 年以上）可以维持的稳定的收入流量。永久收入大致可以根据所观察到的若干年收入的数值的加权平均数来计算。现期的永久收入等于前期收入和两个时期收入变动的一定比率，或者说等于现期收入和前期收入的加权平均数。加权数的大小取决于人们对未来收入的预期。这种预期要根据过去的经验进行修改，称为适应性预期。如果人们认为，前期和后期收入变动的时间较长，就大；反之，前期和后期收入变动的时间较短，就小。

弗里德曼认为，永久收入不仅包括劳动收入，而且还包括财产收入，因此，持久收入假说理论认为，消费不仅取决于收入，而且还取决于财产，这一点与生命周期假说理论相同。

把收入分为永久性收入和暂时性收入，从而把收入变动分为永久性收入变动和暂时性收入变动是持久收入函数理论假说的贡献。这一区别既解释了短期消费函数的波动，又解释了长期消费函数的稳定性。这一理论认为，在长期中，永久性收入是稳定的，所以消费函数是稳定的。暂时性收入变动通过对永久性收入变动的影响而影响消费，所以短期中暂时性收入的变动会引起消费波动。

这种理论认为，消费者的消费支出主要不是由他现期收入决定的，而是由他的持久收入决定的。持久收入是指消费者可以预计到的长期收入，即他一生中所得收入的加权平均数。根据这个理论政府的财政政策是不能奏效的。

四、影响消费的其他因素

（一）利率

就低收入者而言，利率提高会增加储蓄；就高收入者而言，利率的提高会使他们减少储蓄，对于全社会而言，利率的提高究竟会增加还是减少储蓄，则这些人的增加和减少储蓄的总和的正负净额来决定。

（二）物价水平

货币收入即名义收入不变时，若物价上升，实际收入下降，若消费者要保持原来的生活水平，则消费倾向就会提高；反之，物价下跌时，平均消费倾向就会下降。

（三）收入分配

国民收入分配越是平均，全国的平均消费倾向就会越大；反之，国民收入分配越是不平均，全国的平均消费倾向就会越小。

任务四 两部门国民收入决定

一、两部经济中收入决定

在两部门国民收入均衡模型中，国民收入是消费与投资的总和。则：

$$y = c + i$$
$$c = \alpha + \beta y$$

由此可以得到 y 的数学表达式：

$$y = \alpha + \beta y + i$$
$$= \frac{\alpha + i}{1 - \beta} = \frac{1}{1 - \beta}(\alpha + i)$$
$$= \frac{\alpha + i}{1 - \mathrm{MPC}}$$

二、储蓄与收入的关系

如图10-6，在两部门国民收入均衡模型中，储蓄函数：

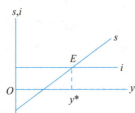

图 10-6 两部门经济均衡条件

$$s = -\alpha + (1 - \beta)y$$

则：
$$y = \frac{\alpha + s}{1 - \beta} = \frac{1}{1 - \beta}(\alpha + s)$$
$$= \frac{\alpha + s}{1 - \mathrm{MPC}}$$
$$s = i$$

则：
$$y = \frac{\alpha + i}{1 - \beta} = \frac{1}{1 - \beta}(\alpha + i)$$
$$= \frac{\alpha + i}{1 - \mathrm{MPC}}$$

任务五　两部门经济乘数

一、投资乘数

乘数又称倍数，是指自发变化(自变量)所引起的国民收入变化的倍数。投资乘数是指收入的变化与带来这种变化的投资支出变化的比率。

$$投资支出乘数(Ki) = \frac{国民收入的变化}{投资支出的变化} = \frac{\Delta y}{\Delta i}$$

二、投资转化为国民收入

假定增加 100 亿美元投资用来购买投资品，则这 100 亿美元经过工资、利息、利润和租金的形式流入制造投资品所需要的生产要素手中，即居民手中，从而居民收入增加了 100 亿美元，这 100 亿美元是投资对国民收入的第一轮增加。

假定该社会的边际消费倾向是 0.8，因此，增加的这 100 亿美元中会有 80 亿美元用于购买消费品。于是，这 80 亿美元又以工资、利息、利润和租金的形式流入生产消费品的生产要素所有者手中，从而使该社会的居民收入又增加 80 亿美元，这是国民收入的第二轮增加。同样，这些消费品生产者会把 80 亿美元收入中的 64 亿美元(100×0.8×0.8)用于消费，使社会总需求提高 64 亿美元，这个过程不断继续下去，最后使国民收入增加 500 亿美元。其过程是：

$$s = s(y) \text{ 或者 } s = -\alpha + (1-\beta)y$$
$$100 + 100 \times 0.8 + 100 \times 0.8 \times 0.8 + \cdots + 100 \times 0.8^{n-1} + \cdots$$
$$= 100 \times (1 + 0.8 + 0.8^2 + \cdots + 0.8^{n-1} + \cdots)$$
$$= 100 \times 1/(1 - 0.8)$$
$$= 500(亿美元)$$

此式中表明，当投资增加 100 亿美元时，收入最终会增加 500 亿美元。如以 Δy 代表增加的收入，Δi 代表增加的投资，则二者之比率 $k = \Delta y / \Delta i = 5$，因此 $\Delta y = k\Delta i$。

三、乘数的决定

$$y = \frac{\alpha + i}{1 - \beta} = \frac{1}{1 - \beta}(\alpha + i) = \frac{\alpha + i}{1 - \text{MPC}}$$

如果 $i = 100$，$c = 100 + 0.8y$，则

$$y = \frac{\alpha + i}{1 - \beta} = \frac{100 + 100}{1 - 0.8} = 1\ 000$$

$$Ki = \frac{1}{\text{MPS}} = \frac{1}{1 - \beta} = \frac{1}{1 - 0.8} = \frac{1}{0.2} = 5$$

如图 10-7，投资乘数大小和边际消费倾向有关，边际消费倾向越大，或边际储蓄倾向越小，则乘数就越大。以上是从投资增加的方面来说明乘数效应的。实际上，投资减少也会引

起收入若干倍的减少，可见乘数效应的发挥是两方面的。乘数的作用具有双重性。乘数是一把双刃剑。

以上说明的是投资变动引起国民收入变动有一乘数效应。乘数发挥作用的前提是现实经济处于非充分就业之前。总支出是由消费支出、投资支出和政府购买支出等几项组成的，任何一项支出的变化都会引起均衡产出的变化。以后，我们还会讨论的政府购买支出乘数、税收乘数等。实际上，在三部门、四部门经济中，总需求的任何变动，如消费的变动、政府支出的变动、税收的变动、净出口的变动等，都会引起国民收入若干倍变动。

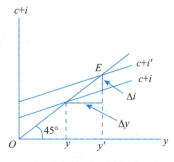

图 10-7　投资乘数影响国民收入

任务六　三部门国民收入决定

一、三部门经济恒等式

在有政府起作用的三部门经济中，国民收入从总支出的角度看，包括消费、投资和政府购买，而从总收入看，则包括消费、储蓄和税收。这里的税收，是指总税收减去政府转移支付以后所得的净纳税额。因此，加入政府部门后的均衡收入应是计划的消费、投资和政府购买之和，同计划的消费、储蓄和净税收之总和相等的收入。

（一）三部门经济的假设条件

两部门经济中加入政府部门后，需要再做出假设：一是经济社会是封闭的，不存在进出口；二是撇开折旧，只讨论国内生产净值 NDP 的决定，所以投资仍指净投资；三是政府的收入只有个人所得税，间接税、社会保险税和公司所得税为零；四是公司不存在未分配利润。于是，NDP、NI 和 PI 都相等，但 DPI(y_d) 为：

$$y_d = y - t + tr$$

其中，t 代表个人税收额，tr 代表政府转移支付。

（二）三部门经济国民收入的决定

加入政府部门后，经济社会总共有三个部门：居民、企业和政府。于是，在三部门经济中，从总支出（总需求）角度看，包括消费支出 c、投资支出 i 和政府购买支出 g。

根据前面所讲的，均衡国民收入的决定条件：总支出（总需求）等于总收入（总供给）可得到，三部门经济的均衡国民收入／国民产出决定条件为：

$$y = c + i + g$$

根据国民收入核算理论，三部门经济的国民收入包括居民的可支配收入和政府净税收。于是，总收入为：

$$y = c + s + t$$

因此，三部门经济均衡国民收入决定条件可表示为：

$$c + i + g = c + s + t \text{ 即 } i + g = s + t$$

（三）定量税制度下三部门经济国民收入的决定

政府的税收可分为定量税和比例税。定量税是指税收不随收入而变动，用 t 来表示。比例税是指税收随收入变化而变化，可以用 $t=t(y)$ 表示。在三部门经济中，决定消费需求的是居民的可支配收入 $DPI(y_d)$。用 t 代表定量税收额，tr 代表政府转移支付，则居民可支配收入为：

$$y_d = y - t + tr$$

相应的消费函数也就可以写成：

$$c = \alpha + \beta y_d = \alpha + \beta(y - t + tr)$$

三部门国民收入决定模型可以写成：

$$y = c + i + g$$
$$c = \alpha + \beta(y - t + tr)$$

解之得，三部门经济的均衡国民收入为：

$$y = \frac{1}{1-\beta}(\alpha + i + g - \beta t + \beta tr)$$

可以看出，自发消费 α、边际消费倾向 β、私人企业投资 i、政府购买支出 g 和政府转移支付 tr 的变化加会导致国民收入与其同向变化，而定量税 t 的变化却导致国民收入与其反向变化。

定量税条件下的三部门均衡国民收入的决定可以用图来表示。图 10-8 表示的是总支出等于总收入决定均衡国民收入，即收入支出分析法。

使用投资储蓄分析方法，即均衡条件为：

$$i + g = s + t$$

注意，储蓄函数为：

$$s = -\alpha + (1 - \beta)y_d$$
$$= -\alpha(1 - \beta)(y - t + t_r)$$

用图 10-9 所示，储蓄等于投资决定均衡国民收入。

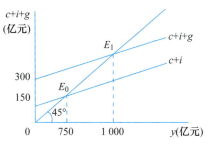

图 10-8　定量税制下国民收入决定

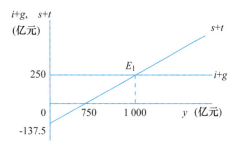

图 10-9　定量税制下均衡国民收入决定

（四）比例税制下三部门经济国民收入的决定

如果用 t 表示政府税收，t_0 表示固定不变的定额税部分，t' 表示边际税率，这时税收函数可以写成：

$$t = t_0 + t'y$$

可支配收入变为：

$$y_d = y - t + tr = y - t_0 - t'y + tr$$

消费函数可以写为：

$$c = \alpha + \beta y_d = \alpha + \beta(t - t_0 - t'y + tr)$$

均衡国民收入决定模型为：

$$y = c + i + g$$
$$c = \alpha + \beta(y - t_0 - t'y + tr)$$

解上式得，三部门经济的均衡国民收入为：

$$y = \frac{1}{1 - \beta(1 - t')}(\alpha + i + g - \beta t_0 + \beta tr)$$

税率 t' 上升，均衡国民收入减少；税率 t' 下降，均衡国民收入增加。

二、三部门经济的乘数

三部门经济中，不仅投资支出变动有乘数效应，政府购买、税收和政府转移支付的变动，同样有乘数效应，这是因为政府的购买性支出、税收、转移性支出都会影响居民的消费需求，从而影响国民收入。

在三部门经济中，除了前面提到的投资乘数，其他乘数还包括政府购买支出乘数、税收乘数、政府转移支付乘数和平衡预算乘数。下面分别求定额税制和比例税制条件下的各种乘数。

（一）定额税制下的乘数

下面我们看看如何来求这些乘数。由于三部门经济中总支出为：

$$y = \frac{1}{1 - \beta}(\alpha + i + g - \beta t + \beta tr)$$

1. 政府购买支出乘数

政府购买支出乘数是指国民收入变动与引起这种变动的政府购买支出变动的比率。以 Δg 表示政府购买支出变动量，Δy 表示国民收入收入变动量，则政府购买支出乘数为：

$$k_g = \frac{\Delta y}{\Delta g} = \frac{1}{1 - \beta}$$

2. 税收乘数

税收乘数是指国民收入变动量与引起这种变动的税收变动量的比率。如果以 Δt 表示税收变动额，则税收乘数 k_t 为：

$$k_t = \frac{\Delta y}{\Delta t} = \frac{-\beta}{1 - \beta}$$

3. 政府转移支付乘数

政府转移支付乘数是指国民收入变动量与政府转移支付变动量的比率。如果用 k_{tr} 表示政府转移支付乘数，Δt_r 表示政府转移支付变动量，则政府转移支付乘数为：

$$k_{tr} = \frac{\Delta y}{\Delta tr} = \frac{\beta}{1 - \beta}$$

政府转移支付乘数与税收乘数的绝对值相同，但符号相反。

4. 平衡预算乘数

平衡预算乘数是指政府购买支出和税收同时以一个相同的数额变动所引起的国民收入变动额与政府购买支出变动额（或税收变动额）的比率。如果以 Δg、Δt 分别表示政府购买支出和税收变动额，且 $\Delta g = \Delta t$，平衡预算乘数 k_b 可以表示为：

$$k_b = \frac{\Delta y}{\Delta g} = \frac{\Delta y}{\Delta t} = \frac{1-\beta}{1-\beta} = 1$$

5. 投资乘数

投资乘数是指国民收入变动与引起这种变动的投资支出变动的比率。以 Δi 表示投资支出的变动量，Δy 表示国民收入收入变动量，则政府购买支出乘数为：

$$K_i = \frac{\Delta y}{\Delta i} = \frac{1}{1-\beta}$$

（二）比例税制下的乘数

即根据以下公式求乘数：

$$y = \frac{1}{1-\beta(1-t')}(\alpha + i + g - \beta t_0 + \beta tr)$$

1. 政府购买支出乘数

上式中国民收入 y 针对政府购买 g 求偏导数，即：

$$\frac{\partial y}{\partial g} = \frac{1}{1-\beta(1-t')}(\alpha + i + g - \beta t_0 + \beta tr)'$$

$$= \frac{1}{1-\beta(1-t')}$$

也就是：

$$k_g = \frac{\Delta y}{\Delta g} = \frac{1}{1-\beta(1-t')}$$

2. 投资乘数

同样地，上式中国民收入 y 针对投资 i 求偏导数，也就是：

$$k_i = \frac{\Delta y}{\Delta i} = \frac{1}{1-\beta(1-t')}$$

3. 税收乘数（指定额税收乘数）

同样地，上式中国民收入 y 针对投资 t_0 求偏导数，也就是：

$$k_t = \frac{\Delta y}{\Delta t_0} = \frac{-\beta}{1-\beta(1-t')}$$

4. 政府转移支付乘数

$$t_{tr} = \frac{\Delta y}{\Delta tr} = \frac{\beta}{1-\beta(1-t')}$$

以上所讨论的几种乘数，都假设一个变量的变动不会引起另一些变量的变动。例如，讨论政府支出乘数时，假设 g 的改变不会引起利率或消费行为的变动，但事实上，政府购买增加时，如果通过发行或出售公债筹集经费，则债券价格下降意味利率上升，这会抑制私人投资和消费从而使总支出水平下降，因而使政府购买性支出乘数大打折扣。平衡预算乘数为1，不只限于定量税而言，即使税收是比例所得税，平衡预算乘数仍等于1，这是因为，当税收为比例所得，即随收入而变动时，以上乘数的值都要变小。

第七节　四部门国民收入决定

一、四部门经济国民收入

把外国作为一个部门，加入三部门经济中，则一国经济就包括家庭、企业、政府和国外四个部门。

(一)出口与进口

国外需求指的是出口。外国对本国产品的需求用本国对外国的出口 x 来表示。

出口是由外国的购买力和购买要求决定的，一般假定出口是一个外生变量，即：

$$x = \bar{x}$$

对国外产品的需求指的是进口。进口是由本国收入决定的，随本国收入的提高而增加。若 m_0 为自发性进口，γy 诱发性进口，m 为进口。则进口可以写成本国国民收入的函数，具体形式如下：

$$m = m_0 + \gamma y$$

式中，γ 为边际进口倾向，进口增加量与收入增加量之比，即：

$$\gamma = \frac{\Delta m}{\Delta y}$$

(二)四部门经济国民收入的决定

当今的世界经济都是不同程度的开发经济，即与外国贸易往来或其他经济往来的经济。在开放经济中，一国均衡的国民收入不仅取决于国内消费、投资和政府支出，还取决于进出口，即：

$$y = c + i + g + x - m$$
$$c = \alpha + \beta y_d$$
$$y_d = y - t + tr$$
$$t = t_0 + t'y$$
$$m = m_0 + \gamma y$$

解上述方程可以得到出四部门经济时的均衡国民收入：

$$y = \frac{1}{1 - \beta(1 - t') + \gamma}(\alpha + i + g - \beta t_0 + \beta tr + x - m_0)$$

可看出，当自发性消费 α、边际消费倾向 β、投资 i、政府的购买支出 g、政府转移支付 t_r 和出口 x 的增加时，会引起国民收入的增加；而定量税 t_0、边际税率 t' 和边际进口倾向 γ 和自发性进口 m_0 的变化却会导致国民收入与其方向变化。

四部门经济下均衡国民收入的决定条件也可使用：

$$i + g + x = s + t + m$$

二、四部门经济的乘数

四部门经济中，不仅投资支出变动有乘数效应，政府购买、税收和政府转移支付、进出口量的变动，同样有乘数效应，这是因为政府的购买性支出、税收、转移性支出、进出口量都会影响居民的消费需求，从而影响国民收入。

在四部门经济中，除了前面提到的投资乘数、政府购买支出乘数、税收乘数、政府转移支付乘数和平衡预算乘数，还包括对外贸易乘数。下面求比例税制条件下的各种乘数。

$$y' = \frac{1}{1 - \beta(1 - t') + \gamma}(\alpha + i + g - \beta t_0 + \beta tr + x - m_0)'$$

(一)政府购买支出乘数

上式中国民收入 y 针对政府购买 g 求偏导数，也就是：

$$\frac{\partial y}{\partial g} = \frac{1}{1 - \beta(1 - t') + \gamma}(\alpha + i + g - \beta t_0 + \beta tr + x - m_0)'$$

$$= \frac{1}{1 - \beta(1 - t') + \gamma}$$

因此有：$Kg = \dfrac{1}{1 - \beta(1 - t') + \gamma}$

(二)投资乘数

同样地，上式中国民收入 y 针对投资 i 求偏导数，也就是：

$$Ki = \frac{\partial y}{\partial i} = \frac{1}{1 - \beta(1 - t') + \gamma}$$

(三)税收乘数(特指定额税)

同样地，上式中国民收入 y 针对政府税收 t_0 求偏导数，也就是：

$$Kt = \frac{\partial y}{\partial t_0} = -\frac{\beta}{1 - \beta(1 - t') + \gamma}$$

(四)政府转移支付乘数

上式中国民收入 y 针对政府转移支付 t_r 求偏导数，也就是：

$$Ktr = \frac{\partial y}{\partial tr} = \frac{\beta}{1 - \beta(1 - t') + \gamma}$$

政府转移支付乘数与税收乘数的绝对值相同，但符号相反。

(五)平衡预算乘数

上式中，令政府购买 g 等于政府税收 t_0，再求偏导数，也就是：

$$Kb = \frac{\partial y}{\partial g} = \frac{1 - \beta}{1 - \beta(1 - t') + \gamma}$$

(六)对外贸易乘数

上式中，国民收入 y 针对出口 x 求偏导数，也就是：

$$Kx = \frac{\partial y}{\partial x} = \frac{1}{1 - \beta(1 - t') + \gamma}$$

对外贸易乘数指由出口变动所带来的国民收入变动量与出口变动量的比率。反映出口增加1单位引起国民收入变化多少。

《 课 后 训 练 》

一、单项选择题

1. 凯恩斯在《通论》中指出(　　)。
   A. 宏观均衡与大量失业并不矛盾
   B. 工资和价格对市场上的非均衡不能及时做出反应
   C. 管理总需求的干预政策能影响产出和就业
   D. 以上均是

2. 与凯恩斯观点不同，古典宏观经济学家认为(　　)。
   A. 工资和价格总是对非均衡及时做出反应
   B. 失业要么是自愿的，要么是由于工资调整的人为障碍引起的
   C. 总供给曲线在潜在 GDP 处是垂直的
   D. 以上均是

3. 如果消费增加即消费曲线向上移动，这意味着消费者(　　)。
   A. 由于减少收入而减少储蓄
   B. 由于增加收入而增加了储蓄
   C. 不是由于增加收入而是其他原因使储蓄增加
   D. 不是由于增加收入而是其他原因使储蓄减少

4. 在两部门经济中，收入在(　　)时均衡下来。
   A. 储蓄等于实际投资
   B. 消费等于实际投资
   C. 储蓄等于计划投资
   D. 消费等于计划投资

5. 消费函数 $C=C_0+cY_d$($C_0>0$, $0<c<1$)表明，平均消费倾向(　　)。
   A. 大于边际消费倾向
   B. 小于边际消费倾向
   C. 等于边际消费倾向
   D. 以上三种情况都可能

6. 储蓄函数 $S=S_0+sY_d$($S_0<0$, $0<s<1$)表明，平均储蓄倾向随着可支配收入的增加(　　)。
   A. 递减
   B. 递增
   C. 不变
   D. 先递减然后递增

7. 凯恩斯之前的古典理论认为(　　)。
   A. 储蓄是收入的函数，而投资是利率的函数
   B. 储蓄和投资都是收入的函数
   C. 投资取决于收入，而储蓄取决于利率
   D. 储蓄和投资都是利率的函数

8. 总产出固定并且国民储蓄与利息率无关时，税收的增加将(　　)
   A. 使垂直的储蓄曲线向左移动
   B. 减少投资
   C. 增加消费
   D. 减少均衡利率并增加投资

二、多项选择题

1. 下列哪几种情况下，投资乘数会越大（　　　）。

　　A. 边际消费倾向越大　　　　　　　B. 边际消费倾向越小

　　C. 边际税率越高　　　　　　　　　D. 边际储蓄倾向越小

2. 下列哪些乘数取正值（　　　）。

　　A. 投资乘数　　　　　　　　　　　B. 税收乘数

　　C. 政府购买乘数　　　　　　　　　D. 对外贸易乘数

3. （　　　）等于1。

　　A. 平均消费倾向+平均储蓄倾向　　　B. 平均消费倾向+边际消费倾向

　　C. 边际消费倾向+边际储蓄倾向　　　D. 边际储蓄倾向+平均储蓄倾向

4. 下面哪几项会引起消费曲线的向上移动（　　　）。

　　A. 一定时期消费者收入水平提高

　　B. 农村转移到城市的人口增加

　　C. 人口老龄化程度提高

　　D. 消费结构升级，更多耐用消费品成为生活必需品

5. 收入达到均衡水平时（　　　）。

　　A. 非意愿存货投资为零　　　　　　B. 计划投资等于实际投资

　　C. GDP 不会发生改变　　　　　　　D. 总意愿支出大于国民收入

6. 下面哪些说法是正确的（　　　）。

　　A. 利率的减少将使 IS 曲线向右移动

　　B. 利率的减少将使计划支出曲线向上移

　　C. 利率的减少将增加计划投资

　　D. 当利率减少时，计划支出等于在较高水平的实际支出。

7. 下面有关乘数的说法中，不正确的是（　　　）。

　　A. 边际消费倾向与乘数成反比

　　B. 乘数的作用可无条件地实现

　　C. 乘数反映了收入变化如何引起投资的变化

　　D. 乘数的作用是双向的

8. 当一国经济面临紧缩时，下列政府调控措施中有效的是（　　　）。

　　A. 增税　　　　　　　　　　　　　B. 增加转移支付

　　C. 减税　　　　　　　　　　　　　D. 增加政府购买

三、判断题

　　1. 边际消费倾向是一个不变的常数。（　　　）

　　2. 凯恩斯在《通论》中指出经济均衡时必然实现了充分就业。（　　　）

　　3. 可支配收入的增加会引起消费曲线向上移动。（　　　）

　　4. 在两部门经济中，经济的均衡在储蓄与实际投资相等时得以实现。（　　　）

　　5. 平均消费倾向和边际消费倾向都是递减的。（　　　）

　　6. 平均储蓄倾向和边际储蓄倾向都是递减的。（　　　）

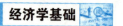

7. 社会消费函数是居民消费函数的总和，与国民收入分配的均等程度无关。（　）

8. 相对收入消费理论认为，短期消费函数是有正截距的曲线，但长期消费函数是出自零点的直线。（　）

四、简答题

1. 在低于充分就业经济中，为什么均衡收入水平随着总需求的变动而变动？在收入的变动过程中，一般价格水平为什么常常保持不变？

2. 乘数和加速数作用的发挥在现实经济生活中会受到那些限制？

3. 政府购买、转移支付和税收对总支出的影响方式有何不同？

五、计算题

1. 假设某经济社会的消费函数为 $C=100+0.8Y_d$（Y_d 为可支配收入），投资 $I=200$，政府购买支出 $G=100$，政府转移支付 $TR=62.5$，税收 $T=0.25Y$。

（1）求均衡收入。

（2）试求：投资乘数、政府购买乘数、税收乘数、转移支付乘数、平衡预算乘数。

（3）假定该社会达到充分就业所需要的国民收入为 1 325，试问用：

A. 增加政府购买；

B. 减少税收；

C. 增加政府购买和税收同一数额（以便预算平衡）来实现充分就业，各需多少数额？

2. 假设某经济社会消费函数为 $C=1\,000+0.75Y$，投资从 300 增至 500 时，均衡收入增加多少？若本期消费是上期收入的函数，即 $C_t=C_0+cY_{t-1}$，试求投资从 300 增至 500 的过程中 1、2、3、4 期收入各为多少？

项目十一

均衡 IS-LM

学习目标

知识目标：了解 *IS* 曲线、*LM* 曲线的含义及其移动，掌握产品市场和货币市场是如何达到均衡的，以及 *IS-LM* 模型的政策含义，为学习宏观经济政策效应及开放经济条件下的宏观经济模型打下基础。

能力目标：能运用数量分析法分析 *IS* 曲线、*LM* 曲线的函数方程；能推导 *IS* 曲线、*LM* 曲线移动的缘由及度量；培养数学逻辑推理能力。

素质目标：用产品市场和货币市场均衡的手段，分析国民收入达到更高标准平衡的措施。

思政目标：适应社会政治、经济、文化的发展，把国家利益、民族利益放在心中，肩负国家使命和社会责任，力求产品市场与货币市场的均衡，谋求人民的福祉。

《《 任 务 布 置 》》

任务1：货币供给量用 *M* 表示，价格水平用 *P* 表示，货币需求量用 $L=kY-hr$ 表示。

1. 求 *LM* 曲线的代数表达式和 *LM* 曲线的斜率的表达式。

2. 找出 $k=0.20$，$h=10$；$k=0.20$，$h=20$；$k=0.10$，$h=10$ 时 *LM* 曲线的斜率。

3. 当 *k* 变小时，*LM* 斜率如何变化；*h* 增大时，*LM* 斜率如何变化，并说明变化原因。

4. 若 $k=0.20$，$h=0$，*LM* 曲线形状如何？

任务2：在现代生活中，我们的衣食住行都离不开一样东西，那就是货币。无论你是用现金消费或是用微信、支付宝扫码付款，都得用到货币这个媒介。那么生活中流通的这些货币数量都是央行发行的吗？针对这一问题，在经济学课堂中，老师让同学们展开思考，一部分同学认为"生活中流通的货币数量等于央行发行的数量，即生活中流通的货币数量都是央行发行的数量"，另一部分同学则认为"生活中流通的货币数量超过央行发行的数量"，你支持哪一方的观点呢，请阐述理由。

任务一　*IS* 均衡

一、推导 *IS* 曲线的前提

IS 曲线实际上第一是在研究的非充分就业之前的国民收入的决定；第二，假设社会经济能在现行的价格水平下提供所需的任意数量，即社会需要多少就能生产多少。也就是说，社会总需求变动时，只会引起产量和收入变动，而不会引起价格水平变动。价格水平是外生变量。第三，假定投资仅仅是市场利率的函数。虽然投资要受到利润预期和资本设备成本的影响，但在本章暂时不考虑；第四，不考虑汇率变化。

二、推导 *IS* 曲线的过程

(一)两部门经济的 *IS* 曲线

我们讨论投资由利率决定的情况下产品市场的均衡。当利率发生变化，投资仅仅是利率的函数，即：

$$i = e - dr$$

式中，e 为自主投资；r 为利率(实际利率)；d 为投资需求对利率变动的敏感系数或利率对投资需求的影响系数。

前面的章节中分析过两部门经济均衡条件是：

$$i = s$$

当投资是利率函数时，两部门经济中产品市场的均衡模型可表示为：

$$i = s$$
$$i = e - dr$$
$$s = -\alpha + (1 - \beta)y$$

于是，均衡国民收入为：

$$y = \frac{\alpha + e - dr}{1 - \beta}$$

可以看出，在其他条件不变情况下，产品市场达到均衡时，均衡国民收入与利率之间存在着反方向的变化关系。

假设两部门经济中的投资函数为 $i = 200 - 50r$，消费函数为 $c = 100 + 0.8y$，储蓄函数为 $s = y - c = -100 + 0.2y$。求 *IS* 曲线的方程。

由均衡条件 $i = s$ 知：

$$y = \frac{100 + 200 - 50r}{1 - 0.8}$$
$$= 1\,500 - 250r$$

下图反映产品市场均衡 $i = s$ 时，国民收入与利率之间的成反向变化关系。

如果用如图 11-1 所示的四象限图分析 *IS* 曲线，可以从投资函数、储蓄函数、投资与储蓄相等的条件分析国民收入 y 与利率 r 之间的关系，即得到 *IS* 曲线，如图 11-2。

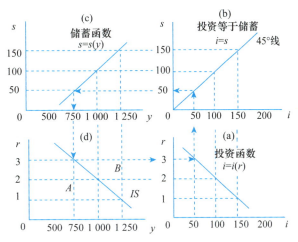

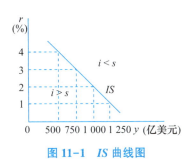

图 11-1　*IS* 曲线图

图 11-2　两部门经济的 *IS* 曲线推导示意图

(二)三部门经济的 *IS* 曲线

当其他条件不变，投资是利率函数时，三部门经济中产品市场的均衡模型可表示为：

$$g + i = t + s$$
$$i = e - dr$$
$$s = -\alpha + (1 - \beta)y$$
$$t = t_0 + t'y$$

解上述方程得，三部门经济的均衡国民收入为：

$$y = \frac{\alpha + e + g - \beta t_0}{1 - \beta(1 - t')} - \frac{dr}{1 - \beta(1 - t')}$$

或者，

$$r = \frac{\alpha + e + g - \beta t_0}{d} - \frac{1 - \beta(1 - t')}{d}y$$

从曲线的推导过程中已知道，利率与国民收入之间呈反方向变动关系。如图 11-3，当 *IS* 曲线的斜率绝对值较小时，利率变动对国民收入的影响大；反之，则利率变动对国民收入的影响小。三部门经济的曲线的斜率为：

$$-\frac{1 - \beta(1 - t')}{d}$$

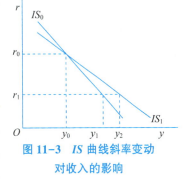

图 11-3　*IS* 曲线斜率变动对收入的影响

投资的利率系数 d 越大，斜率绝对值就越小，*IS* 曲线越平缓。边际消费倾向 β 越大，斜率绝对值越小，曲线越陡峭。税率 t' 越大，曲线的斜率绝对值越大，曲线越陡峭。西方学者认为，影响曲线斜率大小的因素，主要是投资的利率系数 d，因为边际消费倾向比较稳定，税率也轻易不会变动。

投资增加，*IS* 曲线相应向右移。储蓄增加，*IS* 曲线相应向左移。政府购买支出增加，*IS* 曲线相应向右移动。税收增加，*IS* 曲线相应向左移动。出口增加，*IS* 曲线相应向右移动。进口增加，*IS* 曲线相应向左移动。

如图 11-4，在 *IS* 曲线上的点，*I=S*。*IS* 曲线之外的点，均为非均衡点，说明产品市场失衡，需要调整才能达到均衡。

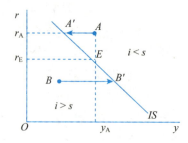

图 11-4　产品市场的失衡及调整

任务二　*LM* 均衡

一、货币

货币是在商品和劳务的交换及其债务清偿中，作为交易媒介或支付工具被普遍接受的物品。

（一）货币的含义

货币是指任何一种可以执行交换媒介、价值尺度、延期支付标准和完全流动的财富储藏手段等功能的商品，都可被看作是货币；从商品中分离出来固定地充当一般等价物的商品，就是货币；货币是商品交换发展到一定阶段的产物。货币的本质就是一般等价物。

（二）货币的职能

货币的主要职能有价值尺度、流通手段、贮藏手段、支付手段和世界货币五种职能。

价值尺度货币用来衡量和表现商品价值的一种职能，是货币的最基本、最重要的职能。正如衡量长度的尺子本身有长度，称东西的砝码本身有重量一样，衡量商品价值的货币本身也是商品，具有价值；没有价值的东西，不能充当价值尺度。

货币充当商品交换媒介的职能。在商品交换过程中，商品出卖者把商品转化为货币，然后再用货币去购买商品。在这里，货币发挥交换媒介的作用，执行流通手段的职能。货币充当价值尺度的职能是它作为流通手段职能的前提，而货币的流通手段职能是价值尺度职能的进一步发展。货币作为流通手段，在商品流通过程中，不断地当作购买手段，实现商品的价格。商品经过一定流通过程以后，必然要离开流通领域最后进入消费领域。但货币作为流通手段，却始终留在流通领域中，不断地从购买者转移到出卖者手中。这种不断的转手就形成货币流通。货币流通是以商品流通为基础的，它是商品流通的表现。货币作为流通手段，需要有同商品量相适应的一定的数量。在一定时期内，商品流通所需要的货币量由待售的商品价格总额和货币流通的平均速度二者决定。商品流通所需要的货币量同商品价格总额成正比：商品价格总额大，流通中所需要的货币量便多；商品价格总额小，流通中所需要的货币量便少。流通中所需要的货币量同货币流通速度成反比：货币流通速度快，流通中所需要的货币量就少；货币流通速度慢，流通中所需要的货币量就多。在一定时期内，商品流通所需要的货币量，等于全部商品价格总额除以同一单位货币流通的平均速度。

货币的贮藏手段是指货币退出流通领域充当独立的价值形式和社会财富的一般代表而储存起来的一种职能。货币能够执行贮藏手段的职能，是因为它是一般等价物，可以用来购买一切商品，因而货币贮藏就有必要了。

货币的支付手段是指货币作为独立的价值形式进行单方面运动(如清偿债务、缴纳税款、支付工资和租金等)时所执行的职能。货币作为支付手段，可以减少流通中所需要的货币量，节省大量现金，促进商品流通的发展。由于货币充当支付手段，为了到期能偿还债务，就必须积累货币。因此随着经济的发展，作为独立的致富形式的货币贮藏减少以致消失，而作为支付手段准备金形式的货币贮藏职能却增长了。

世界货币职能是指货币在世界市场上执行一般等价物的职能。由于国际贸易的发生和发展，货币流通超出一国的范围，在世界市场上发挥作用，于是货币便有世界货币的职能。作为世界货币，必须是足值的金和银，而且必须脱去铸币的地域性外衣，以金块、银块的形状出现。原来在各国国内发挥作用的铸币以及纸币等在世界市场上都失去作用。

在国内流通中，一般只能由一种货币商品充当价值尺度。在国际上，由于有的国家用金作为价值尺度，有的国家用银作为价值尺度，所以在世界市场上金和银可以同时充当价值尺度的职能。后来，在世界市场上，金取得了支配地位，主要由金执行价值尺度的职能。

(三)货币的计算口径

关于货币的计算口径问题，不同国家有不同的理解。一般认为，M_1 指现金和活期存款的和；M_2 指 M_1、储蓄存款、定期存款的和；M_3 指 M_2、其他流动性资产的和。

中国的货币口径为，M_0 指流通中的现金；M_1 指 M_0、企业活期存款、机关团体部队存、农村存款、个人持有的信用卡类存款的和；M_2 指 M_1、城乡居民储蓄存款、企业存款中具有定期性质的存款、外币存款、信托类存款的和；M_3 指、金融债、商业票据、大额可转让定期存单的和。

(四)货币银行体系

现代西方国家的银行结构非常繁杂，主要有：政府银行、官商合办银行、私营银行；股份银行、独资银行；全国性银行、地方性银行；全能性银行、专业性银行；企业性银行、互助合作银行等。按职能可划分为中央银行、商业银行、投资银行、储蓄银行和其他专业信用机构。它们构成以中央银行为中心、股份商业银行为主体、各类银行并存的现代银行体系。

中央银行是指如中国人民银行、美联储、英格兰银行，是发行的银行、银行的银行、政府的银行。商业银行是以经营工商业存、放款为主要业务，并以获取利润为目的的货币经营企业。商业性质的银行业金融机构指包括政策性银行、大型商业银行、全国性股份制中小型商业银行、城市商业银行、农村金融机构(信用社)、村镇银行、外资银行、非银行类金融机构(小额贷款公司)等。

(五)货币的供给

存款创造是银行通过运用中央银行发放的货币和流通准备金等货币从而使得货币供给量增加的行为。存款创造乘数即货币扩张乘数，描述商业银行体系供给货币的机制，它衡量了商业银行体系内增加货币供给的数量。为了控制这个体系创造的货币量，中央银行给商业银行设置严格的准备金比例，中央银行只允许商业银行的初级存款的一部分用于放贷，余下的部分留存在商业银行，这一比例被称作现金准备比例。

货币供给（Money Supply）是指某一国或货币区的银行系统向经济体中投入、创造、扩张（或收缩）货币的金融过程。货币供给指一个国家在某一特定时点上由家庭和厂商持有的政府和银行系统以外的货币总和。

货币供给过程是指银行主体通过其货币经营活动而创造出货币的过程，它包括商业银行通过派生存款机制向流通领域供给货币的过程和中央银行通过调节基础货币量而影响货币供给的过程。

决定货币供给的因素包括中央银行增加货币发行、中央银行调节商业银行的可运用资金量、商业银行派生资金能力以及经济发展状况、企业和居民的货币需求状况等因素。货币供给还可划分为以货币单位来表示的名义货币供给和以流通中货币所能购买的商品和服务表示的实际货币供给等两种形式。

中央银行对商业银行吸收的存款规定一个最低限度的不得用于放贷的准备金为法定存款准备金，法定存款准备金占银行全部存款的比率，又称法定存款准备金率，是货币政策的三大工具之一，它是中央银行为保护存款人和商业银行本身的安全，控制或影响商业银行的信用扩张，以法律形式所规定的商业银行及其他金融机构提取的存款准备金的最低比率。

商业银行在吸收存款后，一般从中提取一定比例用于准备金，剩余部分才用于放款。在大多数国家，逐渐对准备金与存款的比率做出了强制性规定，即该比例不能低于某一法定数额。这是商业银行准备金与存款的最低比例，超过部分称为超额准备金率，该最低限额则称为法定准备金率。超额准备金是指超过法定准备金数额的那部分准备金。

中央银行对法定准备金率的规定，最初是为了降低商业银行的经营风险，保护存款人的存款安全；以后逐渐把它作为控制信用规模和货币供给的货币政策工具。在经济高涨和通货膨胀时期，中央银行为了控制信用的过度扩张可以提高法定准备金率，它一方面减少商业银行和其他金融机构用于贷款的资金，另一方面使得商业银行创造的货币减少，从而收缩银根、减少货币供给、减少投资、抑制总需求；反之，当经济处于衰退和高失业时期时，中央银行可以降低法定准备金率，以增加货币供给、增加投资、刺激需求。

为了理解存款创造，我们先假定商业银行没有超额准备，法定准备金率为20%，且银行客户将一切货币存入银行，支付完全以支票进行。存款创造表现为表11-1数字所示，也就可以根据表11-1中的数字进行计算分析得出。

表 11-1　货币供给的实现

轮次	银行存款	银行贷款	存款准备金
1	100	80	20
2	80	64	16
3	64	51.2	12.8
...	...	...	...
合计	500	400	100

存款创造的数学推导最终的存款额为：

$$= 100 + 80 + 64 + \cdots$$
$$= 100 + 100 \times (1 - 0.2) + 100 \times (1 - 0.2) \times (1 - 0.2) + \cdots$$
$$= 100 \times (1 - 0.2)^0 + 100 \times (1 - 0.2)^1 + 100 \times (1 - 0.2)^2 + \cdots$$
$$= 100 \times \frac{1 - (1 - 0.2)^{n \to \infty}}{1 - (1 - 0.2)}$$
$$= 100 \times \frac{1}{0.2}$$
$$= 500$$

实际上是存款创造是基础货币与货币乘数的乘积。基础货币（Monetary Base），又称高能货币 H，也称货币基数、强力货币、始初货币，因其具有使货币供应总量成倍放大或收缩的能力，又被称为高能货币（High-powered Money），它是中央银行发行的债务凭证，表现为商业银行的存款准备金（R）和公众持有的通货（C）。

基础货币 H 是商业银行的储备总额（法定准备金 RR＋超额准备金 ER）＋非银行部门持有的货币 Cu 的和。用公式表示为：

$$H = Cu + RR + ER$$

货币乘数也称之为货币扩张系数或货币扩张乘数，是指在基础货币基础上货币供给量通过商业银行的创造存款货币功能产生派生存款的作用产生的信用扩张倍数，是货币供给扩张的倍数。

货币乘数　$K = \dfrac{M}{H}$：

$$= \frac{Cu + D}{Cu + RR + ER}$$
$$= \frac{Cu/D + 1}{Cu/D + RR/D + ER/D}$$
$$= \frac{\beta + 1}{\beta + \gamma + \alpha}$$

其中，β 为现金对存款的比率；γ 为法定准备金率；α 为超额准备金率。

因为货币供给指一个国家在某一特定时点上由家庭和厂商持有的政府和银行系统以外的货币总和。因此，货币供给为：

$$M = 非银行部门持有的通货 Cu + 活期存款 D$$

（六）货币的需求

货币需求是指人们愿意以货币形式保存财富的数量。货币需求发端于商品交换，随商品经济及信用化的发展而发展。在产品经济以及半货币化经济条件下，货币需求强度（货币发挥自身职能作用的程度，货币与经济的联系即在经济社会中的作用程度，以及社会公众对持有货币的要求程度）较低；在发达的商品经济条件下，货币需求强度较高。

在计量分析中，通常将名义货币需求以具有代表性的物价指数 P 平减后，可得实际货币需求。由于包含物价因素在内的名义货币需求 M_d 不能直接反映公众的真实需要，所以人们更注重或考察得更多的是实际货币需求 m_d。

$$md = \frac{Md}{P}$$

影响实际货币需求的因素包括交易动机、谨慎动机、投机动机。交易动机是凯恩斯货币需求理论的三大动机之一，是指个人或企业为了应付日常交易需要而产生的持有一部分货币的动机。谨慎动机主要取决于未来的不确定性。但不确定如何影响货币需求，凯恩斯的分析未见细致，致使后来的经济学家分别在不同的方向上进行拓展和进一步规范，最有名的拓展之一是托宾的货币需求的象限分析，托宾巧妙地将谨慎需求和交易需求与投机需求置于一个统一的分析框架，并将谨慎动机限定于利率的不确定性这一范围之内。

交易性、预防性货币需求 L_1 为实际收入的函数：

$$L_1 = ky（式中 k 为货币需求的收入系数）$$

投机动机是指人们根据对市场利率变化的预测，需要持有货币以便满足从中投机获利的动机。因为货币是最灵活的流动性资产，具有周转灵活性，持有它可以根据市场行情的变化随时进行金融投机。出于这种动机而产生的货币需求，称之为货币的投机需求。由于交易动机而产生的货币需求，加上出于预防动机和投机动机而产生的货币需求，构成了货币总需求。投机动机是指由于未来利息率的不确定，人们为避免资本损失或增加资本收益，及时调整资产结构而形成的对货币的需求。凯恩斯认为投机动机的货币需求是随利率的变动而相应变化的需求，它与利率成负相关关系，利率上升，需求减少；反之，则投机动机货币需求增加。投机性货币需求为利率的函数：

$$L_2 = - hr（式中的 h 为货币需求的利率系数；r 为货币的利率）$$

综上所述，总的货币需求函数为：

$$L = L_1 + L_2 = ky - hr$$

流动性陷阱是指当一段时间内即使利率降到很低水平，市场参与者对其变化不敏感，对利率调整不再做出反应，导致货币政策失效。如图 11-5 所示，当利率降到某一不可能再低的低点时，投机性需求会变得无限大，即人们不管手边有多少货币，都不肯去买债券。全球经济所表现出的对利率工具不敏感似乎又在重新证明凯恩斯的这一论断。

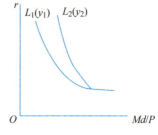

图 11-5 货币的需求曲线

货币市场均衡即货币供求均衡，是指在一定时期经济运行中的货币需求与货币供给在动态上保持一致的状态。货币均衡是用来说明货币供给与货币需求的关系，货币供给符合经济生活对货币的需求则达到均衡。货币均衡是货币供求作用的一种状态，使货币供给与货币需求的大体一致，而非货币供给与货币需求在教置上的完全相等。货币均衡是一个动态过程，在短期内货币供求可能不一致，但在长期内是大体一致的。货币均衡不是货币供给量和实际货币需求量一致，而是货币供给量与适度货币需要量基本一致。即与货币需求 M_d 相等时的货币供给 M_s，这时的货币供求均衡可表示为：

$$M_s = M_d = (ky - hr) P$$

即：

$$\frac{M_s}{P} = ky - hr$$

在一定范围内，货币供给增加使利率下降。如图 11-6，货币供给增加，货币供给曲线向右移动，与货币需求曲线相交于更低的一点，表现为利率下降。

在一定范围内，货币需求增加使利率上升。如图11-7，货币需求增加，货币需求曲线向右移动，与货币供给曲线相交于更高的一点，表现为利率上升。

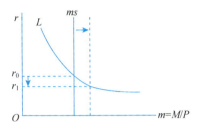 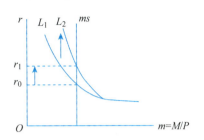

图11-6 货币供给增加影响货币市场均衡 图11-7 货币需求增加影响货币市场均衡

利率与投资需求的关系表现为：利率 r 下降时，借款成本也跟随下降，因而投资需求增加。当利率 r 下降时，如果每个企业都增加投资，资本品的供给价格 R 上涨，由于 R 价格增加而被缩小的资本边际效率的值，或者因为一旦某种产品的生产有较高投资收益率，许多厂商增加对该部门的投资，结果使该产品的供给增加，价格回落，从而导致投资的资本边际效率减少的数值被称为投资边际效率 MEI。

投资需求者是否进行投资取决于投资的预期利润率与投资成本（利率）相比较。若投资的预期利润率>利率，值得投资，追加投资；若投资的预期利润率<利率，不值得投资；当投资的预期利润率=利率，是均衡投资量。当投资的预期利润率既定时，投资取决于利率；利率上升，则投资需求量减少；利率下降，则投资需求量增加。如图11-8，投资需求是利率的减函数。线性的投资需求函数为：

$$i = e - dr$$

式中，e 为自主投资；r 为利率（实际利率）；d 为投资需求对利率变动的敏感系数或利率对投资需求的影响系数。

如果讨论利率与国民收入的关系，如图11-9，若利率 r 下降，则借款成本下降，投资需求增加，总需求增加，国民收入增加；反之，则相反。

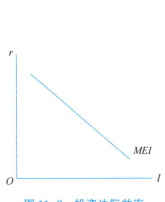 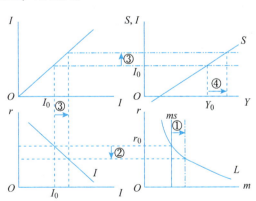

图11-8 投资边际效率 图11-9 货币供给增加引导国民收入的增加

二、LM 曲线

(一)LM 曲线的含义

LM 曲线表示货币市场实现均衡时，国民收入与利率之间成同向变化关系。货币市场的均衡是指货币市场上货币需求等于货币供给的状态。如果以 r 为纵坐标、y 为横坐标，分析货币供求均衡，则如图 11-10 所示，货币市场均衡的模型可以表示为：

$$L = m$$
$$L = L_1(y) + L_2(r) = ky - hr$$
$$m = \frac{M}{P}$$

假定 $P = 1$，解上述方程得：

$$y = \frac{hr}{k} + \frac{m}{k}$$

或者，
$$r = \frac{ky}{h} - \frac{m}{h}$$

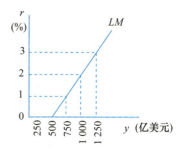

图 11-10　LM 曲线

◎专题 11-1　看一看，再算算

　　假定某经济社会的货币交易需求函数 $L_1 = 0.5y$，货币投机需求函数为货币投机需求函数为 $L_2 = 1\,500-125r$，货币的名义供给量 $M = 750$ 亿美元，价格指数 $P = 1$。试求 LM 曲线。

　　解： 由货币市场均衡条件得：

$$0.5y + 1\,500 - 125r = 1\,750$$
$$y = 500 + 250r \quad 或者 \quad r = 0.004y - 2$$

也就说每给定一个利率，就能得到相应的均衡国民收入。货币市场均衡时，国民收入 y 与利率 r 成正向变化关系。

(二)LM 曲线的推导

LM 曲线实际上是从货币的投机需求与利率的关系，货币的交易需求与收入的关系以及货币需求与货币供给相等的关系中推导出来的。如图 11-11，用包含有四个象限的图来说明 LM 曲线的一般推导过程。

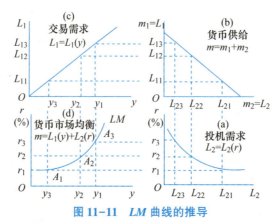

图 11-11　LM 曲线的推导

LM 曲线的公式中，曲线的斜率为 $\dfrac{k}{h}$，LM 曲线的斜率反映货币市场达到均衡时利率与国民收入之间的关系，或者说利率变化对国民收入的影响程度。LM 曲线的斜率决定于 k 和 h 两个因素，而 k 和 h 分别是货币交易需求曲线和投机需求曲线的斜率。当 k 既定，h 越大，LM 曲线的斜率越小，LM 曲线越平缓。当 h 既定，k 越大，LM 曲线的斜率越大，LM 曲线越陡峭。LM 曲线斜率主要取决于货币投机需求。

根据不同利率水平下货币投机需求的大小，可将 LM 曲线划分为三个区域，如图11-12所示。一是凯恩斯区域，LM 曲线的斜率小，LM 线为一条水平线。对于极低的利率有不同的国民收入与其对应。二是中间区域，LM 曲线的斜率为正值，是一条向右上倾斜的曲线。利率与国民收入成正向变化。三是古典区域，LM 线为一条垂直线。利率变化很高，国民收入不变。

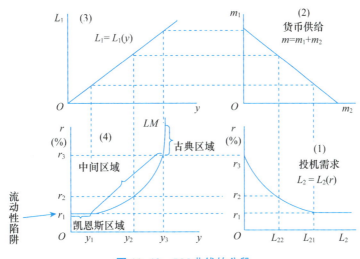

图 11-12　LM 曲线的分段

（三）LM 曲线的移动

货币供给量、货币交易需求和投机需求的变化，都会使 LM 曲线发生相应的变动。

实际货币供应量的变化，会导致 LM 曲线与其同方向变动。即货币供给增加，LM 曲线右移。原因在于：货币供给增加使得利率下降，即同样的国民收入水平现在对应着较低的利率，因而 LM 曲线右移。

实际货币供给量由名义货币供给量 M、价格水平 P 构成。二者中的任何一个变化都会导致实际货币供给量变化。

货币供给量是由国家的货币政策来调节的，货币当局可以根据需要随时加以调整。其大小与利率无关(严格地说，是货币供给量影响利率，而不是相反)，是一个外生变量。

货币交易需求的变动会使 LM 曲线发生同方向移动。如果交易需求曲线右移(即同样的货币量可以支持较高的收入水平的交易需要，也即交易需求减少)，则 LM 曲线右移。

货币投机需求的变动会使 LM 曲线发生反方向移动。比如，如果投机需求曲线右移(即投机需求增加)，则在同样的利率水平上投机需求所愿意持有的货币增加了，用于交易的货币就减少了，从而导致收入（产出）必然下降。因此，*LM*曲线左移。*LM*曲线之外的任何一点都代表货币市场的失衡状态。如图 11-13 中的 *A* 点和 *B* 点，在 *A* 点，*L* < *m*；在 *B* 点，*L* > *m*。

所有位于 *LM* 曲线左上方的利率与收入的组合都是 *L* < *m* 的非均衡组合，此时，利率会下降；所有位于 *LM* 曲线右下方的利率与收入的组合都是 *L* > *m* 的非均衡组合，此时，利率会上升。

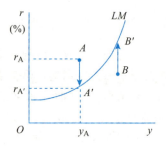

图 11-13　货币市场的失衡

任务三　*IS-LM* 均衡

一、*IS-LM* 模型

凯恩斯理论的循环推论认为，利率通过投资影响收入，而收入通过货币需求影响利率；或者说收入依赖于利率，而利率又依赖于收入。凯恩斯的后继者发现了这一循环推论的错误，于是，英国的经济学家 J. R. 希克斯和美国的经济学家 A. H. 汉森把产品市场和货币市场结合起来，同时考察了两个市场的共同均衡问题，提出了著名的"汉森–希克斯模型"，即 *IS-LM* 模型，以说明在产品市场与货币市场同时均衡时，国民收入与利率之间的相互关系。这被看作是对凯恩斯理论的标准解释。

若产品市场的均衡模型为：

$$i = s$$
$$i = 200 - 50r$$
$$s = y - c = -100 + 0.2y$$

解之得：

$$y = 1\ 500 - 250r$$

货币市场的均衡模型为：

$$L = m$$
$$L = 0.5y + 1\ 500 - 125r$$
$$M = 1\ 750$$

解之得：

$$y = 500 + 250r$$

当产品市场和货币市场同时均衡时，联立 *IS* 和 *LM* 曲线方程，即：

$$y = 1\ 500 - 250r$$
$$y = 500 + 250r$$

解之得：

$$r = 2$$
$$y = 1\ 000$$

当利率为 2%，国民收入为 1 000 亿美元时，产品市场和货币市场同时达到。*IS - LM* 模型的一般表达式：

$$i = s$$
$$i = i(r) = e - dr$$
$$s = s(y) = -\alpha + (1 - \beta)y$$

解之得 IS 曲线方程：

$$y = \frac{\alpha + e - dr}{1 - \beta}$$

或

$$r = \frac{\alpha + e}{d} - \frac{1 - \beta}{d}y$$

IS-LM 模型的一般表达式为：

$$L = m$$
$$L = L_1(y) + L_2(r) = ky - hr$$
$$m = \frac{M}{P}$$

解之得 LM 曲线方程：

$$y = \frac{hr}{k} + \frac{M}{kP}$$

或

$$r = \frac{ky}{h} - \frac{M}{Ph}$$

IS-LM 模型的一般表达式为：

$$y = \frac{\alpha + e - dr}{1 - \beta}$$
$$y = \frac{hr}{k} + \frac{M}{Pk}$$

解之可得到产品市场和货币市场共同均衡时的利率 r 和国民收入 y。

如图 11-14，E 点为产品市场和货币市场两个市场同时均衡点。对应的利率为均衡利率，对应的国民收入为均衡国民收入。

任何偏离点的利率和国民收入的组合点均为非均衡点，都达不到产品市场和货币市场的同时均衡。

如图 11-15 中的在 E' 点，$r = 1\%$，$y = 750$，$i = 200 - 50r = 150$，$s = -100 + 0.2 \times 750 = 50$。因此，计划投资大于计划储蓄，从而计划支出大于计划供

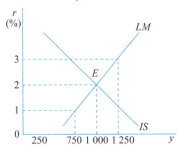

图 11-14　货币市场与产品市场同时均衡

给，产出必须增加。在货币供给量不变的情形下，产出增加，用于交易与预防动机的货币增加，用于投机的货币减少，即人们出售有价证券，从而有价证券的价格下降，利率上升。因此，利率与产出同时增加直至产品市场和货币市场同时达到均衡即达到 E 点。

图 11-15 中的在 E'' 点，$r = 1\%$，$y = 1\,250$，由于 E'' 在 IS 曲线上，因此投资和储蓄相等，但货币市场不均衡。货币需求 $L = 0.5 \times 1\,250 - 125 \times 1\% = 2\,123.75 > M = 1\,750$。这样，利率会上

升，利率上升抑制了投资，进而使收入减少。因此，E'' 将逐渐向 E 靠拢。

如图 11-16，在 IS 曲线的上方，产出过大，即产出量大于均衡产出，原因是计划投资小于计划储蓄，即 $i<s$，造成非计划存货增加，生产必须收缩；反之，在下方则 $i>s$，非计划存货减少，生产扩张。在 LM 曲线上方，货币需求 L 小于货币供给量 M，利率下降，产出增加；反之，在 LM 曲线下方，货币需求大于货币供给，利率上升，产出下降。

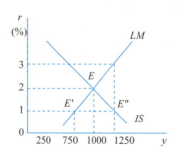

图 11-15　货币市场与产品市场均衡分析　　图 11-16　产品市场和货币市场的失衡

IS 曲线与 LM 曲线相交后将整个坐标平面划分为 Ⅰ、Ⅱ、Ⅲ、Ⅳ 四个区域。两市场失衡时，情况如表 11-2 所示。

表 11-2　*IS* 曲线与 *LM* 曲线划分区域

区域	产品市场	货币市场
Ⅰ	$i<s$ 有超额的产品供给	$L<M$ 有超额货币供给
Ⅱ	$i<s$ 有超额的产品供给	$L>M$ 有超额货币需求
Ⅲ	$i>s$ 有超额的产品需求	$L>M$ 有超额货币需求
Ⅳ	$i>s$ 有超额的产品需求	$L<M$ 有超额货币供给

IS、LM 曲线上的两个市场的失衡情况 a、b、c、d 点由读者自己推导。

图 11-17 中，A 点位于第 Ⅲ 区域，此时 $i>s$，存在超额产品需求，导致 y 增加，使收入从 A 点沿平行于横轴的箭头向右移；在货币市场上 $L>M$，存在超额货币需求，导致利率上升，使利率从 A 点沿平行于纵轴的箭头向上移动。这两方面共同的调整结果引起 A 点沿对角线向右上方移动到 B 点。在 B 点，产品市场实现均衡，但此时 $L>M$，有超额货币需求，利率上升，于是由 B 点沿平行于纵轴的箭头移动到 C 点。在 C 点，$i<s$，$L>M$，收入减少，利率上升，移动到 D 点……直至最终调整到均衡点 E。

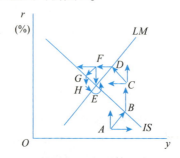

图 11-17　产品市场和货币市场失衡的调整

二、IS–LM 曲线

前面分析了 IS 曲线和 LM 曲线既定条件下讨论产品市场与货币市场同时均衡问题。然而，一旦 IS 曲线和 LM 曲线发生变动，则均衡国民收入与利率就会发生变化。

前面谈到过，c、i、g、tr 和 nx 的增加，t 和 s 的减少，都会使产品市场均衡国民收入 y 增加，从而在相同利率下使 IS 曲线向右上方移动；反之，IS 曲线向左上方移动。

如图 11–18，政府购买支出等增加使 IS 曲线从 IS_0 移动到 IS_1，导致国民收入增加到 y_1，利率上升到 r_1。其原因是收入的增加使得货币交易需求增加，在货币供给量不变的情况下，必然导致利率上升。

如图 11–18，在其他因素不变情况下，货币供应量增加或者货币需求减少，会使 LM 曲线向右移动。从而导致利率下降，国民收入增加。

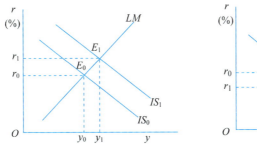

图 11–18　均衡国民收入和利率的变动

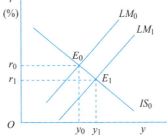

图 11–19　均衡国民收入和利率的变动

如图 11–20，如果 IS 曲线和 LM 曲线因各种因素的共同作用同时变动，国民收入和利率的变动情况则由 IS 曲线和 LM 曲线变动的方向和程度来决定。

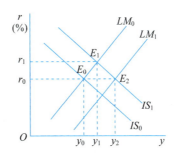

图 11–20　均衡收入和利率的变动

如果 IS 曲线向右上方移动，LM 曲线同时向右下方移动，则可能出现国民收入增加，而利率或不变，或下降，或上升的不同情况。

三、政策运用

IS–LM 模型是宏观经济政策分析的理论基础。IS 曲线移动对均衡利率与国民收入的影响是政府实施财政政策的理论基础。当均衡国民收入低于充分就业水平时，政府可以通过改变政府购买支出、转移支付和税收等财政政策工具，以实现充分就业。积极的财政政策会对利率和国民收入产生影响。

    LM 曲线移动对均衡利率与国民收入的影响是政府实施货币政策的理论基础。当均衡国民收入低于充分就业水平时，国家货币当局可以通过改变货币供应量的措施调控宏观经济运行状态。政府实行积极的货币政策，会对利率和国民收入产生影响。

    而 *IS* 曲线和 *LM* 曲线因各种因素的共同作用同时变动，对国民收入和利率的影响，则是政府的财政政策和货币政策搭配使用的理论基础。

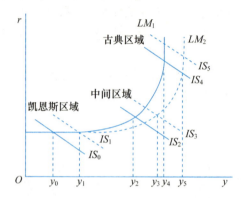

图 11-21　LM 曲线的三个区域与货币政策和财政政策的有效性

    在经济运行的不同水平和不同阶段，财政政策和货币政策对宏观经济的影响程度是不同的。如图 11-21，*LM* 曲线的三个区域，即"凯恩斯区域""中间区域"和"古典区域"，其财政政策和货币政策的效果是不同的。

《 课 后 训 练 》

一、单项选择题

1. 利率的增加（　　）。

    A. 降低现有投资项目的贴现价值，使更多的项目有利可图

    B. 降低现有投资项目的贴现价值，使更少的项目有利可图

    C. 增加现有投资项目的贴现价值，使更多的项目有利可图

    D. 增加现有投资项目的贴现价值，使更少的项目有利可图

2. 假定其他因素既定不变，货币的投机需求对利率变动的反应程度提高时，*LM* 曲线将（　　）。

    A. 平行向右移动　　　　　　　　B. 平行向左移动

    C. 变得更加陡峭　　　　　　　　D. 变得更加平坦

3. 假定其他因素既定不变，货币供给增加时，*LM* 曲线将（　　）。

    A. 平行向右移动　　　　　　　　B. 平行向左移动

    C. 变得更加陡峭　　　　　　　　D. 变得更加平坦

4. 如果资本边际效率等其他因素不变，利率的上升将使投资量（　　　　）

    A. 增加　　　　　　　　　　　　B. 减少

    C. 不变　　　　　　　　　　　　D. 可能增加也可能减少

5. 在 *IS—LM* 模型中，如果经济处于中间区域，投资增加将（   ）。

    A. 增加收入，提高利率　　　　　　B. 减少收入，提高利率

    C. 增加收入，降低利率　　　　　　D. 减少收入，降低利率

6. *IS* 曲线倾斜表示（   ）之间的关系。

    A. 利率与利率影响下的均衡收入

    B. 收入与收入影响下的均衡利率

    C. 商品与货币市场均衡的收入与利率

    D. 政府购买与收入

7. 假定货币供给不变，货币交易需求和预防需求的增加将导致货币的投机需求（   ）。

    A. 增加　　　　　　　　　　　　　B. 不变

    C. 减少　　　　　　　　　　　　　D. 不确定

8. 以下哪一项不能使 *LM* 曲线产生位移（   ）。

    A. 公开市场业务　　　　　　　　　B. 降低法律准备金

    C. 通货膨胀　　　　　　　　　　　D. 扩大政府购买

二、多项选择题

1. 根据凯恩斯的货币理论，如果利率上升，货币需求和投资将（   ）。

    A. 货币需求不变　　　　　　　　　B. 货币需求下降

    C. 投资增加　　　　　　　　　　　D. 投资减少

2. 利率既定时，货币的（   ）是收入的增函数。

    A. 投机需求　　　B. 需求量　　　C. 交易需求　　　D. 预防需求

3. 收入既定时，货币的（   ）是利率的减函数。

    A. 投机需求　　　B. 需求　　　　C. 交易需求　　　D. 预防需求

4. （   ）将导致 *IS* 曲线向左移动。

    A. 政府支出的增加　　　　　　　　B. 政府支出的减少

    C. 政府税收的增加　　　　　　　　D. 政府税收的减少

5. （   ）将导致 *IS* 曲线向右移动。

    A. 自发投资的增加　　　　　　　　B. 自发投资的减少

    C. 政府税收的增加　　　　　　　　D. 政府税收的减少

6. （   ）将导致 *LM* 曲线向左移动。

    A. 货币供给的增加　　　　　　　　B. 货币供给的减少

    C. 货币投机需求的增加　　　　　　D. 货币投机需求的减少

7. （   ）将导致 *LM* 曲线向右移动。

    A. 货币供给的增加　　　　　　　　B. 货币供给的减少

    C. 交易和预防需求的增加　　　　　D. 交易和预防需求的减少

8. 若经济处于 *IS* 曲线的右上方和 *LM* 曲线的右下方，则（   ）。

    A. 投资大于储蓄

    B. 投资小于储蓄

    C. 货币供给大于货币需求

    D. 货币供给小于货币需求，收入将减少，利率将上升

四、判断题

1. IS 曲线与 LM 曲线的交点表示产品市场、货币市场和要素市场同时均衡。　　（　）
2. IS 曲线与 LM 曲线的交点决定表示该社会经济一定达到了充分就业。　　（　）
3. IS 曲线右下方的点表示投资大于储蓄，均衡的国民收入会减少。　　（　）
4. LM 曲线右下方的点表示货币需求小于货币供给，均衡的利率会增加。　　（　）
5. 预防的货币需求形成的基本原因是货币收入与货币支出之间的非同步性。　　（　）
6. 当市场利率小于资本的边际效率时，一项资本品就会进行投资。　　（　）
7. 在 IS-LM 模型中，如果经济处于中间区域，投资增加将增加收入，提高利率。

　　　　　　　　　　　　　　　　　　　　　　　　　　　　　　　　　　　（　）

8. 投资需求的增加使投资需求曲线左移，使 IS 曲线右移。　　（　）

四、简答题

1. 在两部门经济中影响 IS 曲线移动的因素有哪些？
2. 税率增加如何影响 IS 曲线、收入和利率？
3. 在考虑到货币市场的情况下，政府支出乘数会发生何种变化？

五、计算题

1. 在两部门经济中，消费函数 $C = 100 + 0.7Y$，投资函数 $I = 200 - 3r$，货币供给 $M = 100$，货币需求函数 $L = 0.2Y - 2r$。求：

（1）IS 曲线的方程与 LM 曲线的方程。

（2）商品市场和货币市场同时均衡时的收入和利率。

2. 假定货币需求函数 $L = kY - hr$ 中的 $k = 0.5$，消费函数 $C = a + bY$ 中的 $b = 0.5$，假设政府支出增加 100 亿元，试问货币供给量（假定价格水平为 1）要增加多少才能使利率保持不变？

3. 投资函数为 $I = I_0 - dr$。试求：

（1）当 $I = 250 - 5r$ 时，找出 r 等于 10、8、6 时的投资量（r 的单位为 1%）。

（2）若投资函数为 $I = 250 - 10r$ 时，找出 r 等于 10、8、6 时的投资量。

（3）说明 I_0 的增加对投资需求曲线的影响。

（4）若 $I = 200 - 5r$，投资曲线将怎样变化？

均衡 AD-AS

学习目标

知识目标：掌握总需求函数的含义与总需求曲线的特征，总生产函数的含义，长期总供给曲线和短期总供给曲线的特征；理解总需求-总供给模型及其作用；了解总需求曲线和总供给曲线的推导。

能力目标：能运用社会总供给、总需求指标采用数量分析法分析国民收入如何决定；能推导计算总需求曲线的函数方程和国民收入总量值；培养数学逻辑推理能力。

素质目标：用总需求与总供给平衡的理论、概念、规律、原理，分析经济体的供求关系，主动提出措施，调整总需求、总供给，达到期望的供求平衡。

思政目标：自觉投入现实社会之中，适应改革开放、市场经济的形势，将爱国热情融入中华民族伟大复兴的征程中，运用总需求与总供给平衡的规律分析经济体供求关系，谋求更高水准的均衡；感悟创新、创业的艰辛。

《 任 务 布 置 》

任务1：小明中学毕业后回家决定开始他的蔬菜规模种植计划。村里许多人都进城务工，有些田地撂荒了。他向村民说要租用十亩地，村民说不给租金也没关系，可他过意不去，还是给了村民们一些租金。小明的蔬菜种植项目很成功地赚了一些钱，村民们感觉种菜也不错，而小明想扩大种植面积，此时村民们觉得小明能赚钱，他们的田地租金也有贡献，因此要求提高田地租金，小明为了扩大种植，只好答应他们的要求。如此几年下来，村里已经没有田地供小明租用了。他还想扩大蔬菜种植规模，可不知该怎么办。

你是他的好朋友，请你提提建议：

1. 为什么会出现这种现象？

2. 他该怎么办？

任务2：某年成品油调价之路：7月23日：上调汽油出厂价格每吨300元，上调柴油出厂价格每吨250元，上调航空煤油出厂价格每吨300元；6月25日：上调汽油出厂价格每吨200元，上调柴油出厂价格每吨150元，上调航空煤油出厂价格每吨300元；5月23日：降

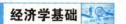

低汽油出厂价格每吨 150 元；5 月 10 日：上调柴油出厂价格每吨 150 元；3 月 23 日：上调汽油出厂价格每吨 300 元。

请运用 AD-AS 模型分析，油价的上涨对宏观经济的影响。

任务一　决定 AD

一、AD 曲线推导

（一）AD 曲线

AD 是英文 Aggregate Demand 总需求的简称，是指在其他条件不变的情况下，在某一给定的价格水平上人们愿意购买的产出总量，即所有生产部门愿意支出的总量，通常以产出水平表示。从统计上看，总需求等于消费需求、投资需求、政府需求和国外需求的总和。

经济学中，通常假定在其他条件不变的情况下，价格水平与全社会总需求之间的函数关系称之为总需求函数。以价格水平为纵坐标，产出水平为横坐标的直角坐标系中，总需求函数的几何表示被称之为总需求曲线（Aggregate Demand Curve，简称 AD 曲线）。总需求曲线描述了每一价格水平与相对应的产出水平之间的关系，但同时符合两个条件：一是整个社会对物品和劳务需求的愿望；二是该社会对这些物品和劳务的支付能力。

四部门经济中，总需求由消费需求、投资需求、政府需求和国外净出口需求构成。用 AD 表示总需求，则有：

$$AD = C + I + G + NX$$

式中，C 为消费需求，I 为投资需求，G 为政府购买需求，NX 为净出口需求。总需求与价格水平之间的关系被称为总需求函数，即：

$$AD = AD(P)$$

式子表示在各种不同的价格水平下，经济社会需要多大的国民收入以满足社会全体成员对最终产品与劳务的需求。总需求函数所要说明的是使产品市场与货币市场同时均衡的社会总需求与价格水平的关系。

（二）AD 曲线推导

IS-LM 模型研究的是在价格水平固定的情况下国民产出的决定情况。若在 IS-LM 模型的基础上，放松价格水平固定不变的假定，从而分析价格水平与国民收入之间的关系，便可以得出一条向右下方倾斜的总需求曲线。因此，AD 曲线可以直接从产品市场与货币市场均衡的 IS-LM 模型中导出。

$$IS = LM$$

$$y = \frac{1}{1-\beta(1-t')+\gamma}(\alpha+e-dr+g-\beta t_0+\beta tr+x-m_0)$$

$$y = \frac{hr}{k} + \frac{M}{kP}$$

解之得：

$$r = \frac{k(\alpha + e + g - \beta t_0 + \beta tr + x - m_0) - \dfrac{M}{P}[1 - \beta(1 - t') + \gamma]}{h[1 - \beta(1 - t') + \gamma] + kd}$$

$$y = \frac{(\alpha + e + g - \beta t_0 + \beta tr + x - m_0) - \dfrac{M}{kP}[1 - \beta(1 - t') + \gamma]}{[1 - \beta(1 - t') + \gamma] + \dfrac{k}{h}d} + \frac{M}{kP}$$

变形过程为：

$$y = \frac{(\alpha + e + g - \beta t_0 + \beta tr + x - m_0) - \dfrac{M}{kP}[1 - \beta(1 - t') + \gamma]}{[1 - \beta(1 - t') + \gamma] + \dfrac{k}{h}d} + \frac{M}{kP}$$

$$= \frac{(\alpha + e + g - \beta t_0 + \beta tr + x - m_0)}{[1 - \beta(1 - t') + \gamma] + \dfrac{k}{h}d} + \frac{M}{kP} - \frac{M}{kP}\frac{[1 - \beta(1 - t') + \gamma]}{[1 - \beta(1 - t') + \gamma] + \dfrac{k}{h}d}$$

$$= \frac{(\alpha + e + g - \beta t_0 + \beta tr + x - m_0)}{[1 - \beta(1 - t') + \gamma] + \dfrac{k}{h}d} + \frac{M}{kP}\left(1 - \frac{[1 - \beta(1 - t') + \gamma]}{[1 - \beta(1 - t') + \gamma] + \dfrac{k}{h}d}\right)$$

$$= \frac{(\alpha + e + g - \beta t_0 + \beta tr + x - m_0)}{[1 - \beta(1 - t') + \gamma] + \dfrac{k}{h}d} +$$

$$\frac{M}{kP}\left(\frac{[1 - \beta(1 - t') + \gamma] + \dfrac{k}{h}d}{[1 - \beta(1 - t') + \gamma] + \dfrac{k}{h}d} - \frac{[1 - \beta(1 - t') + \gamma]}{[1 - \beta(1 - t') + \gamma] + \dfrac{k}{h}d}\right)$$

$$= \frac{(\alpha + e + g - \beta t_0 + \beta tr + x - m_0)}{[1 - \beta(1 - t') + \gamma] + \dfrac{k}{h}d} + \frac{\dfrac{k}{h}d}{[1 - \beta(1 - t') + \gamma] + \dfrac{k}{h}d}\frac{M}{kP}$$

$$= \frac{(\alpha + e + g - \beta t_0 + \beta tr + x - m_0)}{[1 - \beta(1 - t') + \gamma] + \dfrac{k}{h}d} + \frac{\dfrac{d}{h}}{[1 - \beta(1 - t') + \gamma] + \dfrac{k}{h}d}\frac{M}{P}$$

如果 $\dfrac{(\alpha + e + g - \beta t_0 + \beta tr + x - m_0)}{[1 - \beta(1 - t') + \gamma] + \dfrac{k}{h}d}$ 整体可看作常数 μ，将 $\dfrac{\dfrac{d}{h}}{[1 - \beta(1 - t') + \gamma] + \dfrac{k}{h}d}$

整体可看作一个常数 f，则上式可改写成为：

$$y = \mu + \frac{fM}{P}$$

显然，上式中 μ、f、M 均为常数，这里只考察了物价 P 与货币市场和商品市场同时达到均衡时的国民收入 y 之间的关系。由此式可知，在开放的四部门经济中，其他条件不变，仅当物价 P 上升时，货币市场和商品市场同时达到均衡的国民收入 y 必定会减少，如图 12-1 所示。

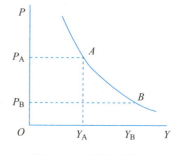

图 12-1　总需求曲线

在价格水平为纵坐标，产量水平为横坐标的坐标系中，总需求函数的几何图形表示就是总需求曲线。它上面的每一个点都代表了使经济实现产品市场与货币市场一般均衡时的产量与价格的一种组合。由图 12-1 可知，两个市场均达到均衡的国民收入 y 和价格 P 呈反方向变动关系，即总需求曲线是一条向右下方倾斜的曲线。

事实上，财政政策乘数，反映了财政政策变化（其中的某一项，尤其是税收和政府支出）对均衡收入的影响方式以及受制因素。货币政策乘数，反映了货币政策（主要货币供应量变动）对均衡收入的影响方式以及受制因素。例如，财政政策乘数受到货币需求对利率敏感程度参数、货币需求对收入的敏感程度参数、投资乘数、投资对利率的敏感程度参数的影响。

总需求曲线可以用图形进行推导。在 IS-LM 模型中，构成 IS 曲线的投资和储蓄都是国民收入的函数，与价格水平无关，因此，如图 12-2 中的 IS 曲线一般不受价格水平的影响。LM 中的实际货币供给量取决于名义货币供给量和价格水平。所以，不同价格水平的 LM 曲线就能确定不同的收入利率组合。当价格水平为 P_1 时，LM 曲线与 IS 曲线相交于 E_1，确定实际收入水平为 Y_1。当价格水平从 P_1 提高到 P_2 时，在名义货币供给既定的情况下，实际货币供给将减少，利率从 r_1 上升到 r_2，随着利率的上升，投资将减少，实际收入水平随之从 Y_1 减少到 Y_2。以纵轴表示价格水平，以横轴表示实际收入水平，就可以得到一条向右下方倾斜的 AD 曲线。

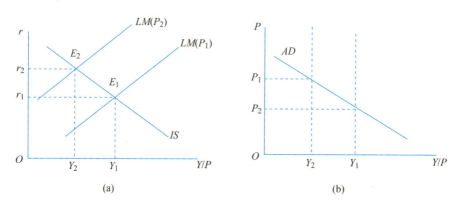

(a)　　　　　　　　　　　(b)

图 12-2　总需求曲线的形成

从 AD 曲线的推导可以看出，AD 曲线的斜率受产品市场和货币市场两市场因素影响，反映着价格水平与总需求的关系。IS 曲线斜率越大，即利率弹性越小，AD 曲线斜率就越大，即价格弹性越小。货币乘数越大，实际货币供求量变动引起的总需求变动越大，AD 曲线斜率就越小，即价格弹性越大；货币需求利率弹性越大，AD 曲线斜率就越小，即价格弹性越大。

二、AD 曲线的特征

从总需求曲线的函数表达式来看，它是一条向右下方倾斜的曲线。总需求曲线为什么是向右下方倾斜的呢？它之所以向右下方倾斜主要有以下四个方面的原因，分别称为凯恩斯效应、财富效应、对外贸易效应、支出的利率效应。

(一)凯恩斯效应

凯恩斯效应是指价格水平变化的方向与总需求呈反方向变动，反映价格变化对整个商品需求的影响，即价格水平 P 下降，实际货币供应(M/P)增加，利率 r 下降，支出(投资)I 增加，产出 Y 增加。

(二)财富效应

财富效应是反映财富变化对人们行为的影响的效应，是现代社会发展过程中提出的新理念，指某种财富的累积存量达到一定规模后，必然产生对相关领域的传导效应或者是控制效应。

(三)对外贸易效应

对外贸易效应是本国价格水平变化后，引起本国与外国的相对价格水平变化，从而影响到本国和外国的进出口水平，引起总需求水平变化。其主要因为对外贸易收入增加，通过国民经济产业链而增加相关部门的收入和消费，最终对国民经济增长和国民收入产生倍加效果。

(四)支出的利率效应

支出的利率效应是指如果价格水平上升，将增加家庭和企业对货币的需求，结果造成货币的短缺，从而推动利率的提高，在较高的利率水平上，投资支出将减少，因而总需求下降；反之，价格水平下降，总需求增加。因此，价格水平与总需求之间也存在着反方向变动关系。从通常的意义上看，价格水平越高，商品和劳务越贵，所需交易的现金就越多，支付的金额就越大。如果货币供给没有变化，价格上升使货币需求增加时，利率就会上升，投资水平下降，因而使总支出水平和收入水平下降。

三、AD 曲线的移动

移动总需求曲线的因素来自消费需求、投资需求、政府购买需求、净出口需求四个方面。

如图 12-3 的四个部分的任何一个部分变化都有可能引起 AD 曲线位置的移动，如果变化是引起总支出增加，AD 曲线平行右移；反之，如果变化是引起总支出减少，AD 曲线将左移。

图 12-3 社会总需求的构成

货币供给增加，在货币需求不变的条件下将使均衡利率下降，从而投资和消费增加，总需求曲线平行右移；反之，货币供给减少，在货币需求不变的条件下将使均衡利率上升，从而投资和消费减少，总需求曲线平行左移。

假如以扩张性财政政策为例，说明总需求曲线的移动。在图 12-4(a)中，IS_1 曲线和 LM 曲线对应于一定的货币数量和价格水平 P_1，均衡点为 E_1，在图 12-4(b)中，AD_1 曲线中有与之对应的 E_1 点。

现在增加政府支出，其结果是 IS_1 曲线向右移动到 IS_2。在原来的价格水平下，新的均衡点为 E_2，此时，利率提高，收入增加。在图 12-4(b)中，也画出对应的 E_2 点，E_2 点是新的总需求曲线 AD_2 上的一点，AD_2 曲线反映了增加政府支出对经济的影响。可见，在一个既定的价格水平下，政府支出的增加也就意味着总需求的增加。读者可以验证，紧缩性的财政政策会造成相反的结果。

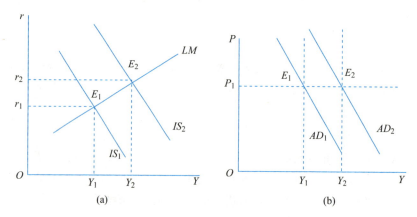

图 12-4 扩张性财政政策对总需求曲线的影响

◎ 专题 12-1 宏观经济学与微观经济学的需求曲线

宏观经济学与微观经济学中的需求曲线相比，微观经济学中的市场需求曲线与宏观经济学中总需求曲线十分相似，但是两者描述的却是完全不同的经济关系。市场需求曲线描述的是单个产品的市场价格与市场需求量之间的关系，它用于说明在其他产品的价格保持不变的情况下，一种产品的价格变化对其市场需求的影响。总需求曲线描述的是所有产品价格的平均水平与总需求量之间的关系，它并不是单个市场需求曲线的简单加总。

同时，微观经济学中的市场需求曲线以纵轴表示单个商品的价格，以横轴表示该商品的产量，并假定其他商品价格及消费者的总收入保持不变。而在宏观经济学的总需求曲线上，一般价格水平沿纵轴变化，总产量和总收入沿 AD 曲线变化。与此相反，在微观经济学的需求曲线里，收入和产量是保持不变的。

最后，微观经济学的需求曲线斜率为负，是由于消费者用其他商品来代替所讨论的商品。如汽油价格上升导致对汽油需求量的下降，这是由于消费者用自行车或乘坐公共汽车代替乘坐私人汽车的结果。也就是说，人们可以用相对便宜的商品来替代已变得较为昂贵的商品。但是，宏观经济学总需求曲线向下倾斜的原因则完全不同：当总体价格水平上升时，总支出数量的下降主要是因为固定不变的货币供应量必须通过提高利率、紧缩信贷和降低总支出等手段在货币需求者之间进行分配。

　　总的来说，宏观经济学与微观经济学中需求曲线的不同之处在于：宏观需求曲线描绘的是整个经济的价格和产量的变化，而微观需求曲线则分析单个商品的表现。宏观总需求曲线向右下倾斜主要是因为货币供给效应，而微观市场需求曲线向右下倾斜则主要是由于消费者用其他商品替代涨价商品的结果。

任务二　决定 AS

一、宏观生产函数

　　宏观生产函数，也称总生产函数（Aggregate Production Function），是指整个国民经济的生产函数，它表示总量投入和总产出之间的关系，即一个经济社会在既定的技术水平下进行生产所使用的要素总量（一般指劳动和资本）和总产出之间的关系。宏观生产函数用公式可表示为：

$$Y = F(L,\ K,\ T)$$

式中，Y 表示总产出，L 表示整个社会的就业水平或就业量，K 表示整个社会的资本存量，T 表示一定的技术水平。上式表明，经济社会的产出主要取决于整个社会的就业量、资本存量和技术水平，即实际 GDP 供给量 Y 由劳动 L、资本 K 以及技术水平 T 决定。

　　宏观生产函数通常被区分为短期生产函数和长期生产函数两种：

短期生产函数为：

$$Y = F(L)$$

长期生产函数为：

$$Y = F(L,\ K)$$

二、均衡劳动市场

　　宏观经济学中，关于总供给的理论是一个最有争议的领域，而这种争议在很大程度上体现在劳动力市场理论方面。因此，根据本章需要（说明经济中就业水平是如何决定的），下面只就完全竞争的劳动力市场加以说明。

（一）劳动力的需求曲线

　　如果劳动力市场是完全竞争的，而企业只能接受既定的市场工资和其产品的市场价格，则企业会选择一个就业水平，使得劳动的边际产品等于实际工资（实际工资等于货币工资 W 除以价格水平 P，即 W/P），因为只有在这一就业水平，利润才能最大化。如果企业的就业水平低于这一就业水平，劳动的边际产品将大于实际工资，因而存在增加利润的机会。企业可以继续雇用工人以增加利润，直到增雇的工人将劳动的边际产品降到和实际工资相等时为止。

　　由于劳动的边际产品随着劳动投入的增加而降低，所以劳动的需求曲线是实际工资的减函数。

如果用L_d表示劳动需求量，那么劳动的需求函数可表示为：

$$L_d = F(W/P)$$

式中，W/P为实际工资，L_d与W/P呈反方向变动关系。企业所支付的实际工资上升时，企业对劳动力的需求量减少；反之，劳动的需求量增加，即劳动力需求曲线与边际产量曲线相重合，且为一条斜率为负的曲线。劳动需求曲线的几何表示如图12-5所示。从图中可以看到，当实际工资为$(W/P)_0$时，劳动需求量为L_0，当实际工资从$(W/P)_0$下降到$(W/P)_1$时，劳动需求量就由L_0上升到L_1。

(二)劳动力的供给曲线

同劳动力需求不同，总量意义上的劳动供给曲线虽然也是实际工资的函数，但却是实际工资的增函数，用公式表示如下：

$$L_S = F(W/P)$$

式中，L_S为劳动供给总量。当实际工资低时，劳动供给量小；当实际工资高时，劳动供给量大。若以实际工资水平为纵轴、以劳动力总量为横轴，劳动力的供给曲线便为一条斜率为正的曲线，它表明劳动力的提供者愿意在较高工资水平上提供更多的劳动时间，如图12-6所示。

从图12-6中可知，当实际工资为$(W/P)_0$，劳动供给量为L_0，当实际工资从$(W/P)_0$上升到$(W/P)_1$时，劳动供给量就由L_0上升到L_1。

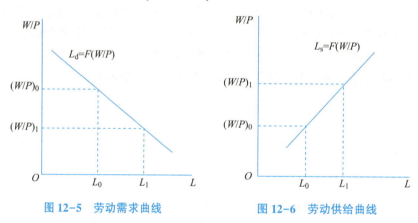

图12-5　劳动需求曲线　　　　　图12-6　劳动供给曲线

(三)竞争性劳动力市场均衡

现在将劳动力需求曲线L_d和劳动力供给曲线L_S结合起来，分析完全竞争劳动力市场的均衡问题。

劳动力的需求曲线和供给曲线联合决定了劳动力市场的均衡，如图12-7所示。均衡点E便同时决定了均衡的实际工资水平$(W/P)_0$和均衡的劳动力数量L_0。工资高于均衡工资时，整个经济出现劳动力的过度供给，工资有下降的趋势；当工资低于均衡工资时，整个经济则会出现劳动力的过度需求，工资有上升的趋势。因此，只有在实际工资$(W/P)_0$的水平上，企业所选择的劳动数量正好等于公众所提供的劳动数量，即就业水平为L_0。

总之，在价格和工资具有完全伸缩性的完全竞争市场上，劳动力市场的均衡条件是：

$$L_d = L_S$$

因此，劳动力市场的均衡一方面决定了均衡的实际工资，另一方面决定了均衡的就业量。如图 12-7 所示，劳动的供给曲线与劳动的需求曲线相交于 E 点时，L_s 与 L_d 正好相等。

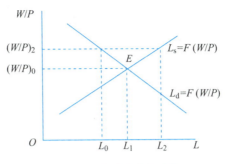

图 12-7　劳动力市场均衡

三、AS 曲线的推导

总供给（Aggregate Supply，简称 AS）是指经济社会所提供的总产量，即经济社会的基本资源（主要包括劳动力、生产性资本存量和技术水平）所生产的产量。总供给函数是指总产量与一般价格水平之间的关系。在以价格水平为纵坐标、总产量为横坐标的坐标系中，总供给函数的几何表达就是总供给曲线，简称 AS 曲线。

宏观经济学中，根据货币工资和价格水平进行调整所需要的时间长短，将总产出和价格水平之间的关系分为三种，即古典总供给曲线、凯恩斯总供给曲线和常规总供给曲线。

（一）古典 AS 曲线

古典经济学家认为，劳动力市场像其他竞争性商品市场一样，会迅速地出清，其根源就是工资具有灵活可变的性质。古典总供给曲线形成的条件为：一是市场是完全竞争的；二是价格和货币工资具有完全的伸缩性；三是经济的就业水平会处在充分就业的状态上。

一旦劳动力市场出现需求过度，实际工资会很快地上涨；如果劳动力市场出现供给过度，实际工资会迅速下降，直到劳动力市场出现均衡为止。也就是说，在长期中，由于价格和货币工资具有伸缩性，一个经济社会的就业水平就会处在一种充分就业的状态上。在不同的价格水平下，当劳动力市场存在超额劳动供给时，货币工资就会下降；反之，当劳动力市场存在超额劳动力需求时，货币工资就会提高。这些变化最后会使实际工资调整到使劳动力市场达到均衡的水平。因此，古典经济学家认为，长期中，经济的就业水平或产量并不随价格水平的变动而变动，而始终处在充分就业的状态上。总供给曲线是一条位于潜在产量或充分就业水平上的垂直线，如图 12-8 所示，从图上可以看出，无论价格如何变动，产出始终保持在充分就业的水平。由于古典学派一般研究经济事物的长期状态，认为货币工资和价格水平有充分的时间进行调整，从而使得实际工资处于充分就业应有的水平，因此，古典总供给曲线又代表长期总供给曲线。长期总供给曲线隐含了三层含义：一是长期总供给量与价格水平的变化无关；二是无论经济出现什么干扰，只要调整的时间足够长，其产量一定

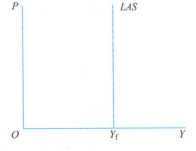

图 12-8　古典总供给曲线

会恢复到充分就业产量；三是该经济在长期内不可能出现失业，或一定会出现充分就业，或处于自然失业率状态。

古典总供给曲线是一条垂直线。经济社会就业量并不随价格水平的变化而变化，从而就业量决定的总产出或总供给也不随价格水平的变化而变化。价格水平 P 上升时，名义工资会同比例上升，实际工资 W/P 保持不变，劳动力市场迅速恢复均衡，就业量也迅速恢复到原来的充分就业水平，由就业量决定的总产出亦维持在原有水平。同样的道理，当价格水平 P 下降时，名义工资 W 会随之同比例下降，从而使实际工资 W/P 和就业量均保持不变。

(二)凯恩斯 AS 曲线

凯恩斯主义不赞同古典经济学关于劳动力市场的假设。凯恩斯认为，由于劳动力市场并非为完全竞争，且存在着工资刚性，因而，劳动力市场不是经常处于充分就业，而是经常处于低于充分就业的状态，即当产量增加时，价格和货币工资均不会发生变化。在严重衰退和萧条时期，经济中存在着许多空闲资源，经济社会远未达到充分就业状态。生产者可以在现行货币工资下雇用到足以满足生产需要的劳动力及其他资源，当产量和国民收入增加时，价格与货币工资均不会发生变化。因此，凯恩斯主义认为，总供给曲线是一条平行于横轴的水平线，如图 12-9 的 P_0E_0 所示。图中的 Y_f 代表充分就业的产量或国民收入。P_0E_0 为水平线，

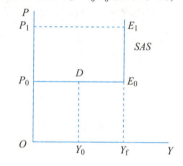

表示在产出量小于 Y_f 的条件下，由于货币工资和价格水平都不变，从而在既有价格 P_0 的情况下，经济社会能提供任何数量的 Y_0。也就是说，在达到充分就业以前，经济社会能按照既定的价格水平提供任何数量的产量或国民收入，如 Y_0；而在达到充分就业 Y_f 之后，社会已经没有多余的生产能力，从而不可能生产出更多的产品。因此，增加产量的需求不但不会增加产量，反而会引起价格的上升，如图中 E_1 点，产量仍旧是 Y_f，但价格已经上升到 P_1。

图 12-9　凯恩斯总供给曲线

凯恩斯总供给曲线之所以呈水平线形状，主要原因在于货币工资和价格水平均具有"刚性"，而"工资刚性"的假设显然只有在短期是比较现实的。因此，凯恩斯总供给曲线又称短期总供给曲线。

(三)常规 AS 曲线

实际上，古典总供给曲线和凯恩斯总供给曲线分别代表了总供给曲线的两种极端状态。前者因为长期中货币工资和价格水平能够立即进行调整的假设，而后者则因为经济处于萧条的特殊情况，货币工资和价格水平完全不能进行调整的假设。西方经济学者认为，在通常情况下，总供给曲线位于两个极端之间，即总供给曲线是一条由左下方向右上方倾斜的曲线，如图 12-10 所示。

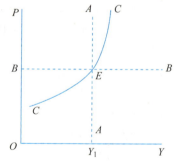

在图 12-11 中，AA、BB 和 CC 三条曲线分别代表古典、凯恩斯和常规总供给曲线。CC 线越是接近于 BB 线，W 和 P 被假设的调节速度越慢，一直到 CC 和 BB 相重合的凯恩斯极端，W 和 P 完全不能调节。另一方面，CC 线越是接近 AA 线，W 和 P 被假设的调节速度越快，一直

图 12-10　常规总供给曲线

到 CC 和 AA 相重合的古典主义极端。因此，CC 曲线的斜率代表着被假设的调节速度，斜率由 0 到 ∞，表示从凯恩斯极端的 W 和 P 的完全不能调节到古典极端的能立即进行调节。图中左下方的 C 点代表较为严重的萧条状态。由于这种状态存在着大量的失业和闲置的生产能力，所以当产量或国民收入(Y)增加时，价格会稍有上升，但上升的速度不会很快，从而 CC 线的斜率相对平缓。由左方的 C 点沿着 CC 线向右方进行，产量和国民收入逐渐提高，随着经济的好转，P 的上升速度越来越快，从而 CC 线的斜率日益陡峭，一直达到充分就业的 E 点。这时，由于充分就业并不意味着整个社会的全部资源和有劳动能力的人口均已就业，所以仍然存在着难以利用的资源和能力较差的劳动者。

因此，在 E 点之后，如果产量还要增加，那么，P 的上升更快，从而 CC 线的斜率越来越大。总之，在位于 E 点左方的 CE 线段，离开 E 点的距离越远，曲线的斜率越低；而在处于 E 点右方的 EC 线段，离开 E 点的距离越大，曲线的斜率越高。

另外，总供给曲线的形状也可以由劳动力市场均衡模型直接导出，如图 12-11 所示。图(a)表示劳动力市场供求均衡。由于工资刚性的存在，如果工会要求名义工资 W_0，则劳动供给曲线由价格水平决定。当价格水平为 P_1 时，劳动供给曲线为 $(W_0/P_1)ABLS$；当价格水平为 P_2 时，劳动供给曲线为 $(W_0/P_2)CDLS$。图(b)表示国民收入取决于劳动市场确定的就业量。图(c)利用 45 度线将实际收入水平 Y/P 从纵坐标转换为横坐标，以便在图(d)中得到总供给曲线 AS。

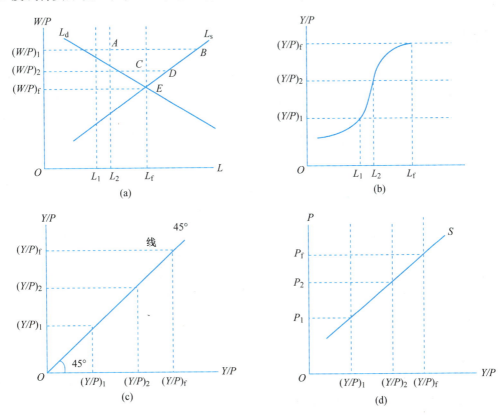

图 12-11　总供给曲线的形成

一般情况下，短期总供给曲线介于两个极端之间。常规的总供给曲线从左下方向右上方倾斜，表示价格水平越高，经济社会的总产出或国民收入就越大。为什么常规总供给曲线自左下方向右上方倾斜呢？这是因为：货币工资呈现出的只能提高而无法下降的特征。工资刚性假说条件下，价格水平上升，货币工资可以随之上升。但价格水平下降时，货币工资却不会下降，这意味着实际工资提高，导致企业劳动需求量减少，进而就业量降低，总供给和国民收入减少。可见，工资刚性会引起总供给曲线向右上方倾斜。

货币工资水平较为稳定，其调整滞后于劳动力市场供求关系的变化。工资黏性产生的重要原因是长期劳动工资合同的存在。当价格水平上升时，黏性工资意味着实际工资降低，劳动成本随之下降，从而导致企业劳动力需求增加，经济社会就业量和总供给提高；相反，当价格水平下降会使得经济社会就业量和总供给随之下降。

物价水平较为稳定，其调整滞后于产品市场供求关系的变化。价格黏性的主要原因在于调整价格是需要成本的。价格黏性的存在如何影响总供给？当总体价格水平上升时，一些企业不迅速提高自己产品的价格，从而它的相对价格下降，其需求量和销售量增加，生产和供给量随之增加。反之，生产和供给量随之下降。可见，价格黏性亦会引起总供给曲线向右上方倾斜。

在劳动力市场上，劳资双方掌握的信息是不对称的。当物价水平上升时，劳动力市场上货币工资也常常随之提高，但由于工人掌握的信息不充分，会误以为实际工资提高了，便会增加劳动供给。企业意识到货币工资上升幅度实际上低于物价水平的上升幅度时，即实际工资和实际生产成本下降时，企业便会增加劳动力的投入，则全社会的总就业量和总供给量便随价格水平上升而上升。

(四)结论

事实上，总供给曲线存在三个区域：一是水平阶段的凯恩斯区域，即产出或国民收入低于 Y_k 时，代表经济社会处于极度萧条时期，价格水平在产出或国民收入上升时保持不变；二是上倾斜阶段的常规区域，即产出或国民收入在 Y_k 与充分就业产出水平 Y_f 之间时，价格水平随产出的增加而增加，代表经济社会正走向充分就业状态；三是垂直阶段的古典区域，即产出水平到达充分就业产出水平 Y_f 后，价格水平的变动不再引起产出的变动，代表经济社会已处于充分就业状态。

◎专题 12-2　长期总供给曲线与短期总供给曲线

长期总供给曲线为什么是一条垂线？为什么短期总供给曲线是一条向右上方倾斜的曲线，而长期总供给曲线则是一条垂线呢？解释这一令人迷惑的现象的关键在于理解现代市场经济中工资和价格的决定方式。在短期内，企业成本中的某些要素是无弹性的或者说是有黏性的。最典型的例子就是工资。由于种种原因，当经济环境发生变化时，工资的调整却很缓慢。以美国参加工会的工人为例，他们的工资通常是按照长期劳资合同来支付的，而该合同早已以美元规定了工资率。在劳资协议有效期内，企业所面对的以货币数量表示的工资率在很大程度上是固定的，甚至对非工会成员的工人来说，一年之内调薪一次以上的情况下属罕见。而货币工资或薪水实际上被削减，除非此时这家企业确实面临着破产的威胁。其他的价格和成本要素在短期内也具有类似的黏性。当企业租用一座仓库时，租用合同通常要长于一年，租金通常也是通过协议固定下来。此外，企业通常还会与他们的供货商签订合同，以规定所要支付的原料和零部件价格。有些价格，特别是像供电、供水以及电信服务的价格，则是由政府确定的。将所有这些情况放在一起，你就会看到一个现代市场经济中，短期内工资和价格的黏性是怎样形成的。

在长期中，无弹性的或黏性的成本要素(工资合同、租赁协议、供货合同、受管制的价格)，最终都会变为有弹性或可协商的，企业不可能永远因劳资协议固定工资率获得好处，工会很快会发现价格水平已经上升，并坚持要求增加补偿性工资。最终，所有成本因需求增加而上升X%之后，货币工资、租金、受管制的价格以及其他成本最终也会做出上浮X%的反应。一旦成本上调幅度赶上价格水平上涨幅度，企业就不再能够因总需求的上升而增加盈利。长期之中，当所有成本要素都做了充分调整之后，企业所面临的价格成本比率与需求变化之前是相同的。这时，将不存在任何刺激企业增加产量的因素。因此，长期总供给曲线是垂直的。这意味着从长期看，供给的数量相对于价格和成本水平是独立的。

一个国家的实际GDP不可能超出其产量极限。但是，在短期内它有可能通过降低自然失业率来增加实际产量。从而使实际GDP只有暂时地高出长期总供给水平(Y_f)。当GDP超出Y_f以及失业低于自然失业率时，劳动力会出现短缺，企业要为争夺劳动力而竞争，于是工资上升的幅度大于价格水平上升的幅度，最后产量又回落到长期水平。

任务三　AD-AS均衡

一、AD-AS模型

如果把总需求(AD)曲线和总供给(AS)曲线放在一个坐标图上，用以解释国民收入和价格水平的决定，这就是一个总需求–总供给模型，简称AD-AS模型。完整的凯恩斯模型中商品市场、货币市场和劳动力市场同时均衡，可以用总需求—总供给模型予以说明。

总需求—总供给模型包括以下四个方程，即：

产品市场均衡条件：　　$i(r) + g = s(y - t) + t$

货币市场均衡条件：　　$M/P = L_1(y) + L(r)$

劳动力市场均衡条：　　$L_d = F(W/P)$　　$L_S = F(W/P)$

短期宏观生产函数：　　$Y = F(L)$

在以上四个方程中，首先可以消去其中的r，从而得到Y与P之间的关系，此为总需求函数或总需求曲线。然后在不同的W和P的假设下，消去其中的L，可以得到另一个Y与P之间的关系，此为总供给函数或曲线。最后把总需求函数或曲线和总供给函数或曲线联立在一起，便可以得到供求均衡时的Y和P。

因此，总需求—总供给模型旨在说明均衡的国民收入与价格水平是如何决定的。总需求曲线与短期总供给曲线相交决定了均衡的国民收入与均衡的价格水平，此时，总供给与总需求相等，实现了宏观经济的均衡。

如图12-12所示，总需求曲线AD与短期总供给曲线SAS相交于E点，就决定了均衡的国民收入Y_0，均衡的物价水平P_0。这时总需求、总供给相等，实现了宏观经济的均衡。然而，虽然总需求—总供给模型决定了均衡的国民收入，但均衡的国民收入并不一定等于充分就业的国民收入。总需求与短期总供给决定的均衡的国民收入可能大于、小于或等于充分就业的国民收入。

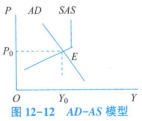

图12-12　AD-AS模型

二、AS 曲线的移动

总供给曲线不变，总需求曲线的移动导致均衡国民收入和价格水平相应地变动。如图 12-13 所示，当供给曲线处于垂直阶段的古典区域时，总需求的扩大，均衡国民收入并不会发生变化。比如，总需求曲线从 AD_4 移动到 AD_5，国民收入仍然为充分就业的产出水平 Y_f，价格水平由 P_3 变动到 P_4。此时表现出货币政策的中性，即增加需求的政策并不能改变均衡产出和收入，而只能造成价格水平的上升和通货膨胀。

当供给曲线处于水平阶段的凯恩斯区域时，总需求的扩大，均衡的国民收入增加，价格水平不变。比如，总需求曲线从 AD_1 移动到 AD_2 国民收入将由 Y_1 变动到 Y_k，价格水平仍然保持在 P_1 水

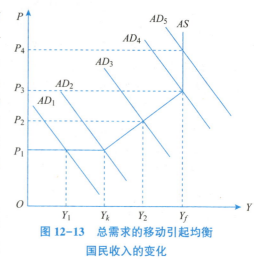

图 12-13 **总需求的移动引起均衡国民收入的变化**

平。这意味着在经济极度萧条时期，国家可以通过增加总需求的政策促使均衡的产出和国民收入增加，而且价格水平维持不变。

当供给曲线处于右上方倾斜阶段的常规区域时，总需求的扩大，均衡的国民收入增加，价格水平上升。比如，总需求曲线从 AD_2 右移至 AD_3，国民收入将由 Y_k 变动到 Y_2，价格水平 P_1 变动到 P_2。这意味着增加总需求的政策可以使均衡产出和国民收入增加，但要以价格水平的上涨或通货膨胀为代价。

总供给曲线并不是一成不变的，它会随一些因素的变化而发生移动。导致总供给曲线移动的因素主要包括影响总生产函数的各个要素。比如，一个国家的资本使用量增加、技术水平上升都会导致总产量曲线上移。这样，在相同劳动力使用量的情况下，充分就业产量也会有所增加。因此，长期总供给曲线会向右下方平行地移动。反之，则向左上方平行移动。如图 12-14 所示。在图中，AD 与 AS_0 相交于充分就业的 E_0 点，这时的产量和价格水平分别为 Y_f 和 P_0，此时，如果由于种种原因，如大面积的粮食歉收或石油供给的紧缺，原材料价格猛涨等，AS 曲线由 AS_0 向左移动到 AS_1，使得 AD 于 AS_1 相交于 E_1 点，E_1 点可表示为滞胀的状态，其产量水平和价格水平分别为 Y_1 和 P_1，即

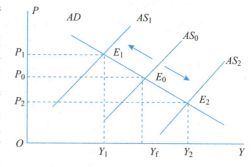

图 12-14 总供给曲线的移动

表示失业和通货膨胀的并存。AS 向左偏离 AS_0 的程度越大，失业和通货膨胀也都会越严重；相反，当一个国家的资本使用量突然增加、技术水平突然提高，AS 曲线就会由 AS_0 向右移动到 AS_2，使得 AD 于 AS_2 相交于 E_2 点，E_2 点对应的产量增加了，而价格水平则下降了。然而，需要指出的是，在短期内，生产技术虽然有可能突然提高，但是，要想很快得到它的成果却很困难。

因此，在短期内，AS 曲线由 AS_0 向右移动是非常少见的。

总需求曲线也并不是一成不变的，它会随一些因素的变化而发生移动。导致总需求曲线移动的因素主要包括影响总需求函数的各个要素。比如，任何自发性支出的改变、政府支出的增减、实际或名义货币供给的变动等都会导致AD曲线的移动。如图 12-15 所示。在图中，某一时期，AD_0与AS相交于充分就业的E_0点，这时的产量和价格水平分别为Y_f和P_0，此时，由于投资减少，AD向左移动到AD_1的位置，AD_1与AS相交于E_1点。这表明，经济社会处于萧条状态，其产量和价格分别为

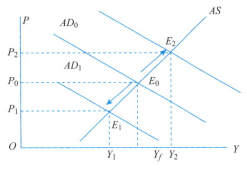

图 12-15　总需求曲线的移动

Y_1和P_1，二者均低于充分就业的数值。然而，二者下降的比例并不相同，这可由AS曲线的形状予以说明。AS曲线是一条由左下向右上倾斜的曲线，在小于充分就业的水平时，越是偏离充分就业，经济中的过剩的生产能力就越来越多，价格下降的空间就越来越小，这说明，价格下降的比例要小于就业量下降的比例。反过来，如果投资突然增加，AD向右移动到AD_2的位置，AD_2与AS相交于E_2点。这表明，经济社会处于过热状态，其产量和价格分别为Y_2和P_2，二者均高于充分就业的数值。此时，生产能力比较紧缺，产量增加的可能性越来越小，而价格上升的压力越来越大，即在E_0的右方，AD向右移动的距离越大，价格上升的比例越要高于产量上升的比例。

三、实现非充分就业均衡

总需求曲线与短期总供给曲线相交时，长期总供给曲线在交点的右边。这时，均衡的国内生产总值小于充分就业的国内生产总值。这种均衡称为小于充分就业的均衡，也称非充分就业均衡。非充分就业均衡可以简单地从工资刚性理论得到解释：因为工资刚性的存在，所以使得劳动力市场供过于求，从而产生失业和有效需求不足。实际上，凯恩斯认为，即使没有刚性工资理论，也即放弃了工资刚性的假设，一种低于充分就业的均衡依然存在。例如，一旦出现投资陷阱和灵活性偏好，也会导致失业和有效需求不足。因此，在存在投资陷阱和灵活性偏好陷阱的情况下，同样会导致有效需求的不足和一种非充分就业均衡存在。

（一）投资陷阱

1. 定义投资陷阱

我们知道，在凯恩斯模型中，投资是利率的函数，即投资的利率弹性决定投资的变动。但凯恩斯认为，当人们对未来的预期悲观时，或对未来的预期变得不确定时，无论利率如何下调都不能使投资增加，此时，利率的投资弹性为零，即投资对利息率完全没有弹性，这种现象称为投资陷阱，如图 12-16 所示。

由于投资对利息率完全没有弹性，因此，投资就成了外在给定的外生变量I，IS方程可以表示为如下形$S(Y)=I$。

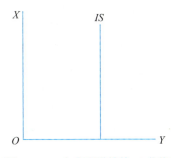

图 12-16　完全无弹性的 IS 曲线

2. 投资陷阱中的非充分就业均衡

如果投资需求完全没有利息率弹性，由于凯恩斯效应不能起作用，商品市场就可能产生有效需求不足，而这又必然会引起失业。由于价格、工资和利息率的下降对有效需求的增加完全没有影响，所以上述有效需求不足和失业并不能通过价格和实际工资的下降而得到缓解，如图 12-17 所示。

如果投资需求完全没有利息率弹性，由于凯恩斯效应不能起作用，商品市场就可能产生有效需求不足，而这又必然会引起失业。由于价格、工资和利息率的下降对有效需求的增加完全没有影响，所以有效需求不足和失业并不能通过价格和实际工资的下降而得到缓解。

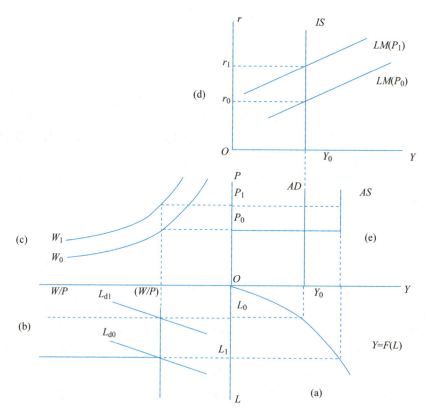

图 12-17　存在投资陷阱的非充分就业均衡

（二）灵活性偏好陷阱

1. 理解灵活性偏好陷阱

所谓灵活性偏好陷阱是指当货币需求变得具有完全的利息率弹性，即在某一较低的利息率水平下，人们预期利息率不会再下降而会上升，从而持有债券将会遭受损失，这时人们对货币的需求变得无限大，因而无论实际货币供给如何增加也不会使利息率再下降的现象，如图 12-18 所示。

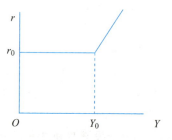

图 12-18　灵活偏好陷阱

2. 灵活性偏好陷阱中的非充分就业均衡

可见，与投资陷阱相同，灵活性偏好陷阱也是由于凯恩斯效应不能起作用而引起的，如图 12-19 所示。但是，这并不是因为投资没有利息率弹性，而是货币需求的利息率弹性无限大（即灵活性偏好陷阱），使得利息率不再下降。

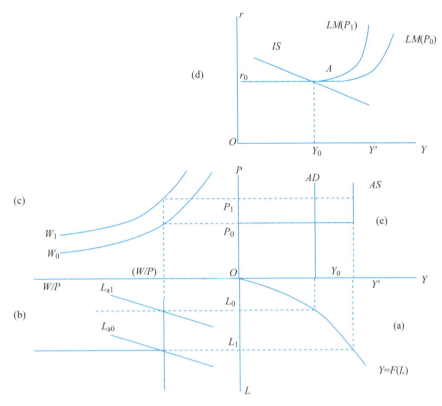

图12-19　存在灵活偏好陷阱的非充分就业均衡

（三）结论

以上对投资陷阱和灵活偏好陷阱的分析表明，在市场经济中，即使价格与工资率是完全可变的，也存在着有效需求不足和非充分就业均衡的可能性，这种可能性产生于凯恩斯效应不起作用，而凯恩斯效应的失灵则根源于人们对未来的悲观预期。以上对投资陷阱和灵活偏好陷阱的表述都是在 IS-LM 模型框架内进行的，这种均衡模型能否准确地表述凯恩斯的思想在经济学家中仍存在着激烈的争论。尽管如此，这种投资陷阱和灵活偏好陷阱的分析显然与古典学派的理论有着重大的区别。

四、政策运用

（一）总需求变动对宏观经济的影响

总需求变动会引起总需求曲线移动，从而使均衡的国内生产总值和物价水平发生变动。总需求增加，均衡的国内生产总值增加，物价水平上升；总需求减少，均衡的国内生产总值减少，物价水平下降。如图12-20所示，如果某一经济以前处于充分就业均衡状态，总需求曲线 AD_0、短期总供给曲线 SAS 与长期总供给曲线 LAS 正好相交于一点 E_0，由总需求曲线与短期总供给曲线所决定的均衡国内生产总值（Y_0）正好等于充分就业的国内生产总值（Y_f），经济中实现了充分就业均衡，物价水平为 P_0。如果总需求曲线向左移动，即由 AD_0 移动到 AD_1，会使总需求曲线 AD_1 与原来的短期总供给曲线 SAS 相交于 E_1 点，决定了均衡的国内生产总值为 Y_1，Y_1 小于充分就业的国内生产总值 Y_f，经济中存在失业；物价水平为 P_1，低于充分就业时的物价水平 P_1，表明经济社会处于萧条状态，政府可以采取扩张的财政政策和货币政策以刺激消费需求和投资需求，以增加社会总求。

(二)短期总供给的变动对宏观经济的影响

短期总供给的变动会引起短期总供给曲线向上或向下移动，从而会使均衡的国内生产总值和物价水平发生变动。如果成本上升，短期总供给减少，短期总供给曲线向上移动，会使均衡国内生产总值减少，物价水平上升；如果成本降低，短期总供给曲线向下移动，会使均衡国内生产总值增加，物价水平下降。如图 12-21 所示，总需求曲线 AD、短期总供给曲线 SAS_0 以及长期总供给曲线 LAS 正好相交于一点 E_0，这时均衡的国内生产总值正好等于充分就业的国内生产总值 Y_0，经济中实现了充分就业均衡，物价水平为 P_0。如果由于某些原因导致成本增加，会引起短期总供给减少，短期总供给曲线向上移动，即从 SAS_0 向上移动到 SAS_1。在总需求和长期总供给不变的情况下，总需求曲线 AD 与新的短期总供给曲线 SAS_1 相交于 E_1 点，决定了均衡的国内生产总值为 Y_1，Y_1 小于 Y_0，说明均衡国内生产总值减少；Y_1 小于充分就业的国内生产总值 Y_f，表明经济中存在失业；物价水平为 P_1，高于充分就业时的物价水平 P_0，表明经济中存在通货膨胀。

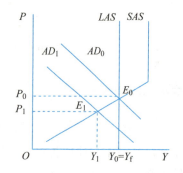

图 12-20 总需求变动对宏观经济的影响　　图 12-21 短期总供给对宏观经济的影响

(三)长期总供给变动对宏观经济的影响

长期总供给也就是充分就业的总供给，即充分就业 GDP 或潜在 GDP。随着潜在 GDP 的变动，长期总供给曲线会发生移动。一般地，长期总供给曲线随经济增长而向右方平行移动。如果发生自然灾害或战争，一个经济的生产能力被破坏，长期总供给曲线也会向左移动。

长期总供给曲线的移动，会对宏观经济产生影响。如果长期总供给曲线向右移动，可以实现更高水平的充分就业均衡，而不引起通货膨胀。

◎ 专题 12-3　古典 AD-AS 模型与修正的凯恩斯 AD-AS 模型

古典 AD-AS 模型的含义是指，在达到充分就业状态下，货币数量的增加，只能引起价格水平的提高。即在充分就业状态下的价格水平和产量的关系是价格水平的变动不能引起产量的变动。而修正的凯恩斯 AD-AS 模型的含义是指在没有达到充分就业产量的情况下，价格水平会随着总需求的提高而逐步提高。

若以古典的 AD-AS 模型与修正的凯恩斯 AD-AS 模型相比较，两者的区主要有以下几点。

第一，经济社会正常状态。古典理论坚持萨伊定律，供给能创造自己的需求，经济中生产出来的全部商品都能销售出去，不会有生产过剩，不会出现大量的失业，经济正常状态就是充分就业。凯恩斯学派批判了萨伊定律，认为供给不能创造自己的需求，由于三个基本心理规律的作用，造成社会的有效需求不足，必然要出现生产过剩和大量失业，经济的正常状态是低于充分就业，并认为萨伊定律所说的状况是一个特例，而不是一般状态，这是区别两个模型的根本前提。

第二，关于总供给曲线。在 AD-AS 模型中，二者基本是一致的，都承认产量是就业量的函数，在劳动力市场上劳动需求和劳动供给都是实际工资的函数。古典 AD-AS 模型假定货币工资具有完全的伸缩型，得到的总供给曲线是一条在充分就业状态下的产量水平的垂直线。而凯恩斯认为，货币工资具有下降的刚性，得到的总供给曲线是反"L"形或向左下方倾斜的曲线。

第三，关于总需求曲线。在两个模型中，总需求曲线都是向右下方倾斜的曲线，但二者的解释却不同。古典的 AD-AS 模型的总需求以货币数量论为基础，只强调货币数量为满足交易需求，与收入无关，即 $M=KY$。式中，K 为系数，Y 为国民收入，M 为货币数量。而凯恩斯的总需求是由消费需求与投资需求构成的，提出流动偏好规律，强调货币需求由收入和利息决定，即了 $L=L_1+L_2$，式中 L 为由流动性偏好所引起的货币需求量，L_1 及 L_2 分别表示由收入和利息引起的货币需求量。

最后，关于经济政策思想。按照古典 AD-AS 模型，由总供给和总需求所决定的均衡产量必然是充分就业的产量，无论总需求水平的高与低，产量均不会发生变化，随着货币数量的增加，价格水平才能提高。这样，国家对经济生活不必干预和调节，经济具有自动调节的能力，如果国家有责任的话，那就是掌握好货币政策。而按照修正的凯恩斯 AD-AS 模型，总供给和总需求决定的均衡产量一般低于充分就业的产量，如果国家采用扩张性的货币政策或财政政策，不断提高社会总需求，经济就可以实现充分就业。在达到充分就业时，社会总需求进一步提高将会引起价格水平上涨，出现通货膨胀，如果国家采用紧缩性货币政策或财政政策，来降低与压缩社会总需求，就可以消除通货膨胀。所以，在凯恩斯的经济理论中，不管经济是处在低于充分就业状态，还是达到充分就业状态，国家对经济生活的干预和调节都是必要的。

《 课 后 训 练 》

一、单项选择题

1. 随着实际货币供给量增加，利率(　　　)。

   A. 降低，引起实际国民生产总值的需求量增加

   B. 降低，引起实际国民生产总值的需求量减少

C. 上升，引起实际国民生产总值的需求量增加

D. 上升，引起实际国民生产总值的需求量减少

2. 下列哪一种情况引起总需求曲线向右方移动(　　)。

    A. 物价水平不变时利率上升   B. 货币供给量增加

    C. 税收增加   D. 物价水平下降

3. 长期总供给曲线(　　)。

    A. 向右上方倾斜   B. 向右下方倾斜

    C. 是一条垂线   D. 是一条水平线

4. 长期总供给曲线上的收入是(　　)。

    A. 充分就业收入   B. 低于充分就业收入

    C. 高于充分就业收入   D. 实际收入

5. 技术进步会引起(　　)。

    A. 短期总供给曲线和长期总供给曲线都向右方移动

    B. 短期总供给曲线和长期总供给曲线都向左方移动

    C. 短期总供给曲线向右方移动，但长期总供给曲线不变

    D. 长期总供给曲线向右方移动，但短期总供给曲线不变

6. 自然失业率的降低将引起(　　)。

    A. 短期总供给曲线和长期总供给曲线都向右方移动

    B. 短期总供给曲线和长期总供给曲线都向左方移动

    C. 短期总供给曲线向右方移动，但长期总供给曲线不变

    D. 长期总供给曲线向右方移动，但短期总供给曲线不变

7. 当宏观经济均衡时(　　)。

    A. 经济的产量达到其物质限制

    B. 总需求曲线与短期总供给曲线垂直的部分相交

    C. 经济实现了充分就业

    D. 实际国内生产总值需求量等于实际国内生产总值供给量

8. 如果经济处于低于充分就业均衡水平，那么，总需求增加就会引起(　　)。

    A. 物价水平上升和实际国民生产总值增加

    B. 物价水平上升和实际国民生产总值减少

    C. 物价水平下降和实际国民生产总值增加

    D. 物价水平下降和实际国民生产总值减少

二、多项选择题

1. 当经济处于充分就业均衡时，短期总供给曲线的左移会使(　　)。

    A. 收入减少   B. 价格上升

    C. 就业减少   D. 价格下降

2. 在长期，货币供给量的增加，使(　　)。

    A. 价格水平与货币供给量同比率地上升

    B. 实际工资不变，仍为均衡实际工资

    C. 实际就业量不变，仍为均衡就业量

D. 实际收入不变，仍为充分就业收入

3. 在什么情况下，总需求曲线会变得更陡峭（　　）。

    A. 货币需求的利率弹性变小　　　　B. 货币需求的收入弹性变大

    C. 投资需求的利率弹性变小　　　　D. 投资需求的利率弹性变大

4. 总需求的决定因素包括（　　）。

    A. 物价水平　　　　　　　　　　　B. 技术进步

    C. 财政、货币政策　　　　　　　　D. 预期

5. 当短期总供给曲线向右上倾斜时，大部分产品的生产成本上升，不会使得总供给曲线（　　）。

    A. 向右移，价格水平下降，实际产出增加

    B. 向左移，价格水平下降，实际产出增加

    C. 向右移，价格水平上升，实际产出减少

    D. 向左移，价格水平上升，实际产出减少

三、判断题

    1. 政府支出增加会引起总需求曲线向上移动。　　　　　　　　　　（　　）

    2. 价格水平下降时，实际货币供给增加并使 LM 曲线左移。　　　　（　　）

    3. 名义货币供给增加，价格上升，则实际货币供给增加。　　　　　（　　）

    4. 实际 GDP 只会小于或等于潜在 GDP，不可能大于潜在 GDP。　　（　　）

    5. 财政政策通过对 IS 曲线位置的影响而影响总需求曲线。　　　　（　　）

    6. 扩张的财政政策会使总需求曲线向右移动，而扩张货币政策导致总需求曲线向左移动。

                                                        （　　）

    7. 在 LM 曲线一定的时候，IS 曲线越陡峭，AD 曲线也越陡峭。　（　　）

    8. 自然失业率的降低会引起短期总供给曲线向右移动，但长期总供给曲线不变。（　　）

四、计算题

    1. 设总量生产函数 $Y=F(K，L)$，其中，Y 代表总产量，K 代表总资本量，L 代表总劳动量。试说明，如果规模收益不变，则按人口（或劳动力）平均的产量唯一地取决于按人口（或劳动力）平均的资本。

    2. 如果总供给曲线为 $Ys=500$，总需求曲线为 $Yd=600-50P$，

    （1）求供求均衡点。

    （2）如果总需求上升 10%，求新的供求均衡点。

    3. 假定劳动力供给函数为 $N_S=140+5W/P$；

    （1）当 $P=1$，$W=4$，3，2，1 时，劳动力供给各为多少？

    （2）若价格水平上升为 2，（1）中各名义工资水平下的劳动力供给各为多少？

学习目标

知识掌握：掌握几种基本经济模型，尤其是新古典增长模型；在经济周期的解释中，着重掌握乘数加速数模型；识记经济增长的概念、经济周期的概念；了解经济增长核算的一般过程；了解经济周期的分类和原因。

能力训练：能运用经济增长模型解释社会经济背景的对策；能根据家庭、企业、国家经济具体的状况运用经济周期的规律提出应对的措施；能应对经济波动提出建议。

素质目标：用经济增长、经济周期的理论、概念、原理、规律，分析经济体的状态，提出具体的应对措施。

思政目标：自觉投入现实社会之中，适应改革开放、市场经济的形势，将爱国热情融入中华民族伟大复兴的征程中，主动分析经济体的状态，运用经济增长、经济周期的理论和规律，提出措施，促进国民收入的增长，以谋求人民的福祉。

《 任 务 布 置 》

任务1：小强在外打工多年开了个小厂，销售状况好时商品订单多些，他的收益也多些；而有些年份工厂的销售状况不好商品订单少些，他的收益也少些，他感觉工厂经营常受一些影响。你是小敏的好朋友，他问你这到底是怎么回事？他应该怎样应对？他还问为什么我们国家整体经济状况并没有出现这么严重的现象？

任务2：多年以来，中国经济一直保持较高且较稳定的增长率，虽然对统计数据的可靠性一直存在争议，但世界银行、IMF等国际权威组织认可了中国经济增长率的准确性。试分析新增长理论对中国经济增长的指导意义。

任务3：国民收入中资本的份额 a 为 0.3，劳动的份额 b 为 0.7，资本供给增加了 5%，而劳动供给下降了 2%，这对产出的影响会怎样？

任务一 经济周期

一、经济周期的含义

经济周期是在主要以工商业企业形式组织其经济活动的国家中，其总体经济活动运行中所出现的一种波动，一个周期包含许多经济领域几乎同时发生的扩张，随之而来的同样普遍的衰退、收缩和与下一个周期的扩张阶段所相连的复苏所组成，这种变化反复出现，但并不是定时的；其所持续时间在 1 年以上到 10 年或 20 年不等，它们不能再分为具有相同特征的更短周期。

经济周期是经济发展过程中的波动，可以顺次分为繁荣、衰退、萧条、复苏四个阶段。其中，繁荣、萧条是经济周期的两个主要阶段，衰退和复苏是两个过渡阶段。繁荣是经济活动的扩张的或向上的阶段。衰退是由繁荣到萧条的过渡阶段。萧条是经济活动的收缩的或向下的阶段。复苏是由萧条转为繁荣的过渡阶段。两个转折点即顶峰和谷底，如图 13-1 所示。

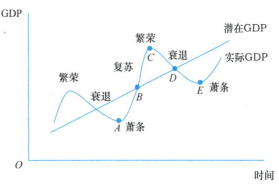

图 13-1 经济周期

如果从各景气指标的水准出发，用某个基准线来衡量，高于基准线是繁荣期或景气期，低于基准线是衰退期或萧条期。如果从各景气指标的变化方向出发，从谷到峰的期间称为扩张期间，从峰到谷的期间称为收缩期间。峰到谷或谷到峰的期间自然数为一个阶段，而两个相同的转折点(峰—峰或谷—谷)之间的期间称为一个周期，如图 13-2 所示，谷与谷之间就是一个经济周期。

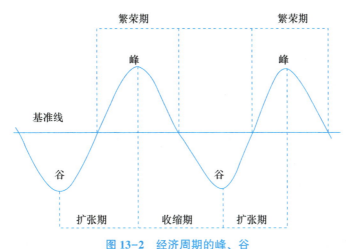

图 13-2 经济周期的峰、谷

存在两类测量经济周期的方法。第一种是美国经济研究所提出并在国际上得到广泛使用的经济周期指标法，有时也称景气分析法或先行经济指标方法；第二种是经典统计时间序列方法。还有一些国家和学者采用经济变量的增长率来度量和研究经济周期，即考察经济变量的同比（与上年同期比）或者环比（与前期比）增长率的周期波动情况，称为"增长率周期波动"。我国大多数研究部门和政府机构都采用增长率周期来研究我国的经济周期波动。"经济周期指标法"，是按照一定的标准选择一组能够反映和标志周期波动的代表性指标并加以适当分类，然后再按一定的方法将各类指标合成为若干综合指数来描述和分析经济周期。所选的这组经济变量称为景气指标，为了及时反映经济周期波动的情况，一般都采用月度（或季度）数据作为景气指标。景气指标可以区分为先行（领先）、一致（同步）和滞后（迟行）三类。先行指标是指其变动领先于总体经济运行的指标，其运行轨迹对总体经济周期的变动方向具有预示作用。一致指标是指与总体经济变化趋势基本同步的指标，用于表示经济周期的当前状况。滞后指标的变动比总体经济的变动滞后一段时间，可用来确认总体经济的变动趋势所发生的变化。针对以上三类景气指标，可分别建立先行、一致和滞后综合指数，也称为景气指数。

测量经济周期的指标法是以正确选择各类景气指标为基础的。从考察和分析大量宏观经济变量的时间序列特征到最终建立各类景气指数，其间涉及一系列方法与技术，主要包括各变量时间序列的分解方法、变量周期波动度量方法（标准）的确定、季节调整与长期趋势调整、基准日期的确定、景气指标选择及分类、景气指数的制作和分析等。

测量经济周期的指标法是以正确选择各类景气指标为基础的。从考察和分析大量宏观经济变量的时间序列特征到最终建立各类景气指数，其间涉及一系列方法与技术，主要包括各变量时间序列的分解方法、变量周期波动度量方法（标准）的确定、季节调整与长期趋势调整、基准日期的确定、景气指标选择及分类、景气指数的制作和分析等。

关于景气指数，目前国际上通用的景气指数主要有扩散指数（DI）与合成指数（CI）。

扩散指数 DI（Diffusion Index）。基本思想是：当经济周期处于扩张阶段时，大多数或全部景气指标均处于上升期。当上升的指标个数超过一半并逐渐增多时，经济周期走出谷底，开始新一轮的扩张期。美国经济研究局（NBER）的伯恩斯和穆尔（Moore）于20世纪50年代编制了扩散指数。

扩散指数的编制方法是在所选择的指标组（先行、一致、滞后）基础上，计算每一时点处于扩张期的指标个数占组内全部指标个数的百分比。DI大于50%时，表明经济周期处于扩张阶段；反之，则表明经济周期处于收缩阶段。DI等于50%时，意味着上升的经济活动与下降的经济活动处于暂时的平衡，经济周期位于转折点处。

合成指数 CI（Composite Index）。目前，除了美国商务部采用的合成指数，在国际上较有影响的还有日本经济企划厅的合成指数与经济合作与发展组织（OECD）的合成指数。合成指数的基本思想就是通过合成指标组内各指标的变化率来把握经济的变动趋势和幅度。基本计算方法是先求出每个指标的（对称）变化率；然后求先行、一致、滞后三组指标的组内、组间标准化平均变化率，并适当进行趋势调整，使三类指数成为协调一致的整合系统。最后，以某年为基年，计算出其余各时点的相对指数。

人们根据不同的统计资料和划分标准，按照周期的时间长短将经济周期划分为长周期、中期、中长周期、短周期等类型。

(一)基钦周期

基钦周期也叫短周期、小周期、次要周期。其长度为 3~4 年，由英国统计学家基钦(Joseph Kitchin)提出来的，所以被称为基钦周期。一般认为，短周期主要是由企业库存投资的变动而产生的。

(二)朱格拉周期

朱格拉周期也叫中周期、大周期、主要周期。其长度约为 8~10 年，是由法国经济学家朱格拉(Clement Juglar)提出，所以被称为朱格拉周期。他认为危机是经济社会不断面临的三个连续阶段中的一个，这三个阶段是繁荣、危机和清算，危机是由繁荣造成的不平衡状态的结果，这三个阶段反复出现就形成了周期现象。

(三)库兹涅茨周期

库兹涅茨周期也叫中长周期。其长度为 15~25 年，由美国经济学家西蒙·库兹涅茨(Simon Kuznets)提出，一般认为，这种周期是由于建筑投资的循环变动引起的，故也称其为建筑周期。

(四)康德拉季耶夫周期

康德拉季耶夫周期是长周期。长度为 45~60 年，由苏联经济学家康德拉季耶夫(Nikolai Kondratieff)提出，称为康德拉季耶夫周期。对这种长周期形成原因的解释有很多种，如人口的增加、地理上的新发现、新资源的开发、战争等，但技术进步和革新可能是产生长周期的主要原因。

(五)熊彼特周期

熊彼特认为每一个长周期包括六个中周期，每个中周期包括三个短周期。其中短周期约 40 个月，中周期 9~10 年，长周期 50~60 年，并以创新为标志，将第二次世界大战以前的 200 年划分为三个长周期。

二次世界大战之后，经济周期出现了一些新特征：战后总体上没有出现过严重的衰退；繁荣的时间延长了，而衰退的时间缩短了；无论是繁荣还是衰退都没有以前那样严重，总体波动程度变小了；各国之间的经济周期联系更为密切。表 13-1 综述了长周期、中周期、短周期之间的长短关系，一般认为三个短周期约为一个中周期的时间跨度，三个中周期约为一个长周期的时间跨度。

表 13-1　经济周期类型

周期名称	周期长短	平均长度
基钦周期	短周期	约 40 月(3~4 年)
朱格拉周期	中周期	约 9 年(8~10 年)
库兹涅茨周期	中长周期	约 20 年(15~25 年)
康德拉季耶夫周期	长周期	约 50 年(45~60 年)

二、经济周期的成因

(一)源于创新

熊彼特认为，所谓创新是指对生产要素的重新组合，包括以下几方面：引进新产品或提高产品的质量；采用新的生产方法或技术；开辟新市场；获得原材料的新来源；实行新的企业组织形式或管理方法。熊彼特把创新作为社会进步的原动力，用创新来解释经济和社会的发展，并且进一步用来解释经济周期的形成。资本主义经济周期实际上包括繁荣、衰退、萧条和复苏四个阶段，只包括繁荣和衰退两个阶段的纯模式并不能解释真正的经济周期波动。对此，熊彼特进一步地认为，纯模式只是创新引起的第一次浪潮，必须再引入第二次浪潮才能解释四个阶段的经济周期波动。

(二)源于心理预期

理性预期学派是20世纪70年代兴起的一种具有保守的自由主义观点的西方经济学流派。理性预期学派最大的特征在于它把"理性预期假说"引入宏观经济分析，强调了理性预期在经济行为决策中的重要作用。因此，理性预期学派的经济周期理论更多地强调了市场不完全信息，以及经济主体的预期失误与经济周期性波动之间的关系。人们心理上的乐观预期和悲观预期的交替，导致经济繁荣和萧条的交替。一段时期内，人们的心情很好，对未来充满了乐观的预期，这时，投资和生产就要增加，经济走向繁荣；而在另一段时期内，人们的心情不是很好，对未来悲观失望，这时的投资和生产都是下降的，经济走向衰退。

(三)源于乘数、加速数

乘数与加速数相互作用引起经济周期。乘数与加速数模型主要说明经济周期是经济本身的一种内在调节机制，这种理论是基于凯恩斯的国民收入决定理论，是投资、消费和国民收入之间相互作用的必然结果。

由于自发支出的变动引起收入的更大变动，二者之间的比值即为自发支出乘数。加速数指在生产能力已被充分利用时，收入的变化引起投资变化到什么程度的系数。

关于乘数和加速数相结合，引起经济发生周期性波动，可以这样理解：乘数与加速数相互作用引起经济周期。经济周期是由经济中内生变量引起的，外生变量只能通过对内生变量的影响才能影响到经济波动。政府可以通过干预经济的政策来缓解经济周期的波动。在经济运行过程中，乘数和加速数即使保持不变，即边际消费倾向和技术水平不变，也会由于乘数和加速数之间相互的作用而引起经济周期性波动。自发投资属于经济的外部因素，投资乘数、加速数是内部因素。它们的变动也将引起经济波动。可见，经济的周期波动除了由外部因素引起外，还能由内部因素引发。投资乘数变动引发经济波动，加速数变动则加剧波动振幅。

(四)源于货币量变动

货币主义的代表人物弗里德曼认为，货币是影响经济波动的最重要的因素，货币量不仅决定着产量与价格水平，而且其变动是形成经济周期性波动的根源。货币主义者就是以此来分析经济周期，并认为经济的波动是由货币量的变动所引起的，即经济波动是银行货币和信用波动的结果。银行货币和信用的扩张导致利率下降，引起投资增加，经济走向繁荣；反之，银行货币和信用的紧缩导致利率上升，投资下降，经济走向衰退。

（五）源于技术冲击、产出波动

实际经济周期理论属于古典主义阵营，它们所有的模型都继承了新古典主义的特色：波动是竞争性均衡与否的现象，所有市场都是出清的；经济人是追求利益最大化的家庭，在劳动和闲暇的双重目标下，追求消费的最优化行为；生产函数是古典的，受随机的技术冲击；在原则上，实际经济周期理论认可货币对收入的影响，但这种影响太小以至于可以忽略不计，因而理论都没有涉及货币因素。在人口和劳动力既定的情况下，一个经济中所生产的实际收入便取决于技术和资本存量。在最优消费的目标下，在其他条件不变时，投资具有稳定性，而不会产生波动。但是，影响技术进步的因素很多，因此技术进步本身就具有一定的随机性；进一步讲，技术进步的这种随机性使经济当事人（生产者和劳动供给者）无法分辨出准确的信号，结果由于二者的结合和相互作用，技术冲击下的经济波动就不可避免。

实际经济周期理论认为波动的根源是实际因素，其中最为重要的是技术冲击。至于技术冲击的传导机制并不是唯一的。实际经济周期理论属于古典主义阵营，它们所有的模型都继承了新古典主义的特色。在原则上，实际经济周期理论认可货币对收入的影响，但这种影响太小，小得可以忽略不计，因而其理论都没有涉及货币因素。

（六）源于天体活动

把经济周期波动的原因最终归结为经济体系以外的太阳黑子等宇宙天体活动以及气候、季节变动等自然因素，认为每 10 年一次的太阳黑子活动周期或 8 年一次的降雨周期会影响地球的气候变化，而气候变化的周期会影响到农业收成的丰歉，从而形成农业生产的周期性波动。农业的周期波动必然影响到工商业，最终形成整个经济的周期波动。

（七）源于政治更替

经济周期波动的原因是经济扩张和衰退的交替，由于政府交替执行扩张性政策和紧缩性政策的结果，政府的干预作为外在的冲击导致了经济的周期波动。

（八）源于消费不足

经济衰退的原因在于收入中用于储蓄的部分所占比例过大，而用于消费的部分所占比例过小，即消费不足。而消费需求不足又引起投资需求的不足，进而使整个经济出现生产过剩型危机，从而产生了经济波动。

（九）源于投资过度

经济衰退的原因在于投资过多而不是过少。所谓投资过多，是指资本品部门的发展超过了消费品部门，即与消费品生产相比，资本品的生产有了过度的发展。经济扩张时，资本品比消费品增长得快；经济衰退时，资本品的下降速度也比消费品快。正是资本品的投资波动，造成了整个经济的波动。投资过度的原因，有几种不同看法：一是货币投资过度。经济周期的主要原因是通过货币因素造成的生产结构失调，尤其是资本品生产和消费品生产之间的不平衡。二是非货币投资过度论。内生的投资因素与外生的技术革新、新发明等技术因素相结合导致经济周期性的波动。三是引致投资过度。由于制成品需求变动引起了投资过度，即加速原理和乘数效应作用的结果。

（十）源于资本边际效率变动

凯恩斯认为，资本边际效率的变动具有周期性，它是形成经济周期波动的主要原因。企业投资决定于三个因素：一是投资的成本；二是投资的收益，特别是新增投资的边际效率，即未来利润率；三是投资者信心和对预期的估计。在经济处于扩张或者繁荣期时，人们对资本边际效率和投资收益的预期比较乐观，投资增加，会带来供给品价格上升，导致资本边际效率下降，投资减少，失业增加。市场出现衰退或萧条。一段时期以后，新一轮的增长开始到来。

(十一)源于价格调整

新凯恩斯主义者从价格与工资的黏性理论出发，用总需求来解释短期波动，用总供给来解释长期趋势，并提出价格调整理论来解释从短期到长期的发展过程。在解释经济短期波动时，新凯恩斯主义者形成了两种不同的周期理论：不变加成周期理论和可变加成周期理论。不变加成周期理论认为短期总供给曲线是水平直线，可变加成周期理论则认为是向右上方倾斜的曲线。在解释长期趋势时，新凯恩斯主义者对长期总供给曲线的认识是一致的，认为长期总供给曲线是由潜在产出决定的一条垂直直线。这就是说，在长期中，总需求的变动只能影响物价水平，而不能影响总产出水平。新凯恩斯主义指出，正是企业的价格调整过程，才使得经济从偏离充分就业的短期状态朝着充分就业的长期状态不断趋近。

◎ **专题 13-1 2022 年经济增长走势或前低后高**

从经济增长"三驾马车"的角度整体来看，预计 2022 年消费有望上行，但疫情防控措施仍将对消费复苏释放形成制约；投资方面，受益于碳中和的推进对能源体系和工业链条的重塑，制造业投资有望保持高位，基建投资温和回升，房地产投资托底作用下降；出口方面，发达经济体需求与发展中经济体供给之间的缺口渐进收敛，中国出口将逐步回落，出口拉动效用减弱。从整体看，2022 年中国经济增速将回归长期增长中枢，预计全年经济增速中枢为 5.5%。

从全年走势来看，2022 年经济可能上半年低于下半年，增速低点可能出现在 2022 年二季度。一方面，每个季度的同比实际上是过去四个季度环比的综合反应。由此，今年三季度 0.2% 的季调环比，将会影响到 2022 年一季度、二季度的同比增速，基数效应下的 2022 年上半年同比增速中枢或将低于下半年 1 个百分点以上。另一方面，考虑到 2022 年冬奥会可能会在春节前后带来疫情防控的大幅升级，或将对期内消费形成压制。

三、经济周期的应对

一般认为，经济周期的形式和持续时间是不规则的。经济周期变化无常。这就增加了人们对经济周期认识上的复杂性。从熊彼特对经济周期的分析，显示了经济周期甚至是经济紧缩并不可怕，在正常的周期里，经济扩张—紧缩的反复是正常的、是经济自身调节的一种表现。人们在经济周期面前不是无能为力，而是应当有所作为的。应对经济周期，人们能做些什么呢？

(一)调节投资

调节投资是指政府从国民经济运行的总体发展目标出发，对整个投资活动进行的调节与控制。投资宏观调控体系作为经济宏观调控体系的一个从属体系，其调控的最终目标应当与经济宏观调控的最终目标相一致，即保持社会总需求与总供给的基本平衡，实现适度的经济增长、充分就业、物价稳定与国际收支平衡，促使整个国民经济持续、稳定、协调发展。这些经济目标之间相互联系、相互制约，其中最主要的是社会总供给与总需求的平衡，它包含和制约着其他许多经济目标，并且贯穿于整个社会经济发展的各个时期中。为实现这一总目标，有必要选择一些投资调控的具体目标，其选择原则就是看投资领域内有哪些主要因素影响社会总供给与总需求、总供给结构与总需求结构的平衡。

（二）影响乘数加速系数

乘数加速原理相互作用是把投资水平和国民收入变化率联系起来解释国民收入周期波动的一种理论，是最具影响的内生经济周期理论。乘数加速原理相互作用理论是凯恩斯主义者提出的。凯恩斯主义认为引起经济周期的因素是总需求，在总需求中起决定作用的是投资。这种理论正是把乘数原理和加速原理结合起来说明投资如何自发地引起周期性经济波动。经济学家认为，经济中之所以会发生周期性波动其根源正在于乘数原理与加速原理的相互作用。具体来说，乘数加速原理说明了以下几个方面：

第一，在经济中投资、国内生产总值、消费相互影响，相互调节。如果政府支出为既定的（即政府不干预经济），只靠经济本身的力量自发调节，那么，就会形成经济周期。经济周期中各阶段的出现，正是乘数与加速原理相互作用的结果。而在这种自发调节中，投资是关键的，经济周期主要是投资引起的。

第二，乘数与加速原理相互作用引起经济周期的具体过程是，投资增加通过乘数效应引起国内生产总值的更大增加，国内生产总值的更大增加又通过加速效应引起投资的更大增加，这样，经济就会出现繁荣。然而，国内生产总值达到一定水平后由于社会需求与资源的限制无法再增加，这时就会由于加速原理的作用使投资减少，投资的减少又会由于乘数的作用使国内生产总值继续减少。这两者的共同作用又使经济进入衰退。衰退持续一定时期后由于固定资产更新，即大规模的机器设备更新又使投资增加，国内生产总值再增加，从而经济进入另一次繁荣。正是由于乘数与加速原理的共同作用，经济中就形成了由繁荣到衰退，又由衰退到繁荣的周期性运动。

第三，政府可以通过干预经济的政策来减轻甚至消除经济周期的波动。乘数加速原理表明国内生产总值的变化会通过加速数对投资产生加速作用，而投资的变化又会通过投资乘数使国内生产总值成倍变化，加速数和投资乘数的这种交织作用便导致国内生产总值周而复始地上下波动。政府可以通过干预经济的政策来影响经济周期的波动，即利用政府的干预（比如政府投资变动）就可以影响减轻经济周期的破坏性，甚至消除周期，实现国民经济持续稳定的增长。

（三）调整边际消费倾向

现在很多经济学家相信，从整个国民经济来说消费倾向可能是不变的，是一个相对固定的常数，但也不会一成不变。为消除经济波动，可以人为影响边际消费倾向，增加全社会中个人消费或个人储蓄。凯恩斯提出国家干预经济的措施，一是提高或降低资本边际效率，千方百计地鼓励个人积极投资或减资；二是增加或减少国家直接投资，弥补私人投资行为。

政府及有关部门可以综合应用货币政策和财政政策对经济进行相机抉择，逆向经济操作来熨平经济周期。不过这些方法对操作的准确度有很高的要求，如果没有准确地把握操作，很可能适得其反，会加剧经济运行的波动。

任务二　促进经济增长

一、经济波动、经济增长与经济发展

经济波动指经济增长过程中增长速度呈现上升趋势和停止或下降趋势状态交替出现的情况，即生产力水平忽高忽低，经济增长率忽上忽下，并构成经济增长的常态，人们把这种现象称之为经济波动。经济波动表现为经济的正增长、负增长等。

那么经济增长又是什么呢？经济增长可以简单地被认为是某国或某地区在一定时期内国内生产总值或国民收入供给量的增长，即总产出量的增加。假定经济中的实际收入（指总量或人均）为 Y，在某特定时期内的改变量为 $\triangle Y$，则经济增长率 G 表示为：

$$G = \frac{\triangle Y}{Y}$$

理解经济增长的定义首先要注意的问题是时间。经济增长（Economic Growth）是指一种长期的经济现象，是指一国潜在国民产出的持续增加。对经济增长含义的把握需要注意以下几点：第一，经济增长集中表现在经济实力的增长上；第二，技术进步是实现经济增长的必要条件；第三，经济增长的充分条件是制度与意识相应调整。经济增长过程一般表现出：第一，人均产量和人口的高增长率；第二，由于技术进步，生产力不断提高；第三，经济增长过程中经济结构的迅速转变；第四，社会结构和意识形态迅速转变；第五，经济增长不是某一个国家或地区的独特现象，而是在世界范围内迅速扩大，成为各国追求的目标；第六，经济增长在世界范围内是不平衡的。

经济增长的积极意义表现为：经济增长可以普遍地提高人们的生活水平；经济增长可以促进收入分配的平等；经济增长可以促进生活方式的转变；经济增长可以增加国家的实力，提高国家和民族在国际上的地位。任何事物都有两面性，当然，经济增长也会带来一些消极作用，表现为：经济增长需要投入一定的资源，这意味着人们闲暇的减少；经济增长可能会造成环境的恶化；经济增长还会带来一些社会问题，如城市拥挤、犯罪率上升等。

经济发展是指随着经济增长一同出现的经济结构、社会结构甚至政治结构的变化。发展的内在含义包括三个基本组成部分或核心价值：即最低生活需要、自尊和自由。经济增长与经济发展存在一定的联系：经济增长是经济发展的基础，是社会进步首要的、必要的物质条件；经济发展是经济增长的结果。经济增长是手段，经济发展是目的。经济发展并不必然表现为经济增长自然演进的结果。一种情况是经济增长与结构失调相伴随；另一种情况是经济增长与经济依附相伴随。经济增长与经济发展存在明显的区别：经济增长是速度指标，反映一国社会财富增加的速度；经济发展是水平概念，反映一国人民生活水准的高度。生产能力和实际收入的增长被称为经济增长，经济发展则必须从社会各个方面来说明。从时间上看，经济发展是研究更长时期的经济变动，而经济增长则是研究一定时期内（一般是逐年的）经济活动的变动。

二、经济增长的渊源

英国经济学家哈罗德 1939 年发表《论动态理论》，1948 年发表《动态经济学导论》；与此同时，美国经济学家多马于 1946 年和 1947 年先后发表了《资本扩大、增长率和就业》《扩张和就业》两篇论文。上述著作的发表，标志着经济增长问题开始成为独立的、专门的研究课题。而在以往的经济学著作中，这只是附带述及的一个问题，当时经济学家们认为，资本主义有趋于充分就业的必然趋势，经济学的主要任务应是探讨资源的合理配置问题。

在二战后的历史条件下，经济增长理论的发展，主要可分为三个时期，环绕着三个中心。第一个时期从 20 世纪 50 年代初到 20 世纪 60 年代初，主要是建立各种"增长模型"，探讨资本主义经济的"稳定状态"增长的条件。第二个时期从 60 年代开始，着重从数量上分析导致经济增长的各个因素对增长所做出的贡献，被称为"增长要素分析"。第三个时期从 20 世纪70 年代开始，讨论的主要问题是"增长极限"。经济增长理论主要包括以下几种。

以凯恩斯主义为基础的经济增长理论。凯恩斯主义的中心是储蓄—投资分析，要说明短期内国民收入与就业量的决定。在此基础上，当代经济学家建立的流行的经济增长模型有三种：一是哈罗德—多马经济增长模型；二是美国经济学家索洛、斯旺和英国经济学家米德提出的新古典经济增长模型；三是英国经济学家卡尔多提出的卡尔多经济增长模型和新剑桥学派提倡的罗宾逊模型。这些模型都是要说明资本主义经济实现长期稳定增长的条件和途径。

经济成长阶段论。美国经济学家罗斯托从历史发展的角度研究经济发展的过程，把经济的发展分为六个阶段：传统社会、为起飞创造前提阶段、起飞阶段、向成熟推进阶段、高额群众消费阶段、追求生活质量阶段。罗斯托认为，"起飞"主要有三个条件：一是要有较高的积累率；二是要建立起带动整个经济发展的一个或几个主导部门；三是进行制度改革，建立起一种能保证"起飞"实现的政治社会制度。

经济增长因素的分析理论。美国经济学家丹尼森等人运用经济计量学的方法，具体分析影响经济增长的各种因素。他把经济增长因素按生产要素的投入量分为劳动在数量上的增加和质量上的提高、资本在数量上的增加；按生产要素的生产率分为资源配置的改善、规模的节约以及知识的进展和它在生产上的应用。然后对这些因素逐一分析，以说明它们各自在经济增长中的重要作用。

零增长理论。其主要代表是美国教授福雷斯特尔和麦多斯，发表有《增长极限论》等著作，分析了由于经济增长所带来的各种问题。他们认为如果经济不受阻碍地继续增长下去，那么到 2100 年，由于环境污染、粮食短缺、人口过多、自然资源耗尽，将会出现"世界的末日"。所以主张从现在起实行零经济增长率，使世界保持生态平衡。零经济增长理论认为，经济增长不仅会促使环境恶化，而且还会动摇社会的基础，阻碍社会制度之间内在的相互联系和破坏心理方面的内在和谐。经济增长也会加剧劳动力流动，使家庭以及个人关系不稳定，滋生暴力、犯罪和大众的不满情绪。因此，零经济增长理论建议，为避免人类的崩溃，应停止人口增长；停止工业资本增长，降低工业的单位物耗；降低污染；增加粮食生产；延长工业资本寿命等。

西方许多经济学家不同意零增长理论，他们认为，首先，这个理论与马尔萨斯如出一辙，难以令人相信；其次，资源耗费受价值规律制约，价格上升会迫使人们节约使用资源，从而更有效地寻找替代品；再次，污染环境是任意处理工业垃圾造成的，不能用零经济增长来解决；最后，零经济增长会导致失业率上升，社会动荡不安，在实际中很难施行 。

关于经济增长的源泉，宏观经济学通常借助于生产函数来研究。宏观生产函数把一个经济中的产出与生产要素的投入及技术状况联系在一起。设宏观生产函数为：

$$Y_t = A_t(L_t,\ K_t)$$

式中，Y 为国民收入，A 为技术，L 为劳动，K 为资本，G 为经济增长率，t 为某一特定时间，a 为系数，b 为系数。将上式分解，可得到：

$$G_Y = G_A + aG_L + bG_K$$

由此可知，经济增长源于资本、劳动、技术进步。而资本包括各种机器设备、生产性建筑物、基础设施等。劳动包括一国投入的劳动数量和劳动质量。技术进步在经济增长中的作用，体现在生产效率的提高。这里所谓的技术进步是广义的，包括科学技术、管理水平和企业家精神等方面。

三、促进经济增长

不同的经济学家在不同的时期、不同背景下提出其相应的对策和举措，从而形成不同的经济增长模型。

（一）古典的增长模型

古典的增长模型指以斯密、李嘉图以及马尔萨斯为代表的古典经济学家对资本主义经济增长过程的分析。这些经济学家被认为是现代增长理论的先驱者。在当时的历史背景下，经济学家的任务主要是一种发展理论，它能科学地解释支配资本主义经济体制运转的各种力量，实际可观察到的变化进程以及长期趋势。此外，古典经济学家对增长问题的关注来源于一种哲学观点，即社会进步的基本条件是社会物质基础的发展。因此，经济分析的目的被认为是识别促进或阻碍这一发展的各种力量，从而为影响这些力量的政策和活动提供理论基础。

在说明影响经济增长的力量和解释那些构成增长过程的机制方面，古典经济学家认为，积累和社会产品用于生产性投资的部分，是经济增长背后的主要驱动力量。在资本主义条件下，这个驱动力量源于利润、投资的形式。与积累相关的、影响增长的因素还有以分工形式表示的技术变化、生产方法的改变、人口以及劳动力供给的影响。但现代经济学认为，古典增长总模型没有说明资本积累与技术变化之间的关系。根据积累、技术变化和人口增长这些力量之间的关系，古典经济学家基本上形成了一种一致的观点，即增长过程将给它自己前进的道路设置障碍，以致放慢增长速度，最后达到"停滞状态"。

古典经济学家对增长的分析是把经济体制作为整体，从而应用普遍的经济原则，而不是把经济增长作为一个独立的理论。因此，古典的增长模型体现了价值、分配和增长之间的内在联系。价值分析衡量社会产品规模，从而提供了可供资本家、工人和土地所有者进行分配的基础。社会产品扣除生产的必要消费部分即为剩余，因此，积累的可能性取决于剩余的规模和使用方式。反过来，当经济扩展时，积累也影响收入分配。由于利润率在价值、分配和积累的三者关系中处于核心地位，因此，古典理论把说明资本积累和经济发展过程中利润率的运动，视为经济增长模型的关键问题。用数量关系表示增长模型如下：在简化的生产单一谷物的经济中，产量 y 是劳动投入 L 的函数，即：

$$y = F(L)$$

这个函数满足收益递减规律并有超过维持生存的最低工资率 w 以上的剩余产品。假设总资本 K 全部由资本家预付的工资基金 W 构成，即：

$$K = W = wL$$

简化作为种子的谷物资本和固定资本投入，则总产量在地租 R、利润 P 和工资基金重置之间分配，即：

$$y = R + P + W$$

耕作的边际一定，地租大小取决于劳动的平均产品和边际产品之差。因而有：

$$R = \left(\frac{F(L)}{L} - F'\right) L$$

利润作为余额，即：

$$P = (F' - w) L$$

利润率决定公式为：

$$r = \frac{P}{w} = \frac{F'}{w} - 1$$

由此可知，利润率反映出资本积累的水平，可由工资基金的增长来表示。

由于地租用于消费，因此工资基金的增长是利润的一个比例 α（$0<\alpha<1$），由于积累动机受利润率变化的影响，因此 $\alpha = \alpha(r)$。假设资本积累率 $g = \Delta W/W$，则积累率就取决于利润率，即：

$$g = \alpha(r) \cdot r$$

古典增长模型的含义是，随着就业人数的增长，劳动的边际产品下降，地租上升，而利润率必然下降。只要工资基金持续增长，利润率就将进一步下降。当利润率下降到资本家可接受的最低水平时，积累过程就会终止，经济这时处于停滞状态。

在古典增长模型中，人口的动态运动具有十分重要的作用。马尔萨斯的人口增长规律认为，当工资超过必需品水平时，人口就会增长，从而为经济扩张提供所需要的劳动力。但现代经济学家认为这个人口增长和劳动力供给规律值得怀疑，这是因为首先，人口增长总有一个生理规定的上限。一旦积累增长率超过这个界限，就会推动工资上升，侵蚀利润率，最终导致积累和增长停滞。其次，即使人口增长对工资率的变化有反应，但人口调整是一个长期过程，因而它对短期实际劳动供给的影响微乎其微。在此期间，任何积累规模的突增必然造成工资上升、受利润侵蚀，从而造成积累和增长停滞不前。

（二）哈罗德–多马增长模型

哈罗德–多马增长模型由英国经济学家 R. 哈罗德和美国经济学家 E. 多马于 20 世纪 40 年代左右发展起来的一个动态的增长模型。1939 年，哈罗德发表了《论动态理论》一文，试图把凯恩斯的就业和国民收入决定理论所采用的短期静态分析加以长期化和动态化。在 1948 年出版的《论动态经济学》一书中，哈罗德把自己的观点进一步系统化，提出了经济增长模型。20 世纪 40 年代中期，多马独立地提出了与哈罗德模型基本相同的增长模型。西方经济学界通常将这两个模型合为一体，统称为哈罗德–多马模型。哈罗德–多马模型包含以下一些基本假定：

（1）整个社会只生产一种产品。

（2）有两种生产要素，资本与劳动。

（3）规模收益不变。

（4）没有技术进步。另外两个隐含在模型中的假定，是固定的资本—产出系数和不变的储蓄率。

哈罗德和多马的模型虽然都采用了凯恩斯投资—储蓄分析方法，但他们强调投资具有双重效应，即需求效应和生产能力效应。投资不仅会产生吸收储蓄的需求效应，而且还增加了经济的生产能力，从而增加继期的产量。

在多马的增长模型中，纯投资的增长率 $\Delta I/I$ 等于资本生产率 (α) 和储蓄率 (s) 的乘积，即有：$\dfrac{\Delta I}{I} = \alpha \cdot s$

根据模型的假定条件则有：

$$\alpha = \frac{\Delta Y}{\Delta K} = \frac{\Delta Y}{\Delta I}$$

$$s = \frac{S}{Y} = \frac{\Delta S}{\Delta Y}$$

多马模型的含义是，在资本生产率和储蓄率或储蓄倾向给定情况下，为保证每年经济所增加的生产能力得以充分利用，投资必须按照 αs 的比率增长。

在哈罗德的增长模型中，国民收入的增长率 $\Delta Y/Y$ 等于储蓄率 (s) 除以资本技术系数 (C)，即为：

$$\alpha = \frac{\Delta Y}{Y} = \frac{s}{C} = G$$

其中，$C = \Delta K/\Delta Y$，也表示加速系数。这个模型的含义是，若要使计划的储蓄与计划的投资保持连续的均衡，国民收入就必须以 s/C 不变的比率增长。

由于多马模型中的 α 是哈罗德模型中 C 的倒数，因此，从任一模型可以得出另一个模型来，即由于 $\alpha s = s/C$，因此：

$$\frac{\Delta I}{I} = \frac{\Delta Y}{Y} = G$$

哈罗德在分析经济稳定增长条件时，还提出了有别于实际增长率 G 的概念，即有保证的增长率 G_W。所谓有保证的增长率是指使企业家感到满意并准备继续维持下去的产量增长率，它等于合意的储蓄率 s_d 除以合意的资本技术系数 C_r，则有：

$$G_W = \frac{s_d}{C_r}$$

由于在哈罗德的增长模型中，资本技术系数是固定的，因此，对于任何一个给定的储蓄率 s 来说，实现均衡增长的有保证增长率 G_W 只有一个唯一的数值。同时，由于 G 和 G_W 是由不同因素决定的，因此，在现实中实现均衡增长即 $G_W = G$，只是偶然的巧合。经济体系的不稳定性使实际增长率有可能背离有保证的增长率，从而产生累积性的扩张与收缩。美国经济学家 R. 索洛把这种经济好像是沿着一条极为狭窄的均衡增长道路向前发展称作是刃锋式的均衡增长。

此外，在考察经济长期发展趋势问题时，哈罗德提出了自然增长率概念。自然增长率 G_n 是人口增长与技术进步所允许达到的长期的最大增长率。自然增长率等于一定制度安排下最适宜的储蓄率 (s_0) 除以合意的资本技术系数 C_r，即：

$$Gn = \frac{s_0}{C_t}$$

显然，实现长期的充分就业的均衡增长条件要求：

$$G = GW = Gn$$

但由于影响 G_n 的 S_d 和影响 G_n 的 S_0 分别是由不同的因素决定的，因而充分就业的均衡增长更是难以实现的。哈罗德认为，正如实际增长率与有保证的增长率的背离会引起经济累积性的周期波动一样，自然增长率与有保证增长率的背离将使经济处于长期停滞或长期高涨状态。

（三）新剑桥学派增长模型

新剑桥学派增长模型是把国民收入分配作为实现充分就业稳定增长条件的理论模型。新剑桥学派的增长模型是英国经济学家 J. 罗滨逊、N. 卡尔多和意大利经济学家 L. 帕西内蒂等人提出来的。反映新剑桥学派增长模型的代表性著作有罗滨逊的《资本积累》和《经济增长理论文集》、卡尔多的《可选择的分配理论》和《新经济增长模型》以及帕西内蒂的《利润率和收入分配与经济增长率之间的关系》。

新剑桥增长模型把国民收入分为利润和工资两个组成部分；社会成员分为利润收入者和工资收入者两大阶级。利润收入者的储蓄占其收入的比例称作利润收入的储蓄倾向，工资收入者的储蓄占其收入的比例称作工资收入的储蓄倾向。如果 Y、P 和 W 分别表示收入、利润和工资，S_p 和 S_w 分别表示利润收入的储蓄倾向和工资收入的储蓄倾向，则经济总储蓄的函数公式可写作：

$$S = S_p P + S_w W$$

由于，$Y = P + W$ 所以，$S = (S_p - S_w)P + S_w Y$ 或 $S/Y = (S_p - S_w)P/y + S_w$ 由于哈罗德增长模型中的有保证增长率的公式是储蓄率除以资本—产量的比率，即 $G_W = S_0/C_r$，因此，通过收入分配来实现经济稳定增长的条件为：

$$G_W = \frac{(S_P - S_w)P + S_w Y}{K}$$

其中，P/K 为利润率，Y/K 为资本—产量比率的倒数，因此，新剑桥增长模型认为，在利润收入的储蓄倾向和工资收入的储蓄倾向以及资本—产出比率一定的情况下，通过调整收入分配格局，进而改变哈罗德增长模型中的储蓄率，可以实现经济的稳定增长。但他们认为，由于现实经济中存在着制度刚性，特别在收入分配方面，因此，实现经济稳定增长的条件很难达到。此外，新剑桥增长模型还考察了经济增长对收入分配的影响。按照卡尔多的分析，经济增长对收入分配的影响可以写成如下方程式：

$$\frac{P}{Y} = \frac{1}{S_P - S_w} \cdot \frac{I}{Y} \frac{S_w}{S_P - S_w}$$

其中，I 为投资，P/Y 为利润在国民收入中所占的份额，I/Y 是投资在国民收入中的比重或称投资率。如果工人消费其全部工资收入，资本家将其利润全部用于储蓄，即 $S_w = 0$，$S_p = I$，则上式改变为：

$$\frac{P}{Y} = \frac{I}{Y}$$

这意味着利润在国民收入中所占的份额除了取决于投资率的高低外，还取决于利润收入的储蓄倾向，即利润收入中的储蓄比率越低，利润为国民收入所作的贡献越大。

20 世纪 70 年代以来，新剑桥学派的增长模型有了较大的发展，集中体现在帕西内蒂发表的《结构变化与经济增长》中。它使新剑桥学派的增长模型不仅仍然保持了收入分配与增长相互联系的特征，而且使原有的投资品与消费品两部门分析向多部门动态结构分析发展，把增长中的总量分析和多部门的结构分析熔于一炉。

（四）新古典增长模型

新古典增长模型认为通过市场机制调整资本与劳动两种要素的配合比例可以实现充分就业稳定增长。1956 年，美国经济学家 R. 索洛发表了《经济增长理论》一文，把哈罗德–多马模型规定的一条极为狭窄的均衡增长途径称作"刃锋"，但他认为采用生产要素之间的可替代性可以解决"刃锋"问题，因而提出了有别于哈罗德–多马的经济增长模型。此后，英国经济学家斯旺和米德以及美国的萨缪尔森等在他们的增长模型中提出了与索洛基本相同的论点，一般把他们的增长模型称作新古典增长模型。

新古典增长模型与哈罗德–多马模型的区别表现在两个基本假定上。

（1）资本与劳动这两个要素是可以替代的，二者能够以可变的比例进行组合。而在哈罗德–多马模型中，这两个要素的组合比例是固定的。

（2）由于要素之间可以相互替代，因此市场的完全竞争可以使所有生产要素得到充分利用。而哈罗德–多马模型没有假定存在一个能够自动地充分利用生产要素的机制。

在新古典增长模型中，假定没有发生技术进步，则用 $\Delta K/K$ 表示资本增长率；用 $\Delta L/L$ 表示劳动力的增长率；用 $\Delta Y/Y$ 表示收入增长率，新古典增长模型的基本公式为：

$$\frac{\Delta Y}{Y} = a\left(\frac{\Delta K}{K}\right) + b\left(\frac{\Delta L}{L}\right)$$

其中，a 和 b 分别为资本与劳动对收入增长相对作用的权数，且 $a+b=1$。如果变换一下这个等式，则有：

$$\frac{\Delta Y}{Y} - \frac{\Delta L}{L} = a\left(\frac{\Delta K}{K} - \frac{\Delta L}{L}\right)$$

这个等式的左端是平均每人收入增长率；等式的右端为 a 乘一定情况下平均每个工人使用的资本增长率。这说明经济中人均国民收入的增长，在技术条件不发生变化的情况下主要取决于人均资本的增长。

新古典增长模型认为，如果考虑技术进步因素对增长的影响，那么公式还可以改写成：

$$\frac{\Delta Y}{Y} - \frac{\Delta L}{L} = a\frac{\Delta K}{K} - \frac{\Delta L}{L} + \frac{\Delta A}{A}$$

其中，$\Delta A/A$ 表示技术进步。在发生技术进步的情况下，新古典增长模型认为，即使人均资本增长率不变，人均收入增长率也会提高。如果人均资本增长率提高了，由于存在技术进步，人均收入增长率将会提高得更多。20 世纪 60 年代以来，新古典的增长模型在理论基础方面开始向含有两个部门或多个部门的分析方面发展，而在理论应用方面，开始用来估算技术进步对经济增长的作用。

《课后训练》

（一）

一、单项选择题

1. 经济周期中的两个主要阶段是(　　)。

   A. 繁荣和萧条　　　B. 繁荣和衰退　　　C. 萧条和复苏　　　D. 繁荣和复苏

2. 下列对经济周期阶段排序正确的是(　　)。

   A. 复苏，繁荣，衰退，萧条　　　　　　B. 复苏，繁荣，萧条，衰退

   C. 复苏，萧条，衰退，繁荣　　　　　　D. 复苏，衰退，萧条，繁荣

3. 由于经济衰退而形成的失业属于(　　)。

   A. 摩擦性失业　　　　　　　　　　　　B. 结构性失业

   C. 周期性失业　　　　　　　　　　　　D. 自然失业

4. 下列哪种说法表达了加速原理(　　)。

   A. 消费支出随着投资支出增长率的变化而变化

   B. 投资支出随着国民收入增量的变化而变化

   C. 国民收入随着投资支出的变化而变化

   D. 投资支出的减少会造成消费支出一轮一轮地减少

5. 下列哪种说法没有表达加速原理(　　)。

   A. 国民收入增长率的变化将导致投资支出的变化

   B. 消费支出的变化会引起投资支出更大的变化

   C. 投资支出的减少会造成消费支出一轮一轮地减少

   D. 投资支出随着国民收入增量的变化而变化

6. 经济周期分析是一种(　　)。

   A. 短期的比较静态的分析　　　　　　　B. 长期的动态分析

   C. 局部均衡的分析　　　　　　　　　　D. 长期的静态分析

7. 经济周期的中心是(　　)。

   A. 价格的波动　　　　　　　　　　　　B. 利率的波动

   C. 国民收入的波动　　　　　　　　　　D. 股票的波动

8. 根据实际经济周期理论，当实际国民生产总值减少时，如果中央银行增加货币供给(　　)。

   A. 实际国民生产总值增加，但只是暂时的

   B. 实际国民生产总值长期增加

   C. 实际国民生产总值与物价水平都不受影响

   D. 实际国民生产总值不受影响，但物价水平上升

二、多项选择题

1. 美国经济学家熊彼特用创新来解释经济周期性的变化，这种看法与汉森和萨谬尔森看法的联系在于(　　)。

    A. 经济周期变化是由经济内部的因素引起的

    B. 经济活动水平与投资水平有着密切的联系

    C. 经济周期变化是由经济外部的因素引起的

    D. 经济活动水平与投资水平没有密切的联系

2. 当经济处于复苏时，将会出现的经济现象是(　　)。

    A. 就业增加　　　　B. 产量扩大　　　　C. 消费减少　　　　D. 投资增加

3. 当经济处于衰退时，将会出现的经济现象(　　)。

    A. 消费增长放慢　　　　　　　　B. 投资减少

    C. 失业增加　　　　　　　　　　D. 产量扩大

4. 下列哪些是经济周期的阶段(　　)。

    A. 复苏　　　　　　　　　　　　B. 失业

    C. 企业亏损　　　　　　　　　　D. 繁荣

5. 下列哪些与经济周期有关(　　)。

    A. 失业率　　　　　　　　　　　B. 通货膨胀率

    C. 股票市场　　　　　　　　　　D. 总需求与总供给的均衡

6. 下列哪些内容不是经济周期的中心(　　)。

    A. 价格的波动　　　　　　　　　B. 利率的上升

    C. 收入的波动　　　　　　　　　D. 工资的波动

7. 下列哪些不是中周期的一个周期(　　)。

    A. 5~6 年　　　　　　　　　　　B. 8~10 年

    C. 25 年左右　　　　　　　　　　D. 40 个月左右

8. 50~60 年一次的周期称为(　　)。

    A. 朱格拉周期　　　　　　　　　B. 基钦周期

    C. 康德拉耶夫周期　　　　　　　D. 长周期

三、判断题

  1. 经济周期是总体经济活动的波动，也就是国民收入的波动。　　　　　　　　(　　)

  2. 在经济周期上升阶段收入不断增长的同时，消费增长率却呈下降趋势的原因在于边际储蓄倾向递减和利润份额的绝大部分用于储蓄。　　　　　　　　　　　　　　(　　)

  3. 经济繁荣时期的长短取决于引致投资时滞的长短。　　　　　　　　　　　　(　　)

  4. 对于经济周期中产量上升阶段的长短而言，加速数对其的影响大于消费倾向对其的影响。　　　　　　　　　　　　　　　　　　　　　　　　　　　　　　　　　　(　　)

  5. 过度投资理论从货币与非货币两方面因素解释了投资变动对经济周期波动的影响。

                                                    (　　)

  6. 在经济周期的四个阶段中，经济活动高于正常水平的是繁荣和复苏，经济活动低于正常水平的是萧条和衰退。　　　　　　　　　　　　　　　　　　　　　　　　　(　　)

  7. 经济学家常用危机的严重程度作为标准来划分经济周期。　　　　　　　　　(　　)

四、计算题

  1. 某人 25 岁开始工作，60 岁退休，估计可以活到 80 岁。假定生命由 25 岁开始算起，

按照生命周期理论，

（1）不考虑财富因素，写出此人工作期间的消费函数。

（2）如果人口增长率为零，人口构成是均匀的，那么国家的总储蓄率是多少？

2. 如果某国经济中连续四年的国民收入分别是 $Y_1 = 1\,000$ 亿美元，$Y_2 = 1\,200$ 亿美元，$Y_3 = 1\,600$ 亿美元，$Y_4 = 1\,500$ 亿美元，第一年的净投资 I_1 为 400 亿美元，当前的国民收入比上年增加了 200 亿美元，求第二年、第三年和第四年该国的净投资额分别是多少？

（二）

一、单项选择题

1. 下列选项中，（　　）不是发展中国家的特征。

   A. 贫穷　　　　　　　　　　　　B. 稳定的资本存量

   C. 发展工业基础　　　　　　　　D. 商业欠发达

2. 产油富国与发达国家的共同点是（　　）。

   A. 收入分配较为公平　　　　　　B. 有大量资本设备

   C. 人均收入高　　　　　　　　　D. 出口制成品为主

3. 下列选项中，（　　）不是人均生产函数的特征。

   A. 随着人均资本存量的增加，人均产量也增加

   B. 对于每一个既定的人均生产函数来说，技术状态是不变的

   C. 随着资本存量增加，人均生产函数向上移动

   D. 收益递减规律适用于人均生产函数

4. 下列选项中，（　　）是提高增长率的最好方法。

   A. 发现新的自然资源供给　　　　B. 发展新技术

   C. 提高人口增长率　　　　　　　D. 增加出口

5. 下列选项中，（　　）不是发展中国家经济发展的主要障碍。

   A. 人口增长　　　　　　　　　　B. 跨国公司的存在

   C. 工业基础差　　　　　　　　　D. 国际债务

6. 下列选项中，（　　）属于资本深化。

   A. 人口增长 2%，资本存量增加 5%　　B. 人口增长 2%，资本存量增加 2%

   C. 人口增加 2%，资本存量增加 1%　　D. 人口没有增长，资本存量也没有增加

7. 在 20 世纪 80 年代后的新增长理论中，技术进步是（　　）。

   A. 经济增长的余量　　　　　　　B. 经济增长的外生变量

   C. 经济增长的内生变量　　　　　D. 引起经济增长的次要因素

8. 当储蓄水平既定时（　　）。

   A. 政府预算赤字越大，经常账户赤字越大，投资就越多

   B. 政府预算赤字越大，经常账户赤字越小，投资就越多

   C. 政府预算赤字越小，经常账户赤字越大，投资就越多

   D. 政府预算赤字越小，经常账户赤字越小，投资就越多

二、多项选择题

1. 下面关于经济增长的说法，正确的有（　　）。

A. 经济增长是一种经济长期的趋势

B. 一般采用 GDP 来衡量经济增长

C. 经济增长也可以定义为人均实际 GDP 的增长

D. 经济增长着重研究总供给在长期中的变动

2. 影响经济增长的主要因素是(　　　)。

A. 社会获得更多的经济资源

B. 社会发现了更有效的利用现有资源的方法

C. 实施正确的宏观经济政策

D. 市场环境的完善

3. 在一个充分就业的经济中,资本积累需要(　　　)。

A. 增加储蓄　　　　　　　　　　B. 实行低利率

C. 抑制消费　　　　　　　　　　D. 外国贷款

4. 下列选项中,(　　　)是提高经济增长的途径。

A. 削减就业人数　　　　　　　　B. 加大政府支出

C. 加强教育　　　　　　　　　　D. 科学技术的发展

5. 在新古典模型中,人口增长率的上升将(　　　)。

A. 提高每个工人资本的稳定状态水平　　B. 降低每个工人资本的稳定状态水平

C. 资本深化大于零　　　　　　　D. 资本深化小于零

6. 经济增长的均衡点是指(　　　)。

A. 实际增长率等于有保证的增长率

B. 有保证的增长率等于自然增长率

C. 资本深化等于零

D. 整个社会的积累正好用于装备新增加的人口

三、计算题

1. 已知经济社会的平均储蓄倾向为 0.15,资本-产量比为 5,求有保证的增长率。

2. 已知平均储蓄倾向为 0.4,增长速度为每年 4%,求均衡的资本-产量比。

3. 如果要使一国的产出年增长率 G 从 4% 提高到 8%,在储蓄率 s 为 40% 的条件下,根据新古典模型,资本-产出比率应有何相应变化?

学习目标

知识目标：掌握通货膨胀形成的原因；识记失业的类型及特征；了解失业的经济学解释与失业的影响；了解菲利普斯曲线的一般情况。

能力目标：能够画图论证通货膨胀形成的原因；能运用数量分析法分析菲利普斯曲线的由来；能对失业协同通货膨胀现象提出相应的建议。

素质目标：具有良知，通情达理，认真学习相关知识，养成积极主动地提出措施、同时控制物价和失业，促进经济发展的良好素养。

思政目标：自觉投入现实社会之中，适应改革开放、市场经济的形势，将爱国热情融入中华民族伟大复兴的征程中，主动应对失业和通货膨胀，运用经济规律提出措施，控制物价控制失业，谋求人民的福祉。

《 任 务 布 置 》

任务1：因工厂没有订单，厂长决定停工，所以小张现每个月的收入不多，而房租和其他方面物价也较高，一时适应不了这种情形，年迈的父母还在老家，需要赡养，他心里忐忑不安，想另谋出路。你作为小张的好朋友，他想听听你的建议。而且他还不明白，现在物价还有点高，为什么他会失业，想请你解释是怎么回事。

任务2：某经济社会的菲利普斯曲线为 $\triangle P/P = 36/u - 10$，其中 $\triangle P/P$ 和 u 均为百分数值表示。求：

（1）失业率为3%时的价格上涨率。

（2）价格水平不变时的失业率。

（3）使失业率增加20%时的价格上涨率的表达式。

任务一　应对失业

一、失业的含义

(一)失业的定义

失业、失业人员和再就业是一直是困扰世界各国的重要问题。国际劳工组织认为，劳动者达到或超过特定年龄，并在特定时期内符合三个条件的人口即可叫作失业人口，这三个条件是：第一，无工作，即没有受雇或自我雇佣；第二，可以工作，即有工作能力，特定时间里可获得受雇或自我雇佣机会；第三，正在找工作，即在最近某一特定时间里通过登记、申请等特定方式正在寻求受雇或自我雇佣。具有劳动能力并有就业要求的劳动者处于没有就业岗位的状态，即为失业。失业的本质是劳动者不能与生产资料相结合进行社会财富的创造，是一种经济资源的浪费。

归纳起来，失业是处于一定年龄范围内的人，没有工作，但有工作能力，愿意工作、并且正在寻找工作的状态。凡年龄在规定范围之外、已退休、丧失工作能力、在校学习或由于某种原因不愿意工作或不积极寻找工作的人均不应计入失业人数，也不计入劳动力人数。关于工作年龄和失业的范围，各国均有不同的规定，例如，中国劳动年龄范围的下限为16岁，上限为男60岁，女55岁，而美国法律规定的劳动年龄是16~65岁。在这个年龄范围的人口，统称为"劳动适龄人口"。

在中国，认为失业是指在规定的劳动年龄内，具有劳动能力，在调查期内无业并以某种方式正在寻找工作的人员。具体包括下面五种人：第一，16岁以上各类学校毕业或肄业的学生中，初次寻找工作但尚未找到工作者；第二，企业宣告破产后，尚未找到工作的人员；第三，被企业终止、解除劳动合同或辞退后，尚未找到工作的人员；第四，辞去原单位工作后尚未找到工作的人员；第五，符合失业人员定义的其他人员。

另外，不包括在失业人员中的人员有：正在就读的学生和转学人员；在调查期内各种经济类型单位中从事临时性工作并获得劳动报酬人员；已达到国家规定退休年龄而无业的人员；个体劳动者及帮工；家务劳动者；尚有劳动能力但需要特殊安置的残疾人；自愿失业人员及其他不符合失业定义的人员。

(二)失业率的计量

一个经济社会中失业状况的最基本指标是失业率。失业率是人数占劳动力总数的百分比，用公式表示为：

$$失业率 = \frac{失业人数}{劳动力总数} \times 100\%$$

其中，劳动力总数是指适龄范围内的就业者和失业者。年龄在规定范围之外、已退休、丧失工作能力、在校学习或由于某种原因不愿工作或不积极寻找工作的人都不计入失业人数，也不计入劳动力总数。因此，失业往往是指非自愿失业。

(三)失业率的统计

在社会实践中，关于失业率统计主要操作方法有：劳动力抽样调查、就业机构资料统计、社会保险资料统计、官方估计、专家估计。

1. 劳动力状况调查

劳动力状况调查是指通过同一次劳动力调查或住户调查得到失业人员总数和从业人员总数，计算得出失业率。

$$失业率 = \frac{失业人数}{失业人数 + 从业人数} \times 100\%$$

与其他来源相比，这种调查中所用的定义更接近国际推荐的标准定义，由此所得的资料便于国际比较。目前，世界上许多国家都通过劳动力状况调查取得失业率资料，如英国、法国、美国、加拿大、印度尼西亚、日本、新加坡、澳大利亚、俄罗斯等。

2. 就业机构资料统计

就业机构资料统计是指通过就业部门获得登记失业人员资料，同时从同期、同口径的统计报表或行政记录获得从业人员数，计算得出失业率。

$$失业率 = \frac{失业人员}{失业人员 + 从业人员} \times 100\%$$

这也是目前许多国家采用的一种方法，如瑞士、德国、法国、俄罗斯、波兰、印度、中国等。

3. 社会保险资料统计

社会保险资料统计是指通过社会保险记录得出享受失业保险人数，然后计算得出失业率。

$$失业率 = \frac{领取失业救济金人数}{参加失业保险人数} \times 100\%$$

由于以这种来源的失业人数和比例来判断其对各个国家失业总体水平的代表程度是很困难的，因此，采用这种失业率统计方法的国家越来越少，目前只有少数国家，如英国等。

4. 官方估计

官方估计的统计资料是由国家权力机关提供的官方估计数。这种估计数一般是在这里提及的一种或几种来源所提供的资料基础上加工而成的。但是，这种来源的主导作用由于世界各国劳动力调查的广泛开展而大为降低。

5. 专家估计

专家估计是一种向专家发函，征求失业率意见的方法，国外也称为"德尔菲法"。这种方法主要是靠专家的经验来做出判断。该方法的主要步骤包括：成立一个领导小组，负责组织有关工作；选择一定数量的专家；向专家发放调查表，回收、分析调查表，并向专家反馈调查结果，如此反复三至四次，直到专家们的意见趋于一致或得到比较满意的结果时为止；领导小组集中专家们的意见，做出判断。但这种方法得出的数据仅供参考，不做决策的依据。

此外，也可根据失去的工时统计出失业人数，进而得出失业率。这一统计方法较为科学、准确，但目前仅限于理论探讨。

值得指出的是，我国的失业统计与发达国家的失业统计存在着较大差异，这主要表现在统计的口径、失业数据的来源、失业年龄的规定、从业时间等方面。国外的失业人数是包括城镇和农村的全部失业人数，而我国的失业统计口径只限于城镇居民；国外失业数据的主要来源是通过对住户的抽样调查获得的，而我国失业数据主要通过在劳动管理部门登记的失业人员汇总而来的；国外对失业者只规定年龄下限（如 16 岁），并无年龄上限界定，退休后继续寻找工作仍算失业者；我国对失业者的年龄下限有规定(16 岁)，而且也规定了年龄的上限(法定退休年龄)。

此外，根据国外的惯例，一些国家通常对劳动者在一定时间内的工作做出了规定，凡劳动者在一定时期内劳动时间累加不足规定标准的人，被视为失业者，列入失业统计范围，如美国规定在调查周内工作 15 小时，法国规定每周工作 20 个小时，低于这些标准时间属于失业，高于这些标准时间属于就业。而在我国的劳动统计中，则缺乏以劳动时间来界定失业的明确标准。

> ◎ **专题 14-1　中国的失业人口和失业率**
>
> 　　我国的劳动力统计指标主要有两个：一个是经济活动人口，一个是城乡从业人员。经济活动人口是指 16 岁以上、有劳动能力并且参加或要求参加社会经济活动的人口，包括从业人员和失业人员。至于城乡从业人员即是指全社会实际从事经济活动的全部劳动力。如 2000 年我国经济活动人口总量为 74 992 万人，从业人员数为 72 085 万人，二者相减为 1 907 万人，占经济活动人口总量的 2.58%。统计中的经济活动人口与城乡从业人员之间的差额是否就是全部公开失业人口？答案是否定的。
>
> 　　在我国，失业有特殊的统计定义和统计范围。劳动部门规定的登记失业的统计定义为：在劳动年龄内(16 岁以上，退休年龄以下)有劳动能力，目前无工作、以某种方式正在寻找工作并按有关规定在劳动部门办理了失业登记的人员，从而得到的失业率称为登记失业率。改革开放以来我国城镇登记失业率从 1978 年的 5.4% 一度下降到 1985 年的 1.8%，然后又逐步上升到 2000 年的 4.1%、2005 年的 4.2%。登记失业率在一定程度上是可控的，政府得以根据社会保障制度的建立情况循序渐进地扩大登记失业的规模和比例。未来几年，政府对城镇登记失业率的规划目标为不超过 5%。
>
> 　　统计部门的失业定义是：16 岁以上，有劳动能力，调查周内未从事有收入的劳动(具体是指劳动时间不到一小时)，当前有就业的可能(具体是指如有工作两周内可以上班)并正以某种方式在寻找工作的人员，如此得出的失业率被称作调查失业率。估算的调查失业率 20 世纪 90 年代中期为 4%，20 世纪 90 年代后期超过 6%，2004 年后有所缓和。
>
> 　　从统计范围看，目前失业登记的统计范围基本上是户口在本地的城镇人口，失业调查的范围也是城镇常住人口，这两个范围都不包括广大农村和大量临时进城的农村劳动力，而且也不包括企业下岗职工。

二、失业的分类

按照不同的标准，可以对失业进行不同的分类。根据失业的不同性质，失业可分为摩擦性失业、结构性失业、周期性失业、自然失业。失业性质不同，其形成原因也不同。

(一)摩擦性失业

摩擦性失业(Frictional Unemployment)，是指因劳动力市场运行机制不完善或因经济变动过程中工作转换而产生的失业。一方面，在一个动态经济中，各部门、各地区之间劳动需求是经常发生变动的，例如两家公司合并会导致一部分职能重合的员工被辞退。另一方面，劳动者由于偏好和能力不同，工作性质不同，或者想寻找更理想的工作，总是在不断地变换自己所从事的工作，由此所引起的劳动力流动中必然有一部分劳动者在一定时期内处于失业状态。例如，不少青年频繁跳槽，总是在换工作，造成社会的摩擦性失业。这部分人能够而且可以找到满意的工作，社会上也存在适合他们的工作岗位，只是由于劳动力市场上的信息不对称，暂时还没有进入就业状态，这就形成了摩擦性失业。新加入劳动力队伍的人暂时没有找到合适的工作也属于这种情况，如刚毕业尚未找到合适工作的大学生。

摩擦性失业的大小主要取决于劳动力市场运行机制的完善程度、劳动力流动性的大小及寻找工作所需要的时间和成本。此外，政府的有关政策，例如失业保障状况，也会影响摩擦性失业的数量。

（二）结构性失业

结构性失业（Structural Unemployment），是指由于经济结构变动引起劳动力的供给和需求不匹配所造成的失业。在经济发展过程中，随着需求结构的变化和技术的进步，产业结构处在不断地变化当中，从而使对劳动力的需求和劳动力供给在职业、技能、产业、地区分布等方面不一致，由此引发结构性失业。

伴随着经济结构的变动，一些产业部门逐渐衰落，另一些产业部门不断发展，这会引起原来的工作岗位减少，新的工作岗位增加。但由于技能要求存在差异，即使新兴产业需要雇用更多的劳动力，从传统产业中分流出来的劳动力也不能完全胜任新出现的工作岗位的要求，势必出现失业与空位并存的局面。我们把这种劳动力供需结构不一致所造成的失业称为结构性失业。这种情况的失业也是经济发展中不可避免的。

结构性失业的大小取决于劳动力转移和流动成本的高低。劳动力在各个部门、各地区之间的转移和流动需要成本和时间，如重新接受职业培训、再教育等。转移和流动成本越高，花费的时间越长，结构性失业就越严重。

可见，结构性失业与摩擦性失业是两种既有区别又有联系的失业。两者的区别是：在摩擦性失业中，劳动力的供给结构与劳动力的需求结构是相吻合的，对于每一个寻找工作的失业者都有一个适合于他的职位空缺，只是他尚未找到而已。在结构性失业中，劳动力的供给结构与劳动力需求结构是不相吻合的，寻找工作的失业者找不到与自己的职业、技能、居住地相符合的工作。另外，摩擦性失业的时间一般较短，而结构性失业持续的时间较长。两者的共同特点是：只要有一个失业者，就有一个职位空缺，而且两者都是经济发展中不可避免的失业。

（三）周期性失业

周期性失业（Cyclical Unemployment）是指经济周期性波动而产生的失业。由于这种类型的失业与经济周期相联系，所以称为周期性失业。当经济处于繁荣时期，总需求水平提高，促使企业增加雇用工人，提高产出水平，这时候失业率比较低；当经济处于萧条时期，总需求不足，企业降低产量，因而解雇工人，由此造成失业。

周期性失业又称为需求不足型失业（Demand-Deficient Unemployment）。原因是整个社会对产品和劳务的有效需求不足，从而引起对劳动力需求不足，而一个社会的劳动力供给在短期内是不变的，这样就会出现劳动力供过于求的失业。因此，周期性失业是可以消除的短期失业，一个社会只要消除了周期性失业就算实现了充分就业。

周期性失业产生的原因可以用紧缩性缺口来解释。紧缩性缺口是指实际总需求小于充分就业的总需求时，两者之间的差额。把短期总供给-总需求曲线和社会生产函数结合在一起，就能够刻画出周期性失业的情况。

对于总需求不足的原因，凯恩斯的解释是：总需求分为消费需求和投资需求，消费需求取决于国民收入水平和边际消费倾向，在国民收入既定的情况下，消费需求取决于边际消费倾向 MPC，而边际消费倾向是递减的；投资需求取决于投资预期的利润率（资本边际效率）与利率，由于资本边际效率递减，而利息率的下降是有限度的，这样资本边际效率与利息率越来越接近，投资需求也是不足的。这样就造成了总需求的不足，从而引起了非自愿失业即周期性失业的存在。

（四）自然失业

自然失业（Natural Unemployment），是指由于经济中某些难以避免的原因所引起的失业。它是在排除了经济周期的影响以后，经济正常时期存在的失业，又称为长期均衡失业。失业是一个动态概念，经济中总是有一部分劳动力处于失业状态，弗里德曼在其《货币政策的作用》一文中最早把这种失业称之为自然失业。自然失业的存在不仅是必然的，而且是必要的。因为自然失业的存在，能作为劳动后备军随时满足经济对劳动的需求，这种威胁能迫使就业者提高生产效率。同时，由于失业保障的存在使自然失业不会影响社会安定，是社会能够接受的失业。

自然失业率可以用自然失业人数占总劳动力人数的比例来表示。如果 U 表示自然失业人数，N 表示劳动力人口数，L 代表离职率，即每个月失去自己工作的就业者比例，F 代表就职率，即每个月找到工作的失业者的比例，那么，自然失业率可表示为：

$$\frac{U}{N} = \frac{L}{L + F}$$

该式表明，自然失业率取决于离职率和就职率，离职率越高，自然失业率越高；就职率越高，自然失业率越低。此外，自然失业率的存在和大小，与劳动力市场结构、信息完备程度、劳动力转移成本和时间等多种因素有关，而与市场经济运行本身无关。一般来说，自然失业率是摩擦性失业率和结构性失业率的总和。

三、失业的影响与奥肯定律

（一）失业的影响

从失业导致的最终结果看，失业主要有三种影响：一是对社会的影响；二是对经济的影响；三是对分配的影响。

第一，对社会的影响。失业的社会影响虽然难以估计和衡量，但它最容易被人们感受到。一个劳动者一旦失业，不仅会给社会带来很大的经济损失，而且会给失业者带来极为沉重的心理负担，这种负担是无法用金钱来衡量的。例如，美国公共健康的研究表明，失业会导致身体和心理健康的退化，如较多的心脏病，酗酒和自杀等。研究该问题的美国杰出专家 M. 唯维·希伦纳博士估计，美国连续 6 年失业率的 1 个百分点的上升会导致 3.7 万人过早死亡。对许多人来说，非自愿失业会对他们造成了非常严重的心灵创伤。

另外，失业也常常容易引起社会犯罪和社会道德风尚败坏等社会问题。例如，西方学者已经研究发现，高失业率常常与吸毒、高离婚率以及高犯罪率联系在一起。失业的经济影响可以用机会成本的概念来解释。当失业率上升时，经济中本可由失业工人生产出来的产品和劳务就损失了。

第二，对经济的影响。许多国家通常追求高就业率，这主要有两个方面的原因：首先，高就业率意味着高产量和高收入；其次，工作本身就是很有价值的。因此，当社会出现严重失业的时候，产量损失就很大，收入急剧下降，这就好像大量的汽车、房屋、衣服及其他商品被简单地扔进大海一样。有研究者指，高失业率期间导致的经济损失是现代经济中有文献记载的最大浪费。它们比估计的由垄断造成的微观浪费或由关税所导致的浪费要大许多倍。

失业对经济的影响还表现在人力资本的损失上。人力资本是劳动力受到的教育和获得的技能的价值。人力资本是最宝贵的经济资源，而且这种资源具有时效性，如果不能及时利用，就会永远地丧失掉。失业对人力资本造成的损失是双方面的。一方面，失业者已有的人力资本得不到运用，这会减少经济中的产出；另一方面，失业者无法通过工作增加自己的人力资本，长期的失业会大大降低人力资本的价值。

此外，失业还会导致失业者个人及其家庭收入的减少和消费水平的下降。失业者失去工作，也就无法取得相应的收入，只能靠以前的积蓄和失业救济生活，在失业时间无法确定的情况下，必然会影响到失业者降低消费水平和生活质量。尤其是在没有失业保障制度的情况下，失业者及其家庭的悲惨状况可想而知。

第三，对分配的影响。失业还会导致收入分配的不公平。如果将失业划分为短期失业和长期失业的话，短期失业和长期失业对收入分配所造成的影响完全不同。短期失业一般属于摩擦性失业，由于有许多人不断流出和流入失业队伍，这种失业的成本就由许多人来承担，因而每个人承担的损失就比较小；而长期失业可能是由于劳动力市场的结构性因素或由于工资刚性而形成的，这种失业的成本主要由少数人来承担，因而每个人承担的损失也就比较大。同时，由于失业者可能停止纳税，还有可能得到失业保险的好处或其他的政府转移支付，则失业的损失也就由就业者，即纳税人来承担。

可见，失业率过高，很可能会带来一系列经济、社会、个人和家庭问题，影响经济正常发展，严重的甚至会引发社会动荡。因此，无论是哪国政府，都非常重视失业问题，都把增加就业作为最主要的政策目标。

（二）奥肯定律

失业会造成资源的浪费，带来经济上的严重损失。失业最明显的损失是实际 GDP 的减少。失业与实际 GDP 损失之间的关系可以用奥肯定理（Okun's Law）来说明。奥肯定理是由美国经济学家阿瑟·奥肯（Arthur Okun）提出的，用来近似地描述失业率和实际 GDP 之间的交替关系。1962 年阿瑟·奥肯在为总统经济顾问委员会分析失业与经济增长的关系时发现，失业率的变动率与实际 GDP 增长率的变动率之间存在着反方向变动关系。当 GDP 增长率为 3% 时，失业率不变；增长率高于 3% 时，失业率下降幅度等于增长率超过 3% 部分的一半；增长率低于 3% 时，失业率上升幅度等于增长率不足 3% 部分的一半。例如，当经济增长率为 5% 时，失业率会下降 1 个百分点；当经济增长率为 1% 时，失业率会上升 1 个百分点。即失业率每增加 1 个百分点，经济增长率就降低 2 个百分点。反之亦反。奥肯定理用公式表示为：

$$\frac{Y - Y_f}{Y_f} = -A(u - u_f)$$

式中，u——表示实际失业率，对应的实际 GDP 为 Y；

u_f——表示自然失业率，对应的潜在 GDP 为 Y_f；

A 表示失业率变动与实际 GDP 增长率变动之间的关系系数，因为二者呈反方向变动，所以前面为负号。根据奥肯的估算，A 的值大约为 3。

在宏观经济学中，潜在的 GDP 又被称作充分就业的 GDP，它是指一国国民经济达到充分就业时的总产量，是与自然失业率相对应的 GDP 水平。与潜在的 GDP 相对应的概念是现实的 GDP。潜在 GDP 是一国经济应该生产出来的产值，而现实的 GDP 是一国经济实实在在生产出来的产值，潜在的 GDP 与现实的 GDP 之差被称为 GDP 缺口(亦称产量缺口)。

奥肯定律的一个重要结论是，实际 GDP 必须保持与潜在 GDP 同样快的增长，以防止失业率的上升。如果政府想让失业率下降，那么该经济社会的实际 GDP 增长必须快于潜在 GDP 增长。

然而，在理解奥肯定理的时候需要注意：奥肯定理主要适用于没有实现充分就业的情况；失业率与实际 GDP 增长率之间的关系是根据经验统计资料得出来的，在不同时期、不同国家并不完全相同。

◎ 专题 14-2　日本失业率为什么这么低？

对于世界各国来说，劳动人口的就业情况，可以从某方面体现出一个国家的发展状态。一般来说，在失业率较低的情况下，国家的发展应该是比较稳定的，所以很多国家都希望自己的失业率能够达到最低。例如之前美国因为新冠疫情的影响，导致失业率飙升。后来美国着急复工，想要快速降低失业人数。那么现在哪个国家的失业率是最低的呢？毋庸置疑，那就是日本，但日本在失业率方面极为特殊。先来看看日本的失业率如何，据悉 2023 年 4 月日本的平均失业率不到 3%，有人就问了，为什么日本的失业率这么低？

大家都知道，日本最大的问题就是人口老龄化，如果这个问题不解决，日本很难在发展上有所突破。目前，日本的劳动力需求已经远远超过了现有劳动力提供的数量。在这样的情况之下，日本的失业率当然会很低。换句话说，日本的居民根本没有办法失业，因为他们现有的劳动力已经远远不能满足市场的需求，如何会"失业"呢？

关于人口方面的问题，一直都是日本的一大难题。日本早就开始关注人口问题了。日本放宽了入驻日本的条件，以吸引其他国家的劳动力。近些年来，日本的许多行业一直都处于"用工荒"的状态。在这样的情况下，日本不仅仅只是放宽政策吸引外来人口，还将本国的退休年龄不断延后。所以，我们经常能够看到日本有很多白发苍苍的老人还在工作，都是因为劳动力人口不足所致。

有专家预计，如果日本继续这样发展下去，那么在未来的 5 年时间里，日本的劳动力缺口将会达到 130 万人左右。你可能觉得 130 万人并不算什么，但是大家要知道，日本的总人口数量只有 1.2 亿多，130 万人对于他们来说已经是非常之多了。

而且，在日本还有一个现象，那就是临时工的比例非常高，据悉，日本的临时工数量已经占据了整个就业市场的 40% 左右。也就是说，这些人其实已经迈入了失业的行列，只不过他们还在工作，所以没有将其纳入到失业率的计算之中。

总的来说，日本的低失业率原因极为特殊。

四、失业的成因

关于失业产生的原因，可谓众说纷纭，不同的学者从不同的角度进行分析研究，得出其独到的解释。

（一）心理自愿

在弹性工资和完全竞争条件下，当合格劳动者在现有工作条件下能够就业，但因工资低或其他原因不愿意接受工作条件时就出现了自愿失业（Voluntary Unemployment）。这种自愿失业可能是竞争市场有效率的结果。

总之，如果劳动力市场中的工资是灵活可变的，那么依然存在的失业则属于自愿失业。自愿失业常使人产生误解，人们在寻找工作和尝试找不同的工作时，失业在此情况下可能是一种有效率的产出。在现行工资率下，自愿失业者可能更偏好闲暇或其他活动而不是工作。他们的失业可能属于摩擦性失业，也可能正在寻找一份工作。他们可能是生产效率较低的劳动力，相对于较低收入的工作，他们更愿意享受福利和失业保险。但是，当一个人的生活无以为继的时候，为了寻找一个养家糊口的工作而奔波的人，他们肯定不是那种在工作价值和闲暇价值之间权衡和挑剔的人，也不会为了寻找一份更好的工作而选择失业。我们不能简单地将这些人都归入传统的自愿失业者的范畴。

（二）有效需求不足

有效需求不足失业（Deficient-Demand Unemployment）是指由于劳动力总需求不足而引起的失业。劳动力需求是一种引致需求，在经济周期波动过程中，当国民经济总需求或总产出下降时，对产品和劳务的需求也会减少，这种最终需求的变化又会引起劳动力这种中间需求的变化。若其他条件不变，尤其是在工资刚性的情况下，国民经济的有效需求不足会导致周期性或需求不足型失业，这种就是凯恩斯学派理论中的非自愿失业。

凯恩斯完全接受了传统经济学关于摩擦失业和自愿失业的理论，但是他认为除了这种自愿失业和摩擦失业之外，还存在着大量的非自愿失业。凯恩斯认为这种非自愿失业的产生主要是由于社会有效需求不足。所谓有效需求，是指商品的总供给价格与总需求价格达到均衡状态时的总需求。

总供给价格是指全体厂商雇用一定量工人进行生产时所要求得到的产品总量的最低限度卖价。总需求价格是全体厂商雇用一定量工人进行生产时预期社会对产品愿意支付的总价格。当总需求价格大于总供给价格时，厂商就会扩大生产，增雇工人；相反，当总需求价格小于总供给价格时，厂商就会缩减生产，解雇工人；只有在总需求价格等于总供给价格时，厂商才会既不扩大生产又不缩小生产，既不增雇工人又不解雇工人。这时总需求就是有效需求，它决定了就业工人的人数，即决定了整个社会的总就业量。若用 Z 表示雇用 N 人所生产的总供给，则 Z 与劳动力雇用人数 N 之间的关系 $Z=F(N)$ 被称为总供给函数；若用 D 表示为厂商雇用 N 人所能获得的收益，则 D 与 N 之间的关系 $D=F(N)$ 被称为总需求函数。E 为总需求函数和总供给函数交点处的值，则 E 点对应的需求被称为有效需求。因此，如果需求达不到 E 点，便被视为有效需求不足，这时就会出现需求不足型失业。

凯恩斯认为，有效需求是由消费需求与投资需求构成的。但由于资本主义社会三大基本心理规律：边际消费倾向递减规律、灵活偏好规律和、资本边际效率递减规律，结果导致经济存在消费需求不足和投资需求不足，从而形成失业。因此，在资本主义社会，有效需求必然是不足的，失业的存在便是必然的。

既然有效需求不足是失业产生的根源，那么，凯恩斯认为，只要国家积极干预经济，设法刺激有效需求，就可能消除失业，实现充分就业。他提出的主要措施有：第一，刺激私人投资。为个人消费的扩大创造条件。第二，促进国家投资。主张国家调节利息率和实行可控制的通货膨胀，以刺激私人投资，增加流通中的货币量以促进生产的扩大和商品供给的增加，还强调扩大军事开支对增加国家投资，减少失业所起的积极作用。

(三)自然失业

以美国经济学家米尔顿·弗里德曼(M. Friedman)为代表的货币主义学派是自由主义的一种学说，是传统经济学中萨伊定律的翻版。该学派提出了放任自由的政策主张。他们认为自然失业率是一种在没有货币因素干扰的情况下，让劳动力市场和商品市场的自发供求力量发挥作用时，处于均衡状态的失业率，它与劳动力市场的实际工资相对应，而且是不断变化的。自然失业率高低与经济效率的高低无必然的联系，只要让劳动力市场和商品市场自由发挥作用，自然失业率再高也是有效率的；相反，登记失业率再低，也是无效率的。降低失业率的措施应是减少政府在劳动力市场的各种福利、取消劳动力市场诸如最低工资立法和工会垄断等制度壁垒等。

然而，自然失业率由于根本无法测量和确定，使货币主义的种种理论和政策建议失去了根基。货币主义把通货膨胀率为零的失业率作为最优失业率，即自愿失业率，而否认非自愿失业的存在，这是不符合实际的。

(四)技术进步

技术失业论由美国麻省理工学院的梅多斯(Meadows)提出的。她认为，生产自动化的发展必然减少对劳动的需求，因为随着新技术、新设备的投入使用，劳动生产率不断提高，资本的技术构成不断提高，必然要减少对劳动力的需求。因此，技术进步和新技术的采用都会引起企业对劳动力需求的减少，因而会产生失业。她由此得出结论：必须放弃反对失业的斗争，因为这是没有意义的。她认为，现代资本主义社会的任务并不在于保障就业，而是使全体社会成员得到"有保障的最低失业"。她在1972年出版的与他人合写的《增长的极限》一书中就提出了"零度增长"的概念，意思是说要解决失业问题，有必要放弃经济增长。

应当承认，由于资本对劳动的替代，技术进步在短期内会带来一定程度的失业，但从长期看，技术进步不仅不会减少工作，而且还会创造很多新的工作岗位，因为技术更新换代可以引导新的消费需求出现。因此，根据技术进步在长期和短期带来的不同影响，可以由政府进行政策协调，减少其短期内的负效应，如通过引导消费观念的改变，进行劳动力培训，缩短劳动时间以便使劳动者有更充裕的时间来消费新产品和新服务等方式，最终实现劳动生产率的提高、就业机会的增加以及经济增长方式的转变。

(五)流通货币量不足

第二次世界大战以后，英国出版了论文集《充分就业和国家规制》，其中的作者之一华特曾经断言：失业的原因在于流通中的货币量不足，因此，消除失业的办法只能是增加货币量。他在其论文集中写道：在战争期间，对产品的需求是不知足的和有效的；但在和平时期，尽管存在许多不能满足的需求，但并无有效需求，因为货币不足，不能使需求成为有效的。战时常常有足够的货币，所以需求常常是有效的。用这种办法医治失业，曾经是很简单的事情。如果和平到来出现失业的话，那是因为流通中的货币量不足。由此，他得出结论说，为了医治失业，政府应当时刻准备增发没有黄金保证的钞票或纸币。

◎ 专题 14-3 国内失业的探讨

关于我国失业的性质及原因的探讨，是当前我国失业问题研究的重点和核心。主要观点有以下几个方面：一是人口决定理论或者"总量失业理论"。崔大鹏、吴松林、王诚、盛乐、姚先国等人经过研究认为，我国失业的根本特征是"总量性失业"，也就是指"由于总供给和总需求的非充分就业均衡所引发的失业"。导致失业的根本原因是由于我国人口基数太大导致"劳动力总量供过于求"，主要表现在我国劳动力资源历史存量太大而且增长迅速，导致供求不平衡而产生失业。盛乐和姚先国认为，失业是"由于劳动力总供给与总需求的暂时失衡造成的"，"我国长期以来劳动力大量积累，从而形成了充足的劳动力供给，于是，因劳动力总量大于就业岗位而造成了总量性失业"。李培林分析了今后几年我国劳动力持续增长所带来的就业压力，认为"无论采取哪一种可能的生育率假设来测算，在未来相当长的一个时期内，中国劳动力供给持续增长的局面都是无法改变的"。经过测算，他认为，"1995 年的劳动力资源是 8.2 亿，2000 年为 8.6 亿，2005 年将超过 9 亿，2025 年将超过 10 亿，其后一直到 2050 年都会保持在 10 亿以上"。具体到我国城镇，李培林认为，城镇劳动力供给过剩状况较前几年更加严重，2000 年我国城镇能提供就业机会为 700 万~900 万个，而实际的劳动力供给在 2 000 万人左右，劳动力的实际供给过剩高达 1 100 万~1 300 万人。关于失业原因，主要表现在：

一是结构性失业。结构性失业是指就业结构变化与产业结构变化不一致所导致的失业。在劳动力市场上，结构性失业表现为存在失业的市场和存在岗位空缺的市场同时并存。宋丰景、崔大鹏、吴松林、李培林、冯煜、毛炳寰等人对我国的结构性失业进行了研究。宋丰景认为，"有人没事干和有事没人干"是我国结构性失业的具体体现。在劳动力市场上，表现为具有相应技能的劳动力供不应求。而同时，国有企业的下岗失业人员却无业可就。李培林认为，"在现代化的过程中，产业结构的升级和技术创新的加快，使技术和资本对劳动的替代优势日趋强化。在农业生产领域，大量的人力和畜力耕作被机械耕作取代；在制造业，大量的手工操作过程变成了机器的流水线；即便在管理领域，电脑的广泛使用使很多人脑的工作岗位缩减"。他认为虽然我们不能简单地推定"技术和资本在经济增长中的贡献越大，失业状况就会越加严重"，但是，"20 世纪 90 年代中期以后，在农业劳动力还在大量向非农产业转移的时候，工业不是在大量吸纳劳动力而是开始吐出劳动力，服务业缓慢增长的就业机会难以容纳同时来自农业和工业外溢的劳动力"。而冯煜则运用计量经济学的分析方法分析了经济结构调整对失业率的影响。

虽然毛炳寰在分析失业的原因时并不认为结构调整是导致失业的根本原因，而将失业归咎于"人力资本投资体制的失败"，但是从他的分析可以看出，由于原有的人力资本投资体制并没有解决劳动力素质结构和产业结构之间的不适应问题，因此其理论的核心仍然属于结构性失业理论的范畴。

二是垄断性失业、制度性失业和劳动力市场分割性失业。王诚率先提出了"行业垄断性失业"和"制度性失业"的概念。行业垄断是指政府部门对某些生产行业进行直接的行政干预和控制，设置准入壁垒，从而限制竞争，而造成该行业在产量和价格上的垄断状态。行业垄断从以下两个方面导致了失业的发生：对于"夕阳产业"而言，过度的垄断和保护，延缓了产业结构的调整，导致行业内部的"无效就业"和"隐蔽失业"；对于"朝阳产业"而言，过度的保护和垄断导致行业低产出、低效率和高物价、高工资并存，使本来可以进入该行业竞争的劳动力处于闲置状态，成为失业者。

三是"有效需求不足"性失业。崔大鹏、吴松林、王诚等一批学者认为，导致当前失业增加的主要因素之一就是"有效需求不足"。和我国庞大的人口规模、每年1 000万~2 000万的劳动力供给数量来比，每年经济增长创造的数百万个就业岗位简直微不足道。因此，有效需求不足性失业理论总是和人口决定理论相联系，提倡大力增加对劳动力的有效需求以提高就业率。同时，有效需求不足论者还认为，当前我国由于投资需求、消费需求的严重不足致使社会总需求明显不足，社会总供给大大超过总需求，导致物价下降，产品滞销，就业机会减少和失业人员增加。"大量的失业和下岗人员难以找到新的就业机会，与总需求不足有较大关系。"

四是"核心就业"不足导致的失业。王诚在《中国就业发展新论》一文中，以企业创新理论为基础，研究了我国的核心就业和非核心就业问题。"所谓核心就业，是指与企业创新活动相联系(即产生、促进和扩展企业创新)的就业，而非核心就业或虚拟就业是指通过与企业的创新活动无关的其他手段所创造的就业。"在分析当前中国就业滑坡的根本原因时，王诚认为，"从表面的原因看，就业或下岗失业的困难来自国有企业改革力度的加大和政府部门、事业单位的机构精简改革的深化，以及农村大量剩余劳动力的释放速度加快，但是我们认为，造成中国当前就业困难的根本原因，恰恰是这些方面的改革没有真正深化所造成的。从本质上看，这些年就业困难的积累是企业创新和核心就业扩展缓慢和滞后所导致的"。尽管王诚对非核心就业影响整体就业的运行机理表述得不是十分清楚，但是，他的核心就业理论的确为研究中国的失业问题提供了一个新的视角，开辟了一个新的领域。

五、应对失业

(一)应对摩擦性失业

产生摩擦性失业的主要原因是劳动力市场不断变动和信息不很完备。在这两个条件的约束下，劳动力的流动需要一定的时间，因而摩擦性失业就不可避免。

根据摩擦性失业的原因，可以通过缩短搜寻工作的时间来减少摩擦性失业。例如，可以通过增设职业介绍所、青年就业服务机构和建立人才库网站以更多的途径传播有关就业的信息等方法达到减少摩擦性失业的目的。因此，加强就业服务可以减少失业工人寻找工作的时间，就业服务机构一方面可以登记失业工人的供给情况，另一方面可以记录企业的空缺信息，然后通过就业服务机构的推荐和介绍，失业工人和岗位空缺可以很快配合起来，缓解劳动力市场上的信息不对称问题，降低失业率。

(二)应对周期性失业

周期性失业是由于"有效需求"不足所引起的。对于这种失业，按照凯恩斯的观点，只要国家积极干预经济，设法刺激"有效需求"，并以实现"充分就业"为目的，就能够实现充分就业。他提出的重要措施有以下几个方面。

第一，刺激私人投资，为个人消费的扩大创造条件。

第二，促进国家投资。一般认为，国家可以通过扩张性的财政政策或货币政策来刺激总需求，以消除由于总需求不足所造成的周期性失业。

因此，对于周期性失业，政府可以采取扩张性财政政策和货币政策，积极扩大消费需求和投资需求，鼓励企业增加产出和雇佣工人；支持各类民营和中小企业发展，创造更多就业机会；鼓励外商投资设厂，吸纳更多的劳动力；合理发展劳动力密集型产业，缓解失业压力。此外，政府可以增加公共部门就业。公共部门就业是指在各级政府投资的工程项目中的就业。为了解决某些在劳动力市场上缺少就业竞争优势的失业工人的就业问题，或者为了解决某一个地区的失业问题，政府可以有意识地兴办公共工程，来吸收这些劳动力，从而降低经济中的失业率。

（三）应对结构性失业

经济增长的过程必然伴随着经济结构的变化，而经济结构的变化又会导致结构性失业。所以，我们必须辩证地看待结构性失业的应对。一般来说，有两种不同的方法可以减少结构性失业。一是试图阻止或至少是减缓导致结构性失业的经济结构变化。几个世纪以来，许多国家的政府和工会通过阻止或减缓经济结构变化来减轻失业的威胁，从长远的利益看，该举措是得不偿失的。二是接受伴随经济增长的经济结构变化并设计出使经济更适应这种变化的政策。结构性失业的主要原因是劳动力不能适应经济结构变化后的工作，如果此时实施扩张性的需求管理政策来试图降低失业率，创造的工作岗位和已经存在的空缺是相似的，因而只会加剧雇主对有限的合格工人的竞争，从而引起货币工资的上升和价格水平的上升。

这说明，存在结构性失业时，扩张性的需求管理政策只会提高通货膨胀率，而对降低失业率没有明显的效果。因此，应该积极开展职业性技术教育和资助大学教育来提高工人的技术水平和应变能力，使结构性失业的工人适应新兴工作岗位的需要，改善劳动力供给情况，降低失业率。另外，可以通过帮助劳动力迁移，使劳动力很容易在不同的工作与地域之间流动，以此来降低结构性失业。

应当承认，我国目前面临着巨大的结构性失业的压力。对于摩擦性失业和结构性失业，政府只能降低其程度而不可能完全消除。

（四）建立失业保障体系

失业会造成严重的经济和社会影响，这已是众所周知。因此，政府应该通过各种努力最大限度地缓解失业问题。在应对失业问题上，政府除了采取适当的财政政策和货币政策措施、加强就业服务和实施人才培训计划外，还应该建立一套完善的失业保障体系，以对失业者进行有效救济。失业保障是国家通过立法强制实行的、由社会集中建立基金对因失业而中断生活来源的劳动者提供物质帮助的制度。国家和社会对于失业人员，要做到失业有保障，再就业有出路。具体讲就是，一方面，可由社会集中建立失业保障基金，分散失业风险，使暂时处于失业状态的劳动者基本生活得到保障，并从精神上关心失业者，树立他们的自信心；另一方面，为失业人员提供各种再就业服务，包括再就业培训、介绍工作机会和提供信息咨询等。失业保障制度虽然不能从根本上解决周期性失业问题，但却是反失业政策体系中不可或缺的组成部分，是反失业的"稳定器"和"安全网"。

任务二　应对通货膨胀

一、通货膨胀的含义

许多学者从不同的角度来定义通货膨胀，不外乎如下几个观点：一是视物价上涨为通货膨胀；二是以货币供给过度增长定义通货膨胀；三是从纸币与金属货币之间的关系来定义通货膨胀，认为"通货膨胀是指货币的发行量超过商品流通中所需的金属货币量"；四是从货币供给量与客观需要量来定义通货膨胀，认为通货膨胀是指"纸币发行量超过了商品流通中的实际需要量所引起的货币贬值现象"。

一般认为，通货膨胀是商品和服务的货币价格总水平持续和显著上涨的经济现象。与通货膨胀相对应的是通货紧缩（Deflation），它是指商品和服务的货币价格总水平持续和显著下降的经济现象。通货膨胀与通货紧缩之间的分界线是物价稳定（Price Stability），即物价水平既不上升也不下降的状态。理解通货膨胀定义要注意几点：第一，强调把商品和服务的价格作为考察对象，目的是与股票、债券和其他金融资产的价格相区别；第二，强调"总水平"，不是指个别商品价格的上涨，不是地区性的或某类商品和服务的价格波动；第三，强调"持续上涨"，不是暂时或偶然的价格上涨，而是一个过程；第四，强调显著的上涨。不是一般物价水平稍有波动或上升就是通货膨胀；第五，强调"货币价格"是要说明通货膨胀分析中关注的是商品、服务与货币之间的对比关系，而不是商品、服务与商品、服务之间的对比关系。

通货膨胀程度通常用物价指数来衡量。物价指数是表示各种商品和劳务的平均价格水平的指数。Laspeyres物价指数公式为：

$$L_p = \frac{\sum_{i=1}^{n} P_i^t Q_i^{t-1}}{\sum_{i=1}^{n} P_i^{t-1} Q_i^{t-1}}$$

Pascke物价指数公式为：

$$P_p = \frac{\sum_{i=1}^{n} P_i^t Q_i^t}{\sum_{i=1}^{n} P_i^{t-1} Q_i^t}$$

Fishe理想物价指数公式为：

$$I_p = \sqrt{P_p L_p} = \sqrt{\frac{\sum_{i=1}^{n} P_i^t Q_i^t}{\sum_{i=1}^{n} P_i^{t-1} Q_i^t} \cdot \frac{\sum_{i=1}^{n} P_i^t Q_i^{t-1}}{\sum_{i=1}^{n} P_i^{t-1} Q_i^{t-1}}}$$

现在各国所采取的物价指数主要有：消费物价指数（Consumption Price Index，简称CPI），批发物价指数（Wholesale Price Index，简称WPI）和GDP缩减（或折算）指数（GDP Deflator）。

消费物价指数是反映不同时期全社会消费品和服务项目价格变动趋势和程度的相

对数。

批发物价指数是反映不同时期批发市场上多种商品价格水平变动趋势和程度的经济指数。

GDP 缩减指数（GDP Deflator）是指按报告期价格计算的国内生产总值与按不变价格（基期价格）计算的国内生产总值进行对比（实际计算时，用名义 GDP 指数与实际 GDP 指数之比来表示）。

如果按通货膨胀的表现形式划分，则可分为公开型通货膨胀、隐蔽型通货膨胀。公开型通货膨胀（Open Inflation）是指物价总水平明显的、直接的上涨，物价上涨率就是通货膨胀率。隐蔽型通货膨胀（Hidden Inflation）指货币工资水平没有下降，物价总水平也没有提高，但居民实际消费水平不同程度地存在下降的一种情况。

通货膨胀按其程度，可分为以下几个方面。

（1）温和的通货膨胀。其又称"和缓的通货膨胀""爬行的通货膨胀"。是指物价总水平缓慢地持续上升的现象。有学者认为，物价总水平每年在 3%左右或 5%以下缓慢上升，为温和的通货膨胀。有学者认为，物价总水平每年以一位数（10%以下）的速率缓慢上升为温和的通货膨胀。究竟多高速率的物价总水平的上升为温和的通货膨胀，并没有一个统一的标准。

（2）急剧的通货膨胀。其是指物价总水平迅速地持续上升的现象。有学者认为，物价总水平每年以两位数（10%以上）的速率持续上升，为急剧的通货膨胀。

（3）恶性通货膨胀。其又称"超速通货膨胀"，是指物价总水平以极高的、完全失去控制的速率持续上升的现象。有学者认为，物价总水平每月以 50%以上的速率持续上升，为恶性通货膨胀。人们常形象地将其比喻为"奔腾式"的通货膨胀。恶性通货膨胀较为少见，它往往发生在战争期间或战后初期。一般认为，它主要是由于政府大规模地滥发货币造成的。

通货膨胀按其是否可以预期，可分为以下几个方面。

（1）预期的通货膨胀。是指由于预期而引起的通货膨胀。在经济中已经存在通货膨胀的情况下，人们可以根据过去的经验或理性的分析等，来预期未来的通货膨胀，并将预期的通货膨胀纳入相关的经济活动，相应地全面调整自己的经济行为。如工人在工资谈判中将要求把通货膨胀因素纳入合同内，实行工资指数化；企业将要求在更高的价格水平上生产和销售其产品；贷款方将要求以更高的名义利率进行贷款。因此，预期的存在可以使通货膨胀继续下去。这种可预期的并且被纳入各种经济活动中的通货膨胀，使通货膨胀本身具有了一种惯性，所以又称"惯性通货膨胀"。

（2）非预期的通货膨胀，是指出人意料之外而发生的通货膨胀。在这种情形下，人们无法根据对通货膨胀的预期来全面调整自己的经济行为。

（3）完全可预期的通货膨胀，是指人们可以准确地预期到的通货膨胀。这是一种长期稳定的通货膨胀。

（4）非完全可预期的通货膨胀，是指人们无法准确地预期到的通货膨胀。

二、通货膨胀的原因

（一）需求拉动

需求拉动的通货膨胀是指总需求过度增长所引起的通货膨胀，即"太多的货币追逐大小的货物"，按照凯恩斯的解释，如果总需求上升到大于总供给的地步，此时，由于劳动和设备已经充分利用，因而要使产量再增加已经不可能，过度的需求是能引起物价水平的普遍上升。所以，任何总需求增加的任何因素都可以是造成需求拉动的通货膨胀的具体原因。需求拉动的通货膨胀包括以下几个方面。

（1）自发需求拉上型通货膨胀。

（2）诱发需求拉上型通货膨胀。

（3）支持或补偿性需求拉上型通货膨胀。

（二）成本推进

成本推进是指在没有超额需求的情况下由于供给方面商品与劳务成本的提高，引起的一般物价水平上涨。成本或供给方面的原因形成的通货膨胀，即成本推进的通货膨胀又称为供给型通货膨胀，是由厂商生产成本增加而引起的一般价格总水平的上涨。造成成本向上移动的原因大致有：工资过度上涨；利润过度增加；进口商品价格上涨。

工资推动通货膨胀，指由于工人工资的增加超过了劳动生产率的提高而引起的通货膨胀。如图 14-1 所示，在总需求不变的条件下，如果工资的提高引起产品单位成本增加，便会导致物价上涨。在物价上涨后，如果工人又要求提高工资，而再度使成本增加，便会导致物价再次上涨。这种循环被称为工资—物价"螺旋"。许多经济学家将欧洲大多数国家在 20 世纪 60 年代末 70 年代初经历的通货膨胀认定为工资推动的通货膨胀。

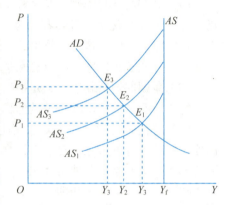

图 14-1　成本推进型通货膨胀

利润推动通货膨胀，是指垄断企业和寡头企业利用市场垄断权力，攫取高额利润所导致的一般物价水平的上涨。寡头企业和垄断企业为保持利润水平不变，依靠其垄断市场的力量，运用价格上涨的手段来抵消成本的增加；或者为追求更大利润，以成本增加作为借口提高商品价格，从而导致价格总水平上升。其中最为典型的是，在 1973 至 1974 年，石油输出国组织（OPEC）历史性地将石油价格提高了 4 倍；到 1979 年，石油价格又被再一次提高，引发"石油危机"。

进口和出口推动通货膨胀。进口和出口推动通货膨胀，由于进口品价格上涨，特别是进口原材料价格上涨，引起的通货膨胀。由于出口猛增加，使国内市场产品不足，也能引起物价上涨和通货膨胀。

（三）供求混合作用

在实际中，造成通货膨胀的原因并不是单一的，因各种原因同时推进的价格水平上涨，就是供求混合推进的通货膨胀。如图 14-2 所示，假设通货膨胀是由需求拉动开始的，即过度的需求增加导致价格总水平上涨，价格总水平的上涨又成为工资上涨的理由，工资上涨又形成成本推进的通货膨胀。供求混合型通货膨胀是指成本推动与需求拉上共同作用所引起的通货膨胀。根据这种理论，通货膨胀的根源不是单一的总需求或总供给，而是这两者共同作用的结果。具体来说包括以下几个方面。

（1）需求转移型通货膨胀。

（2）部门差异型通货膨胀。

（3）二元经济结构型通货膨胀。

（4）斯堪的纳维亚小国型通货膨胀。

（四）结构性物价失调

结构性通货膨胀是指物价上涨是在总需求并不过多的情况下，而对某些部门的产品需求过多，造成部分产品的价格上涨的现象，如钢铁、猪肉、楼市、食用油等，如果结构性通胀没有有效抑制就会演变成成本推动型通胀，造成全面通胀。

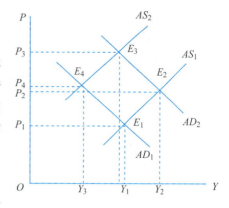

图 14-2　供求混合作用引起通货膨胀

（五）货币因素

很多因素会引起物价水平的上涨，但连续的物价上涨（即通胀）归根结底是货币现象。外生的货币超发会引发通胀，但由于缺乏全面准确的通胀衡量指标，现实中货币与物价水平之间的关系并不如理论所揭示的那样明晰。换个角度看，货币超发会导致货币购买力下降，是公认的事实，而货币购买力下降与通胀是一个问题的两种看法。

事实上，因财政困难而出现的中央银行变成政府提款机、大规模外生超发货币并最终引起严重通货膨胀的现象，并不鲜见。20 世纪 20 年代的德国魏玛共和国时期、新中国成立前夕的中国内地国民党统治区、80 年代玻利维亚等国以及 20 世纪初的津巴布韦均出现过这种情况。大量货币外生超发的一个直接结果，就是恶性通货膨胀（也称为超级通货膨胀）。糟糕的是，因财政危机诱发的货币外生超发与恶性通胀之间往往存在着相互促进的关系。

政府（央行）发行货币的初衷是为赤字融资，但通货膨胀却会降低政府收入的实际价值，导致财政赤字的进一步扩大。为了降低赤字，政府更大规模地发行货币，结果出现更为严重的通货膨胀。在这种情况下，天量的货币供应与物价水平同时飙升，并陷入恶性循环。反过来，结束恶性通胀的唯一办法，也必须是降低和减少货币的外生超发。20 世纪 80 年代，有"休克疗法之父"美誉的哈佛大学教授杰弗里·萨克斯曾通过切断货币超发的源头、停止货币超发而成功协助玻利维亚政府遏制了超级通货膨胀。

（六）预期和通货膨胀的惯性

指公众可以预测未来的价格走势的通货膨胀。在实际中，一旦形成通货膨胀，便会持续一段时期，这种现象被称之为通货膨胀惯性，对通货膨胀惯性的一种解释是人们会对通货膨胀做出的相应预期。预期是人们对未来经济变量做出一种估计，预期往往会根据过去的通货膨胀的经验和对未来经济形势的判断，做出对未来通货膨胀走势的判断和估计，从而形成对通胀的预期。预期对人们经济行为有重要的影响，人们对通货膨胀的预期会导致通货膨胀具有惯性，如人们预期的通胀率为 10%，在订立有关合同时，厂商会要求价格上涨 10%，而工人与厂商签订合同中也会要求增加 10% 的工资，这样，在其他条件不变的情况下，每单位产品的成本会增加 10%，从而使通货膨胀率按 10% 持续下去，必然形成通货膨胀惯性。

三、通货膨胀的效应

非预期的通货膨胀将给社会经济生活的各个方面带来程度不同的影响，这些影响就是通货膨胀的经济效应，其中包括收入分配和财产分配效应、资源配置效应、产出和就业总水平效应等。

(一)通货膨胀的经济效应

一般说来，通货膨胀的经济效应主要体现在生产、流通、分配、消费这四个方面。这里主要分配效应和产出效应。

第一，收入分配效应。由物价上涨造成的收入再分配，就是通货膨胀的收入分配效应（Distributional Effect of Income）。就利润收入者与工资收入者而言，通货膨胀是有利于前者而不利于后者；就债权人与债务人而言，通货膨胀是不利于前者而有利于后者；就政府与公众而言，通货膨胀是有利于前者而不利于后者，通货膨胀会加大纳税人的负担。

第二，资产结构调整效应或财富分配效应。财富分配效应取决于不同居民所拥有财产与负债的比例。一个家庭的财产或资产由两部分构成：实物资产和金融资产。一般说来，在通货膨胀环境下，实物资产的货币值大体随通货膨胀率的变动而相应升降。金融资产则比较复杂。股票的行市是可变的，在通货膨胀之下会呈上升趋势。至于货币债权债务的各种金融资产，其名义货币金额并不会随通货膨胀是否存在而变化。显然，物价上涨，实际的货币额减少；物价下跌，实际的货币额增多。一般地说，存款人和债券持有人会由于通货膨胀而减少，债务人可以享有通货膨胀带来的好处。

第三，产出效应。产量效应或产出效应是指通货膨胀对整个经济领域生产和就业所产生的实际影响。从观点上说，大体有三类，即促进论、促退论和中性论。促进论，就是认为通货膨胀具有正的产出效应。一般认为，在未预期到的通货膨胀情况下，物价上涨率高于工资增长率，生产者可以从中获取较多的利润，产量和就业会增加，出现产量正效应。产生产量正效应，必须具备三个条件：一是社会经济活动中要存在闲置未用的经济资源，并具有在部门间的流动性；二是通货膨胀或物价上涨必须是没有被预期的；三是必须在温和通货膨胀条件下，才能有产量正效应。促退论，是一种认为通货膨胀会损害经济成长的理论。中性论，是一种认为通货膨胀对产出、对经济成长既无正效应也无负效应的理论。

(二)通货膨胀的社会影响

通货膨胀对社会影响的危害表现为扰乱社会秩序。对于通货膨胀的危害，凯恩斯曾深刻地指出，再没有什么比通过摧毁一国的货币来摧毁一个社会的基础更容易的事情了。通货膨胀会使绝大部分社会成员感到紧张和不安，引起社会的普遍不满，危害国民经济和社会生活的正常发展，造成经济和社会的动荡。

（1）通货膨胀会使贫富悬殊进一步恶化，社会关系进一步紧张。通货膨胀使得很多资产缩水，如工资、储蓄及养老保险，使社会底层人员的生活将更加困难，我国城乡中数量可观的贫困人口和弱势群体的生活会变得更加艰难，而对于普通离退休人员来说，无疑是个灾难。对于生活必需品消费占支出很大比重的低收入者而言，生活必需品价格的大幅度上涨，无疑会使他们的生活水平大幅度地下降。在生存都得不到保障的情况下，就会导致社会治安严重恶化。

（2）通货膨胀给投资和消费带来非常大的不确定性。通货膨胀会加大投资风险，使投资的增长量减少；资本存量增长缓慢，造成经济增长乏力，从而导致失业增加和收入下降，于是，消费需求减少，产品滞销，形成恶性循环；通货膨胀还产生负的真实利率，从而使储蓄和投资锐减，投机盛行。

（3）通货膨胀会恶化国际收支。在通货膨胀条件下，有利于进口，不利于出口，从而造成贸易收支的逆差等。通货膨胀对社会的危害与通货膨胀率的高低成正比。

四、应对通货膨胀

(一)施行紧缩性的需求管理政策

1. 紧缩性财政政策

紧缩性财政政策是指政府通过减少财政支出或提高税收来收缩总需求的财政政策，这是与扩张性财政政策相对应的财政政策。在减少公共支出方面，财政政策需要在维持债务性支出和基金性支出不变的前提下，减少经常性支出和建设性支出。为了减少经常性支出，政府需要压缩国家机关和人员的支出、非营利性社会事业及其人员的支出、社会保障体系及其人员的支出。为了减少建设性支出，政府需要大力压缩公共工程支出。当然，政府在压缩公共支出总量的同时，还要根据经济建设的需要调整公共支出的结构。在提高税收方面，紧缩性财政政策可以从扩大税基(如缩小减免税或退税的企业范围、降低个人所得税的收入起征点)和提高税率(如提高个人所得税累进税率和将企业的消费型增值税改为生产型增值税)两方面着手。所以，财政支出的减少和税收的提高，既直接减少了投资和消费需求，又通过降低民间的收入而间接收缩了消费需求。

2. 紧缩性货币政策

紧缩性货币政策即在公开市场出售债券回笼货币、提高贴现率、提高法定准备率。在实践中，存在两种不同的政策选择：通过逐渐制造衰退以较小的失业和较长的时间来降低通货膨胀率的办法被称为渐进近主义式的方法。通过大规模制造衰退以较高的失业率和较短的时间来降低通货膨胀率的办法被称为激进生义或"冷火鸡"式的方法。

(二)指数化政策

指数化政策(Indexation Policy)是指按通货膨胀率来调整有关的名义变量，以便使其实际值保持不变。即定期地根据物价指数来调整有关的名义经济指标(如名义收入、名义工资等)，使其实际价值保持不变的一种做法。通货膨胀时期，名义收入增加并不代表实际收入等量增加；特别是在累进税制下，可支配的实际收入反而因通货膨胀上升而减少。指数化是用来对付通货膨胀对收入增长的负面影响的一项政策。其目的在于消除通货膨胀对收入分配的影响，避免一些人由于通货膨胀而受到过多损失。指数化在短期内是有效的，但是长期内就可能将收入和物价上涨的关系固定下来，从而导致一种体制性的通货膨胀。

利率指数化是根据通货膨胀率来调整名义利率，以保持实际利率不变。工资指数化是指按通货膨胀率来调整名义工资，以保持实际工资水平不变。税收指数化是按通货膨胀率来调整纳税的起征点和税率等级。

(三)扩大总供给

通货膨胀如果是受到总供给方的冲击，即总供给曲线在往回缩，因为成本的结构在改变，成本上升的因素正在凸显出来。因此，给企业减税、减少管制、提高和增强生产能力的经济增长政策有利于扩大总供给，降低物价，抑制通货膨胀。第一，需要在总供给管理上下功夫。总供给的问题将长期性存在，因为三大成本在短期内是无法消除的，所有发展中国家在发展过程中都必须经历企业成本上升。如果采取一些措施帮助企业应付成本上升所带来的冲击，短期内的 GDP 增长速度不至于大幅度下滑，物价水平也可以得到一定程度的抑制。第二，由于存在总需求膨胀，货币政策总量应该坚持从紧，同时考虑总供给，还应进行结构性改革。比如在一些经营较好的贷款保险公司基础上，改造出中小银行或者社区银行，以中小企业为服务对象。第三，改革资源价格。农产品的价格也可以适当抬高。国家现在采取了各种各样的政策保粮食生产，压粮食价格。但是光靠"压"和"保"从长远来看难以为继。如果总体物价水平出现一个短期的下滑，我们可以利用这个机会抓紧提高粮食价格，包括大量进口的大豆和玉米的价格。

(四)币制改革

币制改革是为抑止恶性通货膨胀所采取的重要措施。例如，俄罗斯的货币改革。苏联解体五年后，俄罗斯经济继续逐步而痛苦地从计划机制转向市场机制。在这种情况下，俄罗斯决定进行货币改革。1997 年 8 月 4 日，俄罗斯发布了一项新的法令，要求以 1000 旧卢布兑换 1 新卢布，纸币的兑换伴随着该国价格、工资和社会福利被重新计算。当时，经济刚刚开始从 1990 年的冲击中恢复过来，通货膨胀几乎得到控制。在这些条件下，减少纸币上多余的零大大简化了卢布结算。不仅如此，该国的 GDP 在长期衰退后开始缓慢复苏，公民对国家的信任开始逐渐增长，经济不稳定的时期已经过去，恶性通货膨胀几乎消失。总的来说，1997-1998 年的纸币面额缩减对该国的货币流通产生了积极影响，此次货币改革是俄罗斯历史上最温和、最无痛的货币改革。

五、通货紧缩

(一)通货紧缩的含义

西方经济学家将通货紧缩(Deflation)定义为商品和服务的货币价格总水平持续下降的经济现象。有以下三种不同的观点：一是通货紧缩就是物价普遍的持续下跌；二是通货紧缩应该具有物价普遍、持续下跌和货币供应量持续下降这两个特征；三是通货紧缩除了以上两个特征外，还表现为有效需求不足和经济衰退(连续两个季度以上负增长)。通货紧缩的测度与通货膨胀测度一样，都是用价格指数来衡量的，通常用消费价格指数来判断。

(二)通货紧缩的形式

一般而言，通货膨胀表现为物价的普遍上涨，而通货紧缩表现为大多数商品和劳务的价格普遍下跌，狭义的通货紧缩是指由于货币供应量的减少或货币供应量的增幅滞后于生产增长的幅度，以至于引起对商品和劳务的总需求小于总供给，从而导致物价总水平下降。出现通货紧缩时，市场银根趋紧，货币流通速度减慢，最终引起经济增长率下降。广义而言，引起通货紧缩的原因还包括一系列非货币因素。通货紧缩的形式为：一是以通货紧缩对经济活动的影响为标准，可以把通货紧缩分为两种基本形式——温和型(无害型)通货紧缩和危害则通货紧缩；二是依据价格下降的幅度和程度不同，可以把通货紧缩分为轻度通货紧缩、中度通货紧缩和严重通货紧缩三种；三是依据通货紧缩时间长短来区分，可以把通货紧缩区分为中长期通货紧缩和短期通货紧缩。

(三)通货紧缩的成因

由于货币紧缩往往造成严重的通货紧缩。通货紧缩的另一个可能的原因是资产泡沫的破裂对经济产生的致命消极影响，资产泡沫的破裂足以摧毁问题重重的金融行业。其实，人们认为通货紧缩的成因有不同的解，比如，债务-通货紧缩理论、货币紧缩理论、过度负债论、投资过度论、技术进步、通货紧缩的心理预期论等观点都能从不同的角度进行合理解释。

(四)通货紧缩的影响

凯恩斯认为，通货紧缩将使社会生产活动陷入低落。不论是通货膨胀还是通货紧缩，都会造成巨大的损害，两者都会改变财富在不同阶级之间的分配。不过相比而言，通货膨胀更为严重一些。两者对财富的生产也同样会产生影响，前者具有过度刺激的作用，而后者具有阻碍作用，在这一点上，通货紧缩更具危害性通货紧缩将使财富从一切借入者，即从工商业者和农民手里转移到借出者手里，从活跃分子的手里转移到不活跃分子的手里。由于通货紧缩会加重借债人的负担，而现代企业经营所需的资金大部分是借来的，在这样的情况下，势必会使之陷入停顿状态。对于任何一个企业经营者，这时暂且退出经营是有益的；对于任何一个打算支出的人如果他尽可能地推迟这种行为，对他也是有益的。精明、务实的人会把他的资产转变为现金，摆脱风险，停止工作活动。因此，通货紧缩将导致生产过程的低落，从而会导致失业的增多。

格林斯潘认为，温和的或适度的通货紧缩也会对经济活动产生不利，其主要原因是人们缺乏治理通货紧缩的经验，即使是温和的通货紧缩也可能会导致严重的经济问题。同时，极低的通货膨胀率和通货紧缩实际上都严重地制约了货币政策的实施。这是因为，当名义利率限定在零以上的时候，如果实际利率也保持在大于零的较低水平上，常常不能快速地调整以避免持续地衰退或萧条。

金德尔伯格认为，通货紧缩对于消费行为的影响是直接的，消费者预期未来物价将会下跌，因而推迟消费，从而减少需求，并迫使公司大幅度地减价。在价格下跌的情况下，消费者通常会等待价格进一步下降时再进行消费，这便会促成通货紧缩恶性循环的产生。

佩里认为，如果价格下跌仅限于商品、不动产或股票市场，并不一定会出现经济崩溃。然而，与总需求下降相联系的全面价格下跌是危险的，并可能导致出现类似于20世纪30年代产业的衰退和失业的增加。在通货紧缩情况下，普遍的价格水平趋于下降，一些固定支出的项目会变得相对昂贵，相关支出如房租实际上有所增加。同时，通货紧缩还倾向于增加其他相对固定支出成本，从而使得国家或地区竞争力和对外贸易的下降，失业率的上升和工资的下降，进一步抑制消费支出。这样，经济发展受到通货紧缩的严重制约。

通货紧缩的影响还表现在债务人和投资者的实际债务增加、公众的未来预期趋向悲观、金融业面临更多的不良资产、社会就业减少，失业率提高等方面。

(五)应对通货紧缩

通货紧缩表现为总支出水平下降和货币供给紧缩导致的一般价格水平下降。物价水平的下降通常是在经济周期的下降阶段。当经济出现通货紧缩时，通常要伴之以产量的不断下降和失业人数的日益增加。虽然在通货紧缩时期，固定收入集团的所得下降的幅度小于其他收入集团，但由于失业的威胁增大，以致在此期间几乎所有的收入都是不稳定的。西方国家的政府为了对付通货紧缩，制订了各种反周期计划，试图减少通货紧缩的压力。这些政策包括政府用于公共工程的赤字开支、各种救济和福利支出以及放松货币供给的计划等。一般而言，货币政策在通货膨胀时更为灵敏有效，而积极的财政政策在通货紧缩时期会发挥更大的作用。

◎ 专题 14-4 美国 20 世纪 30 年代的通货紧缩

发生在 20 世纪 30 年代的通货紧缩，是指 1929 年至 1939 年之间全球性的经济大衰退，全球工业国家无一幸免，可以说是史上历时最久、影响最深远的一次经济衰退。20 世纪 20 年代美国出现经济繁荣，整个美国社会的价值观发生巨大变化，发财致富成了人们最大梦想，投机活动备受青睐，享乐之风盛行，人们把这时的美国称为"疯狂的 20 年代"。尽管这一繁荣造就了资本主义发展的黄金时期，但繁荣本身却潜伏着危机。农业一直都没有从战后萧条中完全恢复过来，农民始终贫困，社会财富越来越集中于少数人手中，贫富极度不均。全美三分之一的国民收入被 5% 的最富有者占有；60% 的家庭年收入为仅够温饱的 2 000 美元水平；还有 21% 的家庭年收入不足 1 000 美元。由于大部分财富集中到极少数人手中，社会购买力明显不足，引发了生产过剩和资本过剩；大量资金并没有投入再生产过程，而被投向能获得更高回报的证券投资领域。人们对经济前景的自信完全体现在股票市场，道·琼斯指数从 1921 年的 75 点上涨到 1929 年顶峰时的 363 点，平均年增长率高达 21.8%，出现了欣欣向荣的景象。狂热的美国股市如脱缰野马一路狂奔。1929 年 10 月 24 日，纽约证券市场突然崩盘，接下来的两三天，众财团和总统纷纷为救市出招。此后一周之内，美国人在证券交易所失去的财富高达 100 亿美元。到 11 月中旬，纽约证券交易所股票价格下降 40% 以上，证券持有人的损失高达 260 亿美元，许多普通美国人辛劳一生的血汗钱化为乌有。

美国大萧条造成了世界性的经济影响，使德国、英国和其他工业化国家数以百万计的劳工失业。由于经济大萧条，美国金融公司不得不收回在国外的短期贷款，影响所及，1931 年 5 月，维也纳最大银行、奥地利信贷银行宣布它已无清偿能力，从而在欧洲大陆引起恐慌。7 月，德国所有银行都被命令停业；柏林证券交易所关闭了两个月。9 月，英国放弃了金本位制。在大萧条的影响下，到了 1932 年，世界贸易总值减少了一半以上，下降幅度惊人。

事实上，这是一场惊天动地的大灾难，一举摧毁了众人的希望。经济停滞一直持续到 1939 年第二次世界大战爆发后，由于战争对人力和军火的需求，加上对工业技术的刺激，进而出现新的经济复苏时期。

为此，时任美国总统的罗斯福出台了新政措施：

①实行扩张性财政政策。

②实行减耕、休耕计划，控制过剩农产品生产，增加农民收入。

③复兴工业，保护雇主和工人的利益。

④建立统一的社会保障制度，实行社会救济。

⑤运用税收手段调节个人收入差距。

⑥减少银行破产，恢复银行信用，稳定金融体系，增强公众信心。

⑦规范证券市场，消除泡沫经济的隐患。

⑧鼓励出口。罗斯福的新政在一定程度上调整了资本主义生产关系，缓和了社会矛盾，使美国走出了经济危机，并对其他国家也产生了示范效应。

任务三　应对滞胀

一、滞胀的含义

滞胀，也就是失业协同通货膨胀，即失业与通货膨胀并存现象。滞胀现象出现于西方国家的 20 世纪 60 年代末和 70 年代初。一方面，生产停滞和失业问题继续存在，凯恩斯主义经济理论没能根本解决这个问题；另一方面反而因为遵循这一理论及政策主张引起了严重的通货膨胀，其结果是形成了生产停滞和失业与通货膨胀等互相矛盾的经济现象并存的局面。在滞胀面前，凯恩斯主义做不出令人信服的解释，亦不能提供有效的政策主张，从而使其经济理论陷入困境。

二、滞胀的理论分析

关于滞胀现象，西方各种经济学流派在理论研究上存在不少分歧，主要有两个方面：一是关于滞胀现象的原因的解释；二是关于消除滞胀现象的政策主张。在滞胀现象原因的解释上，有三种不同的观点，即新古典综合派的观点、后凯恩斯经济学派的观点和货币主义学派的观点。

以萨缪尔森为代表的新古典综合派认为，造成失业和通货膨胀，不应当仅限于对需求的分析，还必须注意对供给的分析，不仅要涉及宏观经济分析，还必然涉及个别生产要素的价格问题、市场问题和供求均衡问题等微观经济分析。基于此种认识，他们认为：一是微观经济部门的供给发生异常变动会引起滞胀。比如，20 世纪 70 年代发生的世界性石油严重短缺，石油价格猛涨，使得与石油有关的企业产品成本大大提高，产品的销售价格也随之提高，从而推动了通货膨胀。而这种通货膨胀，不仅不解决失业问题，恰恰相反，由于产品成本价格过高引起的生产收缩使失业加剧了。二是政府对社会福利费支出的增加会引起滞胀。从微观财政支出结构分析，政府福利费支出属于转移支付，是一种单纯的货币发行，如果这种社会福利费支出增加过度，必然是一方面造成通货膨胀而另一方面失业又没有得到缓解。三是劳工市场结构性变化会引起滞胀并存。现代垄断经济条件下，劳工市场是不完全竞争市场，失业与职位空缺并存成为劳工市场结构的特征。失业的存在并不能降低工资和物价水平，因为垄断企业控制物价，工会力量的逐步强大又使工资具有了刚性，工资和物价的轮番上涨，导致失业与通货膨胀的并存。

以 J. 罗宾逊夫人为代表的后凯恩斯经济学派对滞胀的解释是市场操纵理论。这个理论从区分不同商品市场类别或不同类别的经济部门入手，将社会经济分为三个部门：初级产品部门、加工工业部门和服务部门。滞胀发生的原因就在于初级产品部门和工业产品部门之间比例失调，比例失调是指初级产品市场上商品的价格由供求关系决定，而工业产品市场上，商品的价格是垄断操纵价格，即成本加垄断利润。这样，供求关系的变动对价格的影响很小，而成本变动对价格的反应却异常敏感，因此，初级产品价格的变动，对加工工业部门的产品价格影响巨大。当初级产品价格上升时，工业产品成本增加，而工会也会要求增加工资，从而使工业产品价格上涨，形成成本推动型通货膨胀。这时，初级产品因价格上升的利益被抵消，对工业产品的有效需求减少，又抑制了工业部门的经济活动，造成新的失业，于是通货膨胀与失业并存的现象出现了。20 世纪 70 年代的石油、农产品价格猛涨引起的滞胀，其原因正是如此。

以 M. 弗里德曼为代表的货币主义学派认为，滞胀的存在是由凯恩斯主义理论和政策而起。首先，凯恩斯主义不能解决失业问题。因为社会经济中存在自然失业率，即那种可以与零通货膨胀和温和通货膨胀相适应的因缺乏相应的劳动技能和受就业结构方面的限制所形成的摩擦性失业率。自然失业率与有效需求无关，因而试图以增加有效需求来解决自然失业率的政策是无根据的。其次，利用赤字财政政策刺激有效需求的做法实质上是货币的过度发行，这样必然会引起通货膨胀，因此，滞胀现象的出现就不可避免。

◎ **专题 14-5 菲利普斯曲线**

菲利普斯曲线是表明失业与通货膨胀存在一种交替关系的曲线，通货膨胀率高时，失业率低；通货膨胀率低时，失业率高。菲利普斯曲线是用来表示失业与通货膨胀之间交替关系的曲线，由新西兰经济学家 W. 菲利普斯于 1958 年在《1861—1957 年英国失业和货币工资变动率之间的关系》一文中最先提出。此后，经济学家对此进行了大量的理论解释，尤其是萨缪尔森和索洛将原来表示失业率与货币工资率之间交替关系的菲利普斯曲线发展成为用来表示失业率与通货膨胀率之间交替关系的曲线。

菲利普斯根据英国 1861—1913 年间失业率和货币工资变动率的经验统计资料，提出了一条用以表示失业率和货币工资变动率之间交替关系的曲线，如图 14-3 所示。这条曲线表明，当失业率较低时，货币工资增长率较高；反之，当失业率较高时，货币工资增长率较低，甚至是负数。根据成本推动的通货膨胀理论，货币工资可以表示通货膨胀率。因此，这条曲线就可以表示失业率与通货膨胀率之间的交替关系。即失业率高表明经济处于萧条阶段，这时工资与物价水平都较低，从而通货膨胀率也就低；反之失业率低，表明经济处于繁荣阶段，这时工资与物价水平都较高，从而通货膨胀率也就高。失业率和通货膨胀率之间存在着反方向变动的关系。

如图 14-3 和图 14-4 的菲利普斯曲线反映了美国、英国等西方一些国家在 20 世纪五六十年代的情况。它们分别表明了失业率与货币工资变化率之间的反向对应关系、失业率与物价上涨率之间的反向对应关系、经济增长率与物价上涨率之间的同向对应关系。但是，20 世纪末的美国并未完全遵循菲利普斯的意愿，如图 14-5 所示，并不能证明失业率与货币工资变化率之间的反向对应关系，这也许是菲利普斯当初所未预想到的结果。

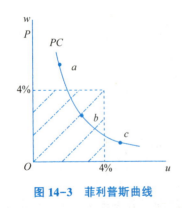

图 14-3　菲利普斯曲线

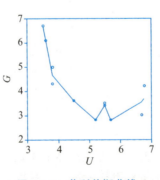

图 14-4　菲利普斯曲线

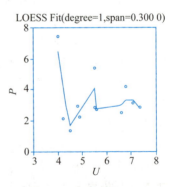

图 14-5　菲利普斯曲线

总体来说，菲利普斯曲线提出了如下几个重要的观点：第一，通货膨胀是由工资成本推动所引起的，这就是成本推动通货膨胀理论。正是根据这一理论，把货币工资增长率同通货膨胀率联系了起来。第二，失业率和通货膨胀存在着交替的关系，它们是可能并存的，这是对凯恩斯观点的否定。第三，当失业率为自然失业率（u）时通货膨胀率为零。因此可以把自然失业率定义为通货膨胀为零的失业率。第四，由于失业率和通货膨胀率之间存在着交替关系，因此可以运用扩张性的宏观经济政策，用较高的通货膨胀率来换取较低的失业率，也可以运用紧缩性的宏观经济政策，以较高的失业率来换取较低的通货膨胀率。这就为宏观经济政策的选择提供了理论依据。

三、应对滞胀

关于应对滞胀的政策，三种学派也各执己见。新古典综合派提出的政策主张是：一是财政政策和货币政策的松紧要搭配。一种是松的财政政策辅之以紧的货币政策，即减少税收，扩大政府开支，鼓励投资和消费以消除危机和失业，同时又严格控制货币供给，防止加剧通货膨胀；另一种是松的货币政策辅之以紧的财政政策，即扩大信贷，增加货币供给，以降低利息率鼓励投资；同时又缩小政府开支，减少对市场的压力以稳定物价。二是财政政策和货币政策微观化。即针对个别市场和个别部门的具体情况制订出区别对待的财政政策和货币政策，既解决市场需求量的个别问题，又不影响整个市场。三是实施包括收入政策、人力政策和消费政策等在内的补偿性政策措施，以弥补财政政策和货币政策的不足。

后凯恩斯经济学派的政策主张以社会政策为基本内容，注重以可改变收入分配的办法来治理滞胀问题。具体有两个方面的措施：一是短期调节措施。包括建立合理的税收制度，给低收入家庭以补助，减少军事开支、提高失业工人的文化技术水平，实施严格的进口管制扶植出口事业等。二是长期调节措施。包括实施没收性遗产税、赠与税，国家购买公司股票等手段，以实现解决收入分配不均的长期目标。

货币主义的政策主张是强调实行自由经济政策和"单一规则"的货币政策。所谓单一规则就是确定一个固定的货币供给增长率，其他都由市场机制去调节，资本主义经济就能稳定发展。在治理滞胀的政策实践中，美国和英国都采用货币主义的政策主张，抑制了通货膨胀率的上涨，但也不同程度地导致了经济衰退。

《课后训练》

一、单项选择题

1. 一般用来衡量通货膨胀的物价指数是（　　）。
   A. 消费者物价指数　　　　　　　　B. 生产物价指数
   C. GDP 缩减指数　　　　　　　　　D. 以上均正确
2. 可以称为温和的通货膨胀的情况是指（　　）。
   A. 通货膨胀率以每年 5% 的速度增长　B. 通货膨胀率在 10% 以上
   C. 通货膨胀率一直保持在 2%~3% 水平　D. 通货膨胀率处于 3%~10% 之间

3. 通货膨胀的主要类型有( )。
    A. 需求拉上型   B. 成本推进型
    C. 结构型   D. 以上均正确

4. 通货膨胀会( )。
    A. 使国民收入提高到超过其平常水平
    B. 使国民收入下降到其平常水平以下
    C. 使国民收入提高或下降，主要看通货膨胀产生的原因
    D. 只有在经济处于潜在的产出水平时，国民收入才会增长

5. 在经济处于充分就业均衡时，名义货币增长率的上升会( )。
    A. 使总需求曲线右移，均衡水平位于更高的通货膨胀率和产量水平
    B. 使总共供给曲线右移，均衡水平位于更高的通货膨胀率和产量水平
    C. 使总需求曲线和总共供给曲线右移，均衡水平位于更高的通货膨胀率和产量水平
    D. 使总需求曲线右移和总共供给曲线左移，均衡水平位于更高的通货膨胀率而产量不变

6. 自然失业率( )。
    A. 恒为零   B. 是没有摩擦性失业时的失业率
    C. 是没有结构性失业时的失业率   D. 是经济处于潜在产出水平的失业率

7. 菲利普斯曲线说明( )。
    A. 通货膨胀导致失业   B. 失业导致通货膨胀
    C. 通货膨胀率与失业率之间呈负相关   D. 通货膨胀率与失业率之间呈正相关

8. "滞胀"指的是以下何种情况？( )。
    A. 高通货膨胀与高失业率并存   B. 高通货膨胀与低失业率并存
    C. 下降的通货膨胀与上升的失业率并存 D. 低通货膨胀与高失业率并存

二、多项选择题

1. 按照物价上涨的幅度，通货膨胀可以分为( )。
    A. 温和的通货膨胀   B. 奔腾的通货膨胀
    C. 超级的通货膨胀   D. 平衡的通货膨胀

2. 通货膨胀形成的原因是( )。
    A. 需求拉动   B. 成本推进   C. 经济结构变动   D. 失业率提高

3. 如果工资具有完全弹性，下列说法正确的是( )。
    A. 自愿失业人数不随工资水平变动而变动 B. 劳动需求降低，则自愿失业增加
    C. 只要自愿失业没有非自愿失业   D. 劳动市场是出清的

4. 下列哪些是治理通货膨胀的措施( )。
    A. 指数化政策   B. 紧缩性需求管理政策
    C. 收入政策   D. 扩大总供给

5. 通货膨胀的受益者有( )。
    A. 工资收入者   B. 利润收入者   C. 债权人   D. 债务人

6. 收入政策的主要手段是( )。
    A. 税收   B. 工资价格管制
    C. 工资价格指导   D. 道德规劝

7. 导致需求拉上通货膨胀的因素有(　　)。

　　A. 投资需求增加　　　　　　　　B. 货币供给增加

　　C. 政府支出增加　　　　　　　　D. 政府收入增加

8. 引起结构性通货膨胀的主要原因在于(　　)。

　　A. 各部门工资相继上升　　　　　B. 货币需求过大

　　C. 部门间生产率提高快慢不同　　D. 国际市场上的不稳定

三、判断题

1. 充分就业与任何失业的存在都是矛盾的。因此，只要经济中有一个失业者存在，就不能说实现了充分就业。　　　　　　　　　　　　　　　　　　　　　　　　　(　　)

2. 消费物价指数、批发物价指数和国民生产总值折算价格指数的变化方向和变化幅度是一致的。　　　　　　　　　　　　　　　　　　　　　　　　　　　　　　　　(　　)

3. 通货膨胀会引起收入的再分配。　　　　　　　　　　　　　　　　　(　　)

4. 温和的通货膨胀对生产有一定的扩张作用。　　　　　　　　　　　　(　　)

5. 根据奥肯定理，在经济中实现了充分就业后，失业率每增加 1%，则实际国民收入就会减少 2.5%。　　　　　　　　　　　　　　　　　　　　　　　　　　　　(　　)

6. 在任何经济中，只要存在着通货膨胀的压力，就会表现为物价水平的上升。　(　　)

7. 紧缩性缺口是指实际总需求大于充分就业的总需求时两者的差额，膨胀性缺口是指实际总需求小于充分就业总需求时两者之间的差额。　　　　　　　　　　　　(　　)

8. 能够"自我实现"、持续存在的预期通货膨胀率也成为惯性通货膨胀。　(　　)

四、计算题

1. 若充分就业时的国民收入 $Y^* = 5\,000$ 亿元，某年的实际总需求为 $5\,500$ 亿元，求该年的通货膨胀压力。

2. 某社会的预期通货膨胀率为 6%，$h = 0.4$，通货膨胀压力为 5%，求该社会的通货膨胀率。

3. 假定某经济最初的通货膨胀率为 12%，政府谋略通过制造 5% 的失业率来实现 4% 通货膨胀率的目标，当价格调整方程的系数 $h = 0.4$ 时，试问其通货膨胀率下降的过程如何?

4. 假定某经济社会遵从奥肯定律，其表达式为 $u - 0.04 = -2(Y - Y^*)/Y^*$，求:

(1) 当该经济社会现实产出量分别为潜在生产能力的 98%，99%，101% 时，其失业率分别为多少?

(2) 当失业率目标分别为 3% 时，现实生产能力为潜在生产能力的多少?

 **学习目标**

    知识目标：理解财政政策和货币政策的一般原理，如赤字财政、货币政策工具及传导机制等，宏观政策的相机抉择与局限性，理解财政政策和货币政策相互配合以调控宏观经济的基本原理。

    能力目标：能够运用财政政策和货币政策于一般宏观经济问题进行定性分析，并能将其应用到实际生活中。

    素质目标：具有理智的意识，认真学习财政政策和货币政策理论、概念、原理、规律，养成提出具体措施应对经济体的问题、努力优化经济体所处的状态的思维习惯。

    思政目标：自觉投入现实社会之中，适应改革开放、市场经济的形势，将爱国热情融入中华民族伟大复兴的征程中，主动分析经济体所处的状态，运用宏观经济政策和手段，提出具体措施，应对经济体出现的问题，为人民谋福祉。

《 任 务 布 置 》

    任务 1：某经济体法定准备率是 12%，没有超额准备金，对现金的需求为 1 000 亿元。计算：

    1. 总准备金 400 亿元时的货币供给量。

    2. 其他条件不变，法定准备率提高到 0.2 时，货币供给的变动量。

    3. 其他条件不变，中央银行买进 10 亿元政府债券时，货币供给的变动量。

    任务 2：已知消费函数 $C=150+0.5Y$，投资函数 $I=200-10r$，货币供给 $M=180$，货币交易需求 $L_1=0.25Y$，货币投机需求 $L_2=50-10r$，计算：

    1. 均衡收入、均衡利率以及投资。

    2. 其他条件不变，边际消费倾向为 0.6 时，维持投资量的货币供给增量。

    任务 3：某经济体出现经济过冷时，应采取什么货币政策和财政政策？具体的货币政策和财政政策的措施是怎样的？某经济体出现经济过热时，应采取什么货币政策和财政政策？具体的货币政策和财政政策的措施是怎样的？

任务一　实施财政政策

宏观经济政策指的是政府有意识有计划地运用一定的政策工具，调节控制宏观经济的运行，以达到一定的政策目标。宏观经济政策包括财政政策和货币政策。之所以实施宏观经济政策，从西方国家战后实践来看，要达到的政策目标，一般包括充分就业、经济增长、物价稳定和国际收支平衡等。比如，美国1978年的《充分就业和平衡增长法》把充分就业(4%失业率)、稳定物价(3%通货膨胀率)、经济增长和国际收支平衡等四项并列为宏观调控的政策目标。

财政政策是指国家为达到既定经济目标，对财政收入和支出做出的决策。财政支出包括政府购买性支出和转移支付两类。财政收入主要是税收和公债。公债是政府弥补财政赤字的经常性手段，也是借以调节经济活动的重要工具。

一、财政收入

财政收入，是指政府为履行其职能、实施公共政策和提供公共物品与服务需要而筹集的一切资金的总和。财政收入表现为政府部门在一定时期内(一般为一个财政年度)所取得的货币收入。财政收入是衡量一国政府财力的重要指标，政府在社会经济活动中提供公共物品和服务的范围和数量，在很大程度上取决于财政收入的充裕状况。

依据不同的标准，可以对财政收入进行不同的分类。国际上对财政收入的分类，通常按政府取得财政收入的形式进行分类。在这种分类方法下，可将财政收入分为税收收入、国有资产收益、国债收入和收费收入以及其他收入等。

(一)税收收入

税收是政府为实现其职能的需要，凭借其政治权利并按照特定的标准，强制、无偿的取得财政收入的一种形式，它是现代国家财政收入最重要的收入形式和最主要的收入来源。

在我国税收收入按照征税对象可以分为五类税，即流转税、所得税、财产税、资源税和行为税。其中流转税是以商品交换和提供劳务的流转额为征税对象的税收，流转税是我国税收收入的主体税种，占税收收入的60%多，主要的流转税税种有增值税、营业税、消费税、关税等。所得税是指以纳税人的所得额为征税对象的税收，我国目前已经开证的所得税有个人所得税、企业所得税。财产税是指以各种财产(动产和不动产)为征税对象的税收，我国目前开征的财产税有土地增值税、房产税、城市房地产税、契税。资源税是指对开发和利用国家资源而取得级差收入的单位和个人征收的税收，目前我国的资源税类包括资源税、城市土地使用税等。行为税是指对某些特定的经济行为开征的税收，其目的是贯彻国家政策的需要，目前我国的行为税类包括印花税、城市维护建设税等。

(二)国有资产收益

国有资产收益是指国家凭借国有资产所的权获得的利润、租金、股息，红利、资金使用费等收入的总称。

(三)公债收入

凯恩斯认为，财政政策应该为实现充分就业服务，因此，必须放弃财政收支平衡的旧信条，实行赤字财政政策。20 世纪 60 年代，美国的凯恩斯主义经济学家强调要把财政政策从害怕赤字的禁锢中解放出来，以充分就业为目标来制定财政预算，而不管是否有赤字。这样，赤字财政就成为财政政策的一项重要内容。

政府实行赤字财政政策是通过发行公债来进行的。公债并不是直接卖给公众或厂商，因为这样可能会减少公众与厂商的消费和投资，使赤字财政政策起不到应有的刺激经济的作用。公债由政府财政部发行，卖给中央银行，中央银行向财政部支付货币，财政部就可以用这些货币来进行各项支出，刺激经济。中央银行购买的政府公债，可以作为发行货币的准备金，也可以在金融市场上卖出。

凯恩斯主义经济学家认为，赤字财政政策不仅是必要的，也是可能的。这是因为：第一，债务人是国家，债权人是公众。国家与公众的根本利益是一致的。政府的财政赤字是国家欠公众的债务，也就是自己欠自己的债务。第二，政府的政权是稳定的，这就保证了债务的偿还是有保证的，不会引起信用危机。第三，债务用于发展经济，使政府有能力偿还债务，弥补赤字。

当一个国家年度预算的支出超过收入出现赤字时，弥补财政赤字的办法有两种：一是凭借国家垄断货币发行的权力，通过中央银行增发货币。二是发行公债。例如按照预算有 300 亿元赤字，政府可以增加货币发行 200 亿元，同时新发行公债 100 亿元。这样做有一个问题，可能导致货币供应量过多引发通货膨胀。当然也可以全部通过发行公债来弥补财政赤字，以避免货币供应量过多引起通货膨胀。在西方国家，公债不仅是政府弥补财政赤字的一个经常性手段，而且是配合货币政策通过影响货币供给以调节宏观经济活动的一个重要工具。

政府公债可分为内债和外债。内债是政府向本国居民、企业和各种金融机构发行的债券。外债是向外国举借的债务，包括向外国借款和发行外币债券。根据各国财政税收体制，除了中央政府发行的债券以外，地方政府通常也发行债券，举办各种公用事业和社会福利事业，来弥补自己的预算赤字。

经济学家们认为，内债完全不同于外债。外债的本金和利息必须使用本国人民提供的劳动和物资来偿还，外债是一种真正的负担。至于内债，国家负债不同于个人或公司负债。虽说个人、家庭或企业举债意味着贫困乃至于破产，但政府偿还内债本息的资金来自课税，所以政府的内债是人民"自己欠自己的债"，是张三花钱李四还债，甚至是张三自己花钱自己还债。从整个国家来看，债权债务总是恰好相互对消的。但鉴于张三并非李四，政府的举债支出，对收入分配和资源配置显然会产生某种影响。特别是一个社会是否已经达到充分就业，内债会有的作用也大不相同。假设一个社会已达于充分就业，收入除去消费支出的余额即储蓄 S 是给定的，根据 $S=I+(G-T)$，政府因 $G>T$ 的举债支出，一定表现为私人投资等量减缩，这就是经济分析所谓"挤出"效应，详见下文"挤出效应"部分内容。

◎ **专题 15-1　泛滥的美国国债**

当美国政府向全世界兜售它的国债时，"公债哲学"逻辑基础就荡然无存了。

美国宪法赋予美国国会有权确定美国联邦政府债务总额的最高限额，目的是要限制联邦债务的扩大，控制联邦政府的支出。如果联邦政府债务总额接近法定的上限，美国财政部必须采取非寻常措施来满足承担的义务。

　　法律上确定美国国债上限始于 1917 年的《第二次自由债券法案》，该法案出台背景是美国政府通过融资参与世界第一次大战。该法案对美国财政部发行债券做出总量限制的规定，并在以后的 20 年里，该法案实施中分别对长短期国债债券的数量做出限制。1939 年，美国国会废除了分别限制长短期国债债券的数量限制，但继续实行对公共债务的总量限制，从而使财政部更能灵活地管理国债事务，对各类债务进行期限搭配。1941 年至 1945 年，美国国债上限被限制在 3 000 亿美元。二战结束后，国债上限下降，一直到 1962 年，才接近 3 000 亿美元的水平。但 1962 年以后，美国国债上限一直在提高，国债上限占 GDP 的比重不断上升。2008 年至 2010 年，美国国债上限分别为 10.61 万亿美元、12.10 万亿美元和 14.29 万亿美元。2011 年，美国国会将美国的举债额度分两阶段上调约 2.4 万亿美元。

　　从目前美国财政收支的情况看，我们不得不承认，美国强大国力的体现之一，就是在目前财政状况虚弱不堪的情况下，仍然具有向全球融资的强大的能力。对于美国的债权国中日等国而言，目前能够维持其债权最安全的办法就是不断地继续购买美国国债，鲜有脱身的办法。而美国利用的，恰好就是债权国的担心，他们像一个毫无信用的表兄弟，一直不停地向全球借钱，信誓旦旦地承诺还钱，但是却不可能兑现诺言。

　　过去几十年大量泛滥的美元和美国国债，必然要面临贬值的问题，也就是说中国现在买了美国 10 年的国债，10 年后还是这么多美元还给你，还值这么多钱吗？这的确值得思考。对于持有近 1.2 万亿美元美国国债的中国而言，应该深刻地意识到这种潜藏的危险。

(四) 收费收入

　　收费收入是指国家政府机关或事业单位在提供公共服务、实施行政管理或提供特定公共设施的使用时，向受益人收取一定费用的收入形式，具体可以分为使用费和规费两种。使用费是政府对公共设施的使用者按一定标准收取费用，如对使用政府建设的高速公路、桥梁、隧道的车辆收取的使用费；规费是政府对公民个人提供特定服务或是特定行政管理所收取的费用，包括行政收费(如护照费、商品检测费、毕业证费)和司法规费(如民事诉讼费、出生登记费、结婚登记费)。收费收入具有有偿性、不确定性的特点，不宜作为政府财政收入的主要形式。

(五) 其他收入

　　包括罚没收入、捐赠收入等不属于前四类的收入。

◎ 专题 15-2　我国财政收入

　　2011 年，我国财政收入首次突破 10 万亿元，达 103 740 亿元，比上年增加 20 639 亿元，增长 24.8%，远高于 GDP 的增速 9.5%。

　　我国财政收入由中央财政收入和地方财政收入组成，在中央统一领导下，实行中央和地方的分级管理。

　　在我国实践中，政府收支分类改革后，"收入分类"全面反映了政府收入的来源和性质，不仅包括预算内收入，还包括预算外收入、社会保险基金收入等应属于政府收入范畴的各项收入。

参照《财政部、中国人民银行、国家税务总局关于修订 2009 年政府收支分类科目的通知》，具体分类情况是：

第一类：税收收入，下设增值税等 21 款。

第二类：社会保险基金收入，下设基本养老保险基金收入等 6 款。

第三类：非税收入，下设政府性基金收入等 7 款。

第四类：贷款转贷回收本金收入，下设国内贷款回收本金收入等 4 款。

第五类：债务收入，分设国内债务收入、国外债务收入 2 款。

第六类：转移性收入，分设返还性收入等 10 款。

二、财政支出

财政支出也称公共财政支出，是指在市场经济条件下，政府为提供公共产品和服务，满足社会共同需要而进行的财政资金的支付。财政支出是国家将通过各种形式筹集上来的财政收入进行分配和使用的过程。

财政支出的分类标准多样。这里，我们只简单列举几种。

按财政支出的经济性质分类可分为购买性支出和转移性支出。

购买性支出直接表现为政府购买商品或劳务的活动，包括购买进行日常政务活动所需的商品和劳务的支出，也包括用于进行国家投资所需的商品和劳务的支出，如政府各部门的行政管理费支出、各项事业的经费支出、政府各部门的投资拨款等。这些支出项目的目的和用途虽然有所不同，但却有一个共同点，即财政一手付出了资金，另一手相应地获得了商品和劳务，履行了国家的各项职能。

转移性支出直接表现为资金无偿的、单方面的转移，主要包括政府部门用于补贴、债务利息、失业救济金、养老保险等方面的支出，这些支出的目的和用途各异，但却有一个共同点：政府财政付出了资金，都无任何商品和劳务所得。这类支出并不反映政府部门占用社会经济资源的要求；相反，转移只是在社会成员之间的资源再分配，政府部门只充当中介人的作用。

按经济性质，将财政支出分为生产性支出和非生产性支出。生产性支出指与社会物质生产直接相关的支出，如支持农村生产支出、农业部门的基金支出、企业挖潜改造支出等，非生产性支出指与社会物质生产无直接关系的支出，如国防支出、武装警察部队支出、文教卫生事业支出、抚恤和社会福利救济支出等。

◎ 专题 15-3　我国财政支出

我国财政实行中央财政与地方财政分级管理，财政支出也分为中央财政支出和地方财政支出。指根据政府在经济和社会活动中的不同职责，划分中央和地方政府的责权，按照政府的责权划分确定支出范围。中央财政支出包括国防支出，武装警察部队支出，中央级行政管理费和各项事业费，重点建设支出以及中央政府调整国民经济结构、协调地区发展、实施宏观调控的支出。地方财政支出主要包括地方行政管理和各项事业费，地方统筹的基本建设、技术改造支出，支援农村生产支出，城市维护和建设经费，价格补贴支出，等等。

我国现行财政支出分类采用了国际通行做法，即同时使用支出功能分类和支出经济分类两种方法对财政支出进行分类(参照《2009 年政府收支分类科目》)。

支出功能分类，简单地讲，就是按政府主要职能活动分类。我国政府支出功能分类设置一般公共服务、外交、国防等大类，类下再分款、项两级。其主要支出功能科目包括：一般公共服务、外交、国防、公共安全、教育、科学技术、文化体育与传媒、社会保障和就业、社会保险基金支出、医疗卫生、环境保护、城乡社区事务、农林水事务、交通运输、采掘电力信息等事务、粮油物资储备及金融监管等事务、国债事务、其他支出和转移性支出。

支出经济分类，是按支出的经济性质和具体用途所做的一种分类。在支出功能分类明确反映政府职能活动的基础上，支出经济分类明确反映政府的钱究竟是怎么花出去的。支出经济分类与支出功能分类从不同侧面、以不同方式反映政府支出活动。我国支出经济分类科目设工资福利支出、商品和服务支出等 12 类，类下设款，具体包括：工资福利支出、商品和服务支出、对个人和家庭的补助、对企事业单位的补贴、转移性支出、赠与、债务利息支出、债务还本支出、基本建设支出、其他资本性支出、贷款转贷及产权参股和其他支出。

支出功能分类、支出经济分类与部门分类编码和基本支出预算、项目支出预算相配合，在财政信息管理系统的有力支持下，可对任何一项财政支出进行多维定位，清楚地说明政府的钱是怎么来的，干了什么事，最终用到了什么地方，为预算管理、统计分析、宏观决策和财政监督等提供全面、真实、准确的经济信息。

三、财政政策

(一)自动稳定器

财政政策由于其本身的特点，具有自动地调节经济，使经济稳定的机制，被称为自动稳定器或者内在稳定器。这种内在稳定器自动地发生作用，调节经济，无须政府做出任何决策。

具有内在稳定器作用的政策因素，主要是税收、各种政府转移支付以及农产品价格维持政策。

1. 税收

当经济萧条时，由于收入减少、个人收入和公司利润都会减少，税制不变，税收也会自动减少，这相当于增加了个人与公司的收入，或者说抑制了消费与投资的减少幅度，有助于减轻萧条的程度。当经济繁荣时，由于收入与利润增加，税收也会自动增加，这在一定程度上减少了收入，从而抑制了消费与投资的增长速度，有助于减轻由于需求过大而引起的经济过热。

2. 政府转移支付

同税收的作用一样，政府的转移支付也有助于稳定可支配收入，从而有助于稳定消费支出。转移支付的变动与经济周期变动的方向正好相反，在萧条时期转移支付增加；在繁荣时期转移支付减少。当经济萧条时，失业补助与其他福利支出这类转移支付会由于失业人数和需要其他补助的人数增加而自动增加，从而抑制了消费与投资的减少，有助于减轻经济萧条的程度。当经济繁荣时，由于失业人数和需要其他补助的人数减少，这类转移支付会自动减少，从而抑制了消费与投资的增加，有助于减轻由于需求过大而引起的通货膨胀。

3. 农产品价格维持政策

农产品价格维持政策是指政府为调动农民积极性，就相关农产品采取的支持价格政策。在经济萧条时期，由于有效需求不足，农产品价格会因农产品过剩而下降。这时，政府通常对农产品实行支持价格，并收购过剩的农产品。这实际上是政府对农业的一种补贴，会在一定程度上把农民的收入和消费需求稳定在一定的水平上，因而也具有抑制经济衰退的效应；反之，在经济繁荣期，由于农产品价格上升，政府通过支持价格的形式对农业的补贴就会相应减少以致消失，有时为了平抑农产品价格的过度上升而抛售农产品。显然，这会在一定程度上抑制农民收入和消费需求的增加速度，从而起到抑制经济过热和通货膨胀的作用。

这种内在稳之器能在一定程度上调节经济，但其作用是十分有限的。它只能减轻萧条，并不能代替财政政策。要熨平经济发展的起伏变动，仍需要政府有意识地运用财政政策来调节经济。

（二）逆周期的财政政策

在运用财政政策来调节经济时，要根据宏观经济状况，即是处于萧条状态还是膨胀状态，适时调整政府支出与收入。财政政策讲究逆周期性，在经济过热时通过紧缩性的财政政策进行调整，而在经济遇到困难的时候通过积极的或者扩张的财政政策刺激经济，目的是尽量熨平经济周期波动，让经济能够平稳增长。

在经济萧条时期，总需求小于总供给，经济中存在失业，政府就要通过扩张性的财政政策，包括增加政府支出与减税，来刺激总需求，以实现充分就业。政府基础建设投资与购买的增加有利于增加就业与收入，刺激私人投资，转移支付的增加可以增加个人消费，这样就会刺激总需求。减税（主要是降低税率）可以使个人可支配收入增加，也可以使公司收入增加，从而增加消费和投资，从而刺激总需求。

经济繁荣时期，总需求大于总供给，经济中存在通货膨胀，政府则要通过紧缩性的财政政策，包括减少政府支出与增税来抑制总需求，以降低通胀水平，实现物价稳定。政府公共项目投资与购买的减少有利于抑制投资的过度膨胀，转移支付的减少可以减少个人消费需求，从而抑制总需求。增税（主要是提高税率）可以使个人和公司收入减少，从而减少消费与投资，抑制总需求。

◎专题 15-4　我国积极的财政政策

1998 年，亚洲许多国家发生金融危机，货币贬值，经济遭到重创。我国政府从维持亚洲地区经济稳定的大局出发，坚持人民币不贬值，但这又必然会影响我国出口。同时，近年来我国为治理通货膨胀而实行适度从紧的财政政策和货币政策都的效应已强烈地显现出来，市场低迷，物价下跌，内需严重不足。

面临困难，政府敏锐地把握了国际国内经济形势的变化，把宏观调控的重点，从实行适度从紧的财政政策和货币政策，转为实施积极的财政政策和稳健的货币政策。

这种积极的财政政策主要内容就是通过发行国债，支持国家的重大基础设施建设，以此来拉动经济增长。1998 年实施积极财政政策当年就增发了国债 1 000 亿元，国债投资带动了万亿元的基础设施建设，由此拉动 GDP 增长 2.5 个百分点。这为克服亚洲金融危机影响，推动经济增长立下了汗马功劳，中国也成为当年亚洲地区唯一保持经济较高增长速度的国家。

从 1999 年到 2001 年，我国每年增发国债都在 500 亿元以上。南水北调、西电东送、西气东输、西部大开发等跨世纪工程也得以启动，这对增强中国经济增长后劲有十分重大的意义。不仅如此，中国积极财政政策在过去 6 年间，平均每年增加就业岗位 120 万~160 万个，6 年共增加就业 700 万~1 000 万人。

当然，积极财政政策也带来一些负面影响。自从实施积极财政政策以来，我国预算赤字也就一直处于较快上升之中，从 1997 年底的 1 131 亿元，2003 年底已增至 3 198 亿元，增长近 2 倍。财政赤字占 GDP 的比重即赤字率已由 1998 年的 1.2% 上升到 2002 年的 3%，达到了国际普遍认同的债券警戒线水平。

2002 年下半年开始，我国许多地区已显现出一股投资过猛的热浪，而且结构很不合理，其中钢铁、水泥、电解铝和高档房地产投资增长特别快。这一方面表明，前几年所实施的积极财政政策不仅已使整个国民经济走出了通货紧缩，而且对整个社会的投资环境和投资氛围已产生明显的催化作用；另一方面也表明，积极财政政策在我国这一特定历史阶段该完成的历史任务已经完成。不仅如此，从 1998 年到 2002 年底和 2003 年初这些年间，我国民营资本已有长足发展。如果继续实施积极财政政策，扩大中央投资，大规模发行国债，则势必对民间投资产生"挤出"和抑制作用。财政部审时度势，做出了要将积极财政政策向中性财政政策的及时转变。

上述的财政政策主要措施是什么？这种政策取向你觉得何？

(三)财政政策乘数

财政收支对国民收入的影响具有乘数作用，或者说，因政府支出 G 和税收 T 引起的国民收入变动的幅度往往几倍于政府支出 G 和税收 T 变动的幅度，这种倍数即为财政政策乘数。财政政策乘数包括政府支出乘数、税收乘数、平衡预算乘数。

1. 政府支出乘数

在宏观经济运行中，假如一定收入水平下人们意愿的储蓄大于厂商意愿的投资，这就出现了凯恩斯的所谓源于有效需求不足引起的非自愿失业，为此政府增加开支(政府购买)，则总收入均衡值的增加将按乘数原理多倍扩大，即总收入的增加值将数倍于政府支出的增加额，此即政府支出乘数，或称政府购买乘数。

◎专题 15-5　三部门模型中政府支出乘数

三部门经济中总支出为 $Y = C + I + G = \alpha + \beta(Y - T) + I + G$，$\beta$ 代表边际消费倾向，则均衡收入为 $Y = \dfrac{\alpha + I + G - \beta T}{1 - \beta}$。若其他条件不变，只有政府购买 G 变动，其取值分别为 G_0 和 G_1，则相应的均衡收入为 $Y_0 = \dfrac{\alpha + I + G_0 - \beta T}{1 - \beta}$，$Y_1 = \dfrac{\alpha + I + G_1 - \beta T}{1 - \beta}$，则：

$$\Delta Y = Y_1 - Y_0 = \frac{G_1 - G_0}{1 - \beta} = \frac{\Delta G}{1 - \beta}$$

因此，政府支出乘数为 $k_G = \dfrac{\Delta Y}{\Delta G} = \dfrac{1}{1 - \beta}$

2. 税收乘数

税收乘数就是国民收入变动额之与税收变动额的倍数。

◎ 专题 15-6　三部门模型中税收乘数

税收一方面减少人们可支配入，从而减少人们的消费与储蓄，从而使总收入减少。为使问题简化，我们假定在 $Y = \dfrac{\alpha + I + G - \beta T}{1 - \beta}$ 中，T 为税收总量，现在只有税收从 T_0 变为 T_1，则总收入分别为 $Y_1 = \dfrac{\alpha + I + G - \beta T_1}{1 - \beta}$，$Y_0 = \dfrac{\alpha + I + G - \beta T_0}{1 - \beta}$，$\Delta Y = Y_1 - Y_0 = \dfrac{-\beta T_1 + \beta T_0}{1 - \beta} = \dfrac{-\beta \Delta T}{1 - \beta}$，于是税收入乘数 $k_T = \dfrac{\Delta Y}{\Delta T} = \dfrac{-\beta}{1 - \beta}$。

税收乘数表明，增税将使国民收入数倍地减少。

3. 平衡预算乘数

平衡预算乘数是指政府支出和税收的等量变动而引起的国民收入（或支出）变动的倍数。即如果政府支出和税收均按同等数额增加，由此引起的国民收入的增量和政府支出或税收收入的增量。

◎ 专题 15-7　三部门模型中平衡预算乘数

假定政府支出与税收入增加同一数额，此时总收入的变动量

$$\Delta Y = k_G \Delta G + k_T \Delta T = \frac{1}{1 - \beta} \Delta G + \frac{-\beta}{1 - \beta} \Delta T$$

由于 $\Delta G = \Delta T$，则有：

$$\Delta Y = \frac{1}{1 - \beta} \Delta G + \frac{-\beta}{1 - \beta} \Delta G = \Delta G，\text{ 或 } \Delta Y = \frac{1}{1 - \beta} \Delta T + \frac{-\beta}{1 - \beta} \Delta T = \Delta T$$

于是，平衡预算乘数 $k_b = \dfrac{\Delta Y}{\Delta G} = \dfrac{\Delta Y}{\Delta T} = 1$。

现在，如果政府支出增加 400 亿元，同时税收也增加 400 亿元，均衡国民收入增加多少？

可见，当经济萧条时，政府可以通过适当地增税来弥补等量的政府增支，这样既可以提高国民产出和就业水平，又可以避免财政赤字。经济萧条时，政府支出应扩大多少，税收应减少多少，要考虑政府支出乘数、税收乘数和平衡预算乘数。当经济膨胀、需要抑制通货膨胀时，政府支出减少和税收增加的程度也应根据这些乘数而定。

（四）挤出效应

"挤出效应"是指增加政府支出所引起的减少私人消费或投资的现象。在一个充分就业的经济中，如果政府财政支出增加，就会引发商品和劳务市场需求增加，这时如果货币供应量不变，就会引起物价上涨并进而导致利率上升，而利率上升又使得私人投资与消费减少。

可用图 15-1 来说明财政政策的挤出效应。最初，IS_0 与 LM 相交于 E_0，均衡的国民收入为 Y_0，利率为 i_0。随着政府支出增加，IS_0 曲线向右上方平移至 IS_1，由于货币供给量没变（即 LM 曲线没有变动），IS_1 与 LM 共同决定了均衡的国民收入 Y_1，利率 i_1。可以看到，政府支出

增加，从而国民收入也增加，对货币需求相应增加，而货币供给不变，所以利率上升。利率上升反过来减少了私人的投资与消费。即增加的一部分政府支出，实际上替代或说挤出了私人支出，这就是财政政策的挤出的效应。如果利率仍为不变，仍为 i_0，那么国民收入应该增加为 Y_2。Y_2-Y_1 就是由于挤出效应所减少的国民收入增加量。

在充分就业的经济中，财政政策带来的是完全挤出效应，即完全政府增加的支出完全挤占私人支出，扩张性财政政策不会带来经济总量的任何增长。在没有实现充分就业的情况下，挤出效应要小于前述的完全挤出效应，政府支出增加多少能令就业与产量增加。挤出效应的大小还取

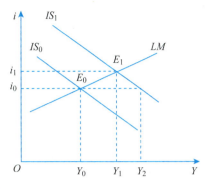

图 15-1　财政政策的挤出效应

决于多种因素，包括支出乘数的大小、货币需求对产出水平的敏感程度、货币需求对利率变动的敏感度、投资需求对利率变动的敏感度。

四个因素中，由于第一和第二个因素相对比较稳定，挤出效应的大小主要取决于货币需求和投资需求求对利率的敏感程度。也就产说，挤出效应大小主要取决于政府支出增加所引起的利率上升的大小。利率上升高，则挤出效应大；反之，则挤出效应小。

◎ **专题 15-8　财政政策要与货币政策配合**

政府支出增加产生挤出效应的传导机制是什么？为何财政政策要与货币政策配合实施？

从前面的分析很明显地传递出一个信息：政府支出增加是通过利率的上升导致挤出效应。由此得出的政策含义是：财政政策还需要与货币政策互相配合，如果货币供应量能随支出的增加而增加，则利率不会上升，私人投资也不会减少。但如果财政支出增加能提高预期收益率，这种预收益的提高足以补偿利率上升带来的影响，私人支出对利率的上升就不敏感，私人投资不仅不会被挤出，反而会增加。

任务二　实施货币政策

一、货币政策

(一)货币政策的定义

货币政策是指中央银行运用其政策工具，通过调节货币供给量来影响利率，进而影响投资和消费，实现宏观经济目标的经济政策。当货币供应量发生变化时，利息率也会发生相应的变化，这样就可以通过利率变动影响需求，进而调节经济。

通过货币供应量调节利息率，是以债券是货币的唯一替代物为前提假设：如果货币供给量增加，人们就要以货币购买债券，债券的价格就会上升；反之，如果货币供给量减少，人们就要抛出债券以换取货币，债券的价格就会下降。债券价格公式为：

$$债券价格 = \frac{债券投资收益}{利息率}$$

债券价格与债券投资收益成正比，与利息率成反比。当货币量增加，对债券需求增加，债券价格上升，利息率就会下降；反之，货币量减少，债券价格下降，利息率就会上升。

◎ **专题 15-9　想一想，再分析**

如果没有人们以债券和货币形式保持财富的假定，比如人们货币多了，倾向于购买房屋、珠宝、藏品、股票、保险、耐用品等，那么，货币政策的效力将打折扣。这种说法对吗？

（二）货币政策的目标

货币政策分担着宏观调控涉及的充分就业、经济增长、价格稳定，国际收支平衡等目标。货币政策的最终目标之间也是互有侧重的，不同国家，不同时期的货币政策最终目标也是不一样的。

在 20 世纪 30 年代经济大危机之前，由于金本位制度的盛行，各国要维持金本位制度，因此稳定货币是首要的货币政策目标。而在经济大危机之后，各国纷纷放弃金本位制，面对的头号经济问题是如何增加就业，并使经济尽快地从危机中走出来，因此，实现充分就业就成了货币政策的首要目标。

20 世纪 60 年代以后，各国又重新被通货膨胀所困扰，通货膨胀与失业不能并存的传统神话被现实打破，通货影胀又成为各国头号经济问题，稳定物价又成为货币政策的首要目标。就世界各国的情况看，目前中央银行的货币政策目标大体上有三种类型：一是以维持物价稳定为核心的单一目标，如新西兰、德国、瑞士，虽然中央银行法中规定了调节通货及信用供给、金融稳定等目标，但没有维持充分就业与促进经济增长等内容；二是以美国为首的发达国家，其货币政策目标非常明确，就是上述四大目标；三是一些国家把货币的稳定放在优先位置，同时兼顾经济增长目标。我国规定货币政策的最终目标是货币稳定并以此促进经济增长。

（三）货币政策的分类

货币政策也分为扩张性的和紧缩性的。扩张性的货币政策也被称为积极的或宽松的货币政策，其是通过增加货币供给，降低利率，刺激总需求的增长。紧缩性货币政策，则是通过减少货币供给来达到降低总需求水平的目的。在经济萧条时多采用扩张性货币政策，而在通胀时多采用紧缩性货币政策。

◎ **专题 15-10　央行稳健的货币政策**

稳健的货币政策，是指根据经济变化的征兆来调整政策取向，当经济出现衰退迹象时，货币政策偏向扩张；当经济出现过热时，货币政策偏向紧缩。最终反映到物价上，就是保持物价的基本稳定。因此，稳健的货币政策也可以被看作是偏中性的货币政策。在我国货币政策管理中，中央银行是以比较平稳的货币供应量增长来实现稳健的货币政策操作的。

二、货币供给与货币创造

（一）货币供应量

在西方国家，中央银行通过控制货币供给以及通过货币供给来调节利率进而影响投资和整个经济。可见，货币政策的实施是通过控制货币供应量的变化来实现的。

货币供应量有狭义与广义之分。狭义货币即 M_1，包括现金与银行活期存款（即可用于交易的存款，包括支票存款和转账信用卡存款）。其中银行活期存款比纸币和硬币更重要，因为商业银行的活期存款通过放贷具有货币创造的功能。广义货币 M_2 是在狭义货币的基础上再加上非交易用途的储蓄存款和定期存款。

（二）商业银行的货币创造

西方国家的银行体系由中央银行与商业银行构成，而商业银行具有货币创造功能。商业银行资金的主要来源是存款，对外放贷是其重要的收益来源之一。但银行不能把全部存款放出，必须保留一部分准备金以应付存款客户随时取款的需要，确保银行的信誉与整个银行体系的稳定。法定准备率是中央银行以法律形式规定的商业银行在所吸收存款中必须保持的准备金的比例。在西方，商业银行的活期存款具有支付功能，它可以用支票或信用卡在市场上流通，实际上就是货币。因而客户在得到商业银行的贷款以后，会把款项作为活期存款存入商业银行，以便随时使用。这样，银行贷款的增加又意味着活期存款的增加。如此反复，商业银行的存款与贷款活动就会创造货币，在中央银行货币发行量并未增加的情况下，使流通中的货币量增加，即增加了货币供应量。

> ◎ **专题 15-11　商业银行的货币创造**
>
> 　　下面用一个实例来说明货币创造的过程。假设法定准备率为 20%，最初 A 银行吸收 100 万元存款，该商业银行可放款 80 万元，贷款人把这笔贷款存入 B 银行，该银行又可放款 64 万元，贷款的客户又把这笔贷款存入 C 银行，该商业银行又可放款 51.2 万元，如此反复，整个商业银行体系可以增加 $100+80+64+\cdots+100 \times 0.8^n = \dfrac{100 \times (1-0.8^n)}{0.2}$，当 n 趋于无限大时，上式值为 $\dfrac{100}{0.2}$，即银行用 100 万元的存款创造出了 500 万元的货币。

如果以 R 代表最初存款，D 代表存款总额即创造出的货币，r 代表法定准备率（$0<r<1$），则商业银行体系所能创造出的货币量的公式是：$D = \dfrac{R}{r}$

（三）货币乘数

如果上例中的 100 万款项是来自中央银行增加的一笔原始货币供给，情况也是一样的。中央银行发行 100 万元钞票，这 100 万元钞票被存入商业银行，将使活期存款增加额为新增原始货币供给量的 $\dfrac{1}{r}$ 倍，即 500 万元。

我们称 $\dfrac{1}{r}$ 为货币乘数，它表明中央银行发行的货币量所引起的实际货币供给量增加的倍数。

三、货币政策的工具

为了实现货币政策旨在达到的目标，货币政策实施的工具般包括公开市场业务、调整中央银行对商业银行的贴现率和改变法定存款准备率等。

(一)公开市场业务

公开市场业务指中央银行在证券市场买进或卖出政府债券，通过扩大或缩减商业银行在央行存款准备金，导致货币供应量的增减和利率的变化，最终决定生产就业和物价水平。公开市场业务是当代西方国家特别是美国实施货币政策的主要工具。例如，为了刺激经济增长，美国联邦储备系统(简称美联储)下设的联邦公开市场委员会将在证券市场买进财政部门发行的政府债券，这一行动增加了银行系统的基础货币(包括银行的存款准备金和公众手持现金)，再通过银行系统的货币创造，导致货币供应量的多倍扩大；货币增加导致对债券需求的增加，债券价格因需求增加而上升，利率下跌；利率降低则促进投资和消费的增长；反之，为了遏制通货膨胀，美联储需要采取紧缩性货币政策时，就在公开市场业务中卖出政府债券。由此导致基础货币的减少，引致货币供应量的多倍减少和利率上升。

> ◎ **专题 15-12　央行的公开市场业务**
>
> 中国人民银行从 1998 年开始建立公开市场业务一级交易商制度，选择了一批能够承担大额债券交易的商业银行作为公开市场业务的交易对象，目前公开市场业务一级交易商共包括 40 家商业银行。这些交易商可以运用国债、政策性金融债券等作为交易工具与中国人民银行开展公开市场业务。从交易品种看，中国人民银行公开市场业务债券交易主要包括回购交易、现券交易和发行中央银行票据。其中回购交易分为逆回购和正回购两种，正回购为中国人民银行向一级交易商卖出有价证券，并约定在未来特定日期买回有价证券的交易行为，正回购为央行从市场收回流动性的操作，正回购到期则为央行向市场投放流动性的操作；逆回购为中国人民银行向一级交易商购买有价证券，并约定在未来特定日期将有价证券卖给一级交易商的交易行为，逆回购为央行向市场上投放流动性的操作，逆回购到期则为央行从市场收回流动性的操作。现券交易分为现券买断和现券卖断两种，前者为央行直接从二级市场买入债券，一次性地投放基础货币；后者为央行直接卖出持有债券，一次性地回笼基础货币。中央银行票据即中国人民银行发行的短期债券，央行通过发行央行票据可以回笼基础货币，央行票据到期则体现为投放基础货币。

(二)贴现率政策

贴现率政策是中央银行调高或降低对商业银行发放贷款的利息率，即贴现率，以限制或鼓励银行借款，从而影响银行系统的存款准备金和利率，进而决定货币存量和利率，以调控总需求的宏观政策。

在 20 世纪 30 年代大危机以前，包括美国联邦储备制度在 1913 年成立之初，贴现率政策曾是美国中央银行实施货币政策的主要工具，通常是银行将其贴现的商业票据拿到中央银行(联邦储备银行)再贴现，也称之"再贴现"。20 世纪 30 年代以后，商业银行主要是用持有的政府债券做担保向中央银行借款，即申请贴现。中央银行按照一定的贴现率扣除利息后，再将所贷款项划到商业银行的准备金账户上。贴现的期限很短，一般为一天到两周。

中央银行降低贴现率时，商业银行可以得到更多的资金，通过银行货币创造的机制增加流通中的货币供给量，降低利息率；相反，中央银行提高贴现率，使商业银行资金短缺，不得不减少对客户的放款或收回贷款，并通过银行货币创造的机制数倍地减少流通中的货币供给量，提高利息率。此外，贴现率作为官方利息率，它的变动也会影响到一般利息率水平，使一般利息率与之同方向变动。事实上，美联储并不经常使用贴现率政策。对比公开市场业务，由贴现业务引起的银行存款准备金变动的数额通常是比较小的。

贴现率的变动还会在某种程度上影响公众的预期，公众通常把贴现率的变化视为联储对经济基本面的判断及其政策立场的指示器。当联储提高贴现率时，社会公众可能把它视为联储将抑制过度扩张的一个信号。公众的反映取决于对政府政策的信心。基于政府良好的公信力，公众可能减少一些膨胀性行为，诸如抢买，要求提高工资，等等；反之，社会公众也许会做出相反的反应。

◎ **专题 15-13　央行的利率政策**

利率政策是我国货币政策的重要组成部分，也是货币政策实施的主要手段之一。中国人民银行根据货币政策实施的需要，适时的运用利率工具，对利率水平和利率结构进行调整，进而影响社会资金供求状况，实现货币政策的既定目标。

目前，中国人民银行采用的利率工具主要有：①调整中央银行基准利率，包括：再贷款利率，指中国人民银行向金融机构发放再贷款所采用的利率；再贴现利率，指金融机构将所持有的已贴现票据向中国人民银行办理再贴现所采用的利率；存款准备金利率，指中国人民银行对金融机构交存的法定存款准备金支付的利率；超额存款准备金利率，指中央银行对金融机构交存的准备金中超过法定存款准备金水平的部分支付的利率。②调整金融机构法定存贷款利率。③制定金融机构存贷款利率的浮动范围。④制定相关政策对各类利率结构和档次进行调整等。

近年来，中国人民银行加强了对利率工具的运用。利率调整逐年频繁，利率调控方式更为灵活，调控机制日趋完善。随着利率市场化改革的逐步推进，作为货币政策主要手段之一的利率政策将逐步从对利率的直接调控向间接调控转化。利率作为重要的经济杠杆，在国家宏观调控体系中将发挥更加重要的作用。

（三）准备金率政策

中央银行实施货币政策的第三个工具是改变法定存款准备金率。准备金率是指商业银行吸收的存款中准备金的比率，准备金包括库存现金和在中央银行的存款。中央银行变动准备金率则可以调节货币供给量。假定商业银行的准备率刚好达到了法定要求，如果中央银行此时降低准备金率，就会使商业银行产生超额准备金，这部分超额准备金可以作为贷款放出，同时由于货币乘数扩大，并通过银行货币创造较剧烈地增加货币供给量，降低利息率。提高法定存款准备金率不仅可能使银行原先有着超额准备金的减少或消失，甚至使银行的准备金低于法定要求，于是商业银行紧缩货款，还由于它缩小货币乘数，导致更大幅度缩减货币存量和大幅提高利率。由于准备金率政策效果较为猛烈，所以在实践中很少使用这种强有力的武器。

◎ **专题 15-14　想一想，再分析**

在近几年的宏观调控中，央行经常使用存款准备金率这一政策。存款准备金率的调整是如何影响货币的供给量，你能结合"货币创造"加以说明吗？

(四)选择性政策工具

除了上述的政策工具，还有选择性政策工具。这些措施在不影响货币供给的情况下，对某些用途的信贷数量进行控制或影响。这类政策工具有道义劝告、窗口指导、证券信用交易的法定保证金(俗称"垫头")比率、消费信贷、商业银行利息率上限控制和流动比率控制、不动产信用控制等。下面重点介绍道义劝告和窗口指导两种政策工具。

道义劝告是指中央银行利用其特殊的声望和地位，对商业银行和其他金融机构经常发出劝告或与金融机构的负责人进行面谈，劝告其遵守和贯彻中央银行政策。比如，在通货膨胀率较高时，规劝商业银行减少贷款，以抑制总需求；在房地产与证券市场投机盛行时，中央银行要求商业银行缩减对这些市场的贷款等。虽然这种行为并非法律行为，没有法律的约束，但商业银行为了避免不必要的麻烦，还是会按照中央银行的政策意图行事。

窗口指导作为一种货币政策工具曾在日本得到过广泛的实践，并且取得了很好的效果。日本中央银行根据产业政策的要求、物价走势和金融市场动向，规定商业银行每季度贷款的增减额，并要求其执行。如果商业银行不按规定的增减额对产业部门贷款，中央银行可削减向该行的贷款额度，甚至采取停止提供信用等制裁措施。

四、货币政策实施

货币政策工具的运用主要通过中央银行进行。针对不同经济状况，中央银行分别采取"从紧"或"宽松"的货币政策。

在通货膨胀时期，为了抑制总需求，须采用紧缩性货币政策，包括在公开市场上卖出有价证券，提高贴现率，提高准备率等，可以减少货币供给量，提高利息率，抑制总需求。

在萧条时期，为了刺激总需求，就要运用扩张性的货币政策，包括在公开市场上买进有价证券、降低贴现率并放松贴现条件、降低准备率等等。这些政策可以增加货币供给量，降低利息率，刺激总需求。

货币政策实施中也会遇到困难，例如，在通货膨胀期间，尽管中央银行采取措施来提高利息率，但如果预期投资利润率较高，特别是地产、珠宝、收藏等行业投资炒作氛围较浓时，货币政策效果往往较差。萧条时期，尽管贷款需求因利率降低出现回升，商业银行有可能因考虑放款风险而惜贷；企业因为预期利润率较低，尽管利率较低，企业也不愿意向银行贷款。在通胀时期，公众一般不愿意长时间持有货币，而是会尽快将手中的货币花出去，这就加快了货币周转速度，其效果等同于货币供应量的增加，使货币政策达不到预期的成效。

从中央银行增减货币到影响利率，再到影响就业和收入，需要很长的一个时间过程。在市场体制不完善的国家，货币供给和利率变化的传导机制往往被阻隔，货币政策就会失效。即使市场机制是完善的，投资者对利率的反应也会有一个时间差，毕竟增加或削减投资都不是短时期内可以完成的。政策的时滞可能带来南辕北辙的效果。在经济衰退时中央银行实施的货币扩张政策，到效果完全发挥出来时，经济已开始繁荣，物价开始上涨，货币扩张政策反而对物价上升起了推波助澜的作用。在开放的经济中，货币政策还会受到汇率制度的影响。

任务三　搭配财政政策与货币政策

一、相机抉择

按照凯恩斯的理论，资本主义在自由放任的情况下，由消费需求和投资需求构成的有效需求，不足以实现充分就业。有效需求不足是由于边际消费倾向、资本边际效率、流动性偏好三个基本心理因素造成的。市场机制不能使总需求和总供给在充分就业上达到均衡，于是必然要出现萧条和失业；或者，当需求过度时也会产生通货膨胀。所以，政府需要对经济的起伏加以干预。政府调节经济就是要维持经济的稳定，其政策手段就是运用财政政策和货币政策进行总需求管理。相机抉择是指政府在进行需求管理时，根据市场情况和各项调节措施的特点，灵活地选择政策措施。

二、政策搭配

（一）政策搭配的原因

1. 政策差异

政策工具的有机组合，要兼顾政策工具的差异和经济状况。首先，财政政策与货币政策在很多方面存在差异。财政政策措施调节经济较直接，而货币政策则是通过利息率间接地调节需求；政府支出增减与法定准备率调整的效果都很剧烈，税收政策与公开市场业务的作用都比较缓慢；政府支出政策影响面较广，公开市场业务影响面则小些；增税与减少政府支出的阻力较大，而货币政策一般说来遇到的阻力较小。

再综合经济的实际状况，当严重萧条时，宜采用如紧急增加政府支出等效果剧烈的政策；当经济轻微衰退时，宜采用生效较缓慢的政策工具，如政府买入债券。

2. 单一政策效果弱化

政策工具还需要加以合理搭配使用，单一的财政政策或货币政策效果都会由于引起另一个市场（产品市场或货币市场）的变化而削弱。下面我们来分析这个问题。

总需求的变动引起利息率和国民收入的同方向移动（如图 15-2），比如，IS 曲线向右上方移动，对货币的需求增加，而货币供给不变（LM 曲线不变），利率就会上升，抑制了部分需求，这样，需求的增加使收入上升的同时又抵消了一部分收入（即挤出效应），由 LM 和 IS 曲线共同决定的收入的增加幅度要小于单独考察的 IS 曲线中收入增加的幅度。

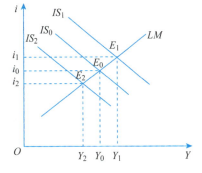

图 15-2　IS 曲线的移动

货币供应量的变动引起 LM 曲线的移动，从而引起利息率反方向移动，引起国民收入同方向移动（如图 15-3）。当 IS 曲线不变时，如果 LM 曲线右移，货币增加，利率下降，投资和收入增加，对货币的需求上升，从而抵消一部分货币供给的增加，也抵消了一部分收入的增加。

再看财政政策与货币政策配合的效果。如图 15-4，初时的均衡点为 E_0，实行扩张的财政政策，IS 曲线从 IS_0 移动到 IS_1，形成新的均衡点 E_1，此时国民收入为 Y_1，利息率为 i_1，均有所上升。利息率的上升必将产生挤出效应，减少国民收入的增幅。若增加货币量，LM 曲线从 LM_0 移动到 LM_1，LM_1 与 IS_1 相交于 E_2，决定了国民收入为 Y_2，利息率为 i_0。这说明，在用扩张的货币政策与扩张的财政政策配合时，可以不使利息率上升，而又使国民收入有较大的增加。其他有政策组合类型也可以在图 15-4 中加以分析，请自行完成。

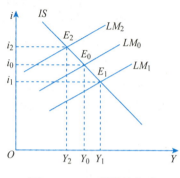
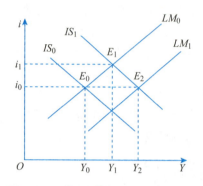

图 15-3　LM 曲线的移动　　图 15-4　财政政策与货币政策的配合

（二）政策搭配的形式

搭配并没有一个固定不变的程式。一般而言，在过度繁荣时期，可以同时使用紧缩性财政政策与紧缩性货币政策，以便更有效地制止通货膨胀。

需求不振时，有时可以把扩张性的财政政策与紧缩性的货币政策配合，以便在刺激总需求的同时，又不至于引起严重的通货膨胀；或者把扩张性货币政策与紧缩性财政政策配合，以便在刺激总需求的同时，不增加财政赤字；等等。还可以把需求管理政策与供给管理政策配合，例如，在运用扩张性需求管理政策的同时，运用收入政策，把通货膨胀率控制在一定程度之内。

> ◎ **专题 15-15　财政政策与货币政策的配合**
>
> 改革开放以来，我国的宏观调控政策的运用日趋娴熟，财政政策与货币政策的配合运用，对促进经济增长和物价稳定发挥了重要作用。我们也将扩张的财政政策称为宽松的或积极的财政政策，紧缩的财政政策也被称为从紧的财政政策，稳健的政策则是较为中性的政策。同样，货币政策也有宽松、稳健和从紧之分。

任务四　实施收入政策

一、收入政策的涵义

收入政策是通过政府某种行政措施，强制性或非强制性地限制工资和价格的政策。由于这种政策是由政府直接控制市场经济条件下人们的收入，以达到控制通货膨胀的目的，所以

称为收入政策。

政府之所以需要采取收入政策介入收入的分配，是由于二战后，西方国家出现的高通货膨胀率。当通货膨胀高达不可忍受的程度时，如果采取严厉的紧缩性货币政策，虽然可以有效地遏制通货膨胀，但也必然导致失业增加，以及由此带来的乘数效应式的经济滑坡。此时，收入政策是旨在既防止失业增加又遏制通货膨胀的唯一有效的措施。

政府实施收入政策的目标，是力图借助某种力量把工资和价格的变动控制在自由竞争的市场力量的作用会产生的工资和价格水平之下。可见，收入政策是在非常情况之下的一种临时性的极端政策措施。

美国的实践曾经采取三种不同的形式：其一是试图通过协商和道义的力量"劝说"工会和企业自觉地限制其所要求的工资与价格的提高；其二是强硬的工资和价格管制，即工资和价格的增加必须得到负责工资和价格管理的政府部门的批准；其三是介于上述两者之间包含劝说与强制执行的形式。

二、收入政策的种类

工资与价格管制措施包括以下方面。

(一)冻结工资与物价

在特殊时期，如面临严重的通膨胀时，可采取冻结工资与物价措施。这种措施可能在短期内，如几个月或一年半载，抑制通货膨胀。但这一措施本身就是对市场机制的扭曲，长期采用则必定会阻碍资源配置和经济发展。

(二)工资与物价指导线

政府规定工资与物价增长上限，即指导线，严令企业、工会根据"工资指导线"确定工资增长率。企业则根据政府规定的工资、物价上涨的上限确定工人工资和产品价格上涨幅度，违者将受到惩罚。

(三)工资指数化

通货膨胀发生时，如果工人的名义工资不变，实际工资水平就下降了。这样的收入分配不利于劳方而有利于资方，很容易招致公众的不满。工资指数化就是在发生通货膨胀时，按通货膨胀指数来调整名义工资，以保持实际工资水平不变。为此，要在工资合同中明确"自动调整条款"，即规定在一定时期内按通胀率或消费物价指数(即CPI)来调整名义工资额；也可以通过其他措施按通货膨胀率或CPI来调整工资增长率。但在有些情况下，工资指数化也引起工资成本推动的通货膨胀。与工资指数化相关的是其他的收入指数化。

(四)税收指数化

当经济中发生了通货膨胀时，实际收入不变而名义收入增加了。这样，纳税的起征点实际降低了。在累进税制下，纳税者名义收入的提高使原来的实际收入进入了更高的税率等级，从而使交纳的实际税金增加。此时，只有根据通货膨胀率指数来调整税收起征点与税率等级，即提高起征点并调整税率等级。

◎专题 15-16 尼克松的"新经济政策"

　　1969 年 1 月，新上台的尼克松政府从前任那儿继承了正在进行的通货膨胀压力，但也继承了一个没有严重失业问题的经济。1969—1971 年的两年间，尼克松政府对付通货膨胀的措施，仅仅局限于依靠传统的货币政策和财政政策，坚决反对任何形式的具有干预自由市场经济的收入政策。但紧缩性财政政策和货币政策引起产量和就业下降，失业率从 1969 年的 2.5% 增为 1970 年的 4.9% 和 1971 年的 5.9%，而工资物价和通胀并不因失业增加而下降，公众也十分普遍地预料情况会更坏。在这些既成事实的条件下，工会决心除了增加工资之外别无其他选择。在这种情况下，为了防止生产下降失业增加，刺激经济复苏，又能遏制工资—物价相互推进螺旋上升的通货膨胀，尼克松在 1971 年 8 月 15 日宣布的"新经济政策"中，采取严厉的管理工资—物价的收入政策。

　　按照这一政策，工资—价格管制包括三个阶段。第一阶段，冻结工资和价格 90 天。继后的第二阶段实施工资—价格管制，规定 5% 的比率作为新的劳动合同或工资调节的基本标准，价格增长率保持在 2.5%。从 1971 年 11 月开始到 1973 年 1 月为止的第二阶段，无论工资的增加和价格的增加都超过了官方规定的目标，但是与管制以前相对而言，这些比率仍然表现出明显的下降。从开始实行管制的 1971 年 8 月起到 1972 年 12 月，消费物价指数上涨的年率只有 3.3%。

　　从 1973 年 2 月开始的第三阶段，基本上采取自愿的原则，但保留必要的强制。但是，在 1973 年最初几个月，由于农业歉收引起的食品价格急剧上涨，导致生活费指数突然上升，面对着一月甚于一月的价格上涨，总统再一次改变方针，1973 年 6 月再次宣布冻结价格。这次冻结持续了两个月，从同年 8 月开始的后来被称为第四阶段，除了对某些行业的管制趋于加强以外，其他一些行业则趋向于解除，到 1974 年 4 月 30 日，第四阶段宣告结束此后，美国经济的工资和价格，完全恢复到由市场力量定价，尼克松的"新经济政策"作为一个历史的插曲宣告终结。

　　你认为，尼克松的收入政策能长期有效吗？

　　西方经济学家一般认为，自由竞争充分发展的市场经济，价格决定一般反映厂产品供求状态，用行政力量冻结和管制工资和价格，在短时期内虽然能够有效，但扭曲的价格必然导致资源配置失误，通过阻碍投资，其后果将是影响劳动生产率的提高，从而影响产品的供给、引起物价上涨。

《课后训练》

一、单项选择题

1. 扩张性财政政策的本质是(　　)。

　　A. 货币供给扩张　　　　　　　　　B. 政府规模扩大

　　C. 物价更稳定　　　　　　　　　　D. 增加 GDP

2. 紧缩性财政政策的本质是(　　)。
　　A. 货币供给紧缩　　　　　　　　B. 政府规模缩小
　　C. 实现物价稳定　　　　　　　　D. 减少 GDP

3. 以下(　　)不能视为自动稳定器。
　　A. 失业救济　　　　　　　　　　B. 累进税
　　C. 社会保障　　　　　　　　　　D. 国防开支

4. 财政盈余与(　　)对均衡 GDP 水平的影响效果相同。
　　A. 储蓄减少　　　　　　　　　　B. 储蓄增加

5. 经济处于严重衰退时,适当的经济政策应当是(　　)。
　　A. 减少政府支出　　　　　　　　B. 降低利息率
　　C. 使本国货币升值　　　　　　　D. 提高利息率

6. 在下述(　　)情况下挤出效应显著。
　　A. 货币需求对利率敏感,投资支出对利率也敏感
　　B. 货币需求对利率不敏感,投资支出对利率也不敏感
　　C. 货币需求对利率敏感,投资支出对利率不敏感
　　D. 货币需求对利率不敏感,投资支出对利率敏感

7. 如果政府购买支出的增加与转移支付的减少相等,收入水平的变动情况是(　　)。
　　A. 不变　　　　　　　　　　　　B. 增加
　　C. 减少　　　　　　　　　　　　D. 无法确定

8. 货币乘数大小与以下(　　)变量有关。
　　A. 法定准备率　　　　　　　　　B. 超额准备率
　　C. 现金存款比例　　　　　　　　D. 以上都是

二、多项选择题

1. 政府支出包括(　　)。
　　A. 公共工程支出　　　　　　　　B. 政府日常购买
　　C. 转移支付　　　　　　　　　　D. 税收

2. 在执行货币政策过程中,中央银行运用各种工具通过调节(　　)来实现既定的经济目标。
　　A. 货币供给　　　　　　　　　　B. 利率
　　C. 货币需求　　　　　　　　　　D. 有价证券价格

3. 货币政策内容包括(　　)。
　　A. 货币政策的目标　　　　　　　B. 货币政策中介
　　C. 货币政策传导机制　　　　　　D. 货币政策工具

4. 可以列入货币政策目标的有(　　)。
　　A. 人均收入提高　　　　　　　　B. 稳定币值和物价
　　C. 充分就业　　　　　　　　　　D. 经济增长

5. 以下(　　)属于货币政策工具。
　　A. 道义劝告　　　　　　　　　　B. 公开市场业务
　　C. 行政干项　　　　　　　　　　D. 法定准备金率

6. 中央银行可能影响商业银行贷款能力的传统货币手段是(　　)。

A. 法定准备金率　　　　　　　　B. 公开市场业务

C. 道义劝告　　　　　　　　　　D. 再贴现率

7. 应对经济萧条的适当货币政策是(　　　)。

A. 提高商业银行准备金率

B. 中央银行在公开市场买进政府债券

C. 中央银行在公开市场卖出政府债券

D. 降低再贴现率

8. 货币政策和财政政策在配合上可以构成的政策组合有(　　　)。

A. 松的货币政策和松的财政政策

B. 紧的货币政策和紧的财政政策

C. 松的货币政策和紧的财政政策

D. 紧的货币政策和松的财政政策

三、判断题

1. 松的财政政策的内涵是货币供给的增加。　　　　　　　　　　　　(　　)

2. 由于货币的流通性强，所以财政政策对收入影响的效果不如货币政策。(　　)

3. 货币交易需求反映了货币作为交换媒介的职能。　　　　　　　　　(　　)

4. 超额准备金是指法定准备金超过实际准备金的金额。　　　　　　　(　　)

5. 当公众从中央银行手中购买政府证券时，货币供给增加。　　　　　(　　)

6. 松的货币政策会减少货币供给。　　　　　　　　　　　　　　　　(　　)

7. 利息率的改变对投资支出的影响大于对消费支出的影响。　　　　　(　　)

8. 当充分就业预算盈余时实际预算可能存在赤字。　　　　　　　　　(　　)

四、辨析题

1. 不同的政策工具可以达到相同的政策目标。

2. 财政政策属于需求管理，货币政策属于供给管理。

3. 扩张性的财政政策包括增加政府支出和增税。

4. 紧缩的财政政策可能使 GDP 减少，也可能使 GDP 不变。

5. 累进税下，税收收入在经济扩张时期会自动减少，而在经济衰退时期会自动增加。

6. 内在稳定器能够消除经济萧条和通货膨胀。

7. 实施功能财政政策的结果是实现了经济周期中的政府收支平衡。

8. 政府的扩张财政政策一定会产生挤出效应。

9. 通过增加税收来弥补扩张财政政策带来的赤字，如果税收增量由企业或个人原先储蓄转化而来，那么这方面的挤出效应是不存在的。

10. 通过向商业银行或公众出售债券来弥补扩张财政政策带来的赤字，不会产生挤出效应。

11. 减税的同时，政府通过借债或增发货币来弥补财政赤字对扩张的影响一样。

12. 如果边际消费倾向为 0.75，则政府减税 100 可使总需求曲线向右移动 400。

13. 其他条件不变，当公众从中央银行购买政府证券时，货币供给增加。

14. 实际准备金等于法定准备金加上超额准备金。

15. 其他条件不变时，投资需求曲线越平坦，货币政策的效果越不明显。

16. 其他条件不变，货币投机需求曲线越平坦，货币政策的效果越不明显。

17. 凯恩斯主义和货币主义的货币政策是相同的。

五、简答题

1. 简述财政政策与货币政策相互配合的必要性。

2. 怎样正确认识凯恩斯的宏观经济政策理论？

3. 什么是自动稳定器？自动稳定器的功能如何实现？

六、计算题

1. 已知货币需求 $L = 0.2Y - 4r$，货币供给 $M = 150$。计算：

(1) LM 曲线方程。

(2) IS 曲线方程 $Y = 1250 - 30r$ 时，均衡收入和均衡利率。

(3) IS 曲线方程 $Y = 1100 - 15r$ 时，均衡收入和均衡利率。

(4) 货币供给增加 20 时，b 和 c 条件下的均衡收入和均衡利率。

2. 假设消费 $C = 100 + 0.8Y_d$，投资 $I = 50$，政府支出 $G = 200$，政府转移支付 $T_r = 62.5$，边际税率 $t = 0.25$。计算：

(1) 均衡收入。

(2) 预算盈余 BS。

(3) 投资增加到 $I = 100$ 时，预算盈余增量。

3. 假定现金存款比为 0.38，法定准备金率为 10%，超额准备金率 8%。计算：

(1) 货币创造乘数。

(2) 增加基础货币 100 亿元时，货币供给变动量。

参考文献

[1] 高鸿业. 西方经济学：微观部分[M]. 北京：中国人民大学出版社，2012.

[2] 高鸿业. 西方经济学：宏观部分[M]. 北京：中国人民大学出版社，2012.

[3] 刘辉煌. 微观经济学[M]. 北京：中国人民大学出版社，2012.

[4] 杜爱文，张真康，刘懋勇. 经济学应用[M]. 杭州：浙江大学出版社，2013.

[5] 吴宇晖，张东辉，许罕多. 西方经济学[M]. 北京：高等教育出版社，2014.

[6] 厉以宁. 西方经济学[M]. 北京：高等教育出版社，2015.

[7] 吴汉洪. 经济学基础[M]. 北京：中国人民大学出版社，2016.

[8] 缪代文. 经济学[M]. 北京：高等教育出版社，2018.

[9] 教育部高教司组. 西方经济学[M]. 北京：中国人民大学出版社，2018.

[10] 戴文标，孙家良. 经济学[M]. 杭州：浙江大学出版社，2019.

[11] 穆红莉. 西方经济学[M]. 北京：清华大学出版社，2021.

[12] 张忠德. 经济学基础[M]. 北京：人民邮电出版社，2021.